MINERVA
人文・社会科学叢書
257

石油危機と国際秩序の変容

― 「東アジアの奇跡」の起点 ―

秋田 茂 編著

ミネルヴァ書房

石油危機と国際秩序の変容
―― 「東アジアの奇跡」の起点 ――

目　次

シンガポール・ジュロン地区のエクソン・モービル社石油精製所とタンカー群

序　章　1970年代の石油危機と国際秩序の変容 …………… 秋田　茂 … 1
　　　　——「東アジアの奇跡」の起点——

　　1　冷戦，石油危機と1970年代の開発　　2
　　2　冷戦と東アジアの工業化　　5
　　3　「民営化された国際通貨システム」の出現と「オイル・トライアングル」　　7
　　4　開発主義と輸出志向型工業化　　10
　　5　双方向的比較と1980年代への展望　　13
　　6　本書の構成　　14
　　7　21世紀のエネルギー危機に対する含意　　21

第 I 部　石油外交と冷戦

第1章　石油危機とグローバル冷戦
　　………………………………… デーヴィッド・S・ペインター（菅英輝訳）… 25

　　1　冷戦と石油　　26
　　2　石油とワールド・パワー　　28
　　3　要の年　　32
　　4　石油と第四次中東戦争　　40
　　5　禁輸の終わり　　47
　　6　経済的インパクト　　51
　　7　石油とマネー　　56
　　8　ソ連と東欧　　62
　　9　イランと第二次石油危機　　67
　　10　ペルシア湾岸の守護者　　70
　　11　経済的 悪 影響　　75
　　12　1980年代の逆オイルショック　　78
　　13　石油危機と国際政治経済秩序の変動　　82

目　次

第2章　第三世界プロジェクト盛衰の支柱としての石油危機
　　　　　　　………………………………………デーン・ケネディ（菅英輝訳）… 87

　　1　ポストコロニアルな国際秩序の台頭　88

　　2　新国際経済秩序（NIEO）の触媒としての石油　96

　　3　第三世界の連帯の衰退　106

　　4　第二次石油危機と第三世界プロジェクトの崩壊　108

　　5　2つの石油危機と第三世界プロジェクトの盛衰　112

第3章　東南アジア開発における
　　　　　アジア開発銀行の役割………………………………菅　英輝 … 113
　　　　──冷戦と石油危機の文脈──

　　1　アジア開発銀行の設立と冷戦　113

　　2　譲許的基金の拡大を求める声の高まりと ADF の創設　117

　　3　ADF 増資をめぐる政治（ADF II〜III）　123

　　4　2つの石油危機，第二次アジア農業調査報告，拡大する ADB 融資　131

　　5　東南アジアの継続的発展の基礎をなした ADB 融資　140

第Ⅱ部　国際金融秩序と開発金融の変容

第4章　石油危機と「民営化された国際開発金融」……山口育人 … 145

　　1　二度の石油危機と途上国開発金融　145

　　2　第一次石油危機とユーロダラー市場　146

　　3　「民営化された国際開発金融」と途上国の「分化」　154

　　4　第二次石油危機と「東アジアの奇跡」　160

　　5　二度の発展途上国の「分化」──1970年代　166

iii

第**5**章　1970年代の 大 循環 ……………… マーク・メツラー（山口育人訳）… 169
　　　　　　　——ユーロダラー，オイルマネー，融資ブーム，債務危機，1973〜82年——

　　1　時代区分としての「1970年代」　169
　　2　時代区分——石油，通貨，食糧の「ブレトン・ウッズ時代」　171
　　3　内発性の衝撃——初めはドル危機から　174
　　4　ドルと異常気象——次にやってきた食糧価格ショック　176
　　5　決定的な石油危機の発生　179
　　6　1973年——歴史の分水嶺　182
　　7　ユーロダラー貸出しブームによる「解決」　186
　　8　二度目のドル危機，そして二度目の第一次産品・石油危機　193
　　9　第一次産品価格の下落，債務危機，そして1982年の大不況　200
　　10　資本主義の歴史における時代構造　203

第Ⅲ部　冷戦，開発と経済援助

第**6**章　世界エネルギー危機と中国石油外交 ……………… 南　和志 … 215
　　1　「もう一つの中東」論　217
　　2　自立の再定義　220
　　3　アメリカ合衆国への傾倒　222
　　4　海底油田開発と中国のエネルギー危機　224
　　5　海底資源共同開発の過程　229
　　6　石油と中国経済の「奇跡」　235

目　次

第7章　インドの「緑の革命」・世界銀行と石油危機 …… 秋田　茂 … 239
　　　　──化学肥料問題を中心に──

1　「緑の革命」と石油危機　239
2　1970年代のインドの経済開発──重化学工業化から農業開発へ　240
3　第一次石油危機時のインド経済　244
4　世界的な化学肥料危機と世界銀行の積極的役割　246
5　第一次石油危機後のインドの化学肥料産業　249
6　第二次石油危機と1981年のIMF金融支援協定　258
7　国際金融機関とインド　268

第8章　商品価格高騰に直面した
　　　　ガーナとケニヤ ……… ギャレス・オースティン（秋田茂訳）… 271
　　　　──ナショナルとグローバルの交錯──

1　サハラ以南アフリカの比較史──ガーナとケニヤ　271
2　異なる植民地の過去と脱植民地化　273
3　1970年代の経済成長とインフレーション　278
4　1970年代の政治闘争，連続性と不安定　281
5　経済と政治の相互作用　284
6　交易条件の変化は経済実績の相違を説明できるか　287
7　経済政策の対照性　288
8　対照的な帰結──輸出農業の趨勢とそれを超えて　295
9　衰退と比較する──成長のための政治経済学　303
10　経済政策の相違による較差　311

あとがき　315
人名・事項索引　319

序　章
1970年代の石油危機と国際秩序の変容
——「東アジアの奇跡」の起点——

秋　田　　茂

　本書は，1970年代の2回の石油危機が及ぼした国際政治経済秩序（以下，国際秩序と略記）へのインパクトを通じて，世界現代史の転換点としての1970年代の重要性と，1980年代になって顕在化する東アジアの急速な経済発展がなぜ実現したのか，その歴史的背景を考察する。世界銀行は1993年に，この東アジア地域の経済発展を「東アジアの奇跡」（East Asian Miracle）と名づけている[1]。

　一般的に1970年代は，国際金融面でのブレトン・ウッズ体制の終焉，二度の石油危機を経験する過程で，日本が先導した「東アジアの奇跡」の始まり，ソ連・東欧圏やアフリカ諸国の経済的停滞を通じて，世界経済（世界システム）の一大転換期と認識されている。本書では，国際金融市場の変容，「オイル・トライアングル」（oil triangle）の形成，政府開発援助（ODA）から民間投資への開発金融の変化，輸出志向型工業化（EOI: export-oriented industrialization）の本格的な展開，南アジアにおける「緑の革命」（農業開発）など，同時並行的に展開した諸事象を相互に関連づけて，なぜ東アジア・東南アジア諸国は，二度の石油危機を克服して輸出志向型工業化が可能になったのか，それとは対照的に，なぜ南アジアのインドは農業開発に注力したのか，さらに，日本は経済開発政策でいかなる役割を果たしたのかを考察することで，1970年代〜80年代初頭における国際秩序の変容の世界史的意義を再考する。

　本書は，3部で構成されている。第Ⅰ部：「石油外交と冷戦」，第Ⅱ部：「国際金融秩序と開発金融の変容」，そして，第Ⅲ部：「冷戦，開発と経済援助」。各部のタイトルが示しているように，本書は，国際関係論，外交史，金融史，

---

[1]　The World Bank, *The East Asian Miracle: Economic Growth and Public Policy: A World Bank Policy Research Report* (New York: Oxford University Press, 1993) (世界銀行，白鳥正喜監訳，海外経済協力基金開発問題研究会訳『東アジアの奇跡——経済成長と政府の役割』東洋経済新報社，1994年).

開発経済学，およびアジア・アフリカ地域研究などのさまざまな学問分野で明らかにされてきた研究成果を相互に結びつけながら，近年急速に注目を集めるようになった，「グローバルヒストリー」の文脈に位置づけようとする学際的な共同研究である。

1　冷戦，石油危機と1970年代の開発

　1970年代は，世界経済の一つの転換点，「西側の先進工業諸国の歴史において，また世界全体にとっても重大な変容の局面[2]」として，「危険を伴う変動の時代」，あるいは「転換の中心点[3]」と解釈されてきた。この10年間に，いくつもの危機と転換がみられた。国際金融面では，「ブレトン・ウッズ体制」が1970年初頭に崩壊し，変動為替制に移行した。ほぼ同時期に，世界的な食糧の高価格により，発展途上国では食糧危機が発生した。1973年10月に勃発した第四次中東戦争により，石油価格がほぼ4倍に急騰し，1973〜74年に「第一次石油危機」が起こった。石油危機の先進工業諸国に対するインパクトについては，複数の優れた先行研究があることはいうまでもない[4]。本書の独自性は，先進工業国だけに限定せずに，アジアとアフリカの非ヨーロッパ諸国に石油危機が及ぼした互いに異なるインパクトを，実証的に解明した点にある[5]。

---

(2)　*Historical Social Research*, Special Issue: The Energy Crises of the 1970s. Anticipations and Reactions in the Industrialized World, No.39 (2014) 4, 7-10.

(3)　Daniel Sargent, "The Cold War and the international political economy in the 1970s," *Cold War History*, Vol.13, No.3 (2013), 394-395.

(4)　Daniel Yergin, *The Prize: The Epic Quest for Oil, Money, and Power* (New York: Free Press, 1993) (ダニエル・ヤーギン，日高義樹・持田直武共訳『石油の世紀——支配者たちの興亡』上下2巻，日本放送出版協会，1991年); Fiona Venn, *The Oil Crisis* (London: Taylor & Francis, 2002); Elisabetta Bini, Giuliano Garavini and Federico Romero, eds., *Oil Shock: The 1973 Crisis and its Economic Legacy* (London: I.B. Tauris, 2016).

(5)　本書の主たる分析対象は，アジア諸地域であり，ラテンアメリカについては部分的に言及するに留まっている。国際政治（国際関係論）・世界経済論では，漢字文化圏諸国や中国周辺地域だけを東アジアと呼ぶのではなく，東南アジアや，場合によっては南アジア・オセアニアも含めて広義の文脈で「東アジア」と呼ぶ（その中で日本や韓国，モンゴル，中国東北地区やロシア極東部などを「東北アジア」と呼ぶこともある）。本書は，広義の東アジア世界論を採用している。

序　章　1970年代の石油危機と国際秩序の変容

　通常，20世紀後半の一般史は，冷戦を主軸として，脱植民地化（アジア・アフリカにおける政治的独立と国民国家の構築）は副次的に語られてきた。たとえば，最新の世界史解釈を提示する2023年に刊行された岩波講座『世界歴史』においても，20世紀後半は「冷戦と脱植民地化 I/II」として 2 巻に区別され，その相互のつながりと関係性が十分に考慮されているわけではない。この「冷戦・脱植民地化テーゼ」ともいうべき論点は，アジア世界の戦後国際秩序を考察する論点としては不十分である。政治的な脱植民地化を達成したアジア諸国にとって，新たな政治体制の正当性を示すため，工業化をともなう経済開発と発展を実現し，その成果を国民に還元する必要があった。だが，この内的な開発と工業化と，外的な冷戦・脱植民地の展開は，従来十分に結びつけて論じられてこなかった。

　歴史家ダニエル・サージェントが指摘するように，「冷戦は生産体制の間での競争に還元されるべきではなく，その経済的特徴は研究史で十分に語られていない」。とりわけ，冷戦体制下での「第三世界」の経済発展・開発と冷戦との関係は等閑視されてきた。国連は1961年に，1960年代を「開発の10年」と宣言し，1964年に国連貿易開発会議（UNCTAD: United Nations Conference on Trade and Development）を創設した。経済開発の諸問題は，1950〜60年代の脱植民地化に続く「南北問題」として取り上げられ，1960〜70年代においてアメリカ合衆国とソ連は，開発援助の供与を通じて，「第三世界」での影響力を競いあった。この米ソ二超大国のグローバルな競争と発展途上国との経済面での

---

(6)　『岩波講座　世界歴史22 冷戦と脱植民地化 I　20世紀後半』（岩波書店，2023年）；『岩波講座　世界歴史23 冷戦と脱植民地化 II　20世紀後半』（岩波書店，2023年）。

(7)　本書は冷戦＝脱植民地化の関係性それ自体を直接論じるわけではないが，冷戦の「歴史化」，長期の脱植民地化過程への「埋め込み」を主張する以下の議論を参照した。A.G. Hopkins, "Globalisation and decolonisation," in *Africa, Empire and World Disorder: Historical Essays* (London and New York: Routledge, 2021), chap.12, 281-282；Iriye, Akira, "Historicizing the Cold War", in, eds. R. Immerman and P. Goedde, *The Oxford Handbook of the Cold War* (Oxford: Oxford University Press, 2013), 15-31.

(8)　Sargent, "The Cold War and the international political economy in the 1970s," 393. また，Melvyn Leffler and Odd Arne Westad, eds., *The Cambridge History of the Cold War*, 3 vols (New York: Cambridge University Press, 2010) に収録された諸論考でも，経済関係の論文は，第一巻（Origins）で23本中 3 本，第二巻（Crises and Détente）で24本中 1 本，第三巻（Endings）で25本中 2 本，合わせて72本の論文のうち 6 本だけである。

3

関係の考察は，20世紀後半の世界史を再考するために不可欠である。

　1970年代の石油危機は，先進国である経済協力開発機構（OECD: Organization for Economic Cooperation and Development）加盟国だけでなく，第三世界の発展途上国にも深刻な打撃を与えた。激しいインフレ，商品価格の高騰，経済成長の鈍化を伴った，いわゆる「スタグフレーション」の下で，第三世界の将来展望をめぐり新たな不安と希望が交錯することになった。第一次石油危機の直後の1974年4月に，非同盟運動を掲げた「途上国77カ国グループ」（G77）のイニシアティヴで，国連総会は，特別会合の決議として「新国際経済秩序」（NIEO: New International Economic Order）を採択した。その新国際経済秩序には，「低開発諸国の輸出品価格を支えるための世界商品制度の創設と，最貧国の収入を保証する「特別基金」の設置」が含まれていた。[10]それは開発と結びついた経済的脱植民地化の要求を象徴したものであり，石油輸出国機構（OPEC: Organization of the Petroleum Exporting Countries）が示した団結と断固とした決意から着想を得ていた。

　台湾，韓国，香港，シンガポールのようないくつかの東アジア沿海諸国（後に，アジア新興工業経済地域 Asian NIEs と呼ばれる諸国）は，日本の先行事例に沿いながら，1970年代に石油危機を経験したが，70年代末から高度経済成長を実現した。石油危機に直面したにもかかわらず，東アジア諸国の経済的再興・「奇跡」は，なぜ可能になったのであろうか。本書は，このいわゆる「東アジアの奇跡」と呼ばれる1970年代の東アジア諸経済の再興の要因とその帰結を探求する。

---

(9) 　Nick Cullather, *The Hungry World: America's Cold War Battle against Poverty in India* (Cambridge-Massachusetts: Harvard University Press, 2010); David C. Engerman, *The Price of Aid: The Economic Cold War in India* (Cambridge-Massachusetts: Harvard University Press, 2018). アジアの経済開発との関連で，渡辺昭一編『冷戦変容期の国際開発援助とアジア——1960年代を問う』（ミネルヴァ書房，2017年）；秋田茂『帝国から開発援助へ——戦後アジア国際秩序と工業化』（名古屋大学出版会，2017年）を参照。西欧主要国と国連の側からの研究として，Sara Lorenzini, *Global Development: A Cold War History* (Princeton: Princeton University Press, 2019) サラ・ロレンツィーニ（三須拓也・山本健訳）『グローバル開発史——もう一つの冷戦』（名古屋大学出版会，2022年）がある。

(10) 　Sargent, "The Cold War and the international political economy in the 1970s," 406; 本書第2章のデーン・ケネディの論考も参照。

4

序　章　1970年代の石油危機と国際秩序の変容

2　冷戦と東アジアの工業化

「東アジアの奇跡」の歴史的背景を理解するためには，近年のアジア経済史の新たな展開，特に，アジア間貿易の変容と再興，それが1970年代〜80年代におけるアジア太平洋経済圏の形成に及ぼした影響を考慮する必要がある。

近年のアジア経済史の研究動向は，一つのまとまりをもったアジア地域経済に関して新たな見方を提起してきた。地域経済と2つのヘゲモニー国家（イギリス帝国とアメリカ合衆国）の経済との関係は，近代グローバル化（modern globalization）とポストコロニアル・グローバル化（post-colonial globalization）の文脈で変化してきた。[11]日本の経済史家，杉原薫は，アジア諸国の各国史料館所蔵の貿易統計を収集・分析して，19世紀末から1970年代までの「アジア間貿易」（intra-Asian trade）の形成と発展を明らかにした。[12]その研究によれば，アジア間貿易の形成ではアジア商人が重要な役割を演じた一方で，第二次世界大戦以前の東アジアは，世界経済において自立的な独自の位置を占めていた。アジア太平洋地域における戦争による大混乱と破壊，さらに戦後の南アジアと東アジアにおける「政治的脱植民地化」の進展と冷戦の波及にもかかわらず，戦前のアジア間貿易を基軸とした国際経済秩序は，早くも1950年に復活を遂げた。この事実により，特に，東アジアと東南アジア諸地域における急速な経済復興のパターンの一端が説明可能である。[13]

1950年代末から始まった日本の高度経済成長——「日本の奇跡」——は，2つの相互に関係した経済的リンク，すなわち，アメリカ合衆国と他のアジア諸国との「分業関係」に依存していた。一方のアメリカ合衆国とのリンクは，異

---

(11)　modern globalization, post-colonial globalization の区分については，A.G. Hopkins, "The History of Globalization and the Globalization of History?," in Hopkins, ed., *Globalization in World History* (London: Pimlico, 2002), 11-46 ; A.G. Hopkins, *American Empire—A Global History* (Princeton: Princeton University Press, 2018), 32-40を参照。後者は，A・G・ホプキンズ，菅英輝・中嶋啓雄・森丈夫・上英明訳『アメリカ帝国——グローバル・ヒストリー』として，ミネルヴァ書房より刊行予定。

(12)　杉原薫『アジア間貿易の形成と構造』（ミネルヴァ書房，1991年）。

(13)　Shigeru Akita and Nicholas J. White, eds., *The International Order of Asia in the 1930s and 1950s* (Farnham and Burlington: Ashgate, 2010).

5

なる工業化の類型に依存していた。具体的には，アメリカが石油化学工業，軍需（武器）生産，民間航空機産業などの「資本・エネルギー集約型工業化」に特化したのに対して，日本は，消費財生産，民生用の家電製品，さらに自動車や産業用工作機械などの生産，「労働集約的・資源節約的工業化」に注力した。[14]冷戦体制の下で，アメリカは財政軍事国家と化して「軍産複合体」を通じて重化学工業に特化する一方で，日本を含めて，新たに工業化した東アジア諸国（アジア新興工業経済地域 NIEs）から安価な消費財を大量に輸入した。太平洋をまたいだアメリカ合衆国への工業製品の急激な輸出拡大は，太平洋横断航路でのコンテナ化の進展（いわゆる第二次運輸革命）により可能になったのである。

　同時に「日本の奇跡」は，アジア諸国への輸出市場の復活と拡張に大きく依存していた。前述の冷戦体制の下で，新たに政治的に独立した東南アジア諸国は，日本の労働集約的な消費財——最初は綿製品と雑貨品，次いで家電製品——の重要な輸出市場となった。戦後の日本にとって，コモンウェルスを中核とした地域協力ネットワークであったコロンボ・プランは，自由主義経済国として国際舞台に日本が復帰する上で，最初の機会を提供することになった。[15]1960年代からの日本は，他の東アジアの新興工業経済地域からの競争増大に直面すると，次第に工業生産を付加価値の高い資本集約的な工業製品へと転換した。この過程で，アジアの発展途上国の間でいわゆる「アジア間競争」（intra-Asian competition）が生じ，日本企業は，しばしばいくつかの工業生産部門を近隣の東アジア諸国に移転させた。この東アジアにおける「雁行的経済発展モデル」[16]は，環太平洋の西部地域において，経済面での地域的な連環の形成を促

---

(14)　Gareth Austin and Kaoru Sugihara, eds., *Labour-Intensive Industrialization in Global History* (Abingdon and New York: Routledge, 2013), chap.1.

(15)　波多野澄雄「戦後アジア外交の理念形成——「地域秩序」と「東西の架け橋」」『国際問題』546号（2005年）；Shigeru Akita, Gerold Krozewski, and Shoichi Watanabe, eds., *The Transformation of the International Order of Asia: Decolonization, the Cold War, and the Colombo Plan* (London and New York: Routledge, 2015)；渡辺昭一編『コロンボ・プラン——戦後アジア国際秩序の形成』（法政大学出版局，2014年）。

(16)　Akamatsu, Kaname, "A Historical Pattern of Economic Growth in Developing Countries," *Developing Economies*, Preliminary Issue No. 1 (1962), 3-25；小島清「雁行型経済発展論・赤松オリジナル——新興国のキャッチアプ・プロセス」『世界経済評論』第44巻第3号（世界経済研究協会，2000年）8 -20頁。

6

し，さらにその連携を強化した。こうした一連の地域経済の発展は，中東地域の産油国から膨大な量の石油が輸入され始めるにつれて，石炭から石油と天然ガスへのエネルギー転換，いわゆる「第二次エネルギー革命」と緊密に結びつき，それによって支えられていた。

以上のように，一方でアメリカ合衆国，他方で東アジアの NIEs 諸国や東南アジア諸国との経済的リンクが形成され発展した結果，統合された環太平洋貿易ネットワークが生まれ，1970年代末の石油危機後に，「アジア太平洋経済圏」（the Asia-Pacific Economy）が出現することになった。冷戦体制は，自由貿易を基調とした経済秩序，特に，アジアの工業製品に対する広大なアメリカ市場の開放を保証したのである。東アジアの工業化された経済地域の急速な成長は，自由主義の資本主義世界の優越性を示す象徴となり，アメリカ合衆国が資本・エネルギー集約的な軍事関連産業に特化することを促した。この文脈において，冷戦体制下での東アジアの工業化とアメリカの軍事化は，相互補完的であり，「同じコインの表と裏[17]」のようにみえたのである。

3 「民営化された国際通貨システム」の出現と 「オイル・トライアングル」

国際金融の領域では，ブレトン・ウッズ体制が変動為替通貨制度に切り替わったため，1970年代初頭は一大転換点であった。1973年までにほぼすべての主要通貨が変動相場制に移行し，固定為替制度全体が終了した。日本の国際政治学者，田所昌幸は，この国際金融の変容を，「民営化された国際通貨システム」（the Privatized International Currency System）の創設と名づけた[18]。この転換によって，開発金融における民間資本（投資）の役割が大いに増大した。1974年に550億米ドルに達し急激に増加したオイルマネーは，ユーロダラー市場（227億米ドル）だけでなく，対米投資（120億米ドル），対英投資（72億米ドル）を通じてリサイクルされた。アラブ石油輸出国機構（OAPEC: Organization of Arab

---

(17)　杉原薫『世界史のなかの東アジアの奇跡』（名古屋大学出版会，2020年），454-460頁。

(18)　田所昌幸『「アメリカ」を超えたドル――金融グローバリゼーションと通貨外交』（中央公論新社，2001年）；山口育人「ブレトンウッズ体制崩壊後の国際通貨制度の再編成――新興国の挑戦から再考する」『国際政治』183（特集：新興国台頭と国際秩序の変遷）（2016年）73-86頁。

Petroleum Exporting Countries）の石油戦略は，一時的に，工業製品に対する途上国の第一次産品の相対価格の上昇に貢献した。それは「商品ブーム」を引き起こし，途上国にとって新たな発展の途を切り開いたように思われた。

　だが，大半の発展途上国は，石油価格の高騰，先進工業国のスタグフレーション，そして第一次産品価格の激しい変動によってもたらされた複合効果により，国際収支の赤字に悩まされた。こうした困難な状況下で，多くの途上国は対外援助に一層依存するようになった。先進国から供与された二国間援助（政府開発援助ODA）は国際収支の赤字額の増加に追いつけず，世界銀行グループ（国際開発協会IDA），国際通貨基金（IMF）やアジア開発銀行（ADB）のような国際機関が開発金融において大いに活躍する余地を残した。だが，途上国への対外援助の大部分は民間部門による貸付・融資の形式を取った。1973～79年の間，発展途上国に向けられた民間銀行による貸付の割合は，6.3％から23.3％に増加した[19]。石油危機は公的な経済援助（政府開発援助）から民間（非公式の）投資への移行を加速したのである。

　他方で，日本は，1973年から1980年代の中葉まで価格の大幅な高騰にもかかわらず，中東の産油国から大量の原油を輸入し続けた。石油価格の急上昇で引き起こされたスタグフレーションを，この時期の日本はどのようにして回避したのであろうか。杉原薫は，世界経済における日本のユニークな位置を説明する巨視的な特徴として，「オイル・トライアングル」（oil triangle）の形成を，以下のように説明している。

　1974～85年の間，日本の対中東貿易赤字額は50兆円あるいは年平均4兆1330億円（1985年の対ドル為替レート，1ドル238.54円で換算して173億米ドル）に達した一方で，日本の主要西側先進国との貿易黒字は53兆円あるいは年間4兆4350億円であった。これら両方の二者間での貿易不均衡は，懸念を引き起こす十分な金額に達していた。二つの貿易不均衡は世界貿易を円滑に継続するために，何らかの方法で解決が図られるべきであった。最も単純な解決策は，中東の膨大な黒字［オイルダラー］を西側先進国に還流させるメカニズムを創出することであった。これは幾つもの方法で実現された。第一に，アラブ

（19）　Scott Newton, *The Global Economy 1944-2000* (London: Arnold, 2004), 118-119.

8

産油国の資金がECとアメリカ合衆国に大量に流入したが、それはかなりの部分が、日本が対米黒字で稼いだ外貨で輸入した高騰石油のために支払った資金であった[20]。

オイル・トライアングルの顕著な特徴

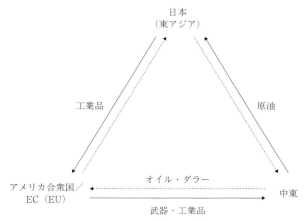

図序-1　日本（東アジア）のオイル・トライアングル、1974-2008年
出典：杉原（2008年: 74, 80頁）。

は、（石油と工業製品の）貿易と金融（資本移転）の関係性を論じることであり、それを通じて、金融（カネの流れ）とトランスナショナルな商品の移動（モノの輸出入）を結びつけることが可能になる。それは、19世紀初頭に見られたイギリス＝英領インド（南アジア）＝中国清朝を結ぶ「アジアの三角貿易」にも類似しており、20世紀末の東アジア諸国の工業化にみられた独自の連環構造を浮かび上がらせている。

このグローバルな世界的規模でのオイル・トライアングルに加えて、我々は、東南アジアで形成された、マレーシアとシンガポールを核とする地域的な「東アジアオイル・トライアングル」の存在も認識すべきであろう。佐藤滋の研究が示すように[21]、両国政府の強力な政治的指導力（後述する開発主義政策）は、両

---

[20] Kaoru Sugihara, "Japan, the Middle East and world economy: A note on the oil triangle," *Japan in the contemporary Middle East*, Kaoru Sugihara and J.A. Allan, eds., (London: Routledge, 1993), chaps.1, 8；杉原薫「東アジア・中東・世界経済——オイル・トライアングルと国際秩序」『イスラーム世界研究』第2巻1号（2008年）69-91頁；杉原薫『世界史のなかの東アジアの奇跡』513-537頁。

[21] Shigeru Sato, "Economic Development through Oil in Malaysia and Singapore: Increased State Capacity and Formation of the East Asian Oil Triangle," in *Oil Crises of the 1970s and the Transformation of International Order: Economy, Development, and Aid in Asia and Africa*, Shigeru Akita, ed., (London: Bloomsbury Academic, 2023), chap.5.

国が石油関連産業から利潤を得て，自国の経済開発を補完的する好機を創り出した。東アジアオイル・トライアングルは，原油生産と消費財との交換（マレーシア），精製石油製品と資本財工業製品との交換（シンガポール）を通じて両国の経済開発で重要な役割を果たした。

4　開発主義と輸出志向型工業化

冷戦体制下で，1950年代末から1980年代中葉までの東アジアおよび東南アジアの非共産主義諸国において，一つの特有な国家主導の経済開発戦略が形成された。これら後発の工業化途上国のいわゆる「開発主義」（developmentalism）は，冷戦下での危機管理を目標とする権威主義的政治体制の確立と結びついていた。

東アジアおよび東南アジア諸国で冷戦期にみられた開発主義は，次にあげる4つの主要な特徴を有していた。①タイの国家経済開発庁（1959年〜），韓国の経済企画院（1961年〜），シンガポールの経済開発庁（1961年〜）など，アメリカ流の教育を受けた官僚層（テクノクラート）が統括する経済開発のための国家機関の整備，②米ドルと自国通貨との固定為替相場（ドル・リンク制）と，海外企業の投資優遇措置（投資法の整備），③労使関係への国家の直接的・間接的な介入，④経済開発の成果，生活水準の向上を目に見える形で国民に還元する社会政策の実施。それは，新たに形成された国民国家による強力な指導力の下で，上からの「国民主義」（nationalism）の創出を目標とした[22]。1950年代末から1960年代初頭の米ソ両国の援助競争と東アジアおよび東南アジアへの冷戦の波及によって，アジア諸国における開発主義の広がりが促されたのである。

国連貿易開発会議（UNCTAD）において輸入代替工業化（ISI: import-substitution industrialization）戦略の採用が激しく議論されていた1960年代に，東アジアでは，全く異なるタイプの輸出志向型工業化（EOI）の経済開発戦略が出現し，強力に推進された。輸出志向型の先駆は，冷戦体制下でアメリカ合衆国からの強力

---

[22]　開発主義については，末廣昭による一連の研究を参照。末廣昭「開発体制論」中野聡編『岩波講座　東アジア近現代通史8　ベトナム戦争の時代1960-1975年』（岩波書店，2011年）71-96頁；東京大学社会科学研究所編『20世紀システム4　開発主義』（東京大学出版会，1998年）。

な支援を得た1950年代末の日本であった。それに続く約20年間に，東アジアの台湾・韓国・香港や東南アジア諸国（1967年以降の東南アジア諸国連合 ASEAN）は，日本の高度経済成長をモデルとした消費財生産に特化する輸出志向型の開発政策を採用した。この EOI は，政府開発援助（ODA）を活用した政府主導の第一類型と，民間投資に誘導された第二類型に区分できる。第一類型の典型は，アメリカから軍事・経済援助を供与された台湾と韓国である。他方，第二類型のモデルは，（地場資本に大きく依存した）香港と，外資導入に支えられたシンガポールである[23]。

冷戦体制下の台湾と韓国は，早い段階から経済開発のためにアメリカの軍事・経済援助を全面的に利用した。東アジアにおける冷戦の前線国家として，両国の民間部門はアメリカの軍事援助による波及効果の恩恵を享受する一方で，両国政府は，発電所や輸送ネットワーク（高速道路・港湾）のようなインフラ整備に集中的な投資を行った。台湾でアメリカは，公法480（PL480）の枠組みを通じて余剰の棉花と小麦を「贈与」として提供した。それは綿工業と精糖業の発展にとって間接的な刺激要因になった。台湾は，比較優位の競争力を有した第一次産品である砂糖と米の加工品を輸出することで，外貨を獲得することが可能になった。そうして稼いだ外貨は労働集約的な消費財生産の軽工業に投資され，輸出志向型産業部門の発展を導いた。こうして，台湾の狭隘な国内市場の限界が克服された。

同様に1960年代の韓国では，1961年の軍事クーデタで独裁的権力を掌握した朴正煕大統領が，消費財の輸出を重視するとともに，資本財生産（特に製鉄・鉄鋼）の産業基盤を国家主導で整備する経済開発政策を追求した。両国とも，国民主義を掲げた政府の強力な指導の下で，アメリカと日本からの借款（後に，政府開発援助 ODA）を活用した労働集約的な輸出志向型工業化戦略を採用した[24]。

他方，香港とシンガポールは別の型の異なる輸出志向型工業化戦略（第二類型）を採用した。香港では，すでに1950年代から，上海から逃避した資本・技術が豊富で安価な熟練労働力と結びついて，労働集約型の消費財生産が始まっていた。香港の工業化の特徴は，主導する産業部門の頻繁な入れ替わりと，中

---

(23) 秋田茂『帝国から開発援助へ——戦後アジア国際秩序と工業化』14-18頁。

(24) 菅英輝「アメリカ合衆国の対韓援助政策と朴正煕政権の対応——1964年～1970年代初頭」前掲，渡辺編著『冷戦変容の期国際開発援助』297-339頁。

小規模の民間企業が自律的に果たした役割にあった。香港経済の独自性は，自由放任型の自由港と「小さな政府」にあり，脱植民地化とは無縁であった香港政庁は，経済政策において「積極的非介入主義」（positive non-interventionism）を採用した。[25] 1960年代の香港は，中小の民間企業を主体に，アジア新興工業経済地域（Asian NIEs）の一つとして，ダイナミックな産業発展を実現した。

この香港とは対照的に，東南アジアの主要な自由貿易港であったシンガポールは，リー・クアンユー（Lee Kuan Yew）首相の強力な指導力のもとで政府主導の輸出志向型工業化（EOI）を採用し，アメリカ，ヨーロッパ（オランダとドイツ）や日本から，有力な多国籍企業を誘致した。シンガポール政府は，二国間の政府開発援助や世界銀行のような国際機関からの公的融資よりも，海外企業の民間直接投資を優遇し，「大きな政府」として強力な政治力を行使して，外資系多国籍企業にとって非常に有利な投資環境を創出したのである。

輸出志向型工業化（EOI）による開発戦略は，冷戦下での米ソ両国によるUNCTAD諸国（G77グループ）への資金援助と技術協力をめぐる対外経済援助（開発援助）と緊密に結びついていた。加えて，世界銀行グループやアジア開発銀行（ADB）のような国際諸機関も，発展途上国に多角的な経済援助を供与した。こうしたアジア新興工業経済地域の産業政策は，アメリカ，日本や国際機関が提供した対外経済援助と，どれくらい相互補完的であったのだろうか。実は，経済援助（ODA）と国際金融市場を通じて流入した民間資本（オイルマネー）の両方を活用して，東アジア諸国は，1970年代のエネルギー危機によりもたらされた経済面の諸問題を克服した。東アジア諸国（北東アジアと東南アジア）が，いかにうまく石油危機を克服して，1970年代に輸出志向型工業化（EOI）に着手したのかを考察するために，本書では，開発金融の変容と経済援助の役割，さらに石油外交に着目して，その相互連関性を分析している。

東アジアの事例と対照的にインドの事例は，経済開発戦略としては，国家主導の輸入代替工業化（ISI）を採用していた典型である。1958年にスターリング残高がほぼ枯渇した後に，非同盟運動の指導国であったインドは，アメリカ合衆国を含む多角的なインド援助コンソーシアムから巨額の経済援助を獲得した。自国のために冷戦体制を巧妙に利用することで，インドは，西側の資本主義諸

---

(25)　大橋英夫「香港の公共政策」沢田ゆかり編『植民地香港の構造変化』（アジア経済研究所，1997年）第4章。

国からだけでなく東側の社会主義諸国からも，経済開発五カ年計画のために必要であった資本財輸入と技術支援を得た。[26] インドの連続的な五カ年計画による工業化は1970年代に減速したが，「緑の革命」を通じた食糧生産の自給化を達成することができた。本書第7章では，インドの農業開発の背景と，1970年代に世界全体の農業開発の促進で世界銀行グループが果たした積極的役割を再考する。それにより，「グローバルサウス」（第三世界）の開発をめぐる2つの領域である工業化，農業開発・「緑の革命」と，石油危機との関連性を分析する。

5　双方向的比較と1980年代への展望

　世界銀行が「東アジアの奇跡」と認定した諸国には，4つの東アジア諸国・地域（日本，台湾，韓国，香港）と4つの東南アジア諸国（シンガポール，タイ，マレーシア，インドネシア）が含まれていたが，中国本土（中華人民共和国）とインドはその考察から除外されていた。だが今日ではこの用語で，アジア太平洋地域あるいは「インド太平洋」にまたがるダイナミックな経済的変容に言及するのが一般的になっている。[27] この文脈で本書では，「東アジアの奇跡」という用語を，東北アジアと東南アジア地域を包み込む経済的変容を叙述するために用いる。これらアジア諸国の経験を客観的に評価するために，我々は，複数のアジア諸国と2つのアフリカの事例研究（西アフリカのガーナと，東アフリカのケニヤ）との間で，「双方向的比較」（bilateral comparison）[28] を行うとともに，1970年代の2回の石油危機の衝撃のもとで，東アジア，南アジア（インド），アフリカがそれぞれたどった異なる発展経路を考察する。世界銀行グループ，特に国際開発協会（IDA）は，ロバート・マクナマラ（Robert McNamara）総裁のもとで社会開発を目指した「社会ローン」の供与を通じて，アジアとアフリカ諸国に対する関与を大幅に増大させた。[29] 冷戦体制と石油危機との連関性を理解する

---

(26)　秋田茂『帝国から開発援助へ──戦後アジア国際秩序と工業化』第3章。

(27)　"Reinventing the Indo-Pacific," *The Economist*, January 7th 2023, 19–20.

(28)　グローバルヒストリー研究における「カリフォルニア学派」による双方向的比較の方法論については，以下を参照。Roy Bin Wong, *China transformed: historical change and the limits of European experience* (Ithaca: Cornell University Press, 1997).

(29)　Patrick Allan Sharma, *Robert McNamara's Other War: The World Bank and International Development* (Philadelphia: University of Pennsylvania Press, 2017).

ためには，社会主義諸国（東側陣営），とりわけ世界第2位の産油国であったソ連や，潜在的産油国であった中華人民共和国の政策と状況も考慮に入れる必要がある。したがって本書では，第1章にみられるように，同盟国・衛星諸国に対する米ソ両国の石油外交に着目している。

　1979年にイラン・イスラム革命の勃発で高止まりしていた石油価格が再び2倍になり，「第二次石油危機」が引き起こされた。本書第4章は，1970年代終わりから1980年代初頭の間に，3つの革命的変動が同時並行的に発生した点に着目している。すなわち，1979年のイギリス・サッチャー保守党政権，1981年のアメリカ共和党レーガン政権に代表された，新自由主義政治体制の出現，1979年10月に国際金融政策を一変させ高金利政策を生んだ，アメリカの「ヴォルカー・ショック」，そして，1979年初めのイラン・イスラム革命に続く第二次石油危機である。これら3つの大変動によって世界経済は大混乱に陥り，発展途上国，とりわけ1982年以後のラテンアメリカ諸国（メキシコとブラジル）で債務危機が発生した。本書第5章で詳述するように，この相互に連動した事態が，1930年代初めに引き起こされた経済恐慌にも匹敵するような「大恐慌」(Great Depression) につながった。[30]

6　本書の構成

　本書は3部で構成されている。第Ⅰ部「石油外交と冷戦」は，冷戦体制下での地政学と石油外交，「第三世界プロジェクト」との密接な関係・含意を検証する。石油危機は覇権国としてのアメリカ合衆国の地政学（パクス・アメリカーナ），冷戦体制と緊密に結びつき，それにより石油外交との深い関わりが生じた。第三世界（グローバルサウス）はこの石油外交に，受動的な受容者としてだけでなく，能動的な代理人としても参画した。石油危機に対するそれら諸国の対応が，「第三世界プロジェクト」の変容と終焉をもたらした。

　第1章「石油危機とグローバル冷戦」（デーヴィッド・S・ペインター）は，本書の基調となる章である。1970年代の石油危機は，アメリカのベトナムからの

---

(30)　1980年代を通じた途上国の累積債務と「逆石油危機」（石油価格の暴落）のインパクト，および国際機関（IMFと世界銀行）による「構造調整」政策は，現在，次の共同研究を通じて検討を始めている研究課題である。

撤退，第三世界（グローバルサウス）における諸革命の波，核戦力での米ソ均衡，さらに西欧や日本との競争の激化に伴うアメリカ製造業の衰退と同時期に起こった。こうした諸事件が収斂することで，西側陣営の同盟でのアメリカの指導力の低下が問題となり，第三世界の諸資源に西側諸国が依存することへの危険性に対する懸念が高まった。評論家の一部には，ソ連が冷戦で勝利しつつあるのではないかと論じる人さえ現れた。逆説的にも，石油危機が世界のエネルギー経済に変動を引き起こし，その変動が，共産主義の崩壊，アメリカの覇権（ヘゲモニー）の再興，そして冷戦の終焉に際して重要で前代未聞の役割を演じることになった。したがって，石油危機の起源，その展開過程，そしてその帰結を理解することは，20世紀末の国際秩序の変容を把握する上で不可欠となる。

　第2章「第三世界プロジェクト盛衰の支柱としての石油危機」（デーン・ケネディ）は，石油危機と「第三世界プロジェクト」との交錯を検証する。第三世界プロジェクトを際立たせていたのは，共有された一組の政治・経済的目標の追求であった。その目標には，外国権益から天然資源の支配権を取り戻そうとする決意，貧困な発展途上国を代弁する国際経済の再構築，米ソ間での冷戦抗争への巻添えを回避することが含まれていた。本章の中心となる論点は，2回の石油危機が，第三世界のこうした諸目標を達成する努力の明白な表明であったが，同時にそれは第三世界諸国の大志を掘り崩して，国際関係における独自な凝集力をもつ勢力としての第三世界プロジェクトの解体をもたらした点の解明である。1973～74年の第一次石油危機でのアラブ石油輸出国機構（OAPEC）と石油輸出国機構（OPEC）がとった戦略は，いかにして第三世界が西側優位の国際経済体制の締めつけを克服できるかを示す一つの事例を示していた。だが，それは同時に，アフリカ，ラテンアメリカや他の諸地域の非産油国の経済を弱体化させ，産油国と非産油国との軋轢を表面化させた。1979年の第二次石油危機はこの分裂を一層悪化させ，1980年代に多くの途上国を悩ませた大債務危機を引き起こすことになった。結局，二度の石油危機は，第三世界プロジェクト自体の基盤を掘り崩す手段となったのである。

　第3章「東南アジア開発におけるアジア開発銀行の役割——冷戦と石油危機の文脈」（菅英輝）は，1966年11月に創設されたアジア開発銀行（ADB）が，東南アジアの経済開発で果たした役割と，第一次石油危機の際の冷戦体制への関与を解明する。日米両国の主導で設立されたADBの役割を考察するには，冷

15

戦の論理（共産主義封じ込め）と開発の論理（脱植民地化ナショナリズムと開発志向）の相互作用という観点を踏まえることが必要になる。

　1970年代初頭に譲与資金のニーズが増大したため，1974年6月には，既存の2つの特別基金を統合して「アジア開発基金」（ADF: Asian Development Fund）が設立された。長引いた交渉を通じてADB指導部は，アメリカ政府と他の資金供与国との利害の相違を調整しながら，ADFの増資目標（21億5000万ドル）を，積極的貢献を行う日本政府の対応にも助けられて，非政治性・中立性という原則的立場を貫きながら達成した。石油危機がもたらした危機的状況に対してADB指導部は，東南アジア諸国向けの農業融資枠の急速な拡大で対応した。1968～76年にADBが承認した融資総額33億ドルのうち，52％が東南アジア向けで，19％（6億4600万ドル）が農業部門融資であった。このうち4分の1以上が最貧国への譲与資金であった。こうしたADBの取り組みは，1970年代末から80年代にかけて東南アジア諸国での農業生産の拡大をもたらした。輸出志向型工業化戦略の下で発展したNIEsに続いて，農村の発展と中小企業の育成を基盤とするASEAN-4の労働集約型工業化戦略が軌道に乗せるためにADBは独自の貢献を行ったのである。

　第II部「国際金融秩序と開発金融の変容」は，1970年代および1980年代初頭における国際金融に対する石油危機のインパクトとその変容を論じる。国際通貨史における「ブレトン・ウッズ」時代の終焉は石油危機と密接に関係していた。産油諸国に急遽流入した巨額の資金は，世界の金融安定化のために欧米先進諸国の国際金融市場に向けてリサイクル（還流）させる必要があった。その一つの帰結が，ロンドン・シティを中心とするユーロダラー市場と，シンガポールでのアジアダラー市場の出現にみられるオフショア市場の急激な拡張であった。オイルダラーの還流は，前述の「オイル・トライアングル」の形成と直結していた。またオイルダラーは，ラテンアメリカを中心に，グローバルサウスの発展途上国に欧米の民間銀行を通じて融資され，1970年代末から1980年代初頭の信用ブームの資金を供給した。第二次石油危機の後の1980年代初頭，アメリカの超高金利政策のため，ラテンアメリカにおける信用供与の逆転と資本流出により，1982年からメキシコ，ブラジル，アルゼンチンのような主要国で連鎖的な債務不履行が引き起こされた。[31]

　第4章「石油危機と「民営化された国際開発金融」」（山口育人）は，二度の

16

序　章　1970年代の石油危機と国際秩序の変容

石油危機が開発金融をいかに変容させたのか，国際通貨・金融システムの展開
の文脈に位置づけながら検討する。1960年代末から本格化した世界貿易の拡大，
アメリカの貿易赤字，世界的インフレ，西側先進国の変動相場制移行は国際通
貨・金融システムの再編の議論を不可避とした。第一次石油危機によってオイ
ルマネーのリサイクリング問題が焦点となった。IMFなどによる公的な国際
資金流動の拡大や，「新国際経済秩序」（NIEO）実現のための途上国に有利な
還流制度が提起された。しかしアメリカなどは，そうした公的リサイクリング
は，国際関係における「ポリティカルパワーの変更」につながると反対した。
また，日本・ドイツは国際資金還流での役割拡大に消極的で，産油国は国際援
助機関や途上国への投資・援助をさほど拡張しなかった。その結果，ユーロダ
ラー市場を中核とする西側の民間金融市場にオイルマネーが還流するリサイク
リング構造が出現した。世銀など公的資金へ依存する低所得国とは対照的に，
ブラジルや韓国など高所得国は活発な民間からの銀行借入により「国家主導・
債務依存工業化路線」を継続することになった。

　第二次石油危機後に国際金融市場に依存したラテンアメリカや東欧諸国は債
務危機に陥った。一方，韓国は輸出維持により危機を乗り越えたが，これは，
日米の市場・投資・援助と，輸出志向工業化路線の東アジア諸国が結びついた
アジア太平洋経済圏が姿を見せ始めたことを物語っていた。背景には，アメリ
カが，輸入や投資によるドル赤字を還流させることで「解決」する，「生産の
帝国」から「消費の帝国」への移行があった。「東アジアの奇跡」の起点とな
るアジア太平洋経済圏の登場は，第一次石油危機を経て出現した「民営化され
た国際通貨制度」が，「ドル還流システム」としての性格を明確にする1970年
代末から80年代にかけての展開と整合的であった。

　第5章「1970年代の大循環──ユーロダラー，オイルマネー，融資ブーム，
債務危機，1973〜82年」（マーク・メッツラー）は，信用−債務の循環に焦点を当て，
1970年代の石油危機が国際経済秩序にとって外部からもたらされたものでない
点を，長期の視点から論じる。第一に，石油危機に先行して米ドル危機が生じ
ていた。1971年8月の「ニクソン・ショック」と1973年初頭の変動相場制への
移行がブレトン・ウッズ体制を終わらせた。同時に，安定した安価な国際穀物

(31)　東アジアとラテンアメリカで実施された異なる諸政策に対する1980年代の債務危機のイ
　　ンパクトは，現在，次の科研共同研究で検討を始めている。

価格の時代も，1972～74年のインフレ的食糧危機により終焉したため，国際商品価格は1973年10月以前にすでに高騰していた。これら3つのショック——ドル・ショック，食糧ショック，石油ショック——が戦後の「石油＝フォード主義＝ケインズ主義」体制を終わらせ，1973年から1980年代初めの時期は，結果的に移行期であった。第一次石油危機による不均衡は，発展途上国へのユーロダラー融資の急増——今日まで続く「オフショア米ドル体制」の構築——により一時的に「固定」された。1978年末の第二のドル危機が第二次石油危機に先行していた。再び穀物価格も高騰したが，今回は，信用「固定」に代わったアメリカの深刻な通貨収縮により，債務不履行の波が引き起こされた。これは1980年代の「第三次債務危機」の始まりであった。巨視的に見ると，1970年代の国際融資ブームは，1920年代にみられたような融資ブームと類似している。実際，1970年代の融資ブームは，発展途上国向けの史上四番目の国際融資の波であり，それに第四の国際的な大債務危機が続いた。

　第Ⅲ部「冷戦，開発と経済援助」は，地域区分に応じた石油危機のインパクトを論じた——東アジア（中国），南アジア（インド），アフリカ（ガーナとケニヤの二国間比較）——事例研究である。1970年代における中国の位置はいくつかの点でユニークであった。（すなわち）中国は社会主義の東側陣営に属し，発展途上国（第三世界）の特徴を備えていた。また，産油国であり石油消費国でもあった。国家による統制経済であるとともに，1970年代末に鄧小平が改革・開放政策に着手していた。他方，インドは1960年代から経済開発のため，海外，特にアメリカから巨額の経済援助を受け入れていた。1970年代までに，世界銀行グループと他の国際機関が主要援助者としてアメリカに取って代わっていた。インドの石油危機への対応は，開発援助における援助国と被援助国との役割・関係の変化を際立たせる。さらに，石油危機に対する2つのアフリカ国家（ガーナとケニヤ）の対照的な対応は，比較研究のさらなる有効性を示している。「東アジアの奇跡」が具体化し始めていた東アジア諸国と比べると，アフリカの経済発展の実績は地味で，大概は停滞的であった。前英領であったアフリカ両国の政治経済の比較で明らかになるのは，発展と開発の停滞は，外来性と内在的な諸要因の交錯と絡み合いに左右された点である。

　第6章「世界エネルギー危機と中国石油外交」（南和志）は，1970年代～80年代初頭の石油危機と中国の経済政策および経済外交との連関性を分析する。石

油危機によりもたらされた好機と脅威が，資本主義陣営に対する技術協力を通じた開放政策を促し，それはプラント輸入から外資との共同事業にまで発展した。「独立独行」の精神で実施されたこの協力により，中国は1980年代初頭に大きな経済危機を回避し，「改革開放」政策を補強できた。第一次石油危機に続いた中国石油に対する世界全体の期待感はすぐに消滅したが，毛沢東から彼の後継者に引き継がれた北京政府による石油掘削設備の輸入が，1970年代末の新たな中米関係の経済的な基盤となった。中国は改革期の直前にエネルギー危機に直面した。広範な内部論争の末に北京政府が打ち出した解決策は，外資と共同での海底油田開発事業であり，それによりエネルギー勘定は悪化したにもかかわらず，中国経済は苦境を脱した。

　第7章「インドの「緑の革命」・世界銀行と石油危機──化学肥料問題を中心に」（秋田茂）は，1970年代のインドにおける「緑の革命」あるいは農業開発の進展と石油危機との関係性を再考する。石油危機の厳しい制約がある中で，インドはどのようにして1970年代に食糧生産で事実上の自給を達成したのだろうか。農業開発の進展にどのような要因が貢献したのだろうか。「東アジアの奇跡」を実現した東アジア・東南アジア諸国に比べて，インドの工業化政策は，第三次五カ年計画が終了する頃から相対的に停滞したと評価されてきた。1965〜67年には未曾有の食糧危機に直面して，アメリカからの大規模な食糧援助（PL480）に支えられてその危機を脱した。この過程でインドの経済開発政策は，従来の重化学工業化を過度に重視した政策から，農業開発を優先する方向に大きく転換した。「緑の革命」による食糧増産計画を推進するためには，高収量品種の確保と普及，水利灌漑設備（管井戸・電動ポンプ）など農業インフラの整備，化学肥料の大量使用の三要件が不可欠であった。食糧増産は化学肥料の増産と直結し，第一次石油危機前からの化学肥料価格の高騰（化学肥料危機）と第一次石油危機の原油価格急騰により，インドの輸入額は急増して，貿易収支が急激に悪化する中でインド政府の経済開発政策は一時的に苦境に陥った。この時のインドを積極的に支援したのが，マクナマラ総裁が率いた世界銀行，特に国際開発協会（IDA）であった。第一次石油危機を乗り切ったインドは，ペルシア湾岸の産油国に大量の出稼ぎ労働者を送り込み，彼らの本国向け海外送金（貿易外収入）が急増することで，悪化した国際（経常）収支も急速に改善し外貨準備高も増大した。こうして1970年代中葉には，安定した経済運営が可能

になったが，それを支える基盤となったのが「緑の革命」による食糧増産の実現であった。

　だがインド経済は，1979年の第二次石油危機を契機に再び急激に悪化した。政権に復帰したインディラ・ガンディー（Indira Gandhi）は，インド援助コンソーシアムからの経済援助に加えて，新たに国際通貨基金（IMF）から50億SDR（57億5000万 US ドル）に及ぶ IMF 史上最大の緊急融資（3 年間）を獲得することで危機を乗り切った。このインドの事例は，開発政策，累積債務と「構造調整」等，石油危機のグローバルな文脈で極めてユニークな自主的対応であった。

　第 8 章「商品価格高騰に直面したガーナとケニヤ──ナショナルとグローバルの交錯」（ギャレス・オースティン）は，2 つのアフリカ国家，ガーナ（西アフリカ）とケニヤ（東アフリカ）の対照的な経験を提示する。1970年代，特に1973〜75年は，独立後のサハラ以南のアフリカ諸国の経済成長が，1960年代の緩やかな成長から停滞へ，そして1980年代と90年代初頭の実質的な衰退への移行期であった。1973〜74年の第一次石油危機が原因となってこの移行が加速され，1979年に強化されたとみなす強力な見解がある。本章は石油危機自体を論じるわけではない。危機をグローバルな現象と捉え，いくつかの点で似た特徴を有したが対照的な経済的帰結を生んだ二国の比較分析を試みる。1970年代初頭にガーナは世界最大のカカオ豆輸出国であり，ケニヤはコーヒーと茶の主要生産国として両国とも飲料作物輸出国だが（この時期）石油の産出はなかった。したがって，両国は石油価格高騰に直面したが，1976〜78年の飲料作物価格，特にカカオとコーヒーの世界的ブームで相殺的恩恵を享受できた。1970年代全般を通じて，両国とも現物交易条件に改善がみられた。交易条件の偏差で対照的な結果が説明できないとすれば，相違は政策によるのか，なぜ政策は異なったのか。ケニヤ経済が1970年代の嵐を潜り抜けた一方で，ガーナ経済が挫折した背景として，両国の政策の違い，少なくとも政治的安定性の相違が反映されていた。著者は，当時語られた 2 つの主要な政治経済学による説明，すなわちコリン・レイズの従属論（1978年）と，ロバート・ベイツの合理的選択論（1981年）を紹介する。その上で，1970年代のアフリカの飲料作物生産国の経済史を決定づけたのは，グローバルな商品価格の変動というよりも，国ごとのナショナルな対応であったという一般的命題を引き出している。

7 21世紀のエネルギー危機に対する含意

　現在私たちは，1970年代以来最も高価なインフレーションの経済状況を目撃している。金融の量的緩和とゼロ金利政策の長期にわたる継続——日本発の政策パッケージ——は，2020年代初頭に，貿易摩擦と新型コロナのパンデミックによる「財政出動」（赤字財政）と供給面での行き詰まりに直面した。次いで，エネルギーと化学肥料価格を4倍以上高騰させたロシア＝ウクライナ戦争が勃発した。各国の中央銀行は金融緩和から引き締めへと政策転換を開始し，1970年代の経済状況との比較は，大衆メディアに溢れている。現在は，1970年代を詳細かつ歴史的に考察する絶好の機会である。

　2022年2月のロシアのウクライナ侵略は，西側諸国による対ロシア経済・金融制裁，ロシアによる対抗措置，さらにノルドストリーム・ガスパイプラインの爆破を招き，グローバルな市場での全面的な「世界エネルギー危機」を引き起こした[32]。それゆえ，2020年代は50年前の1970年代と（相違だけでなく）驚くべき類似した情勢を生み出している。顕著な類似点の一つが，化学肥料価格の劇的な高騰とウクライナによる穀物輸出の中断である。それによりグローバルサウスの最貧途上国は，新たな食糧危機に晒されている。世界銀行の首脳部はそうした危機的状況に警鐘を鳴らし，国際協力を求めて人道主義的アピールを大々的に行っている[33]。本書の出版は時宜を得ており，今や我々は，歴史的な経験から多くを学ぶことができるといえる。

---

(32)　*The Economist*, March 26th 2022（volume 442 number 9289），"Power Play: The new age of energy and security."

(33)　Juergen Voegele, Vice President for Sustainable Development at the World Bank, "Voices: How to manage the world's fertilizers to avoid a prolonged food crisis," July 22, 2022, http://blogs.worldbank.org/how-manage-worlds-fertilizera-avoid-prolonged-food-crisis?=cidECR_E_NewsletterWeekly_EN/EXT&deliveryName=DM149953（accessed on 28 July 2022); "Briefing the food crisis--After the pestilence, after the war…," *The Economist*, May 21st 2022.

第 I 部

石油外交と冷戦

サウジアラビア国王ファイサルと石油相ヤマニ

イラン国王と会談するカーター, ブレジンスキー, バンス
（1977年12月31日・テヘラン）

第1章
石油危機とグローバル冷戦

デーヴィッド・S・ペインター（菅英輝訳）

1970年代の石油危機は国際秩序を変容させた。石油生産および1973～74年と1978～79年の配分における混乱は，世界経済に影響を与えた石油価格の急上昇をもたらした。石油危機はまた，冷戦とも複雑に絡み合い，1970年代と80年代の地政学の形成に重要な影響を及ぼし，またこの時期の地政学によって形づくられた。[1]石油危機は，ベトナムからの合衆国の撤退，グローバルサウスにおける革命の波，ソ連による合衆国との核パリティの達成，および西欧と日本による競争の増大の結果生じた合衆国製造業の衰えと時期が重なった。このため，石油危機は，西側同盟における合衆国のリーダーシップへも疑問を投げかけ，グローバルサウスの資源への西側の依存に伴う危険への懸念を高め，アナリストの中には，ソ連が冷戦に勝利しつつあると論じる者も現れた。[2]皮肉なことに，石油危機はまた，世界経済における変化を始動させたが，これらの変化は，共産主義の崩壊および80年代における合衆国のヘゲモニーの復活という，重要かつ一般に理解されているといえない役割を果たした。石油危機の起源を理解することは，20世紀後半の国際秩序の変化を理解するのに不可欠である。

＊筆者は本章の準備段階でデーン・ケネディ，ヴィクター・マクファーランド・ドゥッチオ・バソシ（Duccio Basosi），マイケル・デグロート，グレゴリー・ブリュー，およびマリノ・オーファントのみなさんからいただいたコメントに謝意を表したい。

(1) David S. Painter, "Oil and Geopolitics: The Oil Crises of the 1970s and the Cold War," *Historical Social Research* 39 (2014), 186-208.

(2) 「グローバルサウス」は，社会的，経済的，政治的な用語で，アジア，アフリカ，ラテンアメリカにおける発展の遅れた国々を指すために用いられる。この用語は地理的概念ではない。この概念に含まれる大半の国は赤道以北に位置している。

第Ⅰ部　石油外交と冷戦

1　冷戦と石油

　ヘンリー・キッシンジャー（Henry Kissinger）は回顧録の中で，石油危機は
「戦後期に世界が成長を遂げる過程で，その姿を不可逆的に変貌させた」と記
しているが，キッシンジャーもそして1970年代の大半の学術的研究も，この時
期の石油危機と冷戦の経過との間に生じた相互作用を検討していない。[3] レイモ
ンド・ガーソフの著書『デタントと対決』は，1180頁もの分量の中で石油に言
及しているのは2回のみであり，オッド・アルネ・ウェスタッドの著書『グ
ローバル冷戦』は，グローバルサウスにおける冷戦に焦点があるにもかかわら
ず，石油への言及は驚くほど少ない。[4] リチャード・ニクソン（Richard Nixon）
の外交政策と1970年代の「グローバル・ショック」を扱った編著は石油危機に
関する論考を欠いており，1970年代の時期が重なる『ケンブリッジ冷戦史』の
第2巻および第3巻も同様である。[5]
　ダニエル・サージェントは石油危機を，1970年代の合衆国対外政策の変容を

---

(3)　Henry Kissinger, *Years of Upheaval* (Boston, MA: Little, Brown and Company, 1982),
　　854. キッシンジャーはそれぞれ別の章で，石油危機，第四次中東戦争および冷戦の諸問題
　　を論じている。Ｈ・Ａ・キッシンジャー（読売新聞・調査研究本部訳）『キッシンジャー激
　　動の時代』全3巻（小学館，1982年），第1巻『核と石油の世界戦略』，第2巻『火を噴く
　　中東』，第3巻『ブレジネフと毛沢東』。

(4)　Raymond Garthoff, *Détente and Confrontation: American-Soviet Relations from Nixon to
　　Reagan*, rev. ed. (Washington, D.C.: Brookings Institution, 1994); Odd Arne Westad, *The
　　Global Cold War: Third World Interventions and the Making of Our Times* (Cambridge:
　　Cambridge University Press, 2005)（Ｏ・Ａ・ウェスタッド，佐々木雄太監訳『グローバル
　　冷戦史——第三世界への介入と現代世界の形成』名古屋大学出版会，2010年）.

(5)　Fredrik Logevall and Andrew Preston, eds., *Nixon in the World: American Foreign
　　Relations, 1969-1977* (New York: Oxford University Press, 2008); Melvyn P. Leffler and
　　Odd Arne Westad, eds., *The Cambridge History of the Cold War* (Cambridge: Cambridge
　　University Press, 2010) 3 volumes ; Niall Ferguson, Charles S. Maier, Erez Manela, and
　　Daniel J. Sargent, eds., *The Shock of the Global: The 1970s in Perspective* (Cambridge, MA:
　　Harvard University Press, 2010).『グローバルな諸力の衝撃』（*The Shock of the Global*）
　　という編著に収められた章の大部分は，1973〜74年の石油危機に言及し，第二次石油危機
　　に言及する論考もいくつか含まれるが，危機の起源，およびその経緯に関する分析はみら
　　れず，またその帰結に関する議論も編著全体を通じて散見されるに過ぎない。

生み出した３つの要因の中の一つに含めているが，70年代以前の冷戦で石油が
果たした役割を検討しておらず，その代わりに，石油危機は冷戦への関心を遠
ざけたと論じている[6]。

　同じように，1970年代の石油危機に関する研究の大半は，冷戦を無視してい
る。広く読まれているダニエル・ヤーギンの著作，第一次石油危機に関するレ
イモンド・ヴァーノンの古典的な編著，スティーブン・A・シュナイダーによ
る詳細な研究，およびフィオナ・ヴェンによる考察は，石油危機を，冷戦のよ
り大きな地政学的文脈の中で扱っていない[7]。

　1973年の石油危機および1980年代の「逆オイルショック」に関する近年の研
究書もまた，概して冷戦を看過している。ジュリアーノ・ギャラヴィニは，石
油輸出国機構（OPEC）の歴史を扱った権威ある研究書を著したが，1970年代
に関する章も同様である[8]。しかしながら，近年マイケル・グロートとフリッ
ツ・バーテルは，石油危機は，東ヨーロッパにおける勢力圏を維持するソ連の
コストを吊り上げるという点で，冷戦に直接的かつ重要な影響をもたらしたと
論じている[9]。

---

(6) Daniel J. Sargent, *A Superpower Transformed: The Remaking of American Foreign Relations in the 1970s* (New York: Oxford University Press, 2015).

(7) Daniel Yergin, *The Prize: The Epic Quest for Oil, Money, and Power* (New York: Simon & Schuster, 1991); Raymond Vernon, ed., *The Oil Crisis* (New York: W.W. Norton, 1976); Steven A. Schneider, *The Oil Price Revolution* (Baltimore: Johns Hopkins University Press, 1983); Fiona Venn, *The Oil Crisis* (London: Longman, 2002).

(8) Elisabetta Bini, Giuliano Garavini, and Federico Romero, eds., *Oil Shock: The 1973 Crisis and Its Economic Legacy* (London: I.B. Tauris, 2016); Giuliano Garavini, *The Rise and Fall of OPEC in the Twentieth Century* (New York: Oxford University Press, 2019); Duccio Basosi, Giuliano Garavini, and Massimiliano Trentin, ed., *Counter-Shock: The Oil Counter-Revolution of the 1980s* (London: I.B. Tauris, 2018).

(9) Michael De Groot, "The Soviet Union, CMEA, and the Energy Crisis of the 1970s," *Journal of Cold War Studies* 22 (Fall 2020), 4-30 ; De Groot, "Global Reaganomics: Budget Deficits, Capital Flows, and the International Economy," in Jonathan R. Hunt and Simon Miles, eds., *The Reagan Moment: America and the World in the 1980s* (Ithaca, NY: Cornell University Press, 2021), 84-102 ; Fritz Bartel, *The Triumph of Broken Promises: The End of the Cold War and the Rise of Neoliberalism* (Cambridge, MA: Harvard University Press, 2022); Michael De Groot, *Disruption: The Global Economic Shocks of the 1970s and the End of the Cold War* (Ithaca and London: Cornell University Press, 2024).

2　石油とワールド・パワー

（1）合衆国のパワーと繁栄の原動力としての石油

　20世紀における石油の地政学の主要な特徴の一つは，2つの例外——合衆国とソ連——を除けば，どの大国も自国内にほとんど石油埋蔵量を保有していなかったという点だ。世界の石油埋蔵量の不均等な配分状況は勢力均衡に重要な影響を及ぼした。石油駆動の軍事プラットフォームが第一次世界大戦中に出現し，第二次世界大戦期には軍事力の中心となり，核兵器や弾道ミサイルの開発にもかかわらず，戦後期においてもその重要性を維持した。原子力艦船（主として，空母と潜水艦）は1950年代に開発されたが，世界の戦艦の大部分は航空機，装甲部隊および機械化された輸送船と同じく，依然として，石油に依存していた。そして新世代の兵器はいずれも，その前世代の兵器以上に石油をより多く消費した。

　石油は軍事力に不可欠であるのに加えて，20世紀には，工業国の経済でますます重要な役割を果たすようになった。石油は，航空輸送にとって唯一の燃料であるばかりでなく，陸上・海上輸送において用いられる主要燃料となり，産業用主要エネルギー源としての石炭に挑戦し，暖房や発電において重要な役割を果たした。石油を動力とする機械類は近代農業にとって不可欠となり，石油と天然ガスは，肥料および殺虫剤の重要な供給原材料となった。石油はすでに1925年までに，合衆国のエネルギー消費のほぼ5分の1にのぼり，第二次世界大戦までには合衆国のエネルギー使用のおよそ3分の1を占めるようになった。合衆国以外では，石油は主に軍事用に備蓄され，第二次世界大戦前の西ヨーロッパと日本では，エネルギー消費のおよそ10％を占めた。

　合衆国が，高水準の石油消費を前提とする社会経済組織形態の採用を強化し，

---

(10)　Anand Toprani, "Hydrocarbons and Hegemony," *Joint Forces Quarterly* 102 (3rd Quarter 2021), 29-36 ; Toprani, "A Primer on the Geopolitics of Oil," *War on the Rocks* (January 17, 2019), https://warontherocks.com/2019/01/a-primer-on-the-geopolitics-of-oil/.

(11)　W. G. Jensen, "The Importance of Energy in the First and Second World Wars," *Historical Journal* 11 (1968), 538-554; Anand Toprani, *Oil and the Great Powers: Britain and Germany, 1914-1945* (New York: Oxford University Press, 2019).

さらに西ヨーロッパと日本が主要エネルギー源として石炭から石油に転換するにつれ，石油の経済的重要性は第二次世界大戦後に増大した。1950年から72年の期間に，世界の全エネルギー消費は3倍以上に増えた。石油はその増加分の大きな割合を占め，1950年の時点で世界エネルギー消費の29％だったのが，1972年には46％に上昇した。1972年までに，石油は合衆国のエネルギー消費の45.6％，西ヨーロッパのそれの59.6％，日本のそれの73％を占めた。西ヨーロッパと日本によって使用される石油は，ほぼすべて輸入された。ソ連の動きは緩慢であったが，それでも1973年までに，石油はソ連のエネルギー消費のおよそ39％にのぼった。[13]

　石油は20世紀において，合衆国のパワーと繁栄の原動力となった。石油の十分な国内供給および海外の石油埋蔵量へのアクセスに対する支配は相当なものであったが，石油は合衆国のパワーの位置づけにおいては，しばしば看過されてきた要素だった。[14]合衆国は，20世紀最初の第三四半期までは世界の主要な石油生産国であったが，残りの第四四半期においても上位3位以内の生産量を保持していた。合衆国の油田は1920年に世界の石油生産の3分の2をわずかに下回る量を占めていたが，その割合は，1970年には23.5％，73年には18.7％に低下した。[15]国内の石油産業の繁栄にくわえ，1920年代から70年代にかけて国際石油産業を支配した七大石油企業（いわゆる「セブン・シスターズ」）のうち5つは，

─────────

(12)　J. R. McNeill, *Something New Under the Sun: An Environmental History of the Twentieth-Century World* (New York: W.W. Norton, 2000)（ジョン・マクニール，海津正倫・溝口常俊監訳『20世紀環境史』名古屋大学出版会，2011年), 297-231; Schneider, *Oil Price Revolution*, 520-522.

(13)　Joel Darmstadter and Hans H. Landsberg, "The Economic Background," in Raymond Vernon, ed., *The Oil Crisis*, 16-22 ; Schneider, *Oil Price Revolution*, 49-75 ; Marshall I. Goldman, *The Enigma of Soviet Petroleum: Half-Empty or Half-Full?* (London: George Allen & Unwin, 1980), 52-54. 石油は石炭に取って代わったわけではない。石炭の生産と消費は増大し続けたが，石油生産の伸びは石炭よりも速く，その世界エネルギー消費の割合は大きくなった。

(14)　David S. Painter, "Oil and the American Century," *Journal of American History* 99 (June 2012), 24-39.

(15)　DeGolyer and MacNaughton, *Twentieth Century Petroleum Statistics: Historical Data* (Dallas, TX: DeGolyer and MacNaughton, n.d.), 3 ; *BP Statistical Review of World Energy*, 2022, bp-stats-review-2022-all-data.xlsx.

第Ⅰ部　石油外交と冷戦

米系企業であった。[(16)]

　合衆国の国内埋蔵量と海外からの供給へのアクセスを確保する能力は，合衆国とその同盟国が2つの世界大戦で勝利することに役立った。冷戦期において，合衆国の政策はソ連封じ込めに重点をおいたが，この間，主要資本主義諸国間の破壊的な政治・経済・軍事競争に終止符を打ち，経済成長の促進を通して主要資本主義国間の階級闘争を緩和し，脱植民地化と民族解放の時代にあって，グローバルサウスの原材料，市場および労働力へのアクセスを保持した。石油の支配は，こうした努力にとって非常に重要だった。中東，ラテンアメリカ，グローバルサウスの他の地域における石油へのアクセスを維持するために，合衆国はソ連の影響力を封じ込めるよう尽力し，経済的ナショナリズムに反対した。[(17)]

（2）ソ連の東欧支配の重要な手段としての石油

　石油はまた，ソ連のパワーの位置づけにおいても重要で，しかもしばしば見過ごされてきた要素であった。ロシア帝国は世紀転換期の数年間，世界有数の産油国であった。幾度か順位が下がったことはあったものの，それでもソ連は

---

(16)　その緊密な結びつきと多岐にわたる共同事業ゆえに「セブン・シスターズ」として知られるこれらの企業には，以下が含まれる。スタンダードオイル・ニュージャージー（エクソン），ソコニー（モービル），スタンダードオイル・カリフォルニア（シェヴロン），テキサス・カンパニー（テキサコ），ガルフ石油，英国系のアングロ＝イラニアン石油会社（1954年以降は，ブリティッシュ・ペトロリーアム），およびロイヤル＝ダッチ・シェル・グループ（オランダ60％，英国40％の提携企業。以下を参照されたい。Anthony Sampson, *The Seven Sisters: The Great Oil Companies and the World They Shaped* (New York: Viking, 1975)（アンソニー・サンプソン，大原進・青木榮一共訳『セブン・シスターズ』上下巻，講談社，1984年); Edith T. Penrose, *The Large International Firm in the Developing World: The International Petroleum Industry* (London: Allen & Unwin 1968).

(17)　Charles Bright and Michael Geyer, "For a Unified History of the World in the Twentieth Century," *Radical History Review* 39 (1987), 82-84 ; Simon Bromley, *American Hegemony and World Oil: The Industry, the State System, and the World Economy* (University Park: Pennsylvania State University Press, 1991); David S. Painter, *Oil and the American Century: The Political Economy of U.S. Foreign Oil Policy, 1951-54* (Baltimore: Johns Hopkins University Press, 1986); David S. Painter, "Oil, Resources, and the Cold War," in *The Cambridge History of the Cold War*, vol. 1: *Origins*, Melvyn P. Leffler and Odd Arne Westad, eds. (Cambridge: Cambridge University Press, 2010), 486-507.

第1章　石油危機とグローバル冷戦

崩壊するまで，上位3カ国内に位置していた。革命と戦争が続いた1905年から1921年までの時期に石油生産は劇的に落ち込んだが，1930年には生産は回復し，ソ連石油は数年間，再び輸出市場に参入した。石油は1930年代の工業化の動力源として役立った。精製能力と先進技術を欠いていたため，ソ連は特殊製品に関しては，合衆国の武器貸与法に基づく援助に依存したままであったが，石油生産は戦時需要を満たすには十分だった。過剰生産，マンパワーと物資に対する競合する需要，および戦時の損害によって，生産は急激に落ち込んだ。だがソ連の石油生産は，埋蔵量が豊富なヴォルガ＝ウラル油田の生産が開始されるにつれて，1950年代には回復した。1950年代末のソ連の石油輸出の増加に伴い，石油価格に圧力が加わり，西側同盟内にいくばくかの対立を生んだが，西側はソ連の「石油攻勢」を封じ込めることができた。[18]

　石油はソ連による東ヨーロッパ支配の重要な要素であった。ルーマニアを除き，東ヨーロッパは自国内に意味のある石油埋蔵量を欠いており，石油需要のほぼすべてをソ連に依存していた。東ヨーロッパ諸国は1950年代と60年代には，主として自国の資源に依拠していたが，1960年代には，ルーマニアを除くすべての国で石炭の消費は低下し，1970年には，ソ連からの石油輸入はこの地域のエネルギー消費全体の11.3％を占めた。[19] 合衆国が禁輸を科したあと，ソ連による石油供給はキューバ革命を救ったが，中国は皮肉にもソ連の支援の下，1959年に膨大な埋蔵量を有する大慶油田を発見したことで，中ソ対立後のソ連による経済的圧力を回避するのにぎりぎり間に合った。[20] 地理的近接性，広範な努力，

---

(18)　Vagit Alekperov, *Oil of Russia: Past, Present, Future* (Minneapolis: Eastview Press, 2011), 251-289 ; Jeronim Perović, "The Soviet Union's Rise as an International Energy Power: A Short History," in Jeronim Perović, ed., *Cold War Energy: A Transnational History of Soviet Oil and Gas* (London: Palgrave Macmillan, 2017), 1-14 ; Bruce Jentleson, *Pipeline Politics: The Complex Political Economy of East-West Energy Trade* (Ithaca, NY: Cornell University Press, 1986), 76-131.

(19)　US Central Intelligence Agency, *Soviet Energy Policy toward Eastern Europe*: A research paper, June 1980, CIA FOIA Electronic Reading Room（以降，CIA Documents と略記する）.

(20)　Eric. T. Gettig, "Oil and Revolution: Cuban Nationalism and the U.S. Energy Empire, 1902-1961" (Ph.D. dissertation, Georgetown University, 2017), chaps. 6-8 ; Arthur Jay Klinghoffer, *The Soviet Union and International Oil Politics* (New York: Columbia University Press, 1977), 196-199. 本書第6章〔南和志〕も参照。

31

第Ⅰ部　石油外交と冷戦

およびイランとアラブ世界に広く行き渡った反西欧感情にもかかわらず，ソ連はペルシア湾岸に安定した足場を確保することができず，イラクを除けば，中東地域の石油産業から西側の石油企業を追放することに失敗した。[21]

3　要の年

（1）高まる中東石油の重要性

1970年代を通じて，中東における政治的混乱および世界の石油経済の変化が合わさって，世界の石油に対する合衆国の支配が脅かされた。合衆国の石油消費は第二次世界大戦後急激に増大した。合衆国の石油埋蔵量は1968年に，また石油生産は1970年に，それぞれピークに達した。そして合衆国の石油輸入は，1970年の需要全体のほぼ19％から1973年の35％超に増加した。

　アラスカ産石油は有望ではあったが，1970年代半ばまでは利用できないとみられていた。余剰石油生産能力の喪失は，供給が中断された場合，合衆国が石油をもはや同盟国に供給できないことを意味し，国際問題での合衆国の影響力を下支えしていた重要な要素が失われた。ベネズエラの石油生産は1960年代に増加したが，石油企業が操業の力点を中東に移行させる過程で，同国の石油産出量は低下した。1970年代に入ると，ベネズエラの石油生産は徐々に低下し始めた。北海油田の大規模な石油生産は1970年代半ばまで開始されなかった。[22]

　これとは対照的に，（アフリカ北部も含めた）中東の石油埋蔵量は1955年の

---

(21)　Fred Halliday, "The Impact of Soviet Policy in the Middle East," in Peter Shearman and Phil Williams eds., *The Superpowers, Central America, and the Middle East* (London: Brassey's, 1988), 155-165. イラクの石油産業へのソ連の援助に関しては，以下を参照されたい。Philippe Tristani, "Iraq and the Cold War: A Superpower Struggle and the End of the Iraq Petroleum Company, 1958-72," in *Oil Shock: The 1973 Crisis and Its Economic Legacy*, eds. by Elisabetta Bini, Giuliano Garavini, and Federico Romero (London: I. B. Tauris, 2016), 80-84 ; Brandon Wolfe-Hunnicutt, *The Paranoid Style in American Diplomacy: Oil and Arab Nationalism in Iraq* (Stanford, CA: Stanford University Press, 2021), 204-214.

(22)　George Philip, *Oil and Politics in Latin America: Nationalist Movements and State Companies* (Cambridge: Cambridge University Press, 1982), 294-306 ; Tyler Priest, "Shifting Sands: The 1973 Oil Shock and the Expansion on Non-OPEC Supplies," in Elisabetta Bini, Giuliano Garavini, and Federico Romero, eds., *Oil Shock: The 1973 Crisis and Its Economic Legacy* (London: I. B. Tauris, 2016), 120-125.

1262億バレルから1972年の4337億バレルに増加した。これは世界全体の埋蔵量のおよそ3分の2を占めた。中東の石油生産は1972年に日産21億7000万バレル（bpd）に達したが、これは非共産主義世界の石油生産の半分に相当した[23]。石油企業が低い生産コストを利用するために、中東地域に投資を集中させるにつれて、世界の石油生産に占める同地域のシェアは、1950年のおよそ15％から1973年の42％強に増加した。1972年までに、中東石油は西ヨーロッパのエネルギー消費全体の47％、日本のエネルギー消費の57％を占めるまでになった。西ヨーロッパの石油のおよそ80％、そして日本のそれの90％は、中東およびアフリカ北部から輸入された。中東石油が合衆国のエネルギー消費に占める割合はずっと低く、1972年に2％を占めるに過ぎなかった。だが、合衆国の石油消費レベルの絶対的な高さと輸送分野で石油が果たす不可欠な役割からみれば、消費量の規模が少ないとはいっても、供給困難に直面した際は重要であった。合衆国の年間一人当たりの石油消費は、1960年の19.6バレルから1970年には26.3バレルに増加した。くわえて、東南アジア駐留合衆国軍によって使用される石油の85％は、ペルシア湾岸地域から運ばれた。

（2）石油価格の引上げを求めるリビア

世界の石油の地理的移行は中東の石油生産者に、より高い石油価格を設定する手段を提供した[24]。1969年9月に君主制を打倒するクーデターを率いたムアンマル・カダフィ（Colonel Muammar Qaddafi）大佐傘下の政府は1970年1月、リビア産石油に対して、従来より高い価格を支払うよう石油企業に要求した。リビア産石油は西ヨーロッパと合衆国の石油市場と比べて、より有利な立場にあり、ペルシア湾岸原油の大半よりAPI（アメリカ石油協会）比重表示指数が高く、硫黄分含有量が低かった。このため、ガソリンその他の高付加価値製品を生産するための精油コストが低く抑えられた。リビアは、輸送コストおよび原油の

---

(23)　DeGolyer and MacNaughton, *Twentieth Century Petroleum Statistics*, 2012（Dallas, TX: GeGolyer and MacNaughton, 2012）; 合衆国の石油生産および世界の石油生産に占める中東のシェアの算定は、以下による。*BP Statistical Review of World Energy*, 2017.

(24)　*Foreign Relations of the United States, 1969-1976*, vol. 36, doc. 61, NIE 20/30-70, "Security of Supply to NATO and Japan," November 14, 1970（以降、*FRUS* に続けて巻と文書番号を記す）.

第Ⅰ部　石油外交と冷戦

質の差から生じる収益は，石油企業ではなく，自国が受け取るべきだと主張した。カダフィは，自前の技術者を訓練する間，リビアは必要であれば，石油収入なしでもやっていけると警告した[25]。

　カダフィの行動はタイミングがよかった。西ヨーロッパと合衆国でリビア産石油と競合していたナイジェリア産石油は，内戦によって被った混乱からいまだ回復途上にあった。パイプラインによってその一部が地中海地域に比重を移したことにくわえて，イラク政府とイラク石油会社との間で進行中の対立のために，イラクの石油生産は低下していた。トランス・アラビアン・パイプライン（Tap ライン）は，サウジアラビアから地中海地域へおよそ日産50万バレルの石油を輸送していたが，1970年5月にシリアで起きた事故によって，閉鎖に追い込まれた。くわえて，スエズ運河は，1967年のスエズ戦争の影響で依然として閉鎖されていて，石油タンカーはアフリカ経由で西ヨーロッパに石油を輸送せざるをえなかった。このような状況にあって，タンカーの輸送費用は3倍に上昇したため，リビア産石油は輸送面でもさらに有利な立場にあった[26]。

　リビアの石油産業の構造もまた，カダフィにとって有利であった。主要石油企業による支配を回避するために，リビア政府は1950年代に利権獲得を狙って，メジャーだけでなく，多くの小規模石油企業を招き入れていた。その結果，1970年代までに，独立系石油企業はリビア産石油のおよそ55％を占めるようになった。自社生産の石油市場を獲得する決意をもち，自社の行動が価格に及ぼす影響を気にしない独立系石油企業は，石油販売のため価格を切り下げた。リビアの石油生産は，1962年の日産18万バレルから1970年には日産3億3000万バレルに急増した[27]。

　リビア最大の石油企業はオクシデンタル・ペトローリアム・カンパニーである。同社は西ヨーロッパの製油所に供給するのに，リビア石油に全面的に依存

---

(25)　Frank C. Waddams, *The Libyan Oil Industry* (Baltimore, MD: Johns Hopkins University Press, 1980), 57-59, 191-212.

(26)　*FRUS 1969-1976*, 35, doc. 80, NSSM-114, January 24, 1971; Ian Seymour, *OPEC: Instrument of Change* (London: Macmillan, 1980), 55-62 ; Waddams, *Libyan Oil Industry*, 267-269 ; John Vincent Bowlus, "The 1967 Closure of the Suez Canal and Mediterranean Oil Unity," in Alain Beltran, ed., *Les routes du pétrole/Oil Routes* (Paris: P. I. E. Peter Lang, 2016), 125-138.

(27)　Waddams, *Libyan Oil Industry*, 191-212.

する独立系の合衆国石油会社であった。リビア政府は，石油企業が健全な資源保護政策を遵守していないと非難し，1970年春，オクシデンタルおよびその他の会社に生産縮小を命じた。オクシデンタル社社長アーマンド・ハマー（Armand Hammer）は，カダフィの要求に抵抗できるような価格で自社に石油を供給するようエクソンとシェルを説得することに失敗したのち，1970年9月初旬，1バレル30セントの価格の引き上げおよび企業利益に対する税率を50％から58％に引き上げることに同意した。共通の戦略に同意できなかった他の石油企業もまた，やがて類似の価格引き上げと増税を受け入れた。[28]

　みずからの交渉力を認識していた他のOPEC加盟国は他の石油企業に対して，リビアが獲得した条件に相当する価格引き上げと増税を認めるよう石油会社に迫った。石油会社は，OPECに対して共同戦線方式を提示する決定を行った。ジョン・J・マックロイ（John J. McCloy）顧問の指導の下，そして国務省と司法省との協力の下に，会社側はOPECに対して，解決策がすべての会社と国を対象とする場合にのみ交渉に応じると通告した。司法省は，合衆国企業が独占禁止法違反にならずに集団行動をとることを認めるビジネス・レビュー・レターを発行した。そしてリビアで操業する石油会社はリビアが石油生産を削減した際には，相互に支援し合うことを約束する協定に署名した。交渉は1971年1月19日にテヘランで開始されるよう設定された。[29]

（3）ニクソン政権の対応

　石油会社側が生産国との対決で勝利できるかどうか明らかでなかったし，ニクソン政権は，会社側を強く支持すれば中東での西側の立場を損なう可能性があることを恐れた。くわえて，合衆国も主要石油産油国であるため，より高い石油価格は合衆国経済のいくつかのセクターに恩恵をもたらした。実際，OPEC諸国で生産する合衆国企業に関する限り，より高い価格は，それがすべての石油会社に適用されるのであれば，問題ではなかった。西ヨーロッパと日

---

(28)　US Congress, Committee on Foreign Relations, Subcommittee on Multinational Corporations, *Multinational Oil Corporations and US Foreign Policy* (Washington, DC: US Government Printing Office, 1975), 22-25（以降，*MNC Report* と記す）; Waddams, *Libyan Oil Industry*, 230-236.

(29)　*MNC Report*, 125-130; Yergin, *The Prize*, 580-581.

図1-1 ヘンリー・キッシンジャー

本にとって割高な石油価格はまた，国内価格を世界水準よりも高く維持する合衆国石油輸入割当制度のお陰で，彼らが享受してきた合衆国に対するコスト上の利点を減じることになる。このため最終的に，石油会社は，コスト増大分を消費者に転嫁することができるのであれば，割高な価格に反対しないという立場であった。(30)

割高な石油価格に対して強い反対の立場をとれば，石油供給に混乱をきたすリスクもあった。ヘンリー・キッシンジャー国家安全保障問題担当補佐官は，石油会社側がリビアの要求に反対の立場をとれば，リビアは石油輸出を削減し，イラクおよびおそらくは他のアラブ諸国も，リビアに同調する可能性がある，とリチャード・ニクソン大統領に警告した。世界的なタンカー不足，スエズ運河の引き続く閉鎖，そしてタップ・ラインの混乱ゆえに，リビアとイラクが石油生産を停止すれば，ヨーロッパでかなりの石油不足を引き起こすことになるだろう。

合衆国は，石油の国内割り当てを実施することによってのみ，ヨーロッパに石油を放出することが可能となるだろう。石油供給の混乱はまた，世界経済にダメージを与え，合衆国の石油会社の持ち株の国有化につながり，ヨーロッパの安全保障を損ない，対イスラエル政策を変更するように求める圧力が合衆国に加わることになるだろう。くわえて，ヨーロッパ諸国は，合衆国およびイギリス企業を犠牲にして，リビアおよび他の産油国と政府間の個別取引に出ることによって，石油不足を回避しようと試みる可能性がある。(31)

こうした懸念が考えられるため，ニクソン政権は，産油国と対決しない決定

---

(30) *FRUS 1969-1976*, 36, doc. 69, C. Fred Bergsten and Harold H. Saunders to Kissinger, "The Developing International Oil Crisis," January 14, 1971; doc. 80, "NSSM 114: The World Oil Situation: NSSM-114," January 24, 1971; 詳細については以下を参照。NSC Institutional Files, "NSSM-114", Nixon Library（また，以下からも入手できる。The National Security Archive）; Kissinger, *Years of Upheaval*, 863 ; David S. Painter, "From the Nixon Doctrine to the Carter Doctrine: Iran and the Geopolitics of Oil in the 1970s," in Robert Lifset, ed., *American Energy Policy in the 1970s*（Norman, University of Oklahoma Press, 2013), 69.

第1章　石油危機とグローバル冷戦

を行った。イラン国王は，合衆国の立場を説明するためにテヘランを訪問して
いたジョン・アーウィン（2世）(John Irwin II) 使節に対して，ペルシア湾岸
の石油生産者との交渉は地中海地域の生産者（リビア，アルジェリア，およびパ
イプラインで地中海地域に運ばれるイラクとサウジアラビアの石油）とは別個に行う
べきだと進言し，アーウィンはこれを受け入れた。イランのシャーは，イラン
および他のペルシア湾岸産油国はベネズエラや急進的アラブ産油国に対して条
件を指図することはできないと主張した。[32]

（4）価格，所有権をめぐる湾岸産油国と石油会社の交渉

　石油会社とペルシア湾岸産油国との交渉は，1バレル35セントの価格引き上
げ，税率55％，およびインフレを相殺するために1971～75年の期間の定期的な
価格引き上げを規定した協定に帰結した。[33]リビアが主導する地中海地域の産油
国は，ペルシア湾岸産油国の交渉が終わるまで交渉を拒否した，そして4月に
入って，トリポリ協定が結ばれ，地中海地域産油国に対して，さらに1バレル
90セントの価格の上乗せが行われた。1カ月後，テヘラン会議でOPEC加盟
国となったナイジェリアは，地中海地域産油国が獲得したのと類似の条件を付
与された。[34]

---

(31)　*FRUS 1969-1976*, 36, doc. 73, Kissinger, Memorandum for the President, January 18,
　　1971; doc. 69, Bergsten and Saunders to Kissinger, "The Developing International Oil
　　Crisis," January 14, 1971; Painter, "Nixon Doctrine to Carter Doctrine," 69.

(32)　*FRUS 1969-1976*, 36, doc. 74, Irwin to State, January 18, 1971; Robert Stobaugh, "The
　　Evolution of Iranian Oil Policy, 1925-1975" in George Lenczowski, ed., *Iran Under the
　　Pahlavis* (Stanford, CA: Hoover Institution Press, 1978), 238-243 ; Painter, "Nixon Doctrine
　　to Carter Doctrine," 69-70.

(33)　*FRUS 1969-1976*, E-4, doc. 115, INR Intelligence Note, "OPEC Oil: Persian Gulf
　　Anchored, Mediterranean Next," February18, 1971; *FRUS 1969-1976*, 24, doc. 94, CIA,
　　"Some Revenue Implications of the 14 February Oil Settlement with the Persian Gulf
　　States," March 1971.

(34)　*FRUS 1969-1976*, 36, doc. 88, State 56087, April 2, 1971; 交渉の概観については，以下
　　を参照。Yergin, *The Prize*, 577-583 ; James Bamberg, *British Petroleum and Global Oil,
　　1950-1975: The Challenge of Nationalism* (Cambridge: Cambridge University Press,
　　2000), 447-466 ; *MNC Report*, 130-134 ; Francesco Petrini, "Eight Squeezed Sisters: The
　　Oil Majors and the Coming of the 1973 Oil Crisis," in Bini, Garavini, and Romero eds., *Oil
　　Shock*, 60-73.

37

第Ⅰ部　石油外交と冷戦

　1961年に1バレル1ドル80セントで停滞していた石油価格は，1971年には1バレル2ドル25セントに上昇し，73年には1バレル3ドル29セントに達した。輸出量の増大とともに石油価格が上昇したことによって，OPEC加盟国の収益は大きく増加した。OPECの石油生産は1970年には，一日当たり2220万から73年の3090万バレルに増大し，収入は1970年の73億ドルから73年の226億ドルに増加した。[35]

　価格と税金にくわえ，OPEC諸国は，所有と支配の問題で権利を主張し始めた。1968年にOPECは，自国の石油に対する産油国の所有権を宣言する決議を採択した。テヘランおよびトリポリ協定の締結からまもなく，ベネズエラは炭化水素法（Hydrocarbons Reversion Law）を成立させた。同法は石油会社の利権が，1980年代に期限切れを迎えたときに政府が石油産業を接収すること，および石油会社に対する政府の支配権を直ちに拡大することを規定するものであった。1971年9月，OPECは加盟国に対して，石油操業の所有権への参入に関して，石油会社と交渉を開始するよう求めた。[36]

　石油会社と合衆国政府は，産油国の所有権への参加は交渉による国有化とほぼ同じだとみなしたが，合衆国，イギリスあるいは石油会社がそれに反対する余地はほとんどなかった。[37]アルジェリア，リビア，およびイラクのとる行動によって，交渉に拠らない国有化がなされた場合に伴う結果がおぼろげながら明らかになるまで，交渉は遅々として進展しなかった。アルジェリアは1967年の6日間戦争時の合衆国の政策への報復として同年，マイナーな合衆国の石油・鉱山会社のいくつかを接収していたし，1971年2月にはフランスの石油・ガス会社の保有株の51％を国有化した。イランは，ペルシア湾岸に位置する小さな島を奪取したが，リビアはその際イギリスが役割を果たしたと主張し，1971年12月に報復措置として，ブリティッシュ・ペトロリアム社（BP）の持ち株を国有化した。11年に及ぶ紛争後の1972年6月，イラクはイラク石油会社（IPC）

---

(35)　Ian Skeet, *OPEC: Twenty-Five Years of Prices and Politics* (New York: Cambridge University Press, 1988), 102-103, 244.

(36)　Skeet, *OPEC*, 50-57

(37)　*FRUS 1969-1976*, 36, doc. 98, Eliot to Kissinger, December 13, 1971; doc. 112, Jidda 535, February 16, 1972 ; David S. Painter, "The End of the Postwar Petroleum Order: A Review of *Foreign Relations of the United States, 1969-1976*, Vol. XXXVI, *Energy Crisis, 1969-1974*," *Passport* 45 (April 2014), 31.

38

を国有化した。同社は PB, シェル, シー・エフ・ピー [CFP, フランスの国策石油会社], スタンダード・オイル・オブ・ニュージャージー, モービル, およびパルテックス (Partex) という小さな独立系石油会社が所有する多国籍コンソーシアムである。[38]

イラクによる IPC の国有化は, 石油会社が協定を結ぶ必要性を確信させた。アラブ湾岸諸国と石油会社との交渉は1972年10月に, 利権参入に関する一般協定 (General Agreement on Participation) に帰結した。同協定は, イラクによる25％の政府参入, 73年1月1日発効, 並びに1982年初めに51％の政府所有になるよう, 段階的引き上げを規定した。締結された協定は, アップデートされた簿価に基づき石油会社に補償を行い, いまや政府所有となった石油の生産の大半を購入する権利を保証した。イランは1951年以来, 法律上は自前の石油産業を所有していたが, 1973年春にコンソーシアムと協定を結んだ。同協定はイランの経営と石油産業の支配を規定し, コンソーシアム企業は引き続き操業に必要な設備を提供し, 他の湾岸諸国に付与された価格と同じ価格でイラン産石油の大半を購入した。石油会社に出し抜かれないように, リビア政府は1973年の8月と9月に, リビアで操業するすべての石油会社の51％を国有化した。[39]

(5) 冷戦の制約と合衆国・イギリス・石油会社

特に, 冷戦によって課された制約を踏まえると, 合衆国, イギリス, あるいは石油会社が, こうした行動を阻止するために何ができたかは明らかでない。所有権に対する支配を徐々に引き渡せば, 石油供給の停止と石油の政治的武器としての使用は避けることが可能であろう。また, 産油国の要求を受け入れれば, 石油に代わるエネルギー源が開発されるまで時間稼ぎを行い, そうするこ

---

(38)　Joe Stork, *Middle East Oil and the Energy Crisis* (New York: Monthly Review Press, 1975), chapter, 8 ; Samir Saul, "Masterly Inactivity as Brinkmanship: The Iraq Petroleum Company's Route to Nationalization, 1958-1972," *International History Review* 29 (December 2007), 746-792; Wolfe-Hunnicutt, *The Paranoid Style in American Diplomacy*, 204-224.

(39)　Skeet, *OPEC*, 71-73, 75-78, 80-82; Yergin, *The Prize*, 583-585 ; Kenneth A. Rodman, *Sanctity Versus Sovereignty: The United States and the Nationalization of Natural Resource Investments* (New York: Columbia University Press, 1988), 245-265 ; Seymour, *OPEC*, 218-230.

第Ⅰ部　石油外交と冷戦

とでOPECの影響力を弱めることができただろう。石油価格が緩やかに上昇することを可能にするという利得もありえた。高い石油価格はインフレを助長し、経済成長を鈍化させる可能性があるが、それはまた、アラスカ、オフショア油田、カナダ、メキシコ、ベネズエラ、それに北海といった、特に原油採掘コストが高い地域において、投資と生産の増大を刺激し、西側の中東石油への依存度を減らすことにつながる。高い石油価格はまた、資源保護および石油の使用効率を高め、特に石炭や核エネルギーといった代替エネルギー源のより一層の活用を促進する可能性があった。[40]

4　石油と第四次中東戦争

（1）中東への石油依存度削減を目指すニクソン政権

　国家安全保障会議報告は1972年7月、産油国と石油消費国間の勢力均衡の変化は、安全保障問題になる可能性があると警告した。アラブ諸国は、長期にわたって全面的な石油の禁輸を維持する財政能力を構築しつつあるという意味で、アラブ＝イスラエル紛争に対する合衆国の政策に「深刻な圧力」を加える能力を獲得しつつあった。[41]上記報告は、「石油政策の全般的な外交政策への影響に取り組むこと」を最優先事項とするよう慫慂した。ニクソンとキッシンジャーは、ベトナム戦争、戦略兵器制限交渉（SALT）および中国との和解といった、他の問題に専念していた。このためニクソンは、1973年3月までこの問題の研究を承認しなかった。[42]

　1973年4月、ニクソン大統領は合衆国の輸入石油への依存度を下げることを

---

(40)　"The U.S. and the Impending Energy Crisis," March 9, 1972, U.S. National Archives, RG 59, Central Files 1970-73, PET 1 US；*FRUS 1969-1976*, 36, doc. 116. Rogers to Nixon, March 10, 1972. 国務省の燃料・エネルギー局長で上記の3月付文書の作成者でもあるジェームズ・E・エイキンズは、広く読まれながらもしばしば誤解された下記論文において、こうした点を述べた。James E. Akins, "The Oil Crisis: This Time the Wolf is Here," *Foreign Affairs* 51 (April 1973), 462-490.

(41)　*FRUS 1969-1976*, 36, doc. 127, Hormats, Kennedy, and Walsh to Kissinger, July 11, 1972; doc. 128; NSC Staff Paper, "Analytical Summary," July 1972.

(42)　*FRUS 1969-1976*, 36, doc. 171, National Security Study Memorandum 174, March 8, 1973.

40

意図した新エネルギー政策のパッケージを発表した。このパッケージは，輸入割当制の即刻廃止，天然ガス価格の規制解除，石油とガスのオフショア掘削の拡大を含む国内エネルギー生産の拡大，そしてアラスカ石油パイプライン建設に対する残存する法的障害の除去を含んでいた。ニクソンはアメリカ国民に，「自然保護倫理」を求めたものの，彼が促進した政策は，ほぼ全面的に生産の増大に重点を置いていた。「国家安全保障と合衆国のエネルギー政策」と題された国家安全保障研究覚書（NSSM 174）は 8 月に完成したが，この研究は石油輸入量の増大によって，合衆国は短期的な石油供給中断に対してますます脆弱になったと警鐘を鳴らした。合衆国は石油に対する軍事的ニーズを満たすことはいまだ可能であるが，中東における戦争が原因で石油供給が急激に削減されたり，あるいは合衆国への石油輸送を禁止するといった「政治的動機に基づく決定」は，深刻な経済問題を惹起する可能性があった。

　アラブ＝イスラエル紛争の解決が進まない点をめぐるアラブの不満の増大，急進的なアラブ諸国からの圧力，あるいはアラブ急進派によるサウジアラビアないしは他の湾岸諸国における政権掌握は，イスラエルに対する合衆国の政策を強引に修正させるために，政治的武器として石油を用いることにつながる可能性があった。1973年の間を通して，サウジアラビアの政府役人たちは，合衆国がアラブ諸国と和解するようイスラエルに圧力を加えなければ，サウジアラビアは，その石油資源を政治的武器として用いることを余儀なくされる，と繰り返し警告した。それを回避するために，合衆国は「アラブ＝イスラエル問題について何らかの動きを示し」，「穏健派アラブ諸国」の安全保障と経済的関心に配慮するようさらに努力しなければならなかった。「圧倒的な関心事」は，サウジアラビアの急進化や，同国が「カダフィのような人物の支配下に陥る」のを防ぐべきだというものであった。国家安全保障会議は次のように考えた。短期的には，合衆国が中東からの石油輸入への依存を下げるためにできること

(43)　Jay Hakes, *Energy Crises: Nixon, Ford, Carter and Hard Choices in the 1970s* (Norman: University of Oklahoma Press, 2021), 66-69.

(44)　*FRUS 1969-1976*, 36, doc. 192, Odeen to Kissinger, August 11, 1973 ; Richard Nixon Library, NSC Institutional Files, NSSM-174, National Security and US Energy Policy, August 1973.

(45)　*FRUS 1969-1976*, 36, doc. 192, Odeen to Kissinger, August 11, 1973 ; doc. 193, Odeen to Kissinger, August 15, 1973 ; Painter, "End of the Postwar Petroleum Order," 32.

第Ⅰ部　石油外交と冷戦

は多くはなかったが，長期的には，中東産の石油から距離をおき，中東域内に
あっては，サウジアラビア依存からイランに力点を移行するなど，輸入先を多
様化するよう努め，かつ代替措置として国内供給源を強化するよう努力すべき
だ。くわえて，もし合衆国が義務的な割当計画を自主的に作成し，石油備蓄を
拡大し，同盟国と輸入分担計画を交渉することができれば，おそらく石油の全
面禁輸に対しても1980年代まで持ちこたえることができるだろう。[46]

　合衆国の政策形成者は，状況を是正する時間はあると考えた。米中央情報局
（CIA）の国家情報分析覚書は4月に次のような結論に達した。「1970年代に
ちょっとした石油供給の中断はあるだろうが，アラブ諸国が協力し合って，石
油輸送に対する重要かつ持続的な禁止に出る可能性は極めて低い」。くわえて，
合衆国の情報もイスラエルのそれも，大規模中東戦争は，今後2，3年は起こ
りそうもないと信じていた。イスラエルは，勝利するチャンスがあるだけの十
分な軍事資源を集積するまでは，エジプトが戦争のリスクを冒すことはないだ
ろうとみていた。このような状況が出現するまで，エジプトは攻撃してくるだ
ろうとは，イスラエル側は考えていなかった。[47]

（2）第四次中東戦争と OAPEC による石油戦略の発動

　しかし1973年10月6日，痺れを切らしたエジプトおよびシリア軍が，シナイ
半島とゴラン高原を占領していたイスラエル軍に同時攻撃を仕掛けてきた。こ
の攻撃はイスラエルの不意を突き，初期の戦闘で，エジプト軍はスエズ運河の
東岸に構築された陣地とイスラエルの防御線を突破し，シリア軍はゴラン高原
の大部分を取り戻した。パレスチナ解放機構（PLO），クウェート国民議会内
の急進派ナショナリスト，およびイラクバース党は直ちに，イスラエルとその
支持者に対して石油を武器として振るうようアラブ産油国に求めた。クウェー
トの石油労働者たちは，合衆国への石油輸送量の少なくとも50％を削減しなけ
れば，石油生産を完全に停止すると脅した。イラクは，バスラ石油会社（BPC）
に対して保有するエクソンとモービルの持ち分を国有化し，アルジェリアとと

---

(46)　Painter, "Nixon Doctrine to the Carter Doctrine," 73.

(47)　*FRUS 1969-1976*, 36, doc. 185, NIAM 3-73: *International Petroleum Prospects*, May
　　11, 1973 ; Ahron Bregman, "Ashraf Marwan and Israel's Intelligence Failure," in *The
　　October 1973 War: Politics, Diplomacy, Legacy* (London: Hurst, 2013), 199-200.

もに，合衆国への石油輸出禁輸を宣言した。両国の行動は主として象徴的なものであった。イラクは1972年に，イラクにある主要な外国石油会社を国有化していたが，彼らは補償を申し出たうえ，エクソンとモービル両社に対して，BPCからの石油へのアクセスを引き続き認めた。アルジェリアは，合衆国に石油をほとんど供給していなかったので，その行動もまた，ほとんどインパクトを与えなかった。くわえて，サウジアラビア政府は合衆国所有のアラビアン・アメリカン・オイル・カンパニー（アラムコ）に対して，アラブの戦争努力を支援するために原油と石油製品を供給するよう指示した。拒絶した場合の報復を恐れて，アラムコはその要求に応じた。[48]

　合衆国によるイスラエル支持に対してサウジアラビアは石油ボイコットで対応することになる，という主要石油会社とサウジアラビア政府からの警告を無視して，合衆国はエジプトとシリアへのソ連の援助再開に対抗するために，10月14日，イスラエルへの軍事物資の空輸を開始した。[49]戦争中にもかかわらず，石油会社およびペルシア湾岸産油国の代表は，1971年のテヘラン価格協定の改定を協議するために，10月8日，ウィーンで予定通り会合を開催していた。湾岸諸国はインフレ分を埋め合わせるため，およびテヘラン協定締結時に実施されていた80対20の利益配分を復活させるために，石油価格の調整を望んだ。会社側は15％の価格引き上げ，インフレ調整レート，および低硫黄含有原油へのわずかばかりの割増金を申し出たが，彼らはこれを拒絶し，100％の増額，インフレ調整額をさらに引き上げた方式，およびテヘラン協定締結時の市場価格を40％上回る課税基準価格（tax reference）を維持するメカニズムを要求した。双方の立場がかけ離れ過ぎていたため，会社側代表は本国政府と協議するためウィーンを離れた。湾岸諸国の代表はウィーンからクウェートに移動した。クウェートで，彼らは10月16日，石油公示価格を一方的に，１バレル３ドル１セ

---

(48)　David S. Painter, "Oil and the October War," in Asaf Siniver, ed., *The October 1973 War* (London: Hurst, 2013), 173-174 ; Garavini, *OPEC*, 217-218 ; Schneider, *Oil Price Revolution* (Hopkins Press), 222 ; U.S. Congress. Senate. Committee on Foreign Relations. Subcommittee on Multinational Corporations, *Multinational Oil Corporations and U.S. Foreign Policy* (Washington, DC: U.S. Government Printing Office, 1975, （以降，*MNC Report* と略記する），144. Standard Oil Company of California (SOCAL, later Chevron)，アラムコはテキサコ，エクソン，モービルの共同所有。

(49)　Painter, "Oil and the October War," 174-175.

第 I 部　石油外交と冷戦

ントから70％引き上げた。[50]

　クウェートで緊急会合を開いていたアラブ石油輸出諸国機構（OAPEC）は翌日，西ヨーロッパと日本が合衆国に圧力をかけ，アラブ＝イスラエル紛争に関する同国の政策変更を迫るよう，石油生産の削減を発表した。OAPECは，サウジアラビア，クウェート，およびリビアによって1968年に結成され，その加盟国は1973年には，アルジェリア，バーレーン，イラク，カタール，シリア，アラブ首長国連邦を迎え拡大し，加盟国は世界の石油生産の約31.7％を占めるようになった。イラクはOAPEC加盟国であったが，生産削減に参加することを拒否し，総石油産出量を増やした。アブダビは10月18日に合衆国への石油の禁輸を発表し，10月19日にリビアとカタールがこれに続いた。リビアはまた，自国の石油公示価格を1バレル8.925ドルに引き上げた。[51]

（3）イスラエルを支援する合衆国対 OAPEC による石油の全面禁輸措置

　イスラエルにさらなる援助を行えば，石油を禁輸するという警告にもかかわらず，ニクソン大統領は10月19日，イスラエルに対する22億ドルの無償軍事援助を議会に要請した。冷戦への関心が，合衆国の決定の主たる要因だった。ニクソン大統領が10月17日に顧問たちに語ったように，「われわれはソ連の支持する作戦が，合衆国の支持する作戦に対して成功することを許すことはできない。かりに成功すれば，世界中におけるわれわれの信用は深刻なまでに揺らぐことになる」。翌日，サウジアラビアは合衆国に対して，石油の全面禁輸を宣言し，この禁輸は，イスラエルが1967年戦争時の国境の範囲を超えてアラブ領土を占領し続けている限り継続されると警告した。10月21日，サウジアラビアは，合衆国に対する禁輸措置を拡大し，その中にバーレーン，イタリア，ギリシアに駐留する合衆国軍隊に供給する製油所へのあらゆる間接的輸送と引き渡しを含めた。数日もしないうちに，イラクを含む残りのアラブ産油国は，合衆

---

(50)　David Wight, *Oil Money, Middle East Petrodollars and the Transformation of US Empire, 1967-1988* (Ithaca: Cornell University Press, 202), 56-57; Yergin, *Prize*, 582-584.

(51)　United Kingdom National Archives (UKNA), PREM 15/1765, Telegram 492 from Jedda to the Foreign Office, October 16, 1973 ; Telegram 493 from Jedda to the Foreign Office, October 16, 1973; Painter, "Oil and the October War," 176-177; Garavini, *OPEC*, 174; *BP Statistical Review of World Energy, 2022.*

国に対する禁輸を宣言した。OAPEC は，オランダのイスラエル支援に対する報復として，10月23日，同国に対する禁輸を延長した。イラクもまた，バスラ石油会社（BPC）のシェルの株（シェルは60％がオランダの所有）を国有化した。[52]

国際石油会社は禁輸には従ったが，非アラブ産石油を禁輸対象国に回し，削減分を配給することによって禁輸効果を削いだ結果，禁輸国と非禁輸国の双方が石油輸入をほぼ同じ分量削減することとなった。1973年12月から1974年4月までの期間，合衆国は1973年の同一期間と比べて，12％少ない石油（原油と石油製品）を受け取った。西ヨーロッパは13.6％少なく受け取り，他方日本は1％多く受け取った。これらの数字は制限された供給の配分における明らかな不平等を示しているようにみえるが，エネルギー需要の伸び率の違いを考慮に入れていない。1973年1月以前において，日本のエネルギー需要は，合衆国と西ヨーロッパにおける5％の伸び率と比べて，年間約17％の割合で伸びていた。予想される需要の伸び率を考慮すると，合衆国の不足は17％，西ヨーロッパの不足は18％，そして日本の不足は16％であった。[53]カナダ，インドネシア，イラン，およびソ連からの輸出の増大は，部分的にアラブの供給の低下を相殺したが，石油価格は急騰し，スポット市場で1バレル17ドルに達した。12月22日，OPEC は石油の公示価格を1バレル11ドル65セントに引き上げた（1974年1月1日発効）。[54]

（4）生産カット，石油禁輸，石油価格上昇

生産カット，石油禁輸，石油価格上昇の関係は，整理して理解することが重要である。合衆国に対する禁輸に目を奪われ，生産カットを無視すると，混乱の規模とインパクトを過小評価することになる。生産カットの期間は短かったが，それは生産にかなりの影響を及ぼし，供給を混乱させ，石油価格の急騰につながった。さらに，大半の研究は合衆国に対する禁輸に焦点を当てたが，オ

---

(52)　*FRUS 1969-1976*, 25, doc. 199, Memorandum of Conversation, October 17, 1973; doc. 223, CIA Memorandum, October 19, 1973 ; Painter, "Oil and the October War," 177.

(53)　Robert B. Stobaugh, "The Oil Companies in the Crisis," in Vernon, ed., *The Oil Crisis*, 179-202; Painter, "Oil and the October War," 178-181; M.A. Adelman, *The Genie Out of the Bottle: World Oil Since 1970* (Cambridge, MA: The MIT Press, 1995), 139.

(54)　Yergin, *The Prize*, 583-626. Bamberg, *BP and Global Oil*, 474-489.

第Ⅰ部　石油外交と冷戦

表1-1　1973年9月から74年3月までの原油生産（単位：
1日100万バレル）

	9/73	10/73	11/73	12/73	1/74	2/74	3/74
アラブ	20.8	19.8	15.8	16.1	17.6	17.9	18.5
非アラブ	38.4	38.9	39.0	39.3	39.6	39.5	39.5
合　計	59.2	58.7	54.8	55.4	57.2	57.4	58.0

出典：Federal Energy Administration, *U.S. Oil Companies and the Arab Oil Embargo: The International Allocation of Constricted Supplies* (Washington, DC: U.S. Government Printing Office, 1975),
7.

ランダに対する禁輸は大きなインパクトを与えた。オランダが輸入する原油のおよそ80％は，精製品として他国に再輸出されたからである。その結果，オランダに対する禁輸はまた，ベルギー，ルクセンブルク，および西ドイツへの供給を混乱させた。[55]

　10月の石油価格引き上げは生産カットの1日前に発表された。引き上げは，経済的な理由で——インフレの影響，ドル価格の低下，および収益の算定の基礎になる公示価格に比して市場価格が上昇したのを補うために——OAPECではなく OPEC によってなされた。12月末の価格上昇は，生産カットと禁輸によって石油の公示価格が上昇したのが原因で生じたが，生産と配分の混乱に対する OPEC「タカ派」（OPEC "price hawks"）によるご都合主義的反応であった。それは，アラブ諸国の政治的要求に直接関連しておらず，政治的動機に基づいたものではなかった。イランは生産をカットしたわけでも，禁輸に参加したわけではなかったものの，イラン国王は価格引き上げの主導者であった。対照的に，生産カットと禁輸で決定的な役割を果たしたサウジアラビアは，より少なめの価格引き上げを主張したが，成功しなかった。[56]

　多くの学術研究と世間一般の説明でしばしばなされるのとは異なり，結局の

---

(55)　Painter, "Oil and the October War," 179. 以下の文献に掲載されている表を参照。Adelman, *Genie Out of the Bottle*, 111; Romano Prodi and Alberto Clô, "Europe," in Raymond Vernon, ed., *The Oil Crisis* (New York: W.W. Norton & Company, 1976), 98.

(56)　Painter, "Oil and the October War," 174, 184-185 ; Garavini, *OPEC*, 202-203, 221-226; Ian Skeet, *OPEC: Twenty-five Years of Prices and Politics* (New York; Cambridge University Press, 1988), 87-91, 99-105 ; Vernon, ed., *Oil Crisis*, 290. Adelman, *Genie Out of the Bottle*, 120は，石油価格がどのように算定されるかを示す表を示している。Robert Vitalis, *Oilcraft: The Myths of Scarcity and Security That Haunt U.S. Energy Policy* (Pal Alto: Stanford University Press, 2020), 67; Timothy Mitchell, *Carbon Democracy: Political Power in the Age of Oil* (London: Verso, 2011), 184-186.

ところ，禁輸は「OPECによる禁輸」ではなかった。OAPECは1973年の時点で，サウジアラビア，クウェート，リビア，イラク，バーレーン，カタール，アルジェリア，アラブ首長国連邦，およびエジプトによって構成され，OPECの加盟国ではない国を含んでいたが，OAPECが禁輸と生産カットを開始した。OAPECの加盟国ではあったが，イラクは独自行動をとり，禁輸には同調したものの，生産カットには参加しなかった。イラン，ベネズエラ，ナイジェリア，インドネシアを含む非アラブOPEC加盟国は禁輸には参加しなかったが，生産と輸出の削減には応じた。彼らは価格上昇から利益を得ることで満足し，ソ連と同じように，生産と輸出を増やしさえした。禁輸をOPECの禁輸だと称するのは，禁輸につながる具体的な政治環境を曖昧にし，OPECが1971年以来求めてきた価格上昇圧力と生産カットを伴った禁輸とを混同することになる。[57]

5　禁輸の終わり

（1）中東への合衆国の軍事介入の脅し

　危機の間，それまでの国家安全保障担当大統領補佐官のポストにくわえて，1973年に国務長官に就任していたヘンリー・キッシンジャーとジェームズ・シュレシンジャー（James Schlesinger）国防長官は，公に軍事介入の脅しを行った。シュレシンジャーはまた，合衆国駐在イギリス大使とNATOの役人に対して，この問題を提起した。そして，キッシンジャーとシュレシンジャーは，危機の期間中に多くの会合で，軍事介入の可能性を取り上げた。[58] キッシン

---

(57)　George Lenczowski, "The Oil-Producing Countries," in Raymond Vernon, ed., *The Oil Crisis* (New York: W.W. Norton & Company, 1976), 60-67; Andrew Scott Cooper, *Oil Kings: How the U.S., Iran, and Saudi Arabia Changed the Balance of Power in the Middle East* (New York: Simon & Schuster, 2011), 143-148 ; De Groot, "The Soviet Union, CMEA, and the Energy Crisis of the 1970s," 14.

(58)　*FRUS 1969-76*, 36, docs. 229, 244, 247, 251, 253, 255 ; United Kingdom, Foreign and Commonwealth Office, *Documents on British Policy Overseas*, Series 3, Vol. 4: *The Year of Europe: America, Europe and the Energy Crisis, 1972-1974*, Discussion between the Defence Secretary and the US Secretary of Defense, November 7, 1973; UKNA, PREM 15/1768, Cromer to Douglas-Home, November 15, 1973; Ministry of Defence to the Prime Minister, "Middle East," November 28, 1973 ; "Note by the Assessments Staff, Middle East: Possible Use of Force by the United States," December 12, 1973.

第Ⅰ部　石油外交と冷戦

ジャーは回顧録の中で、「これらのことはこけ脅しなどではなく」、実際に緊急計画が準備されたと主張した。シュレシンジャーは後に、会見者に対して次のように語った。合衆国は、アブダビへの介入の口実として、ペルシア湾岸における、すでに予定されていた軍事演習を利用することを計画していた。彼は、これによって、他の産油国を畏縮させることになると信じていた[59]。

　イギリス政府はシュレシンジャーの声明を深刻に受け止め、合衆国がアラブ産油国に武力を行使した場合の影響の研究を指示した。この研究の結論は次のようなものであった。かりに合衆国が平和的解決に関するあらゆる可能性を試す前に介入した場合、ヨーロッパにとっての帰結は「悲惨なものとなる」だろう。シュレシンジャーとキッシンジャーは明らかに、アブダビを押さえれば十分だと考えていたが、イギリスの研究は、軍事介入が成功するためには、サウジアラビアのそれも含めて、この地域のすべての油田を抑える必要があると結論づけていた。このような介入は、油田および関連インフラのサボタージュの可能性が高まることも含め、時間を要する大掛かりな仕事になるだろう[60]。

　実際の介入計画を反映しているというより、これらの脅しはおそらく、サウジアラビアおよび他の湾岸産油国を畏縮させることを意図したものであろう[61]。サウジアラビアとクウェートは、攻撃された場合には、油田施設を破壊し、何年もの間、石油への西側のアクセスができないようにすると脅した。サウジアラビア通貨庁（SAMA）の正史によると、「ファイサル国王は、合衆国が攻撃してきた場合、石油施設を破壊する命令と同時に、国家警備隊の油田保護を強

---

(59)　Kissinger, *Years of Upheaval*, 880; Cooper, *Oil Kings*, 129-130; Jeffrey Robinson, *Yamani: The Inside Story* (London: Simon & Schuster, 1988), 100-102 ; McFarland, *Oil Powers*, 138-139. 軍事演習については、以下を参照。*FRUS 1969-1976*, 27, docs. 42, Washington 217485, November 4, 1973; doc. 46, Tehran 8321, November 26, 1973.

(60)　UKNA, PREM 15/1768, "Note by the Assessments Staff, Middle East: Possible Use of Force by the United States," 12 December 12, 1973 ; Hunt to the Prime Minister, "Middle East," 3 Jan. 1974. 議会調査局の1975年夏の研究は、似たような結論に到達している。Congressional Research Service, *Oil Fields as Military Objectives: A Feasibility Study*, prepared for the Special Subcommittee on Investigations of the House Committee on International Relations (Washington, D.C.: Government Printing Office, 1975).

(61)　禁輸のコミュニカティブな側面については、以下の鋭い分析を参照されたい。Rüdiger Graf, "Making Use of the 'Oil Weapon': Western Industrialized Countries and Arab Petropolitics in 1973-1974," *Diplomatic History* 36 (January 2012), 185-208.

化するよう（のちのアブドラ国王である）皇太子に命じた」とされる。同じように，考えられる軍事的有事についての CIA レビューは次のような結論に達していた。油田を掌握するための軍事介入はおそらく，「われわれが追求する目的そのものを破壊する」結果となるので，逆効果である。また，おそらくソ連は，イラクなどのような同盟国を支援することによって，合衆国の介入に反対する可能性が非常に高いだろう。くわえて，大半のヨーロッパ諸国は最後の手段として以外は，武力行使に反対であったし，ベトナム戦争の結果として，アメリカ世論はおそらく，自国の安全に対する明確な脅威が不在な中，合衆国の軍事介を支持しなかっただろう。[62]

（2）石油消費国グループ結成に向けたワシントンのイニシアティブ

合衆国はこの危機を利用して，西側同盟における指導力を取り戻そうと試みた。国務省政策企画室は12月1日，合衆国は石油禁輸によっても工場が閉鎖されることもない唯一の西欧国家として，同盟を「再活性化」させる機会を有していると指摘した。「再活性化」が何を意味するかは，3日後に作成された国家安全保障覚書に明確に述べられている。同覚書は次のように述べていた。「現在の石油危機と長期的な石油事情における合衆国のユニークな役割は，ヨーロッパ諸国に対していくばくかのテコを提供している。われわれは，彼らの石油事情を良くすることも悪くすることもできる力をもっている」[63]。アラブ諸国に対して圧力をくわえると同時に，イニシアティブを握るために，キッシンジャーは，主要石油消費国が政策調整を行うことを望んだ。ニクソン大統領は1974年1月9日，ワシントンで開催されるエネルギー会議に主要工業諸国を招き，石油消費国の交渉上の立場を改善すべく消費国グループの立ち上げを目指した。[64]

---

(62) "Saudi Arabia warns U.S. against oil countermoves," *New York Times*, 23 November 1973, 1 ; "Kuwait threatens oil field destruction should the US step in", *New York Times*, 1 January 1974 ; *FRUS 1969–1976*, 36, doc. 250, Rousel to Bush, November 27, 1973; doc 255, Sanders to Kissinger, November 30, 1973, note 2; SAMA history quoted in Duccio Basosi, "Oil, dollars, and US power in the 1970s: re-viewing the connections," *Journal of Energy History/Revue d'Histoire de l'Energie* 3（June 2020), 31, energyhistory.eu/en/node/192.

(63) Painter, "Oil and Geopolitics," 192 ; McFarland, *Oil Powers*, 140-141.

(64) Painter, "Oil and Geopolitics," 192-193 ; Kissinger, *Years of Upheaval*, 896-897.

第Ⅰ部　石油外交と冷戦

　主要消費国は1974年２月11〜13日にワシントンで会合を開いた。イギリスを
含め大半のヨーロッパ諸国は，ヨーロッパがより自律的な役割を果たすことを
望んだが，合衆国の政策に反対するフランスに追随することは渋った。同盟国
に石油を供給することによって同盟の結束を高めるという手段に訴えることが
できなかったため，合衆国は同盟国の協力を得ようとして脅しや警告に訴えた。
会議冒頭の乾杯の挨拶の中で，ニクソンは，ヨーロッパと日本がエネルギー問
題で合衆国のリーダーシップに従わない場合，合衆国国内で孤立主義を助長す
ると述べた。キッシンジャーも同様に，エネルギー問題を協調して解決するこ
とに失敗すれば，「競争，アウタルキー，敵対，および1930年代の世界秩序の
崩壊につながった不況といった悪循環が世界を脅かすことになるだろう」と警
告した。[65]

　大半の合衆国の同盟国は，生産削減と禁輸を招いたことに対して合衆国の政
策を非難した。それでも，大部分の国は，合衆国と協調することの恩恵を理解
し，フランスという重要な例外はあったが，産油国のパワーとのバランスをと
るために，消費国グループを結成する合衆国の計画に同意した。フランス政府
は後日，方針を変え，1974年11月，経済協力開発機構（OECD）の枠内で国際
エネルギー機関（IEA: International Energy Agency）を設立することを黙認した。[66]

　３月，合衆国がイスラエル，エジプト，シリア間の停戦交渉を手助けした後，
OAPECは禁輸を解除する決定を行った。禁輸を終わらせる気持ちにサウジア
ラビアをさせたのは，軍事的，経済的結びつきを強化する合衆国との協定で
あった。軍事資材，訓練，および技術援助を供与することにくわえて，合衆国
は内外の敵からサウジアラビア政権を守ることを申し出た。大半のアラブ諸国
は３月18日に禁輸を終えることに同意した。同日，サウジアラビアは直ちに１

---

(65)　*FRUS 1969-1976*, 36, doc. 318, Editorial Note; Kissinger, *Years of Upheaval*, 905-925;
　　　Ethan B. Kapstein, *The Insecure Alliance: Energy Crises and Western Politics Since 1944*
　　　(New York: Oxford University Press, 1990), 171-175; Henning Türk, "The Oil Crisis of
　　　1973 as a Challenge to Multilateral Energy Cooperation Among Western Industrialized
　　　Countries," *Historical Social Research* 39 (2014), 209-230.
(66)　Kissinger, *Years of Upheaval*, 896-897; Skeet, *OPEC*, 107; Aurélie Elise Gfeller,
　　　Building a European Identity: France, the United States, and the Oil Shock, 1973-1974
　　　(New York: Berghahn Books 2012), 120-122, 127-130, 171-175. フランスは1992年まで，
　　　IEAに加盟しなかった。

第1章　石油危機とグローバル冷戦

日100万バレルの石油を増産すると発表した。イスラエルとシリアは5月31日に停戦協定に署名した。しかしリビアは7月まで，禁輸を解除しなかった。[67]

6　経済的インパクト

（1）第一次石油危機と先進工業諸国経済への影響

1970年から1978年までの期間，石油価格は名目ドルで1バレル1.8ドルから14.02ドル（2021年の物価水準ではそれぞれ，11ドル99セントと55ドル65セント）に上昇した。[68]石油価格の上昇は，1970年代に合衆国と他の西欧工業諸国が直面する経済問題，特に停滞と失業を伴ったインフレを激化させた。工業生産は落ち込み，失業率は戦後最悪となった。より高くなった石油を大量に輸入するコストもまた，合衆国と他の輸入国の国際収支を悪化させた。[69]日本は消費するほぼすべての石油を輸入し，その産業は石油に大きく依存していた。日本の国民総生産は年約10％の割合で成長していたが，年約5％の成長を回復するまでの2年間停滞した。[70]

---

(67)　合衆国とサウジアラビアとの協定は6月まで調印されなかった。McFarland, *Oil Powers*, 140-151 ; Wight, *Oil Money*, 71-73; Lenczowski, "The Oil-Producing Countries," 60-67; Telecon, President Nixon/Secretary Kissinger, 11 Mar. 1974, Digital National Security Archive, Kissinger Telephone Conversations, KA 12113. キッシンジャーのシャトル外交については，以下を参照。Salim Yaqub, "The Weight of Conquest: Henry Kissinger and the Arab-Israeli Conflict," in Fredrik Logevall and Andrew Preston, eds., *Nixon in the World* 227-248.

(68)　*BP Statistical Review of World Energy 2022.*

(69)　Venn, *The Oil Crisis*, 145-172; Schneider, *Oil Price Revolution*, 457-507; Simon Pirani, *Burning Up: A Global History of Fossil Fuel Consumption* (London: Pluto Press, 2018), 96-100.

(70)　Kaoru Sugihara, "Japan, the Middle East, and the World Economy: A Note on the Oil Triangle," in Kaoru Sugihara and J. A. Allan, eds., *Japan in the Contemporary Middle East* (London: Routledge, 1993), 3-6 ; John S. Duffield, *Fuels Paradise: Seeking Energy Security in Europe, Japan, and the United States* (Baltimore, MD: Johns Hopkins University Press, 2015), 198.

第Ⅰ部　石油外交と冷戦

（2）中国，マレーシア，シンガポールの対応

　第一次石油危機は，主要産油国で石油輸出国でもある中国の台頭と時を同じくした。中国の石油生産は，1973年の1日107万7000バレルから1980年には212万2000バレルに，1985年には250万8000バレルに増加した。中国の石油輸出は，1973年の1日6万バレルから1980年には35万1639バレルに，そして1985年のピーク時には72万7779バレルに達した。石油輸出からの収入は，1974年の5億3600万ドルから1980年の42億2100万ドル，そして1985年のピーク時には67億1200万ドルにのぼった。南和志が本書第6章で詳述しているように，国内の石油生産は，中国が国内の増大する需要を満たすことを可能にし，石油輸出からの収入は，石油産業の近代化を含め，中国の工業発展のために必要な機械，資材，技術の輸入資金を賄うのに役立ち，こうして中国経済とその外部世界との関係の変容に貢献した[71]。

　佐藤滋は，マレーシアとシンガポールがいかにして石油危機をうまく乗り切ったかを分析し，両国の経済発展と「東アジアオイル・トライアングル」の出現で果たした石油輸出の役割に光を当てている。マレーシアの石油生産は1973年の1日1万8000バレルから1980年の27万6000バレル，そして1985年の44万5000バレルに増加し，石油輸出からの収入はマレーシア経済の近代化のための投資資金に役立った。石油輸出国ではないが，シンガポールもまた，石油輸出からうまい具合に恩恵を引き出した。ペルシア湾岸からだけでなく，マレーシアとインドネシアからの原油の輸入および石油精製品の輸出は，1970年代に飛躍的に伸び，1982年のピーク時には，シンガポールの輸出の40％を占めた。シンガポールは，東南アジアにおける主要な精油センターとなり，石油製品輸出からの収入は，同国の工業化に重要な仲介役を果たした[72]。

（71）　*BP Statistical Review of World Energy, 2022* ; Larry Chuen-ho Chow, "The Changing Role of Oil in Chinese Exports, 1974–89," *China Quarterly* 131（September 1992），751, 753.

（72）　*BP Statistical Review of World Energy, 2012*. Shigeru Sato, "Economic Development through Oil in Malaysia and Singapore: Increased State Capacity and Formation of the East Asian Oil Triangle," Shigeru Akita, ed., *Oil Crises of the 1970s and the Transformation of International Order Economy, Development, and Aid in Asia and Africa*（London: Bloomsbury Academic, 2024），123–147.

（3）ラテンアメリカへの影響

　その多様性ゆえに，ラテンアメリカに関する石油危機のインパクトについて一般化するのは難しい。全体として，石油はこの地域のエネルギー必要量の約65％，天然ガスは約16％，水力発電は14％，そして固形燃料は5％を供給した。それゆえ，ラテンアメリカは世界の主要地域の中で最も石油と天然ガスへの依存度が高かった。ベネズエラは，1973年に1日181万4000バレル，1980年には117万3000バレルを生産し，カリブ海地域だけでなく，合衆国とヨーロッパへの主要な供給国であった。メキシコの石油生産は，1973年の1日25万9000バレルから1980年には107万2000バレルに増加し，同国の石油輸出は国際石油市場に再び参入した。南米の多くの国は，その石油の必要量の一部を国内産で賄ったが，ラテンアメリカの石油必要量の45％は輸入によって賄い，地域全体で，ラテンアメリカはその輸出収入のほぼ4分の1を輸入石油の支払いに充てた[73]。

　ベネズエラの石油収入は，1973年の30億ドルから1974年には93億ドルの3倍増となり，1978年に73億ドルに低下し，第二次石油危機で再び増加に転じ，1981年に163億ドルに達した。この地域の大半の国は，石油輸入支払い増に直面した。ブラジルは，そのエネルギー必要量の45％を石油に依存し，輸入はその石油必要量の80％を占めた。その76％は中東から，15％はアフリカから輸入した。

　ブラジルによる石油の輸入コストは，1972年の4億6940万ドルから1974年には28億9000万ドルに増加し，1977年には40億6000万ドルに達し，同国の輸出収入のおよそ3分の1超を占めた。工業諸国のエネルギーコスト増は製品価格に転嫁されたので，ラテンアメリカはまた，輸入価格の上昇に間接的に苦しめられた。その結果，成長率は多くの国で鈍化し，多くの場合，一人当たりのGNP成長率も低下した。また，貿易赤字をカバーし，開発プログラムを維持するために海外から借入れを行ったため，対外債務は増大した[74]。

---

(73)　Stephen J. Randall, "The 1970s Arab-OPEC Oil Embargo and Latin America," H-Energy 1073 Energy Crisis Anniversary Discussion, 2014, 3-4, henergy-s-randall-latin-america-and-1973-oil-crisis.pdf ; Bernardo F. Grosssling, *Latin America's Petroleum Prospects in the Energy Crisis* (Washington, DC: US Government Printing Office, 1975), 9-10.

(74)　Skeet, OPEC, 241; James H. Street, "Coping with Energy Shocks in Latin America: Three Responses," *Latin American Research Review* 17 (1982), 130.

第Ⅰ部　石油外交と冷戦

（4）韓国とラテンアメリカの対応の違い

　韓国とは異なり，多くのラテンアメリカ諸国は資本統制を緩和したので，融資の大半は明らかに，生産のために投資されるより，むしろ資本逃避の形で急速に先進国に還流した。山口育人〔本書第4章〕が述べているように，1970年代半ばに低利での融資を可能にした民営化された国際通貨制度は，合衆国が金利引き上げによってインフレ抑制を図ったために，1979年以降は不利にはたらくようになった。合衆国の高金利はまた，増大する合衆国の赤字予算を賄うために，途上国から資本を吸い上げた。その結果，1982年初めに地域的債務危機が生じ，債務国がその債務の支払いにもがく中，この時期は「失われた10年」となった。韓国もまた，石油輸入代金の支払いと開発努力を維持するために多額の借入れを行ったが，ラテンアメリカとは対照的に，輸出を拡大することによって，債務危機を回避することができた。ブラジルの年間元利支払い総額は，1981年の輸出収入の31.9％を占めたが，韓国の債務支払いは1981年の輸出収入の13％を占めたに過ぎなかった。

（5）アフリカ諸国の対応

　ラテンアメリカの場合と同じように，大陸の多様性ゆえに，石油危機のアフリカ大陸へのインパクトについて一般化するのは困難である。アフリカは消費するよりはるかに多くの石油を生産した。生産量は1973年の時点で，消費量の6倍超，1980年の消費量の4倍超であった。アルジェリア，リビアおよびナイジェリアは最大の産油国かつ輸出国で，1973年のアフリカの石油生産のほぼ90％を占め，その割合は1980年に80％を少し超えていた。ガボン，コンゴ，エジプトおよびチュニジアもまた，石油を産出し，純輸出国であった。南アフリカとエジプトを除けば，石油消費量のレベルは低かったものの，1973〜74年および1979〜80年の石油価格の上昇は，大半のアフリカ諸国には否定的な経済的影響を与えた。石油輸出国はより高い収入を得たが，石油価格の上昇は石油輸入国にとって，石油輸入コストの増大をもたらした。石油の輸入は石油危機以

---

(75)　Jeremy Adelman, "International Finance and Political Legitimacy: A Latin American View of the Global Shock," in Niall Ferguson, Charles S. Maier, Erez Manela, and Daniel J. Sargent., eds. *The Shock of the Global: The 1970s in Perspective* (Cambridge, MA: Harvard University Press, 2010), 124.

第1章　石油危機とグローバル冷戦

前のアフリカ全体の輸入の10％超を占めたが，輸入全体の割合としては，石油輸入コストは1970年代に急激に増大した。工業国から輸入された商品のコストは急上昇し，いくつかの例外を除いて，この地域の輸出価格は停滞するか低下した。このため，1970年代初頭の短い商品ブームの時期に貯めていた国の外貨準備高は枯渇し，多くの国は輸入コストの増大に対する支払いおよび全般的な消費水準の維持のために，借入れをせざるをえなかった。[76]

　多くのアフリカ諸国は，民間資本市場における信用度は低いとみなされ，主として，世界銀行や国際通貨基金（IMF）といった国際金融機関や外国政府から借入れを行った。[77]これらの国の債務負担は，他の地域のより豊かな途上国と比べて小さかったものの，その経済規模と輸出収入に比して高かった。しかも，山口育人〔本書第4章〕が述べるように，「民営化された国際開発金融」は，彼らが受け取る資金に対する条件がより厳しくなることを意味した。くわえて，1979年以降の合衆国における高金利は債務負担増につながり，しかも民間資本は途上国から逃げていくことになった。[78]

　一人当たり成長率は全体として，1960年代の約1.6％から1970年代には1％以下に落ち込んだ。また，サブサハラ・アフリカが世界GDPに占める一人当たり所得の割合は，1970年の17％から1990年の12％に低下した。くわえて，多くの国の食糧生産は，危機的な低水準まで落ち込み，対外債務負担は増大した。いくぶん似た条件にもかかわらず，ギャレス・オースティンがガーナとケニヤを比較し立証しているように〔本書第8章〕，政府の政策および政治的安定といった要因によって，しばしばその帰結は違ったものになった。[79]

（76）　Willard R. Johnson and Ernest J. Wilson III, "The 'Oil Crises' and African Economies: Oil Wave on a Tidal War of Industrial Price Inflation," *Daedalus* 111 (Spring 1982), 211-241.

（77）　David E. Spiro, *The Hidden Hand of American Hegemony: Petrodollar Recycling and International Market*s (Ithaca, N.Y.: Cornell University Press, 1999), 63, 71-74, 129.

（78）　Giovanni Arrighi, "The African Crisis: World Systemic and Regional Aspects," *New Left Review* 15 (May/June 2002): 21-24.

（79）　Arrighi, "African Crisis," 15; Johnson and Wilson, "The 'Oil Crises' and African Economies," 211-212.

第 I 部　石油外交と冷戦

（6）インド，東南アジア諸国の対応

　マーク・メツラー〔本書第5章〕が指摘するように，1970年代は2つの石油危機のみならず，金融・食糧ショックを目撃した。石油は化学肥料生産の重要な原材料であり，石油価格は，部分的には緑の革命とも関連して化学肥料の使用が増大したため，食糧生産と価格に直接的影響を及ぼした。国内の石油生産は，1973年のインドの石油需要の31％および1980年の30％を満たした。秋田茂〔本書第7章〕は，輸入石油の価格上昇がいかに国内産化学肥料と輸入化学肥料のコストを高め，インドの食糧需要を満たそうとするに際してインドの成功を根底から脅かしたかを検討している。インドは，輸出増とペルシア湾岸に出かけたインド人労働者からの送金を通じて，第一次石油危機に対処することができたものの，1979年の第二次石油危機はインドの国際収支を改めて圧迫し，インドの経済発展における石油の重要な役割を際立たせた。[80]

　石油価格の上昇はまた，東南アジアにおける食糧生産に影響を及ぼす可能性があることを示した。菅英輝〔本書第3章〕はアジア開発銀行がその融資を拡大し，支援の重点を農業分野にシフトし，譲許的な条件に基づく援助のより大きな割合をこの地域の貧困国に供与する努力が成功した過程をたどっている。こうした努力は，石油価格の上昇がこの地域に及ぼした影響を緩和するのに役立ち，継続的発展の基礎をなした。

7　石油とマネー

（1）中東産油国への膨大な富の移転

　1970年から1980年までの期間に，OPEC加盟国の収入は73億ドルから2750億ドルに増加した。イランのような石油輸出国の中には，その増加した石油収入の大きな部分を，軍事資材を含む急激な輸入の増大に消費した国もあった。多額の石油輸出収入をかかえた国（たとえば，サウジアラビア，クウェートそれにアラブ首長国連邦）は，短期間で目に見えるほど輸入を増やすことができなかったので，多額の資金をドル建て勘定で預金した。その資金は，すべてではないにしても，特にロンドンのユーロダラー市場と合衆国銀行に預けられた。国際

（80）　*BP Statistical Review of World Energy, 2012.*

決済銀行（BIS）がまとめた統計によると，1974年から1982年の期間の OPEC 加盟国の投資可能余剰資金は3737億ドルで，それはこの時期の加盟国全体の収入17兆4480万ドルの約21.4％であった。[81]

　石油輸入国から石油輸出国への突然かつ膨大な富の移転は，経済的安定を脅かし，政治権力の移行を予示するかに思えた。合衆国と西欧諸国の指導者たちは，石油輸出国がその新たに獲得した石油の富を政治目的に用いる可能性を懸念した。というのは，その多くの資金が，高度に流動性の高い短期預金だったからだ。長期的な解決策は，彼らが西側経済に投資することを助長し，そうすることによって，彼らが投資した国々の経済的健全性と安定の利害保有者となることであろう。短期的な問題は，これらの資金が西側，特に合衆国銀行によってリサイクルされ，その金融システムを強化し，石油価格の上昇で悪化した国際収支赤字を賄う資金を調達する手助けとなるよう確実にすることであった。[82]

（2）民間銀行に流入するペトロダラー

　ブレトン・ウッズ体制の下で，IMF は突発的に発生する国際収支の赤字を賄う資金を融資する任務を有していたが，1970年代の IMF はペトロダラーのリサイクルについては二義的な役割しか有していなかった。IMF は，深刻な国際収支赤字を経験している諸国を支援するために 2 つの「石油ファシリティ」を設立した。合衆国は，リサイクリングは民間銀行が行い，IMF による融資は低いレベルにとどめることを好み，しかも IMF を，ペトロダラーをめぐる競争者とみなす傾向があった。合衆国はまた，発展の遅れた国（LDC）が石油輸入代金支払いのために公的融資を受ける能力を制限されれば，彼らは自国の経済問題に対する非難を OPEC に向け，石油価格の引き下げ圧力を OPEC に加えることになるだろうと期待した。[83]

　サウジアラビアは，IMF に資金を供給することに関心を有していたが，それは理事のポストを手に入れることができればという条件付きであった。合衆

---

(81)　Skeet, *OPEC*, 244; Spiro, *Hidden Hand*, 128; Ryan C. Smith, *The Real Oil Shock: Re-examining Petrodollar Recycling's Impact on International Credit Markets*. (Ph.D. dissertation, University of Glasgow, 2022), 77. https://theses.gla.ac.uk/82854/

(82)　Wight, *Oil Money*, 68-69; Spiro, *Hidden Hand*, 28-29, 33-39, 45-46.

第Ⅰ部　石油外交と冷戦

国は，IMF における自国の影響力を揺るがすことになるとして，サウジアラ
ビアの要求に反対した。サウジアラビアは最終的には，IMF 憲章の第二次改
正によって，1978年4月に理事ポストを獲得した。くわえて，合衆国政府は合
衆国への資金のフローと合衆国からの資金のフローに関する残りの制限を取り
払い，ロンドン市場ですでに取引に従事している銀行に続き，合衆国銀行がペ
トロダラーのマネージメントに参加することを許可した。その結果，大半のペ
トロダラーは民間の銀行システムに流入した。[84]

　ロンドンと合衆国の民間銀行は，OPEC の投資の比較的大きな割合，およそ
40％（ユーロダラー市場における合衆国銀行を含むユーロダラー銀行の場合35.5％，合
衆国における合衆国銀行の場合4.5％）を獲得した。およそ18％は，途上国への直
接的な二国間および多国間援助と融資に向かった。11％は合衆国政府の有価証
券に投資され，7％は合衆国におけるポートフォリオ投資に回り，15％は他の
工業諸国の直接投資と株式投資に，そして6％は IMF と世銀のファシリティ
に向かった。くわえて，中東の OPEC 加盟国は多額の資金を，すべてではな
いが，主として合衆国と他の西側諸国において，軍事資材の購入と軍事教練に
充てた。[85]

（3）石油と基軸通貨ドルの結びつき

　合衆国政府は，サウジアラビアとの取り決めを実現したが，その取り決めは，
サウジアラビア通貨当局が，米財務省証券を通常の競売外で，しかも有利な利
率で購入することを認めたものであった。サウジアラビアは，合衆国証券への

---

(83)　Wight, *Oil Money*, 88-89; Spiro, *Hidden Hand*, 96-101; Sargent, *A Superpower Transformed*, 130, 141, 184 ; Christopher R.W. Dietrich, *Oil Revolution: Anticolonial Elites, Sovereign Rights, and the Economic Culture of Decolonization* (New York: Cambridge University Press, 2017), 281-301; Dietrich, "Oil Power and Economic Theologies: The United States and the Third World in the Wake of the Oil Crisis," *Diplomatic History* 40 (June 2016), 512-529.

(84)　Basosi, "Oil, Dollars, and US Power in the 1970s," 11-13.

(85)　Wight, *Oil Money*, 117-21; Basosi, "Oil, Dollars, and US Power in the 1970s," 5 ; Deborah J. Gerner, "Petro-Dollar Recycling: Imports, Arms, Investment, and Aid", *Arab Studies Quarterly* 7 (Winter 1985), 1-26. クレアは以下の文献で，中東への武器売却の詳細な分析を行っている。Michael T. Klare, *American Arms Supermarket* (Austin: University of Texas Press, 1984), 108-162.

投資の秘密保持を主張した。そこで財務省は，通常の公表される米国債入札の数字にサウジアラビアの購入を記載しない「アッド・オン」（ads-on）として知られるメカニズムを特別に考案した。財務省報告はまた，サウジアラビアの保有額を各国別の公表数字としてではなく，他の石油輸出国の持ち株とひとまとめにした。サウジアラビアの投資情報が非公開とされたため，合衆国におけるサウジアラビアの投資に対する世論と議会による質疑の機会が減り，資本を切実に必要としていたエジプトのようなアラブ諸国に投資するのではなく西側に投資していることに対する批判からサウジアラビア政府を守ることになった。[86]

　上記の金融取り決めが1974年12月に承認されるのと同時に，サウジアラビアは，自国の石油に対する支払いはドルでのみ受理すると発表した。1974年まで，石油の国際取引の約75％はドルで行われ，およそ20％がポンドで行われていた。サウジアラビアの決定後は，国際取引におけるポンドの利用は低下し，事実上石油＝ドル標準に帰結した。[87]石油の価格と販売の大半がドルで行われることになり，合衆国は国際通貨問題でのドル中軸の立場から恩恵を受けた。合衆国通貨および事実上の国際準備通貨としてのドルの二重の役割は，合衆国がドルを増刷し，石油輸入代金の支払いに充てるだけでなく，ドルで石油代金を支払わなければならないがドルを増刷できない他国から輸入される財とサービスへの支払いにも充てることを可能にした。OPEC諸国が石油価格のドル表示を続けたので，合衆国は「自国通貨を発行するだけで，事実上無制限に世界中の他国の資源を利用し」続けることができた。[88]石油とドルの結びつきによって，ドルは世界の通貨準備および貿易取引において，主要な役割を果たし続けることになる。

---

(86)　Spiro, *Hidden Hand*, 105-113, 118-121; Andrea Wong, "The Untold Story Behind Saudi Arabia's 41-Year US Debt Secret," *Bloomsberg*, 30 May 2016, https://www.bloomberg.com/news/features/2016-05-30/the-untold-story-behind-saudi-arabia-s-41-year-u-s-debt-secret.

(87)　Basosi, "Oil, Dollars, and US Power in the 1970s," 19. 1974年12月の時点で，サウジ政府はアラムコの株式の60％を保有していた。

(88)　Spiro, *Hidden Hand*, 121-122, 132-133; Basosi, "Oil, Dollars, and US Power in the 1970s," 31; Giovanni Arrighi, "The World Economy and the Cold War, 1970-1990," *Cambridge History of the Cold War*, vol 3: *Endings*, eds. by Melvyn P. Leffler and Odd Arne Westad (Cambridge: Cambridge University Press, 2010), vol. 3, 31.

第 I 部　石油外交と冷戦

（4）安全保障とドルの交換

　合衆国とサウジアラビア間の金融取り決めは，軍事的な結びつきの強化および経済発展における協力を含む両国間の非公式同盟のより大きな組み換えの一部であった。中東駐在の元合衆国大使は匿名で，ある研究者に次のように語った。両国間の金融取り決めは，「湾岸地域に対する安全保障上の傘を提供する」という合衆国の明白な申し出と結びついていた。合衆国とサウジアラビアとの関係を特徴づけるものとして，「石油と安全の交換」が厳しく批判されたが，これは「安全保障とドルの交換」の事例である。さらに，ドウッチオ・バソシは，サウジアラビア通貨庁の正史の執筆者たちの次のような主張を引用している。高い石油価格を管理する方法を案出することは，実質的に合衆国の軍事介入を回避する手段であった。[89]

（5）サウジアラビアへのキッシンジャーの警告

　禁輸が解除されたあとも，アラブ油田を掌握するための，合衆国による軍事介入の可能性が話題に上らなかったわけではなかった。1974年 8 月12日，キッシンジャーは，新たに就任したジェラルド・フォード（Gerald Ford）大統領に，石油情勢は依然として芳しくないとし，もし新たな禁輸が実施された場合，「われわれはいくつかの油田を奪取しなければならなくなるかもしれない」と伝えた。キッシンジャーはまた，かならずサウジアラビアにその警告を伝えるだろうと思われるエジプト政府に対して，新たな石油の禁輸が行われれば，それは「恐るべき結果」をもたらすだろうと警告するよう慫慂した。キッシンジャーは 9 月 6 日，フォードに同じような見解を伝え，12月初めには，シュレシンジャー国防長官に対して，合衆国はこの地域で新たな戦争が発生した際に中東油田を奪取する計画が必要だと伝えた。[90]

---

(89)　McFarland, *Oil Powers*, 181-234; Spiro, *Hidden Hand*, 116, 148; Vitalis, *Oilcraft*, chapter 4; Basosi, "Oil, Dollars, and US Power in the 1970s," 31.

(90)　*FRUS 1969-1976*, E-9, doc. 95, Memorandum of Conversation between Ford and Kissinger, August 12, 1974; *FRUS 1969-1976*, 37, doc. 1, Memorandum of Conversation, 13 August 1974 ; Gerald R. Ford Library, National Security Adviser, Memoranda of Conversations, 1973-1977, Digital File, Memorandum of Conversation between Ford and Kissinger, September 6, 1974 ; Memorandum of Conversation between Kissinger and Schlesinger, December 7, 1974.

第1章　石油危機とグローバル冷戦

　合衆国とサウジアラビア間の金融取り決めが締結された直後の12月末，キッシンジャーは『ビジネス・ウィーク』誌とのインタビューで，次のような警告を行った。合衆国は石油価格をめぐって産油国に武力を行使することはないが，「実際に工業諸国の首を絞めるような」状況が生じた場合，武力は選択肢の一つである。フォード大統領，キッシンジャーおよび国務省は，キッシンジャーの発言はサウジアラビアへの脅しを意図したものではなく，現実には，「石油価格問題に関する無謀な軍事行動や政治行動についての無責任な風説を止めさせることを意図した」ものであると安心させようとした。だがサウジアラビアは，キッシンジャー発言を脅しだと解釈した。ヤマニ（Yamani）は合衆国大使(91)に対して，油田と石油施設は簡単に妨害することが可能だし，それらを奪取しようとするいかなる試みも，サウジアラビアの石油生産が，今後数年にわたって失われる結果を招くだろうと警告した。キッシンジャーの意図がどうであれ，彼と合衆国の官吏たちは，合衆国の軍隊がサウジアラビアの油田を占領するという脅しが，新たな禁輸を阻止し，そして経済的，軍事的，金融的結びつきと併せて，サウジアラビアが合衆国の利益を損なう行動をとる可能性を減じるのに役立つと信じていたことは明らかであるように思える。(92)

（6）アラブ油田地帯の奪取を主張する二つの記事

　合衆国に対してアラブの油田地帯を占領するよう求める保守的な著者による2つの論文が1975年初めに発表されたが，このことは，サウジアラビアに対する圧力を継続させることになった。著名なアメリカの政治学者であるロバート・W・タッカーは，石油危機は国際秩序の崩壊を脅かしたと論じた上で，合衆国は秩序および世界における合衆国の指導力を回復するためには武力行使に訴える用意をしておくべきだと主張した。3月に，『ハーパーズ』誌は，マイルス・イグノタス（無名の兵士）の記事「アラブ石油の奪取」を掲載した。同

---

(91)　*FRUS 1969-1976*, 37, doc. 30, Editorial Note; *FRUS 1969-1976*, E-9, doc. 125, Jidda 138, January 7, 1975; doc. 126, Ford to King Faisal, January 11, 1975.

(92)　McFarland, *Oil Powers*, 168-169; Sebastian Herbstreuth, *Oil and American Identity: A Culture of Dependency and US Foreign Policy*（London: I.B. Tauris, 2016）, 164-165 ; Gerald R. Ford Library, National Security Adviser, Memoranda of Conversations, 1973-1977, Digital File, Memorandum of Conversation between Kissinger and Ford, January 6, 1975.

第Ⅰ部　石油外交と冷戦

誌は，この兵士を，「ワシントンを本拠地とする教授・防衛コンサルタントで，ハイレベルの政策形成者と緊密な結びつきを有する人物のペンネーム」だと述べていた。この記事は，合衆国によるアラブ油田と施設を奪取し，10年間管理すべきだと主張した。記事はまた，そのような作戦の際の後方支援について詳細に記述し，それは可能であり，石油施設の破壊やソ連の介入に帰結することはないと主張した。この記事は，サウジアラビアではもちろんのこと，合衆国でも物議をかもした。合衆国駐在サウジアラビア大使はテレビに出演し，この記事を誰が書いたにしろ，この人物は「狂人か嘆かわしい輩でなければ，ソ連の手先だ」と語った。タッカーも，また幾人かの学者がエドワード・ルトワック（Edward Luttwak）（ワシントンを本拠地とし，国防省顧問として助言をしている学者）だと考えたマイルス・イグノタスも，合衆国政府官吏ではなかったが，双方とも政策形成者と緊密な結びつきを有しており，ルトワックは明らかにペンタゴンの総合評価局（ネット・アセスメント局）の援助を受けていた。二人とも明らかに，合衆国の利益に挑戦する危険についてサウジアラビアおよび他の産油国にメッセージを送ることを意図していた。駐サウジアラビア米大使ジェームズ・エイキンズ（James Akins）は，上記およびその他類似の記事を詳細に批判する論文を執筆したが，後日そうした記事や類似の発言を批判したかどで，キッシンジャーによって大使の職を解かれた。そのうちのいくつかはその後，キッシンジャーがオフレコで語ったものであることが判明した。[93]

8　ソ連と東欧

（1）急増するソ連の石油収入

　石油価格の上昇はソ連に思いがけない巨額の収入をもたらした。1960年から1973年までの期間に，ソ連の石油生産は一日当たり約295万7118バレルから856万9000バレルに増加した。ヴォルガ＝ウラル地域の生産が頭打ちになるにつれ，豊富な油田が西シベリア盆地で発見され，ソ連の石油埋蔵量はペルシア湾岸地

---

(93)　Robert W. Tucker, "Oil: The Issue of Intervention," *Commentary* 59 (January 1975), 21-31; Miles Ignotus, "Seizing Arab Oil," *Harper's* (March 1975), 45-48, 50-52, 57-58, 60, 62; *FRUS 1969-1976*, 37, doc.52, "War for Oil: Armageddon as Fun City," attached to Jidda A-23, April 13, 1975; Herbstreuth, *Oil and American Identity*, 166-168.

域以外で最大となった。1970年代半ば，ソ連は世界の指導的な産油国として合衆国を追い抜いた。⁽⁹⁴⁾ハードカレンシー市場へのソ連の石油輸出が増大したことから，石油輸出からのハードカレンシー収入は1973年に倍増し，さらに1974年にも再び倍増し，70年代の終わりを通じて増加し続けた。天然ガス輸出からのハードカレンシー収入は，さらに急激に増加した。1980年代の初めに，石油輸出はソ連のハードカレンシー収入のおよそ半分を占め，〔天然ガス輸出を含めた〕エネルギー輸出がほぼ80％を占めた。その結果，ソ連は西側から大量の穀物と機械を輸入することが可能となった。⁽⁹⁵⁾

（2）増大する中東産油国へのソ連の武器売却

ソ連はまた，産油国への武器の売却を通じて，ハードカレンシーを獲得した。産油国の収入の増大が，彼らの購買力を高めるにつれて，兵器，軍事資材，汎用性民生品の途上国向け輸出は，1973年のアラブ＝イスラエル戦争後に伸びた。1973年以前のソ連の武器移転は主として，新興の左翼政権と民族解放運動向けであった。1973年後，ソ連の武器引き渡しの半分以上は，オイルマネーへのアクセスが容易な中東諸国向けとなった。こうした売却の大半は，ハードカレンシーを獲得するためか，またはバーター取り決めであった。バーター取り決めの場合，ソ連は，ハードカレンシーを得るために再輸出した石油を受け取った。1974年から1984年の期間に，ソ連は武器売却によって，およそ19億ドルをハードカレンシーで受け取り，さらに二国間ないしはソフトカレンシーでの武器売却に基づき，約23億ドルの収入を得た。⁽⁹⁶⁾

ソ連指導部は当初，石油とガスの市場を，合衆国を含む西側で見出すことを期待していた。西側へのエネルギー輸出は，デタントを強化することになるだ

---

(94) Alekperov, *Oil of Russia*, 289-299; Goldman, *Enigma of Soviet Petroleum*, 33-56. Perović, "The Soviet Union's Rise as an International Energy Power," 14-24.

(95) CIA, *Soviet Energy Policy Toward Eastern Europe: A Research Paper*, June 1980; CIA, *Soviet Energy Data Resource Handbook: A Reference Aid*, Sov 90-10021, May 1990, 7, これらは CIA 文書に含まれている。Goldman, *The Enigma of Soviet Petroleum*, 6-7, 9, 91-92; Thane Gustafson, *Crisis Amid Plenty: The Politics of Soviet Energy under Brezhnev and Gorbachev* (Princeton: Princeton University Press, 1989), 264.

(96) Smith, *Russia and the World Economy*, 88-96. 売却の数字の合計の方がより大きいが，多くの国は支払いをしなかったので，純利益はそれより少なかった。

けでなく，ソ連のエネルギー資源の開発に必要な技術および金融支援へのアクセスを可能にするだろう。西ヨーロッパ向け輸出は増加したものの，ソ連は，経済的理由はもちろんのこと，政治的理由のために，合衆国市場を開拓することはできなかった。しかしながら，石油収入の増加は，ソ連が1970年代に第三世界への関与を強めることを可能にしたかもしれない。保守派のデタント批判者たちは，1973年のアラブ＝イスラエル戦争は，ソ連による中東への影響力拡大の試みだったとまで主張したが，研究者はそれが事実だとする証拠を発見していない。[(97)]

（3）ソ連の石油と天然ガスに依存する東欧

　ソ連の石油輸出の大半は東ヨーロッパに向かった。1970年は42％，1974年は50％，1978年は47％だった。ハードカレンシー市場への輸出は，1970年にソ連の石油輸出の32％，1974年に26％，1978年に35％を占めた。[(98)]アジア向け輸出は，1967年から1975年までスエズ運河が閉鎖されていたため限られていたが，それでもソ連は，北ベトナムの需要を満たす特段の努力を行った。キューバはソ連の石油輸出の約6％を受け取ったが，残りはさまざまな市場に向かった。[(99)]

　石油が1970年代まで最も重要な輸出品だった東ヨーロッパへのエネルギー輸出は，この地域で勢力圏を維持するソ連の努力において鍵を握っていた。この地域におけるエネルギー消費全体の割合でみた場合，ソ連からの石油輸入は1970年の11.3％から1977年の15％に増大した。[(100)]石油価格の急上昇は，東ヨーロッパの共産主義政府の間で深刻な問題を引き起こした。1950年代と60年代の

---

(97)　Jeronim Perović and Dunja Krempin, "'The Key is in Our Hands:' Soviet Energy Strategy during Détente and the Global Oil Crises of the 1970s," *Historical Social Research* 39 (2014), 116-132 ; Richard Ned Lebow and Janice Gross Stein, *We All Lost the Cold War* (Princeton, N.J.: Princeton University Press, 1994), 149-288; David S. Painter, *The Cold War: An International History* (London: Routledge, 1999), 77-94 ; John Rosenberg, "The Quest Against Détente: Eugene Rostow, the October War, and the Origins of the Anti-Détente Movement, 1969-1976," *Diplomatic History* 19 (September 2015), 720-744.

(98)　CIA, *Soviet Energy Policy Toward Eastern Europe*, CIA Documents.

(99)　CIA, *Soviet Energy Policy Toward Eastern Europe*, CIA Documents; Klinghoffer, *Soviet Union and International Oil Politics*, 97-105.

(100)　CIA, *Soviet Energy Policy Toward Eastern Europe*, CIA Documents.

西ヨーロッパのそれに匹敵するほどの経済成長の停滞に対処するために，東ヨーロッパ諸政府は西側の銀行から資金を借り入れる計画を立て，西側技術の輸入，国内生産の近代化にくわえ，融資の返済に必要なハードカレンシーを十分獲得できるよう，世界市場で競争可能な輸出品を生産できる産業の発達を目指した。石炭は依然として，この地域の大半の国の経済にとって必要不可欠だったが，これらの国々の近代化計画は，ソ連の原材料，中でも石油と天然ガスの有利な条件での輸入の増大に依存していた。[101]

（4）世界市場価格より安く東欧に石油を供給するソ連

ソ連は東ヨーロッパ諸国にソ連石油の代金を課す「価格」の算定に際して，いわゆる「ブカレスト方式」を用いていた。この方式は，それ以前の5年間の世界市場価格平均に基づき，ブロック加盟国に対する5年間の価格を固定するというものだった。1970年に，ソ連は相互経済援助会議（コメコン）向けの石油基準価格を1トン当たり約14ルーブルに設定した。これは，世界市場における1バレル1ドル80セントと比べると，市場価格より高く設定されているルーブルの公的為替レート価格（すなわち，実勢為替市場レート）ではかると，1バレル約2ドル43セントであった。ルーブルの価値を市場レートで設定した場合，ドル価格とほぼ同じだった。いずれにしても，ルーブル価格は会計処理上の目的のためだけに用いられ，東ヨーロッパ諸国は石油を含む原材料と完成品を交換するという形の，バーター取引を基礎に貿易を行った。東ヨーロッパ諸国は追加の助成金を受け取る形になった。というのは，彼らが供給する製品は，遅れた技術と品質の悪さゆえに国際市場では競争力に欠けたが，他方で，彼らが受け取る石油は，その気になれば，ハードカレンシーを得るため売却が可能だったからだ。[102]

（5）新しい石油価格制度の導入

助成された価格での東ヨーロッパへの石油供給は，ソ連が世界市場価格で西

---

(101)　De Groot, "The Soviet Union, CMEA, and the Energy Crisis of the 1970s," 7, 14, 21; De Groot, "Global Reaganomics," 94 ; Bartel, *Triumph of Broken Promises*, 10, 49.

(102)　De Groot, "The Soviet Union, CMEA, and the Energy Crisis of the 1970s," 15 ; Bartel, *Triumph of Broken Promises*, 36.

第Ⅰ部　石油外交と冷戦

側に輸出を拡大することによって得られるハードカレンシーの量を制約し，それに伴い，この地域における勢力圏の維持コストを際立たせた。他方で，東ヨーロッパ向けの石油供給価格を引き上げ，石油供給量を増大しないというソ連の対応は，この地域の経済成長と政治的安定を脅かした。1974年末，ソ連は新しい価格制度を発表した。新制度は，1972年，73年，74年の世界価格平均を基に1975年の基準価格を設定するものであった。1975年以降，基準価格は，過去5年間の世界市場価格の常に変化する平均に基づくことになる。新制度はショックの影響を遅らせはしたが，東ヨーロッパにとっては，より高い価格になることに変わりなかった。くわえてソ連は，東ヨーロッパに供給する石油の量を制限しようとした。このため，東ヨーロッパはハードカレンシーを獲得するために，世界市場でより多くの石油を購入せざるをえなかった。[103]

（6）東欧向け融資を拡大する西側の銀行

　二重の危機──ソ連の石油および世界市場で購入する石油の上昇──によって，東ヨーロッパ諸国は西側の銀行からの借り入れを増やさざるをえなくなった。石油輸出国のペトロダラーが溢れる中で，国際的な銀行は貸出しに熱心で，低金利での融資を申し出た。国家は破産しないという，銀行間に広く行き渡った信念ゆえに，東ヨーロッパの諸政府はリスク度が低いと思われた。社会主義諸国はまた，支払い期限の遵守に関して良好な記録をもっており，債務不履行に陥ったことはなかった。多くの銀行は，権威主義システムは投資と消費をコントロールできるし，債務支払いのために耐乏生活を強いることができると考えた。くわえて，多くの西側の銀行は，東ヨーロッパ諸国が財政困難に陥ったさいには，ソ連が救済してくれるという考え，いわゆる「アンブレラ理論」に好意的であった。東ヨーロッパ向けのユーロ通貨に基づく融資は，1974年から75年の時期に倍増し，70年代を通じて増加し続けた。[104]

---

(103)　De Groot, "The Soviet Union, CMEA, and the Energy Crisis of the 1970s," 6, 14, 16, 19 ; Bartel, *Triumph of Broken Promises*, 37-41.

(104)　De Groot, "The Soviet Union, CMEA, and the Energy Crisis of the 1970s," 20-23 ; Bartel, *Triumph of Broken Promises*, 31-33, 41, 46 ; Lukas Dovern, "Frankfurt Stories: Narrative Economics and West German Lending to Socialist Poland, 1969-1989," *German Studies Review* 45（May 2022), 270-272.

9　イランと第二次石油危機

（1）イランの親米政権の崩壊

　第二次世界大戦から1971年までの期間，合衆国はペルシア湾岸地域の石油資源への西側アクセスの守護者としての役割を英国に期待した。時の経過とともに，合衆国はこの地域の安全と安定に関して，より大きな責任を担うようになったが，中東と極東における英国軍は，国内不安と対外圧力からペルシア湾岸地域を防衛するにあたって，引き続き重要な要素であった。しかし1968年にイギリス政府は，1971年末までに「スエズ以東」から軍を撤退させる計画であると合衆国に通告した。[105]ベトナムでの不人気な戦争に巻き込まれた合衆国はイランに関心を向け，イランが，湾岸地域の守護者としての役割を引き継ぐことを期待した。シャー（イラン国王）は，古代ペルシアの威信とパワーを取り戻すことを願って，そうした役割を引き受けることに熱意を示した。イランの石油収入は，1972年の約24億ドルから73年の44億ドル，74年の178億ドル，そして77年には212億ドルへと増大した。イランの軍事支出は，1972年の14億ドルから77年の94億ドルへと増加したが，それはイランの予算の40％を占めた。ニクソン政権は，イラン駐在の合衆国軍事使節団からの警告を無視して，核兵器以外であればいかなる合衆国兵器システムであっても購入できる「白紙委任」をシャーに与える決定を行った。このため，イランは合衆国の軍事資材の最大の購入者となった。1970年から78年の期間に，合衆国はイランに軍事資材の売却と軍事訓練を行ったが，その額は200億ドルを超えた。非軍事品の貿易も増大した。1973年1月から74年9月の期間に，合衆国企業はイランとの間に総額で119億ドルにのぼる契約と合弁事業に調印した。そして1975年3月，合衆国とイランは向こう5年間にわたって，150億ドルの合衆国製品とサービスをイランが購入する経済協定に署名した。[106]

---

(105)　Roland Popp, "Subcontracting Security: The United States, Britain, and the Gulf Before the Carter Doctrine," in Daniel Mockli and Victor Mauer, eds., *European-American Relations in the Middle East from Suez to Iraq* (London: Routledge, 2010), 171-186 ; Toru Onozawa, "The United States and the British Withdrawal from South Arabia, 1962-1967," *Japanese Journal of American Studies* 28 (2017), 83-103.

第 I 部　石油外交と冷戦

図 1-2　ニクソンとイラン国王（1973年7月24日：ホワイトハウス）

オイルマネーの大量流入は，法外な軍事支出，インフレ，大規模な地方＝都市間の人口移動，それに富と所得の急激な不平等の拡大を引き起こした。シャーが購入した兵器システムは，何千人もの西側の技術者と軍事顧問をイランに呼び寄せることになり，西欧の影響が，イラン社会をむしばむことを恐れる保守派の恐怖を一層煽り，シャーの反対勢力を膨らませた。1978年の石油の実質価格の下落は，イランの経済問題および1978年初めに始まる，広範な反政府デモの発生を招いた。皮肉なことに，それはジミー・カーター（Jimmy Carter）大統領がイランを訪問し，「世界で困難をかかえた地域の一つにあって，唯一安定した国」にイランを変えたとして，シャーを称えた後間もなくのことであった[107]。

不穏な状態は，1978年度中にエスカレートしたが，カーターと政府高官たち

---

(106)　Painter, "From the Nixon Doctrine to the Carter Doctrine: Iran and the Geopolitics of Oil in the 1970s," 74 ; Roham Alvandi, "Nixon, Kissinger, and the Shah: The Origins of Iranian Primacy in the Persian Gulf," *Diplomatic History* 36（April 2012), 337-372 ; David R. Collier, *Democracy and the Nature of American Influence in Iran, 1941-1979*（Syracuse, NY: Syracuse University Press, 2017), 246-259; Skeet, *OPEC*, 240 ; James A. Bill, *The Eagle and the Lion: The Tragedy of Iranian-American Relations*（New Haven, CT: Yale University Press, 1988), 201-204 ; Klare, *American Arms Supermarket*, 108-126. 以下は，イランへの合衆国兵器の売却に関する詳細な情報を提供している。Stephen McGlinchey, *US Arms Policy and the Shah*（New York: Routledge, 2014).

(107)　不均等な経済成長とシャーに対抗する急進的な反対の出現との間の関係については，以下を参照。Mark J. Gasiorowski, *U.S. Foreign Policy and the Shah: Building a Client State in Iran*（Ithaca: Cornell University Press, 1991), 142-151, 187-222 ; Fakhreddin Azimi, *The Quest for Democracy in Iran*（Cambridge: Harvard University Press, 2008), 244-247, 297-303. カーターの発言については，以下を参照。Michael H. Hunt, *Crises in U.S. Foreign Policy: An International History Reader*（New Haven: Yale University Press, 1996), 400.

第**1**章 石油危機とグローバル冷戦

は，戦略兵器制限交渉（SALTII），中国との交渉，キャンプ・デーヴィッド交
渉，そしてニカラグアにおける不安を含む他の重要な問題に気を取られ，イラ
ン情勢にほとんど関心を払わなかった。彼らが情勢の深刻さを認識したときに
は，シャー政権を救済する行動をとるには遅すぎた。カーター大統領の国家安
全保障担当補佐官ズビグネフ・ブレジンスキー（Zbigniew Brezinski）は，シャー
の軍隊かまたは合衆国による軍事介入を議会に働きかけた。12月末，ブレジン
スキーは，「イランの崩壊，イランがアフガニスタンの経験を繰り返す形での
イランの崩壊は，冷戦が開始されて以来，合衆国にとっての最大の敗北となり，
それが実際にもたらす結果において，ベトナムでの敗北を凌駕するだろう」と
警告した。[108]

　ブレジンスキーは，武力で反対派を粉砕するか，または軍事クーデターを組
織するようシャーを説得したものの失敗し，カーター大統領は合衆国軍の直接
介入を拒絶した。シャーは1979年 1 月中旬，イランを去り， 2 月に入って，反
対派の指導者アヤトラ・ルーホッラー・ホメイニ（Ayatollah Ruhollah Khomeini）
が亡命先からイランに帰国し，シーア派聖職者の支配する政権を樹立するとい
う，長い，暴力的な過程が始まった。[109]

---

(108)　CIA Memorandum, 3 Nov. 1978 on PRC Meeting on Iran, 6 Nov. 1979 ; Stansfield
　　　Turner, Memorandum for the Record, 8 December 1978, both in CIA Electronic Reading
　　　Room（以降，CIA 文書と記す）; *FRUS 1977-1980*, 1, doc. 100, Brzezinski to the President,
　　　December 2, 1978 ; Jimmy Carter Library, Brzezinski Collection, Subject File, Weekly
　　　Reports, 82-90, Brzezinski to the President, Weekly Report #83, December 28, 1978.

(109)　Zbigniew Brzezinski, *Power and Principle: Memoirs of the National Security Adviser,*
　　　1977-1981（New York: Farrar, Straus, Giroux, 1983）, 358 ; Cyrus Vance, *Hard Choices:*
　　　Critical Years in America's Foreign Policy（New York: Simon and Schuster, 1983）, 326 ;
　　　Jimmy Carter, *Keeping Faith: Memoirs of a President*（New York: Bantam Books, 1982）,
　　　438-445（ジミー・カーター，日高義樹監修，持田直武他訳『カーター回顧録』上・下巻，
　　　日本放送出版協会，1982年）. イラン駐在合衆国大使ウィリアム・H・サリバンは，以下の著書
　　　でイラン革命の経緯を辿っている。*Mission to Iran*（New York, W. W. Norton, 1981）; Bill,
　　　Eagle and the Lion, chap. 7 ; David R. Collier, *Democracy and the Nature of American*
　　　Influence in Iran, chap. 8. 本書はイラン革命に対する合衆国の対応について，簡潔で洞察に
　　　富む説明を行っている。

69

第Ⅰ部　石油外交と冷戦

（2）イラン革命と石油市場の混乱

　イラン革命とその余波を取り巻く混迷は，石油供給と市場を混乱させた。イランの輸出は，1978年11月に一時的に停止され，1979年初めに輸出レベルを減らした状態で再開されるまで続いた。他の国々における生産の増加，特にサウジアラビアのそれは，イランの輸出の落ち込みを部分的に相殺したものの，混迷の広がりへの恐怖，市場チャンネルの混乱，そしてさらなる問題が発生することへの恐怖ゆえの在庫目録の増加は，国際市場で入手できる石油の量の6％減を招いた。石油価格は，1978年に1バレル14ドル2セントから79年には31ドル61セントに跳ね上がり，サウジアラビアによる生産削減開始後の1980年には，（名目ドルで）36ドル83セントに達した。[110]

10　ペルシア湾岸の守護者

（1）ソ連の中東支配への懸念の増大

　シャーの権力からの転落とサウジアラビアの国内不安への恐怖は合衆国の政策形成者たちに，中東における西側の利益を守るために地域の代理人を頼るというこれまでの政策はもはや現実的ではないと確信させ，彼らはこの地域における合衆国の軍事力を強化する努力を新たに開始した。中東における西側の脆弱性についての懸念は，カーター政権の開始当初からずっと存在していた。ペルシア湾岸を往来する海上ルートを跨ぐ，アフリカの角へのソ連とキューバの介入は，この地域の石油への西側のアクセスに対する脅威についての懸念を高めた。[111]ソ連における石油不足が切迫しているという報告は，ペルシア湾に対す

---

(110)　*BP Statistical Review of World Energy 2021*; Yergin, *Prize*, 684-691; Schneider, *Oil Price Revolution*, 422-456. 多くの説明は，割合からいうと，価格上昇が1973年時の価格より少なかったことをもって，第二次石油危機の衝撃を軽視する。しかし，価格上昇の絶対額は第二次石油危機の方が大きかった。

(111)　*FRUS 1977-1980*, 18, doc. 1, Quandt and Sick to Brzezinski, February 2, 1977; *FRUS 1977-1980*, 1, doc. 100, Brzezinski to the President, December 2, 1978 ; Adam M. Howard and Alexander R. Wieland, "Confronting the Arc of Crisis: The Carter Administration's Approach to Security Building in the 'Greater Gulf' Region, 1977-1980," in Osamah F. Khalil, ed., *United States Relations with China and Iran* (London: Bloomsbury Academic, 2019), 153-169 ; Brzezinski, *Power and Principle*, 177-181, 203-204.

第1章　石油危機とグローバル冷戦

るソ連の企図への不安を募らせた。1977年，CIA による 3 つの研究は，ソ連の石油生産は1980年をピークに，その後は急激に低下し，ソ連と東ヨーロッパの同盟国が彼らの石油需要を満たすためには，ソ連ブロック以外に石油を求めざるをえないと予測した。無党派の専門家たちは，CIA の予測に疑問を投げかけ，しかも CIA は結論に限定を付していたにもかかわらず，ソ連はペルシア湾岸の石油を支配する必要があるという信念そのものは持続した。学者たちは，いわゆる「危機の弧」へのソ連の関与が，ペルシア湾岸の石油資源へのアクセスを確保したいとする欲求に動かさ

図1-3　イランの最高指導者ホメイニ

れていたのか，それともこれらの資源への西側のアクセスを阻むという欲求に動かされていたのか，説得力のある証拠を見出すにいたっていない。

（2）在テヘラン米大使館員人質事件の衝撃

過激なホメイニ支持者が，1979年11月にテヘランの合衆国大使館を襲撃し，50名を超える合衆国の外交官を人質にとったことは，この地域に基地を確保し，アクセス権を獲得し，ペルシア湾岸石油へのアクセスを維持するための軍事力

---

(112) Brzezinski to the President, NSC Weekly Report #31, 7 Oct. 1977; Military Assistant to Brzezinski, Weekly Report, 22 Sept. 1977; Jimmy Carter Library, Brzezinski Collection, Subject File, Weekly Reports; US Central Intelligence Agency, *The International Energy Situation: Outlook to 1985*, ER 77-10240 U, April 1977; CIA, *Prospects for Soviet Oil Production*, ER 77-10270, April 1977; CIA, *Prospects for Soviet Oil Production: A Supplemental Analysis*, July 1977; Donald L. Bartlett and James B. Steele, "The Oily Americans," *Time*, 19 May 2003, *Time* Archive, http://www.time.

(113) "CIA Chided on Soviet Oil Predictions," *Washington Post*, 22 May 1978, A1, 7; Roger Stern, "Oil Scarcity Ideology in US Foreign Policy, 1908-1997," *Security Studies* 25 (2016), 241-247. CIA は，1983年末にその評価を改定し，判明しているソ連の石油埋蔵量はおそらく，以前の評価より約2倍大きいこと，またソ連は1977年末に，西シベリアの石油とガスの開発努力を最優先事項として集中的に開始したと述べた。CIA, *Soviet Energy Prospects into the 1990s*, NIE 11-7-83, December 14, 1983, CIA Records Search Tool (CREST).

71

第 I 部　石油外交と冷戦

を発展・配備しようとする合衆国の決意を強めた。12月に入って，政府省庁間情報覚書は，この地域における合衆国の影響力は低下し，「反米感情の表出」が増大したと警告した。環境の変化は主に，アラブ＝イスラエル紛争，石油価格の上昇，および「政治化したイスラムと西欧文化の拒絶」といった域内要因によるものだったが，CIA は，ソ連が影響力を拡大するために「地域における不安定の増大を扇動している」と考えた。近いうちにソ連が相当な利得を確保する可能性が最も高いのは，イランであり，同国では，「引き続く深刻な不安定が，ソ連に共鳴する左翼政権に道を譲る可能性がある」，と上記報告は警告した。CIA は，ホメイニ政府が秩序を回復できる可能性はあり得ないと考えたが，たとえ秩序回復を実現したとしても，「それはより一層の決意をもって革命を輸出しようとする努力の前兆に過ぎないかもしれない」というものだった。[114]

（3）ソ連のアフガニスタン侵攻

　1979年12月のソ連によるアフガニスタン侵攻は，この地域におけるソ連の直接的勢力拡張への恐れを蘇らせた。[115]ブレジンスキーは12月26日，カーター大統領宛てに次のように書いた。もしソ連がアフガニスタンで成功を収め，パキスタンがソ連の圧力に黙従した場合，「インド洋への直接的アクセスを確保したいとするソ連の長年の夢が，実現することになるだろう」。[116]ブレジンスキーは，合衆国はアフガニスタンからパキスタンとイランへのソ連の影響力拡大を阻止するために，中東における同盟国とより深みのある安全保障取り決めを構築すべきだと勧告した。これらの国へのソ連の影響力拡大は，「中東におけるわれ

---

(114)　McFarland, *Oil Powers*, 226; *FRUS 1977–1980*, 18, doc. 34, Odom to Brzezinski, November 28, 1979; doc. 35, CIA, Intelligence Memorandum, "New Realities in the Middle East," NI IIM 79–10026, December 1979; Olav Njølstad, "Shifting Priorities: The Persian Gulf in US Strategic Planning in the Carter Years, *Cold War History* 4 (April 2004), 26–33, 51, note 19 ; William E. Odom, "The Cold War Origins of the U.S. Central Command," *Journal of Cold War Studies* 8 (Spring 2005), 57–59.

(115)　Jimmy Carter, *White House Diary* (New York: Farrar, Straus and Giroux, 2010), 368, 371, 372, 380; Brzezinski, *Power and Principle*, 177–181, 203–204, 482–485. ソ連のアフガニスタン侵攻は，合衆国がイランに対する軍事行動計画を棚上げすることにつながった。

(116)　*FRUS 1977–1980*, 12, doc. 97, Brzezinski to the President, December 26, 1979.

第1章　石油危機とグローバル冷戦

われの最も死活的な利益を直接危険にさらすことになるだろう」というのである。西ヨーロッパ，東アジア，および合衆国の運命は，ペルシア湾岸とその石油と結びついている，と彼は警告した。彼はまた，ソ連に対するより攻撃的な政策を採用するために，トルーマン・ドクトリンの遺産を引き合いに出し，軍事支出の急激な増加と中国との戦略的関係の樹立を推し進めた。[117]

　一方，CIA は，アフガニスタンへのソ連侵攻が「前もって計画された戦略的攻勢の始まり」だとは考えなかった。むしろ CIA は，ソ連の侵攻を，隣国における自国の立場の「差し迫った，でなければ不可逆的な悪化」だとソ連指導者たちが恐れたものへの，気乗りのしない反応だと評価した。CIA はまた，アフガニスタンにおけるソ連の行動は，イランに対する軍事行動の前兆ではないと主張した。[118]その後の調査は，CIA の分析を支持しているが，カーター大統領はブレジンスキーの勧告に従った。

（4）カーター・ドクトリンの発表

　1980年1月23日の一般教書演説において，カーター大統領は，ソ連のアフガニスタン侵攻は「第二次世界大戦以来の，平和に対する最も深刻な脅威をもたらす可能性がある」と警告した。ペルシア湾岸は，世界の輸出可能な石油の3分の2以上を含み，ソ連によるアフガニスタンの支配は，この地域の大半の石油が通過するホルムズ海峡に近く，インド洋から300マイル以内のところにソ

---

[117]　Brzezinski, *Power and Principle*, 431; National Security Council Meeting, 2 Jan. 1980, in Odd Arne Westad, ed., *The Fall of Détente: Soviet-American Relations during the Carter Years* (Oslo: Scandinavian University Press, 1997), 332-351; *FRUS 1977-1980*, 12, doc.134, Brzezinski to the President, January 2, 1980 ; *FRUS 1977-1980*, 18, doc. 140; "An Interview with Zbigniew Brzezinski," *Wall Street Journal*, 15 Jan. 1980, 20; 文脈については，以下を参照されたい。Melvyn P. Leffler, "From the Truman Doctrine to the Carter Doctrine: Lessons and Dilemmas of the Cold War," *Diplomatic History* 7 (Fall 1983), 245-266. ソ連の侵攻への合衆国の全般的な反応については，以下を参照。Raymond Garthoff, *Détente and Confrontation: American-Soviet Relations from Nixon to Reagan*, rev. ed. (Washington, D.C.: Brookings Institution, 1994), 1046-75.

[118]　*FRUS 1977-1980*, 12, doc. 147, CIA Intelligence Assessment, January 1980; doc. 158, CIA Intelligence Assessment, January 1980 ; doc. 168, "Soviet Union and Southwest Asia," attached to Turner, Memorandum for the President, January 15, 1980; Westad, *Global Cold War*, 316-326 ; Leffler, *For the Soul of Mankind*, 303-311, 329-334.

第Ⅰ部　石油外交と冷戦

連の軍隊が配備されることを可能にするだろう。ソ連は「戦略的立場を強化しようと試みており，それゆえ，中東石油の自由な輸送に対する重大な脅威となる」，とカーターは結論づけた。この脅威に対処するために，大統領はカーター・ドクトリンとして知られることになる政策を発表した。「ペルシア湾岸地域の支配を目指す外部国家の試みは，アメリカ合衆国の死活的利益に対する攻撃とみなされ，かつそうした攻撃は軍事力を含む，必要ないかなる手段に訴えてでも撃退されるだろう」[119]。

　大統領の政策を支援するために，合衆国は，この地域に軍隊を緊急展開する能力を向上させる措置を講じた。3月，国防省は緊急展開合同任務軍（RDJTF）を創設し，フロリダ州にあるマクディル空軍基地に配備した。合衆国はまた，この地域の施設へのアクセスを確保するための交渉を開始し，陸上と特殊船舶に資材を事前集積する準備を行った[120]。シャー政権の崩壊の時から計画されたこの動きは，現地軍は中東における西側の利益をソ連の侵略あるいは国内不安から守るのに十分ではないという合衆国の信念を反映していた[121]。

（5）格上げされるペルシア湾岸地域の戦略的優先順位

　この計画は当該年度を通じて継続し，政府の最終行動の一つとして，カーター政権は1981年1月，合衆国の戦略的優先順位の観点から，ペルシア湾岸の地位を格上げした。1981年1月5日に署名された2組の大統領指令において，カーター政権は，国防5カ年計画の中で湾岸地域の資源を最優先事項とし，戦時作戦計画という観点から，この地域を西ヨーロッパに次いで2番目に重視した[122]。

　ペルシア湾岸における合衆国海軍のプレゼンスは2倍以上となったが，ペルシア湾諸国に基地とアクセス協定を調印させようとする努力は，ゆっくりとしか進展しなかった。1983年，RDJTFは合衆国中央司令部（CENTCOM）となっ

---

(119)　Jimmy Carter, *Public Papers of the Presidents, 1980-1981* (Washington, D.C.: U.S. Government Printing Office, 1980-81), 194-200. 引用は197頁。また，以下を参照。*FRUS 1977-1980*, 1, doc. 138.

(120)　Brzezinski, *Power and Principle*, 446, 456; Michael A. Palmer, *Guardians of the Gulf: A History of America's Expanding Role in the Persian Gulf, 1833-1992* (New York: Free Press, 1992), 106-111; McFarland, *Oil Powers*, 227-233.

(121)　McFarland, *Oil Powers*, 226-227.

たが，同司令部は中東，北アフリカおよび中央アジアにおける合衆国の利益を守る責任を与えられた地域的統合軍事司令部である。最終的には，イラン＝イラク戦争，中でもイランとイラク間のいわゆる「タンカー戦争」（1987〜88年）は，自国領土の施設にそれまで以上のアクセスを合衆国に認めることを地域諸国家に確信させた。[123]

11　経済的 悪 影響（フォールアウト）

（1）高金利政策，インフレ抑制，ドル防衛へ

　部分的には，合衆国の石油消費が上昇傾向にあるとの懸念から，1970年代末に，他の国際通貨と比べてドルの価値が低下した。このため，サウジアラビア政府は，ドルの下落を食い止めるための行動をとるよう合衆国に促すにいたった。サウジアラビアの投資は，彼らにドルの価値と安定への関心をいだかせた。石油はドルで価格表示されており，サウジアラビアの金融資産の約75％も同様であった。弱いドルはサウジアラビアの収入と海外投資の価値を減じた。サウジアラビアは自国の石油価格を他の通貨で表示したり，合衆国にあるサウジアラビアの投資の一部を引き上げるかもしれないと懸念して，カーター政権は11月１日に，米連邦準備局の公定歩合の急激な引き上げを含め，インフレ抑制とドル防衛の措置を発表した。[124]

　イラン革命およびイランの石油生産と輸出の削減によって，石油価格が暴騰し，インフレが悪化し続けた後，米連邦準備制度理事会（FRB）は，新しく任命されたポール・ヴォルカー（Paul Volcker）議長の下で，1979年10月，通貨供給の伸びの規制を通じてインフレ抑制を重視すると発表した。向こう３年間に

---

(122)　Presidential Directive PD/NSC-62, "Modifications in US National Security Strategy," January 15, 1981, Federation of American Scientists website; *FRUS 1977-1980*, 18, doc. 98, Presidential Directive PD/NSC-63, "Persian Gulf Security Framework," January 15, 1981; Njølstad, "Shifting Priorities," 42-48.

(123)　Hal Brands, *Making the Unipolar Moment: US Foreign Policy and the Rise of the Post-Cold War Order* (Ithaca, N.Y.: Cornell University Press, 2016), 235, 238-239 ; Toby Craig Jones, "After the Pipelines: Energy and the Flow of War in the Persian Gulf," *South Atlantic Quarterly* 116 (April 2017), 417-425.

(124)　Spiro, *Hidden Hand*, 122-126, 159-160.

第 I 部　石油外交と冷戦

わたって，FRB は，これまでにない高さまで金利を引き上げた。この政策によって，ドルの価値は上昇し，最終的にインフレは緩和されたが，不況の引き金を引くという犠牲を払うことになり，合衆国産業の競争力は削がれ，失業は増加した。[125]

（2）レーガノミクスの功罪

　合衆国におけるより高い金利は，大量の海外資本を合衆国に呼び込むことになった。それは，レーガン政権が，他のプログラム向け支出を大幅に削減することなく，急激な軍事支出増と大規模な減税を行った結果生じた膨大な財政赤字を賄うのに役立った。西ヨーロッパ，日本，および東アジアの新興工業諸国は，これらの国の輸出に対する合衆国の需要増大から恩恵を受けたが，途上国と東ヨーロッパは，高金利が借入金のコストを押し上げ，その上，資本がその関心の焦点を彼らの国から合衆国に移行させたので，痛手を被った。[126]

　産油国が当初，その収入を増大させることに成功したことは，グローバルサウスの国々による新国際経済秩序の要求を助長したが，高騰した石油価格は，非産油途上国に強い打撃を与えた。というのは，非産油途上国は，高い石油価格が彼らの重要な顧客の経済に及ぼした影響のため，彼らの輸出への需要が落ち込むと同時に，石油に対してより高い価格を支払わなければならなかったからだ。途上国はまた，日本および他の東アジア工業国が，中東からの石油輸入代金の支払いを可能にした「オイル・トライアングル」という貿易と金融のフローからも，大幅に取り残された。一方，日本および他の東アジア工業国は，「オイル・トライアングル」を介して軍事資材を輸出し，かつまた中東産油国のペトロダラーを自国の金融システムに吸収した合衆国と西ヨーロッパへの輸出を増やすことを通じて，石油輸入代金を賄った。[127]

---

(125)　McFarland, *Oil Powers*, 196-200 ; Smith, "Real Oil Shock," 115-124, 268 ; Evan A. North, "Saudi Arabia and the US dollar Crisis of 1978-80" (unpublished paper, Georgetown University, 2008).

(126)　De Groot, "Global Reaganomics," 94.

(127)　Sugihara, "Oil Triangle," 6-10.

（3）悪化する累積債務問題

　これとは対照的に，ラテンアメリカの債務は，1975年の590億ドルから1982年の3310億ドルに増え，1980年代に地域規模の債務危機に陥った。その主な原因は，工業化の資金を賄うために，低金利を利用しようとした国々による大規模借入によるものだったが，くわえて第二次石油危機後の石油価格の高騰と高金利の影響も受けた[128]。大半のアフリカ諸国は，民間銀行よりも，主として国際金融機関から，少額を借り入れたが，それでも彼らの債務は，経済規模および輸出を伸ばす能力に比して，大きかった。彼らもまた，高い石油輸入コスト，貿易条件の悪化，および市場の喪失に苦しめられた。80年代における金利の高騰および合衆国への資本の流れの転換もまた，彼らの状況を悪化させた[129]。

　東ヨーロッパの経験は，ラテンアメリカのそれと似ていた。先述したように，多くの東ヨーロッパ諸国は，1970年代に西側銀行から融資を受けた。そして70年代末には，返済に苦労する債務を抱えていた。第二次石油価格ショックは事態を悪化させ，合衆国が金利を引き上げた後，西側から大量に供与されていた信用は枯渇した。合衆国の高金利はこの地域から資本のフローを遠ざけ，高い金利返済は抱えている融資の利払いの負担を大きくし，この地域の政府が新たな融資を受ける能力を削いだ。融資は受けられても，金利は高くなっていて，借り手側は，返済を確かなものにするために，IMF が設けた厳しい条件に同意しなければならなかった。くわえて，合衆国は援助を受け取るための財政的条件だけでなく，政治的条件を強要するために，国際金融機関に対するその影響力を行使した[130]。

---

(128)　De Groot, "Global Reaganomics," 97 ; Robert E. Wood, *From the Marshall Plan to the Debt Crisis: Foreign Aid and Development Choices in the World Economy* (Berkeley: University of California Press, 1986), 266-267. 全体像については，以下を参照されたい。Venn, *The Oil Crisis*, 173-200.

(129)　De Groot, "Global Reaganomics," 97-98 ; Arrighi, "The Africa Crisis," 5-36.

(130)　De Groot, "Global Reaganomics," 95-96 ; Stephen Kotkin, "The Kiss of Debt: The East Bloc Goes Borrowing," in Niall Ferguson, Charles S. Maier, Erez Manela, and Daniel J. Sargent, eds., *The Shock of the Global: The 1970s in Perspective* (Cambridge, MA: Harvard University Press, 2010), 80-93 ; Bartel, *Triumph of Broken Promises*, 201-291.

第Ⅰ部　石油外交と冷戦

12　1980年代の逆オイルショック

（1）代替エネルギーの開発と石油消費量削減に取り組む非産油国

　石油危機にいたった経済状況に取り組むために，経済協力開発機構（OECD）諸国は1970年代半ばに，将来の供給の混乱から自分たちを守るための共同行動を開始した。この組織的活動は，より一層の効率と節約を通じて石油消費を減らし，石油を他のエネルギー源，特に発電に置き換え，そして他の地域の石油生産を増大させることによって，OPEC 産油国，特に中東産油国からの石油輸入を削減することに焦点を当てた。国際エネルギー機関（IEA）加盟国はまた，民間企業との協力を通じて，あるいは合衆国の場合のように，政府所有の戦略石油備蓄制度（Strategic Petroleum Reserve）の設立を通じて，石油備蓄を増やそうとした。[132]

　こうした努力は，1974年から1979年の時期に石油の実質価格が低下したことから遅滞したものの，第二次石油危機はそれを活性化させた。1979年から1985年の期間，非共産主義世界の石油消費は，1973〜75年と1979〜82年の価格上昇と景気後退のために，一日当たり5160万バレルから4630万バレルに落ち込んだ。くわえて，石炭と天然ガスが，多くの産業用および公益事業用の石油燃料にとって代わり，そして先進工業諸国による原子力の総利用量は 2 倍以上に増えた。同じ期間に，非共産主義世界における非 OPEC 諸国の石油生産は，特にイギリス，ノルウェー，メキシコおよび合衆国において，石油価格の上昇および特にオフショア生産における技術の進歩が増産に拍車をかけたので，一日当たり1770万バレルから2260万バレルに増加した。その結果，OPEC の石油への需要は，一日当たり1020万バレル減少した。先述したように，中国産石油と輸

---

(131)　Henning Türk, "Reducing Dependence on OPEC Oil: The IEA's Energy Strategy Between 1976 and the Mid-1980s," in Duccio Basosi, Giuliano Garavini, and Massimiliano Trentin, eds., *Counter-Shock: The Oil Counter-Revolution of the 1980s*（London: I.B. Tauris, 2018）, 241-258.

(132)　Bruce A. Beaubouef, The US Strategic Petroleum Reserve and Energy Security Lessons of the 1970s, in Robert Lifset, ed., *American Energy Policy in the 1970s*（Norman, OK: University of Oklahoma Press, 2014）, 63-83 ; Paul Sabin, "Crisis and Continuity in US Oil Policies, 1965-1980," *Journal of American History* 99（June 2012）, 183-186.

第**1**章 石油危機とグローバル冷戦

出もまた，この時期に増大し，さらにグローバルな供給量を増やした。[133]

日本は石油消費削減量の20％を占めた。日本政府は節約とエネルギー使用の効率化，発電および製造工程の石油から他の燃料資源への転換，原子力施設の建設の加速化，石炭および液体天然ガス（LNG）輸入の加速化，中東以外の地域からの石油供給の確保によって，石油価格上昇と供給の不安に対応した。こうした政策は，成果を得るまでには時間を要した。1973年に526万5000バレルに達していた日本の石油消費量は，1974年はわずかな減少にとどまり，1979年には549万1000バレルに増加した。それでも，やがて日本は，1985年には，一日当たり100万バレル超の石油消費量削減にこぎつけた。[134]

（2） 石油の需給バランスの変化と低下する石油価格

イラン＝イラク戦争による混乱にもかかわらず，こうした供給と需要の変化は石油価格に影響を及ぼし始めた。石油危機は，産油国に特別な収入と権利主張への自信を与えることによって，主要な製造業の大規模買収と産油国における国有石油企業の設立につながった。1970年の時点で，国有石油企業は石油産業の10％以下しか所有していなかったが，1979年には，この数字はほぼ70％（68.7％）になった。すべての業務を含む石油産業の完全所有は，埋蔵原油の開発速度，生産のペース，および輸出先といった要素に対する，より大きな支配力を産油国に与えた。[135]皮肉なことに，垂直統合の崩壊によって，産油国間の市場獲得競争は強まった。主要石油会社は，価格を抑えるためにこうした動きを促進し，利用した。[136]

サウジアラビアは当初，生産量の削減によって価格を維持しようと試みたが，

---

(133) Garavini, *Rise and Fall of OPEC*, 301-326 ; Edward T. Dowling and Francis G. Hilton, "Oil in the 1980s: An OECD Perspective," in Siamack Shojai and Bernard S. Katz, eds., *The Oil Market in the 1980s: A Decade of Decline* (New York: Praeger, 1992), 75, 77-78 ; Priest, "Shifting Sands," 122-141.

(134) Duffield, *Fuels Paradise*, 199-200; Yergin, *Prize*, 654-655 ; Kaoru Sugihara, "Middle East, East Asia, and the World Economy: Further Notes on the Oil Triangle," Working Paper Series No. 9 (Kyoto: Afrasian Centre for Peace and Development Studies, 2006), 4-7 ; *BP Statistical Review of World Energy*, 2018.

(135) Brian Levy, "World Oil Marketing in Transition," *International Organization* 36 (Winter 1982), 113-133 ; Rodman, *Sanctity Versus Sovereignty*, 232-269, 294-304.

第Ⅰ部　石油外交と冷戦

サウジアラビア指導部は，1985年夏，増産を通じて世界市場における自らの立場を取り戻す決定を行った。固定価格で石油を販売する代わりに，石油価格は，市場における石油精製製品販売価格から石油精製企業の固定マージンを差し引いた価格に基づき決められることとされた。この新制度は，価格よりもむしろ量にプレミアムを付けるものであり，世界の石油価格の崩壊につながった。その結果，石油価格は，1986年の第一四半期に1バレル当たりおよそ17ドル低下し，第二四半期には11ドルとなった。[137]

（3）石油価格の崩壊と減少するソ連の石油・天然ガス収入

　石油価格の崩壊は，ソ連のハードカレンシー収入を大幅に縮小させることになった。当初，1980年後の石油価格の低下は，他の西側主要通貨に対するドル価の上昇によって，部分的に相殺された。このことは，ソ連の対外購買力を高めた。というのは，ソ連の大半のハードカレンシー購入は，西ヨーロッパと日本で非ドル通貨によって行われる一方，ソ連の石油とガスの輸出はドル価格表示だったからである。他方，1980年代半ばに始まるドル安は，ソ連のエネルギー収入の購買力を低下させた。[138] 1983年に約156億ドルに達していたハードカレンシーに基づく石油輸出収入は，価格低下にくわえて生産量の落ち込みによって，1986年には約69億6千万ドルに低下した。天然ガスの価格はしばしば，

⑴36　Francesco Petrini, "Counter-shocked? The Oil Majors and the Price Slump of the 1980s," in Duccio Basosi, Giuliano Garavini, and Massimiliano Trentin, eds., *Counter-Shock: The Oil Counter-Revolution of the 1980s* (London: I. B. Tauris, 2018), 76-96.

⑴37　Garavini, *Rise and Fall of OPEC*, 326-360; Ian Skeet, *OPEC: Twenty-five Years of Prices and Politics* (Cambridge: Cambridge University Press, 1988), 194-212, 241; Majid Al-Moneef, "Saudi Arabia and the Counter-Shock of 1986," in Duccio Basosi, Giuliano Garavini, and Massimiliano Trentin, eds., *Counter-Shock: The Oil Counter-Revolution of the 1980s* (London: I. B. Tauris, 2018), 99-116 ; CIA, "Threat Outlook: Lower Oil Prices: Impact on the Soviet Union," 13 February 1985 ; CIA, *Saudi Arabia, Kuwait, UAE: Asset Management in Austere Times*, GI 85-10099, April 1985 ; CIA, *OPEC: Narrowing Options in a Softening Oil Market*, GI 85-10165, June 1985 ; CIA, *The Saudi Oil Offensive*, GI M 86-20084, 31 March 1986, all in CIA Documents. 以下を参照。Yergin, *Prize*, 745-751; Victor McFarland, "The United States and the Oil Price Shock of the 1980s," in Duccio Basosi, Giuliano Garavini, and Massimiliano Trentin, eds., *Counter-Shock: The Oil Counter-Revolution of the 1980s* (London: I. B. Tauris, 2018), 259-277.

第**1**章　石油危機とグローバル冷戦

石油価格にリンクしていたので，石油価格の低下はまた，ガスの売却から得られるハードカレンシー収入にも損失をもたらした。1981年の610万7000キュービック・メートル（bcm）から1988年の860万（bcm）へと輸出が増えたにもかかわらず，天然ガスの収入は，1981年の40万ドルから1988年には26万ドルを少し超える額にまで落ち込んだ。[(139)]

　ソ連の最大の顧客は石油輸出国だったため，石油価格の下落はまた，ソ連の武器輸出を損なった。CIA の研究によると，ソ連のハードカレンシー収入の約5％およびソ連の石油輸出の10％は，再輸出される中東石油（大半はソ連との兵器交換で得られた）に由来するものであった。非社会主義諸国向けに輸出されるソ連の兵器と軍事資材（ハードカレンシーで表示）は，1984年に91万8000ドルから1985年の74万9000ドルに落ち込んだ。[(140)]

（4）逆オイルショックとソ連の東欧支配の終焉

　輸出収入の急激な減少は，1985年3月に権力を掌握したミハイル・ゴルバチョフ（Mikhail Gorbachev）新政府の改革計画の基礎を損ねた。ゴルバチョフは，ソビエト産業の近代化のための資金を調達し，生活水準を向上させ，よって指令経済から市場経済への移行とより民主的な社会への転換を容易にするために，石油とガスの輸出収入を活用したいと考えていた。だがそうはならずに，減少する石油とガスの収入は，ソ連経済の崩壊に重要な役割を果たした。[(141)]石油価格の崩壊はまた，東ヨーロッパにおける勢力圏を維持するコストを支払うソ連の意思と能力を減じた。1979年後の高金利は，東ヨーロッパの諸政権が直面する

---

(138)　CIA, "Threat Outlook: Lower Oil Prices: Impact on the Soviet Union," February 13, 1985, CREST ; CIA, *Implications of the Decline in Soviet Hard Currency Earnings*, NIE 11-23-86, September 1986, CIA Documents; Smith, *Russia and the World Economy*, 139.

(139)　CIA, *USSR: Facing the Dilemma of Hard Currency Shortages*, SOV 86-10027X, May 1986, CREST ; CIA, *Soviet Energy Data Resource Handbook*, May 1990 ; CIA, *USSR: Coping with the Decline in Hard Currency Revenues*, April 1988, CIA Documents. Smith, *Russia and the World Economy*, 81, 91 の研究は，少し異なる数字を挙げている。

(140)　Smith, *Russia and the World Economy*, 91, 147-148. CIA が示す数字によると，ソ連の兵器売却は1985年に49億ドルで，しかも1986〜87年に平均73億ドルに増加した。CIA, *USSR: Coping with the Decline in Hard Currency Revenues*, SOV 88-10014X, April 1988, CIA Documents.

第Ⅰ部　石油外交と冷戦

債務問題を悪化させ，国際的な金融機関，西側政府および自国民からの圧力に対して，彼らを脆弱にした。だが，ソ連は1989年革命において，この地域の政府がたちまちのうちに，そしてルーマニアを除き平和的に瓦解していくのを傍観した。[142]

13　石油危機と国際政治経済秩序の変動

（1）20世紀末の国際秩序を大きく変容させた石油危機

1970年代の石油危機は，20世紀末の国際秩序の変容に中心的な役割を果たした。石油危機は，20世紀におけるより大きな危機である，合衆国／西欧のヘゲモニーの危機を激化させたが，それはまた，共産主義の崩壊とグローバルサウスにおける西側の優越性の主張において重要な役割を果たした，グローバル経済の変化を始動させた。

世界の石油経済の構造は，1970年代に劇的に変化した。合衆国の石油備蓄量は1968年に，石油生産は1970年代に，それぞれピークに達した。そして中東への投資の移行は，世界の他の地域において余剰生産能力の低下をもたらし，石油輸入国はこの地域における政治的出来事にますます脆弱となった。

その結果生じた第一次石油危機は，1973〜74年のアラブ＝イスラエル戦争と時期が重なった。1970年代末に起きた第二次石油危機は同じように，大量石油消費諸国，中でも合衆国が，石油消費と輸入依存を相当量減らすことに失敗したことも含め，石油市場の構造的変化とイラン革命という中東における政治的不安定との相互作用の結果であった。1980年代の石油価格の崩壊は，石油市場の構造的変化，特に主としてメキシコ，北海だけでなく，ロシア，中国，カ

---

(141)　David S. Painter, "Energy and the End of the Evil Empire," in Jonathan R. Hunt and Simon Miles, eds., *The Reagan Moment: America and the World in the 1980s* (Ithaca, N.Y.: Cornell University Press, 2021), 43-63 ; Painter, "From Linkage to Economic Warfare: Energy, Soviet-American Relations, and the End of the Cold War," in Jeronim Perović, ed., *Cold War Energy: A Transnational History of Soviet Oil and Gas* (London: Palgrave Macmillan, 2017), 298-302 ; David S. Painter and Thomas S. Blanton, "The End of the Cold War," in Jean-Christophe Agnew and Roy Rosenzweig, eds., *A Companion to Post-1945 America* (Oxford: Blackwell, 2002), 479-500.

(142)　De Groot, "Global Reaganomics," 95-96 ; Bartel, *Triumph of Broken Promises*, 263.

ナダなど非 OPEC 生産の急増および消費パターンの変化（GDP 単位ごとの石油使用の減少，そして石炭，天然ガス，原子力発電の利用拡大）から生じた。世界の石油生産に占める OPEC のシェアは，1973年の50.3％から1980年の40.6％，そして1985年の27.1％に低下した。くわえて，産油国政府は石油産業の業務全体に対する完全な所有権および埋蔵石油の開発速度，生産のペース，そして1970年代末までの輸出先といった要素への支配の拡大を獲得したものの，垂直統合の崩壊は，市場をめぐる産油国間の競争を強めた。主要な石油会社は価格を下げるためにこの動きを促進し，利用した。[143]

（2） カルテル結成に至らなかった OPEC

構造的要因が OPEC の目標実現能力に課した制約にくわえて，加盟国間の多様性はしばしば，結束して行動する能力を減殺した。彼らは，再生不能な資源の取引から生じる国際的な収益を守るにあたって，「領土と資源に主権を有する国家」（sovereign landlords）の根本的利益を共有していたものの，OPEC加盟国は，文化的アイデンティティを共有せず，地理的に多様な地域に住み，多様な政治的指向を有し，しかも相互の経済的結びつきを大幅に欠いていた。西側の観察者たちは決まりきったように，OPEC をカルテルと呼んでいたが，この共通の利益の欠如が，同組織がカルテルとして機能する能力を阻害した。1970年代に価格上昇に成功したのは，一時的に有利な構造的要因と相まって，外的な政治的出来事が作り出した混乱と不確実性によるものであった。OPECは1980年代初めにカルテルとして活動しようとして，挫折したのである。[144]

（3） 2つの石油危機と第三世界の挑戦の挫折

1970年代の石油危機はグローバルサウスに深遠な影響を及ぼした。デーン・ケネディ〔本書第2章〕が指摘するように，OPEC が価格と生産レベルをコントロールすることに成功したことは，集団行動によって外国利害から自国の天然資源に対する支配をもぎ取り，グローバルサウスに位置する途上国の利益を考慮に入れた国際経済を再構築できるという希望を他の途上国に与えた。しか

---

(143) Jochen H. Mohnfeld, "Implications of Structural Change," *Petroleum Economist* 49 (July 1982), 269-272 ; *BP Statistical Review of World Energy*, 2022.

(144) Garavini, *Rise and Fall of OPEC*, chapter 8.

第Ⅰ部　石油外交と冷戦

表1-2　石油価格と生産，選択年（1970～90年）

	USドル価格	世界	合衆国	ソ連	OPEC	サウジアラビア
1970	1.80/ 12.70	48,075	11,297 (23.5%)	7,127 (14.8%)	22,523 (46.8%)	3,851 (8.0%)
1973	3.29/ 19.17	58,552	10,946 (18.7%)	8,664 (14.8%)	29,439 (50.3%)	7,693 (13.1%)
1974	11.58/ 55.47	58,671	10,461 (17.8%)	9,270 (15.8%)	29,281 (49.9%)	8,618 (14.7%)
1978	14.02/ 55.65	63,322	10,274 (16.2%)	11,531 (18.2%)	28,233 (44.6%)	8,554 (13.5%)
1980	36.83/115.68	62,942	10,170 (16.2%)	12,116 (19.2%)	25,569 (40.6%)	10,270 (16.3%)
1985	27.56/ 66.29	57,345	10,580 (18.4%)	11,870 (20.7%)	15,445 (26.9%)	3,601 (6.3%)
1986	14.43/ 34.08	60,176	10,231 (17.0%)	12,269 (20.4%)	17,891 (29.7%)	5,208 (8.7%)
1990	23.73/ 46.98	65,022	8,914 (13.7%)	11,403 (17.5%)	23,195 (35.7%)	7,106 (10.9%)

出典：*BP Statistical Review of World Energy, 2022. Prices are dollars of the day/2021dollars. Production in thousands of barrels per day.*

注：(1) 左側の数値（1.80ドル）は1970年度価格，右側の数値（12.70ドル）は2021年度換算価格をそれぞれ示す。

(2) 産出量の単位：日産1000バレル。ゆえに，1970年度の世界48,075とあるのは，日産48,075,000バレルを意味する。

しながら，やがて，石油価格の上昇は，石油輸入価格と工業製品の輸入コスト増および輸出産品の収入減といった問題を，多くのアフリカ，アジア，それにラテンアメリカ諸国につきつけた。第二次石油危機は，石油価格の急上昇をもたらし，輸出価格のさらなる低下および第三世界の債務危機と1980年代の経済成長の低下につながる金利上昇を招いた。これらの出来事は，西側，特に合衆国の政策によって増幅され，第三世界の結束を瓦解させ，国際秩序の西側支配に対するグローバルサウスの挑戦をほぼ終わらせることになった。

（4）ドルを基軸とする民営化された国際秩序の出現と合衆国のヘゲモニーの復活

　石油危機はまた，西欧，中でも合衆国のグローバル経済における影響力を強めた国際金融秩序の変化と互いに影響しあった。マーク・メツラー〔本書第5

第1章　石油危機とグローバル冷戦

章〕が彼の章で指摘するように，石油危機の前に，金融危機，特にドル危機が起きていた。第一次石油危機に続く巨額のペトロダラーの流入は，流動性を提供したが，この流動性は，石油輸出国がその収入を支出したり，投資したりする際に，資本主義的西側諸国の利益を補完する，混乱を伴わない方法を西側の政治指導者と銀行が考案することができたことによって，ドルを基軸とする，新たな民営化された国際金融秩序の発展を促進した。世界経済における合衆国の支配的な地位は，合衆国が大量のペトロダラーを集め，それを独自の条件でリサイクルすることを可能にし，それによって国際システムにおけるヘゲモニーを再確立した。その敗者は，「石油，食糧および工業製品がすべて急騰する中で，交換するに値するものを何ももっていなかった貧困国」であった。[145]

（5）石油危機と環境への影響

1970年代の石油危機が環境に及ぼした影響は極めて重要だが，非常に複雑な論題だ。政治学者マイケル・ロスは，1973年以後に制定されたエネルギー保全と投資政策の大半は，世界の石油とガスの埋蔵量の切迫した枯渇への誤った恐怖に動機づけられていたものの，「炭素の排出総量の減速」をもたらしたと主張する。エネルギー使用から生じる，グローバルな炭素排出量は，1973年の163兆3540万トンの二酸化炭素量から1979年には185兆6420万トン，1985年には1921兆7300万トン，1990年には2130兆630万トンへと増加した。しかし，炭素排出量のグローバルな増加は，1973年以前の10年間で毎年5％以下から，その後の40年間で，毎年2％以下に低下した。排出量全体では増加し続けているものの，石油危機がもたらした変化がなかったならば，排出量はもっと早い速度で増加しただろう，とロスは結論づける。[146]

他の学者たちは，このデータについて異なった解釈をし，特に，石油危機は石油消費量を削減するいくばくかの努力につながったが，他方，大半の国の主

---

(145)　Spiro, *Hidden Hand*, 152; William Glenn Gray, "Learning to 'Recycle': Petrodollars and the West, 1973-75, in Elisabetta Bini, Giuliano Garavini, and Federico Romero, eds., *Oil Shock: The 1973 Crisis and Its Economic Legacy* (London: I.B. Tauris, 2016), 191.

(146)　Michael L. Ross, "How the 1973 Oil Embargo Saved the Planet," *Foreign Affairs*, October 15, 2013. この論文は，印刷版としてよりもむしろオンライン形式（スナップショット）として発表された。

第Ⅰ部　石油外交と冷戦

たる反応は，他のエネルギー源の生産と消費を拡大することであった。石油危機がもたらした最も重要な影響の一つは，特に中国とインドにおける，石炭の生産と消費の拡大であった。それは環境に重要な否定的影響を与えた。グローバルな石炭消費は，1973年には石油換算（mtoe）で15億1900万6000トンであったが，1980年には17億9300万3000トン，1985年には20億5500万6000トン，そして1990年には22億1900万9000トンへと増加した。くわえて，工業諸国におけるエネルギー集約度の低下は，部分的に，エネルギー集約型産業のグローバルサウスへの移転の結果であり，グローバルな規模でのエネルギー使用の減少に何らの貢献もしなかった。[147]

（6）石油危機，ソ連の崩壊，そして冷戦の終焉

　一見したところ，1970年代の石油危機は合衆国とその同盟国を弱体化し，ソ連を強くしたようにみえる。石油価格の急激な上昇は，1970年代における合衆国およびその他の西側工業諸国が直面した経済的諸問題を悪化させ，西側同盟における合衆国のリーダーシップと中東石油へのアクセス確保能力に疑問を投げかけ，第三世界の資源への西側の依存の危険についての懸念を高め，ソ連が冷戦に勝利しつつあるとの恐れを助長した。対照的に，ソ連は1970年代に，世界の指導的石油生産国として合衆国を凌駕し，石油価格の上昇はソ連の石油輸出収入を増大させた。

　困難な10年を経て，合衆国は軍事力，政府の政策，および市場力の組み合わせを通して，グローバル石油の分野において，その影響力を再び行使することができるようになった。石油価格の上昇は，石油供給の代替源やエネルギーの代替源の開発，そして石油消費量の削減につながった。これらの要因が相まって，1980年代に石油価格の急落が起こり，そして価格の急落は，OPECの収入と影響力の急激な低下をもたらしただけでなく，冷戦の終焉およびソ連の崩壊において重要な役割を果たした。

---

(147)　Pirani, *Burning Up*, 94-100; *BP Statistical Review of World Energy*, 2019.

第2章
第三世界プロジェクト盛衰の支柱としての石油危機

デーン・ケネディ（菅英輝訳）

1973～74年と1979年の石油危機は，それをみる観点によって非常に異なる意味を帯びる。たとえば，合衆国の歴史家は二度の石油危機を，1970年代の世界における同国の役割の体系的変化の文脈でこれらの出来事を捉え，戦後のブレトン・ウッズ経済秩序の崩壊，リチャード・ニクソン大統領を辞任に追い込んだウォーターゲート事件，ベトナムでの合衆国の軍事的敗北，スタグフレーションの開始，およびこのような変化の要因としての国際貿易と金融における市場中心で，新自由主義的制度への移行と同列に置く傾向がある。[1]石油危機はそのほかにも，しばしば広範囲におよぶさまざまなやり方で，他の国々に影響を与えた。本書への寄稿者の幾人かが示している通り，非産油途上国世界内でも，1973～74年と1979年の経済的・政治的帰結は，国によって違っていた。石油危機はまた，地域的視点からみることもできる。ここでもまた，これらの出来事は，広範な影響をもたらした。最も明白な影響は中東で起き，新たな，分不相応な影響を国際問題に及ぼすようになった。この度の共同研究プロジェクトは，アジアの多くの国もまた，石油危機に対応して重要な変化を遂げたことを明らかにしている。最後に，1973～74年と1979年の石油危機という出来事は，

＊筆者は，本書に結実した研究プロジェクトへの参加を呼びかけてくれた秋田茂氏に謝意を表したい。また，デーヴィッド・ペインターの助言，洞察，学識に裏付けられたコメントに対して，そして大阪，ハイデルベルク，ワシントン DC で開催されたワークショップ参加者の有益な提言に対しても謝意を表したい。

(1)　Daniel Sargent, *A Superpower Transformed: The Remaking of American Foreign Relations in the 1970s* (New York: Oxford University Press, 2015); Thomas Borstelman, *The 1970s: A New Global History from Civil Rights to Economic Inequality* (Princeton: Princeton University Press, 2012). 合衆国を中心に考察した1973～74年石油危機に関する研究については，以下を参照。Karen R. Merrill, *The Oil Crisis of 1973-1974: A Brief History with Documents* (Boston: Bedford/St. Martin's, 2007).

第Ⅰ部　石油外交と冷戦

1970年代の形成に非常に大きな影響を及ぼしたグローバルな諸力から切り離すことはできない。デーヴィッド・ペインター〔本書第1章〕は，二度の石油危機と変化する冷戦の軌跡との密接な関係を詳述している。この章の目的は石油危機が，1970年代の世界情勢におけるもう一つの重要局面とどのように相互作用したのか，すなわち第三世界プロジェクトの台頭と崩壊を検討することである。

　ヴィジャイ・プラシャドは，「第三世界とは場所ではなく，プロジェクトである」ということを，我々に想起させる。このプロジェクトは，アフリカ，アジア，中東，ラテンアメリカ，その他の主としてポストコロニアルな国々を結集させたが，彼らは集団としてのアイデンティティと目的意識を共有すると主張した。第三世界を政治的・経済的プロジェクトとして特徴づける目的には，外国の大企業から天然資源への支配をもぎ取り，途上国を代弁して国際経済の仕組みを再構築し，さらに米ソの冷戦闘争に巻き込まれないようにする決意が含まれていた。本章の中心的テーマは，2つの石油危機は，上述の目的を達成しようとする第三世界の努力の現れであると同時に，その願望を打ち砕き，国際政治における独自の，まとまりをもった勢力としての崩壊をもたらす出来事だったということである。

1　ポストコロニアルな国際秩序の台頭

（1）ポストコロニアル国家の誕生と主張

　第二次世界大戦直後の数十年間にヨーロッパの植民地帝国が崩壊し，代わって，多くの新興国民国家が誕生した。この変貌の規模と意義は，国際連合（国連）加盟国の劇的増加に明らかだ。国連が1945年に創設されたとき，国連加盟国は，海外に依然として植民地を保有する英国やフランスといった国々も含めて，51カ国だった。1970年までに，国連加盟国は127カ国となり，その10年後には，154カ国にのぼった。国連創設から1980年までの間に加盟が認められた104カ国中，その大半は，ヨーロッパの脱植民地化の産物であるポストコロニアル国家だった。

---

(2)　Vijay Prashad, *The Darker Nations: A People's History of the Third World*（New York: The New Press, 2007), xv.

第2章 第三世界プロジェクト盛衰の支柱としての石油危機

　1970年代初頭までに，イギリス，フランス，オランダはいくつかを除き，すべての海外植民地を放棄し，ベルギーは，アフリカの植民地を失った。ポルトガル帝国とイギリス本国に反逆して誕生したローデシアの白人入植者政権は，70年代が終わる前に崩壊することになる。植民地主義は国際社会のみるところでは，正当性を失ってしまった。このことは，帝国主義が終わったということではない。イギリスとフランスは，特にサブサハラ・アフリカのいくつかの旧植民地の内政に政治的・軍事的に介入し続けた。南アフリカとイスラエルは国民国家として分類されたが，自国内の原住民に対する差別的な人種／エスニック政策は，植民地の慣行と似ていた。そして，合衆国とソ連は多くの場合，現在では失墜してしまっている植民地的な統治方法ほど直接的ではない手段を通じて権力を行使したが，自らも巨大な帝国を保有していた。

　しかし，とりわけアフリカ，アジア，その他の旧植民地から独立した諸国家は，旧宗主国と先進工業世界の利害が一般的に優遇される国際経済秩序に影響されやすい状況に置かれていた。新たに力を得たポストコロニアル国家の政治的・知的エリートは，グローバル貿易の構造的不平等の原因を，帝国主義と植民地主義の影響がいまだ続いていることに求めた。彼らは成長を抑える経済的制約を説明するために，不等価交換，従属，新植民地主義といった造語を考え出した。クリストファー・ディートリッヒが説得力をもって明らかにしたように，これらポストコロニアルな批判者たちは，天然資源への国家主権の主張が，先進国と途上国世界の経済的格差の克服には不可欠だという信念を共有していた。この前提は1973〜74年の石油ボイコットと石油価格の高騰のきっかけになったプロジェクトの基礎にあった。[4]

---

(3)　脱植民地化過程に関する近年の概観については，以下がある。Jan C. Jansen and Jürgen Osterhammel, *Decolonization: A Short History* (Princeton: Princeton University Press, 2017); Dane Kennedy, *Decolonization: A Very Short Introduction* (New York: Oxford University Press, 2016)（デイン・ケネディ，長田紀之訳『脱植民地国家——帝国・暴力・国民国家の世界史』白水社，2023年)。この主題に関する最新の研究への最良の紹介については，以下を参照。Martin Thomas and Andrew S. Thompson, eds., *The Oxford Handbook of the Ends of Empire* (Oxford: Oxford University Press, 2018).

(4)　Christopher R.W. Dietrich, *Oil Revolution: Anticolonial Elites, Sovereign Rights, and the Economic Culture of Decolonization* (Cambridge: Cambridge University Press, 2017).

89

第Ⅰ部　石油外交と冷戦

（2）台頭する第三世界

　第三世界は1950年代初頭にフランスの学者によって考え出された造語であり，その目的は，フランス革命で重要な役割を果たした第三身分（平民）に倣い，それを再現することであった。この言葉は，貧困国を指す融通無碍なカテゴリーとして，速やかに広まった。その多くはアジア，アフリカ，中東だけでなく，カリブ海地域，ラテンアメリカや南太平洋地域における，新興の，政治的に脆弱な国々であった。この呼称は，これらの国々は合衆国中心の第一世界およびソ連中心の第二世界とは区別される共通の利害を有すると信じる人たちにとって，特別な魅力を有していた。第一世界や第二世界と違って，第三世界には中心はなく，それは，ある確信によって結集した国々の，ゆるやかに提携するネットワークであった。その確信とは，国際システムは，大国への彼らの経済的・政治的従属を確実にするよう構造化されていて，この従属から脱却する唯一の方法は，ポストコロニアル国家の国境を越えた何らかのパートナーシップを通じてであるというものだった。これこそが，パン・アフリカ，パン・アジア，パン・アラブ，そしてパン・イスラムといった運動であり，多くの民族主義指導者たちを引き付けた。他方，それと同時に，越境的パートナーシップという考えは，これらの運動が実を結ぶのを非常に困難にした。1963年に結成されたアフリカ統一機構（OAU）は，そうした感情に鼓舞されていた。それ以上に野心的だったのが，インドネシア主催のバンドン会議（1955年）で，アジア・アフリカ諸国の連携を作り出そうとする努力であった。この会議には，アジア・アフリカの29カ国の代表者が結集した。その1年後，ユーゴスラヴィアのヨシップ・チトー（Josip Tito），インドのジャワハルラール・ネルー（Jawaharlal Nehru），ガーナのクワメ・ンクルマ（Kwame Nkrumah），インドネシアのスカルノ（Sukarno），およびエジプトのガマール・アブドゥル＝ナーセル（Gamal Abdul Nasser）は，世界中の途上国の共通の関心事を表明することを目指して，非同盟運動（NAM）を始動させた。1979年の第6回非同盟首脳会議の主催国としての演説において，フィデル・カストロ（Fidel Castro）はその目的を，「大国とブロック政治に対する反対はもちろんのこと，あらゆる形態の外国からの侵略，占領，支配，干渉または覇権」に抵抗する闘争だと要約した。[5]

（3）国際機構で発言力を増す第三世界

　第三世界諸国はまた，主要な国際機構，および帝国のプロジェクトとして出発した機構に対しても集団的な影響力を行使し始めた。イギリス連邦はブリテン（連合王国）といわゆる「白人自治領」（カナダ，オーストラリア，ニュージーランド，南アフリカ，およびしばらくの時期にはアイルランドも）との間の帝国連合として，両大戦間期に誕生したが，第二次世界大戦後，対外問題への影響力を維持しようとして，インド，パキスタン，その他旧植民地に加盟を認め，人種的に排他的なクラブの範囲を超えて加盟国を拡大した。これらの新興ポストコロニアル国家がコモンウェルスに参加するにつれて，そのパワーの力学はますます，彼らに有利になった。加盟国は南アフリカのアパルトヘイト政策に反対するよう圧力をかけた結果，同国は1960年にコモンウェルスから脱退せざるをえなくなった。彼らはまた，白人が支配するローデシアを非難し，ローデシアのイアン・スミス（Ian Smith）政権が，黒人多数派による統治を阻止するよう画策した1978年の「国内的解決」〔他の有力な民族主義者が不参加を表明する中で，ローデシアのイアン・スミス首相と一部の穏健なアフリカ民族主義者との間で取り交わされた合意。首都の名前に因みソールズベリー協定として知られる〕をイギリス政府に認めさせないことに成功した。[6]

　国連も似たような変革をとげた。マーク・マゾワーなどが明らかにしたように，国連の創設者たちはもともと，この組織を大国によるグローバル覇権の手段として構想し，（「米，ソ，英，仏，中華民国」が保有する）安全保障理事会の常任理事国としての地位は，これらの国々の国連支配を担保することを意図していた。[7] しかし新興独立諸国の国連加盟が増えるにつれて，国連総会は新興加盟

---

(5)　Fidel Castro, Speech to Sixth Summit of Non-Aligned Countries, September 3, 1979. （https://web.archive.org/web/20120702093914/http://lanic.utexas.edu/project/castro/db/1979/19790903.html）.

(6)　Philip Murphy, *The Empire's New Clothes: The Myth of the Commonwealth* (London: Hurst, 2018).

(7)　Mark Mazower, *No Enchanted Palace: The End of Empire and the Ideological Origins of the United Nations* (Princeton: Princeton University Press, 2009) （マーク・マゾワー，池田年穂訳『国連と帝国世界秩序をめぐる攻防の20世紀』慶應義塾大学出版会，2015年）; Saul Dubow, "Smuts, the United Nations and the Rhetoric of Race and Rights," *Journal of Contemporary History*, 43, 1 (2008), 45-74.

第Ⅰ部　石油外交と冷戦

国の関心事にとって，創設者たちが描いていた以上に活発で影響力のある
フォーラムに変貌した。加盟国から成る「アフリカ–アジア・ブロック」はし
ばしば，ラテンアメリカ諸国の支持を得ながら，結束して自分たちの利益実現
を迫った。[8] 1960年，彼らは国連決議1514号を成立させることに成功した。この
決議は，植民地主義を「人権に対する深刻な侵害として」非難し，自決は「法
的に拘束力を持つ」と宣言した。[9] 1964年，これらの新興諸国は途上国の経済的
困窮を際立たせるために，77カ国グループ（G-77）を結成した。その1年後，
ローデシアの白人少数派政権が，黒人多数派による統治を阻止する目的で，一
方的独立宣言を発すると，国連は国際的な経済制裁を科した。国連総会は，
1970年代に入っても，植民地型人種主義と抑圧に従事する国家を対象にした諸
決議案を引き続き成立させた。南アフリカのアパルトヘイト政策は，この時期
に成立したすべての国連総会決議の12％が取り上げた主題であった。[10]

　1971年決議は，黒人人口の大半を，いわゆるバントゥースタン住区に押し込
めているとして，南アフリカを非難した。南アフリカを国連から追放する決議
は1974年に国連総会を通過したが，安全保障理事会で英，仏，米の拒否権に
よって葬られた。国連総会はまた，パレスチナ人に対するイスラエルの処遇に
反対した。1974年，パレスチナ解放機構（PLO）は国連総会で，「オブサーバー
としての地位」を付与された。1975年に成立した決議は，シオニズムを人種主
義の一形態だとして非難した。フォード大統領はこれらの行動を，国連におけ
る「多数派の暴政」だと称して抗議を行った。[11] 彼の苛立ちが噴出したことは，
西側諸国の支配が明らかに通用しなくなった国連総会に対する不満の増大の現

---

(8)　たとえば，以下を見よ。Nicole Eggers, Jessica Lynn Pearson, and Aurora Amada e
　　 Santos, eds., *The United Nations and Decolonization* (New York: Routledge, 2020).

(9)　"Declaration on the Granting of Independence to Colonial Countries and Peoples"
　　 (1960) at https://www.ohchr.org/en/instruments-mechanisms/instruments/declaration-
　　 granting-independence-colonial-countries-and-peoples.

(10)　Glenda Sluga, "The Transformation of International Institutions: Global Shock as
　　 Cultural Shock," in Niall Ferguson, et al. eds., *The Shock of the Global: The 1970s in
　　 Perspective* (Cambridge, Mass.: Belknap Press, 2010), 230.

(11)　Mark Mazower, *Governing the World: The History of an Idea, 1815 to the Present*
　　 (New York: Penguin Books, 2012), 309（マーク・マゾワー，依田卓巳訳『国際協調の先駆
　　 者たち――理想と現実の200年』NTT 出版，2015年）.

第**2**章　第三世界プロジェクト盛衰の支柱としての石油危機

れであった。

（４）反帝国主義で連帯するポストコロニアル国家

　国連総会および他の国際機関や超国家機関におけるポストコロニアル国家に
よるこうした連帯の表明の根底にあるのは，西欧帝国主義は第三世界にとって，
明白かつ現在の危険となっているという共通の信念であった。[12] かつての植民地
的慣行から後退したとはいえ，帝国主義の側は，さまざまな通商，信用，条約
メカニズムを用いて，第一世界が引き続き第三世界を支配することを確実にす
るために，非公式的な経済手段を通じて持続した。このような批判の揺籃の地
は，ラテンアメリカだった。ラテンアメリカは，この地域の経済の引き続く不
信を説明するために立ち上がった。ラテンアメリカとカリブ海地域を対象とし
た国連ラテン・アメリカ経済委員会（のちの国連貿易開発会議）の委員長だった
アルゼンチンの経済学者ラウル・プレビッシュ（Raúl Prebisch）は，不等価交
換の理論の基礎を構築した。プレビッシュの議論は，国際貿易条件は西欧諸国
に有利になっているため，彼が中心と周辺と称する地域間には構造的不均衡を
生み出しているというものだった。[13]

　第一世界諸国の態度と行動は，ゲームは第三世界に不利なように操作されて
いると主張する第三世界の批判者たちの疑惑を減じるのにほとんど役立たな
かった。ニクソン大統領は伝えられるところによると，ラテンアメリカが国際
関係で重きをなすようになるのは50年先だと言明し，アフリカにいたっては，
少なくとも500年先だと述べて片づけてしまったといわれる。彼の外交問題の
助言者であったキッシンジャーは，大統領に同意し，すまし顔で，「何も重要
なことは南の世界からは起きない」と語った。[14]

　帝国なきあとのヨーロッパ諸国の指導者たちの理解も五十歩百歩だった。彼
らもまた，途上国世界の多くは，工業国世界に天然資源を安定的に供給する限

---

(12)　Adom Getachew, *Worldmaking after Empire: The Rise and Fall of Self-Determination*
　　（Princeton: Princeton University Press, 2019）.

(13)　以下を参照。Joseph Love, "Raul Prebisch and the Origins of the Doctrine of Unequal
　　Exchange," *Latin American Research Preview*, 15, 3（1980）, 45-72 ; Dietrich, *Oil Revolution*,
　　41-54.

(14)　Mark Atwood Lawrence, "Containing Globalism: The United States and the
　　Developing World in the 1970s," in Ferguson, et. al., *Shock of the Global*, 208.

93

第Ⅰ部　石油外交と冷戦

りにおいて，国際問題で意味があるとみなした。しばらくの間，ヨーロッパ統合そのものは，アフリカの天然資源の引き続く搾取，すなわち「ユーラフリカ」〔ヨーロッパとアフリカを総称する合成語〕と称されるアジェンダを前提にしていた。[15]

（5）残存する植民地主義

　さらに，植民地主義は依然として，生き続けていた。元気だとはいえないが，特に南アフリカでそうであった。ポルトガルは，1950年代半ば以来大陸を席巻していた「変化の風」に抵抗するヨーロッパ最後の帝国だった。そのポルトガルは，第二次世界大戦後の数十年間，何百，何千人ものポルトガル人入植者をアンゴラとモザンビークに移住するよう奨励してきた。このことは，ポルトガルがそのアフリカ植民地を保持する決意を示す明確な兆候だった。しかし，1970年代初頭までに，ポルトガル軍部は，モザンビーク，ギニア＝ビサウ，そして何よりもアンゴラにおける解放運動との，ますます犠牲の大きい，必死の対反乱作戦の泥沼にはまり込んでいた。フランス，イギリス，およびオランダが，1950年代と60年代の植民地戦争で遂行した戦闘行動と同じく，そして合衆国が，当時ベトナムで戦っていた作戦行動と同様，ポルトガルの軍事作戦は，裁判なき拘留，裁判なしの即決処刑，民間人の強制再定住，および無差別爆撃（ナパーム弾の導入に伴いさらに破壊的となった）を含んでいた。それでも，こうした戦術は反乱軍を抑え込むことができず，1974年には，ポルトガルの若手軍将校たちのグループが，本国政府に対してクーデターを敢行した。その結果，ポルトガルの帝国からの撤退は早まった。[16]

（6）アンゴラ内戦の長期化と米ソ冷戦の影響

　ポルトガルの植民地統治の崩壊は，アフリカ人による独立のための軍事行動

---

(15)　Peo Hansen and Stefan Jonsson, "Building Eurafrica: Reviving Colonialism through European Integration, 1920-60," in Kalypso Nicolaidis, Berny Sebe, and Gabrielle Maas, eds., *Echoes of Empire: Memory, Identity and Colonial Legacies* (London: I.B. Tauris, 2015), 227-250.

(16)　以下を参照。Elizabeth Schmidt, *Foreign Intervention in Africa: From the Cold War to the War on Terror* (Cambridge: Cambridge University Press, 2013), ch. 4.

第**2**章　第三世界プロジェクト盛衰の支柱としての石油危機

を終わらせる代わりに，特にアンゴラにおける闘争を国際化したに過ぎず，アンゴラは米ソ冷戦の人質となった。それぞれ異なるエスニック集団を代表し，しかもそれぞれ異なる外国の大国に支援される，3つの敵対する民族主義グループが，最高位の地位をめぐって戦闘を続けた。アンゴラ解放人民運動（MPLA）は，ソ連とキューバの支援を受けた。ソ連は物的援助と軍事訓練を提供し，キューバは最終的に，1万2000名の部隊をアンゴラに派兵した。アンゴラ民族解放戦線（FNLA）の支援者は合衆国と中国であった。合衆国は，米中央情報局（CIA）を通じて援助を供給した。冷戦期に時折起きた奇妙な協力者の例だが，中国は兵器と軍事顧問を提供した。アンゴラ全面独立民族同盟（UNITA）もまた，合衆国と中国から支援を受け，1975年には，南アフリカ軍が，UNITAにテコ入れをし，MPLAを打ち負かそうとして，アンゴラ南部に侵攻した。これらの外国からの介入は，アンゴラ内戦を長期化させ，激化させただけであった。[17]

　ポルトガルの植民地統治の崩壊は，広範な影響をこの地域に及ぼした。ローデシアの白人入植者政権はいまや，北部国境のザンビアからだけでなく，東のモザンビークからも反乱軍の侵攻に直面し，その戦略的立場はますます持ちこたえるのが難しくなった。イギリスが和平交渉を買って出たことで，最終的には，黒人多数派の統治が実現し，1979年に国名もジンバブエと改めた。南西アフリカ／ナミビアの政治情勢もまた，不安定になった。この国は第一次世界大戦後，国際連盟によって委任統治領として南アフリカに付与され，1960年代末の国連決議がその支配を終えるように求めていたにもかかわらず，それ以来ずっと南アフリカの支配下に置かれていた。アンゴラにおけるポルトガルの統治の崩壊に伴い，ナミビアに独立を付与すべきだという圧力は強まった。しかし，この問題を解決しようとする努力は，隣国のアンゴラにおける冷戦闘争に巻き込まれることになり，独立への移行は10年以上も遅れた。このときまでには，南アフリカにおける白人少数派支配は不安定化し，アフリカ大陸における最後の半植民地社会が1994年に崩壊する原因となった。[18]

---

(17)　Schmidt, *Foreign Intervention*, ch. 4; Odd Arne Westad, *The Global Cold War: Third World Interventions and the Making of Our Times* (Cambridge: Cambridge University Press, 2007), ch. 6（A・ウェスタッド，佐々木雄太監訳『グローバル冷戦史——第三世界への介入と現代社会の形成』名古屋大学出版会，2010年）.

第Ⅰ部　石油外交と冷戦

（7）合衆国のベトナム戦争での敗北と「脱植民地化の新たな波」

　南アフリカは1970年代の反帝国闘争の唯一の場所ではなかった。ベトナム戦争は異論もあるだろうが，こうした闘争の中でも最も重要なものであった。合衆国が，北ベトナムとベトコンの勝利を容認し，1975年にベトナムから撤退したとき，歴史家リエン＝ハン・グエンが「脱植民地化の新たな波」と称した道が拓かれた。70年代のどの出来事と比べても，それ以上に，この出来事は，南アフリカのアフリカ民族会議（ANC），パレスチナ解放機構（PLO），ニカラグアのサンディニスタといった民族解放組織が独立達成のための革命戦略を追求するのを助長した。この出来事はまた，脱植民地化の目標の中に西欧列強の傀儡として行動したり，あるいは自国民の多数を抑圧したりするような，独立を表面上取り繕う諸国家（たとえば，南ベトナム）の打倒を含むよう，脱植民地化の概念上の規定要因を拡大した。1979年代末のエチオピア，アフガニスタン，イランの君主制の政権を打倒することに貢献したいくつかの国は，まさにこのような観点から自らの行動を組み立てた。同時に，ベトナム戦争の帰結はまた，共産主義世界自体の中の緊張を曝け出した。ベトナムは共産主義隣国であるカンボジアと中国との紛争に巻き込まれ，さらにアフリカその他における中ソ対立は，ベトナムをめぐる両国の厄介な関係によって悪化した。

2　新国際経済秩序（NIEO）の触媒としての石油

（1）第三世界プロジェクトの盛衰に影響を与えた2つの石油危機

　詳細に上述した闘争の文脈に1973〜74年と1979年の石油危機を据えることが重要である。これらの危機は，この時代のもろもろの出来事の画期をなすもので，依然として先進世界に有利な国際経済システムの縛りから脱却しようとする長期の戦いを際立たせることになった。実際のところ，2つの石油危機はこの戦いの盛衰を形成するのに与って力があった。この戦いの指導者たちは，第一次石油危機に鼓舞され，旧帝国を有利にしていた新植民地主義的諸制度から経済的独立を達成し，貧困で弱い立場の国々に恩恵をもたらすような交易条件

---

(18)　Schmidt, *Foreign Intervention*, ch. 5.

(19)　Lien-Hang T. Nguyen, "The Vietnam Decade: The Global Shock of the War," in Ferguson, et al., *Shock of the Global*, 172.

を組み替えるためのプロジェクト，すなわち第三世界プロジェクトを代弁して集団で協働する力を与えられた。このプロジェクトは，第二次石油危機の余波の中でばらばらになり，崩壊することになる。

1955年開催のバンドン会議で，スカルノは聴衆に向かって，次のように警鐘を鳴らした。植民地主義は，「現代的な衣装をまとっている。国内に居住する少数の外国人コミュニティによる，経済的ないしは知的支配というかたちで，そして現に物理的な支配のかたちをとって」と警告した。[20] しかし，途上国にとって，原材料の輸出に主として依拠する脆弱な経済が，先進世界の市場，資本，および技術にあまりにも依存している限り，こうした形態の支配から逃れることは困難であった。

図 2-1　NIEO 記念切手
1974年の国連総会で採択された「新国際経済秩序」(NIEO) を記念する国連発行の切手。NIEO は，発展途上国の利益となる急進的で新たな国際経済秩序の再構築を要求した。

石油産業は典型的な事例であった。石油の採掘，精製，価格の決定，および流通の大半は依然として，西欧の企業の手中にあった。しかし，第三世界の石油生産者たちが，自分たちの石油資源に対する支配を獲得し，国際貿易の条件をひっくり返すために商品カルテルの形成を目指し行動するようになるにつれ，こうしたことはすべて1970年代に変化した。その結果，第一世界では経済的な混乱が生じた。同時に，石油危機は少なくとも，途上国世界の中の非産油諸国の多くの経済にダメージを与えた。その最も永続的な政治的余波は，第三世界が，結びつきは弱かったとしても，共通の目標を有する独自の主体として立ち行かなくなったことであったかもしれない。

（2） 自国資源に対する恒久的主権を主張するグローバルサウス

石油輸出国機構（OPEC）はイラン，イラク，クウェート，サウジアラビア，アラブ首長国連邦，およびベネズエラによって1960年に結成された。[21] この時期，

---

(20) 以下に引用されている。Bradley R. Simpson, "Southeast Asia in the Cold War," in Robert J. McMahon, ed., *The Cold War in the Third World* (New York: Oxford University Press, 2013), 48.

第Ⅰ部　石油外交と冷戦

西欧諸国が所有する多国籍企業が，石油生産と価格水準を決めており，OPEC
という新機構を結成した目的の一つは，そうした支配のいくつかを石油を埋蔵
している国々に取り戻すことであった。湾岸加盟国の大半はまた，石油会社が
第二次世界大戦後に導入した50対50の利益配分協定にも反発した。加盟国の交
渉上の立場を強化しようとする OPEC の努力は，輸出商品である石油の生産
と価格に対する支配権を主張することによって，途上国が国際経済においてよ
り大きい交渉上のテコを獲得するための広範な運動の一部であった。1962年開
催の非同盟運動カイロ会合は，「「完全な脱植民地化」は「国家資源に対する主
権」の行使なくしては不可能だろう」と宣言した。[22]「天然資源に対する恒久主
権に関する決議」と題する国連決議が62年12月に成立したことで，この立場は
国連総会の支持を得た。[23] 1964年，関税および貿易に関する一般協定（GATT）
の政策への不満が途上国間で広まり，そのことは国連貿易開発会議（UNCTAD）
の発足につながった。そして，UNCTAD の後援の下で，77カ国グループ（G-
77）は「公正な新国際経済秩序」の樹立をその目標とする旨の宣言を行った。[24]
こうした事態の進展は，世界経済の舞台において，「グローバルサウスの到来
を確認するものであった」。[25]

（3）第一次産品価格の上昇に伴う途上国の発言力の増大

　その後の10年間，第三世界は，これらおよびそのほかの国際機関を活用する
ことによって，貧しい国と豊かな国の間の経済関係を再構築するよう求めた。
こうした要求は1970年代初頭まで，ほとんど前進がみられなかった。しかし，
マーク・メツラー〔本書第5章〕が詳述しているように，商品市場の盛況は，

---

(21)　以下を参照されたい。Guiliano Garavini, *The Rise and Fall of OPEC in the Twentieth Century* (New York: Oxford University Press, 2019).

(22)　Dietrich, *Oil Revolution*, 100.

(23)　General Assembly Resolution 1803 (XVII) of 14 December 1962, in https://www.ohchr.org/Documents/ProfessionalInterest/resources.pdf.

(24)　Joint Declaration of the Seventy-Seven Developing Countries, June 15, 1964, in https://www.g77.org/doc/Joint%20Declaration.html.

(25)　Giuliano Garavini, *After Empires: European Integration, Decolonization, and the Challenge from the Global South, 1957-1986* (Cambridge: Cambridge University Press, 2012), 2.

第**2**章　第三世界プロジェクト盛衰の支柱としての石油危機

広範囲に及ぶ途上国産品価格の上昇をもたらした。それは，イングランド銀行
が「未曾有」と称するような価格上昇であった。銅，亜鉛，スズ，鉛，リン酸
肥料，綿花，コーヒー，木材，穀物，その他の商品が，より高価になったこと
で，第三世界の生産者たちはグローバル市場で，より大きな影響力を与えられ
た。しかし最も重要な展開は石油部門で起きた。イランによる1951年の石油生
産の国有化，そして60年代末と70年代初頭におけるアルジェリア，リビア，イ
ラクがそれに続いたことによって，この地域の「石油の脱植民地化」と呼ばれ
るようになったものの基礎が築かれた。

　1973年4月，石油市場を研究した合衆国国務省の役人は，増大する石油不足
は，産油国が石油を政治的武器として用いる可能性を現実的なものとした，と
警鐘を鳴らした。とはいえ，合衆国の情報コミュニティによる1カ月後の情勢
評価はアラブ産油国が，「西側の工業諸国に対する潜在的なテコの源泉」とし
て，石油禁輸に訴える可能性は「非常に低い」と結論づけた。しかし，この情
勢評価は，「アラブ＝イスラエル間の武力衝突の再発ないしはそれが近々起き
る可能性」があり，そうなれば石油禁輸のような動きを早める可能性があると
警告を発した。

（4）第四次中東戦争と OAPEC/OPEC による石油戦略の発動

　イスラエルとアラブ隣国との間の第四次中東戦争（ヨム・キプール戦争）は
1973年10月に勃発した。戦闘に従事していたアラブ諸国は，合衆国が密かにイ
スラエルに武器を供給していることを察知した。すると，アラブ石油輸出国機
構（OAPEC）は，共犯者であるオランダとポルトガルと一緒に合衆国に対する

---

(26)　C.A. Enoch and M. Panic, "Commodity Prices in the 1970s," *Bank of England Quarterly Bulletin*（March 1981），44.

(27)　Philippe Tristani, "Iraq and the Oil Cold War: A Superpower Struggle and the End of the Iraq Petroleum Company, 1958-72," in Elizabetta Bini, Giuliano Garavini, and Frederico Romero, eds., *Oil Shocks: The 1973 Crisis and its Economic Legacy*（London: I.B. Tauris, 2016），69.

(28)　James E. Akins, "The Oil Crisis: This Time the Wolf is Here," *Foreign Affairs*, 51/3（April 1973），464-469 ; Garavini, *OPEC*, 201.

(29)　"National Intelligence Analytical Memorandum, May 11, 1973," in *Foreign Relations of the United States, 1969-1976, Volume XXXVI, Energy Crisis, 1969-1974*, 482-483.

第 I 部　石油外交と冷戦

石油禁輸を科した。同時に，OAPEC は禁輸措置の回避を阻止するために，石油生産量を削減した。だが，より深刻な打撃を国際経済に与えたのは，劇的に石油価格を引き上げることによって危機を利用するという，OPEC の決定であった。工業諸国から成る世界は突如として，多国籍石油企業はもはや，差配をすることはできないことを発見した。西欧列強はまた，問題を直すために軍事介入に頼ることもできなかった。キッシンジャーらは，この帝国的な選択が失われたことを嘆いた。

「19世紀であれば，どうなったかはわかる。だが，われわれはそれができない。ベドウィン国家が，西ヨーロッパと合衆国を身動きがとれないようにするという考えは，まったく想像もできなかっただろう。軍隊を上陸させ，油田地帯を分割し，問題を解決しただろう。……そうした行動がとられたであろう。そして，このことが，ひどくばかげているといえるかどうかも定かでない。しかし明らかに，われわれは，そうすることはできないのだ」[30]。

OPEC の石油価格高騰と西側におけるその余波の広がりは，第三世界が国際舞台において一目置かれる勢力として出現したという事実を劇的に示すものであった[31]。

（5）時の人ブーメディエン大統領の活躍

石油危機を第三世界プロジェクトのために振るう武器に転換するのに誰よりも貢献した人物は，アルジェリアの指導者ウアリ・ブーメディエン（Houari Boumediene）であった。アルジェリアは1960年代に，「革命のメッカ」としての評判を確立し，カストロのキューバのような革命政権や PLO といった解放運動と密接な結びつきを作り上げていた。さまざまな国際機構が，石油輸出国機構，非同盟運動，アフリカ統一機構（OAU），アラブ連盟，および77カ国グ

---

(30)　"Minutes of the Secretary of State's Staff Meeting," in *FRUS, Vol. XXXVI*, 643. デーヴィッド・ペインターが，彼の論考の中で明らかにしているように，合衆国はなお，軍事介入を真剣に検討した。

(31)　1973年の石油危機およびその余波についてのすぐれた概要としては，以下がある。Christopher R.W. Dietrich, "'First Class Brouhaha': Henry Kissinger and Oil Power in the 1970s," in Bini, *Oil Shock*, 36-62. 1973年の石油危機において，合衆国と石油企業は共謀していたという逆の評価については，以下を参照されたい。Timothy Mitchell, *Carbon Democracy: Political Power in the Age of Oil* (London: Verso, 2011), ch. 7.

第2章 第三世界プロジェクト盛衰の支柱としての石油危機

ループにも重複加盟している途上国の利益を促進するために誕生していたが、アルジェリアはまた、こうした国際機構における積極的なプレーヤーになっていた。ブーメディエン自身は、国務省によって、「第三世界の主要人物」とみなされていた。1973年の時点で、彼は非同盟運動の議長および OPEC の事務局長を務めていた。前者の役割において、彼はアルジェに集った非同盟運動の代表者たちに対して、「新国際経済秩序」の呼びかけを支持するよう説得した。後者の資格において、彼は、石油価格の引き上げに同意することによって、OAPEC によるボイコットへの支援を示すよう、OPEC の非アラブ加盟国を承服させた。[32]

図2-2　ウアリ・ブーメディエン
アルジェリア指導者で非同盟運動議長であったブーメディエンは、1974年に、政治経済プロジェクトとしての第三世界の指導的代弁者になった。

ブーメディエンは、これらの成功に続き、石油危機および商品価格と経済発展という、より広範な問題に関する特別会合を開催するよう国連総会に強く迫った。特別会合の日程は正式に、1974年4月に設定され、ブーメディエンは基調演説を行うことになった。アルジェリア外相アブデルアジズ・ブーテフリカ（Abdelaziz Bouteflika）が国連総会議長に選出されたことは、ブーメディエンが時の人であることをさらに示すのに役立った。ブーメディエンは特別会合を、国際経済システムが第三世界のニーズによりよく合致するよう再編成するための世界舞台で、自己の考えを主張する機会だとみた。彼が国連総会で説明した主張は、「ブーメディエノミクス」として知られるようになる。[33] 演説とそれに

---

(32) Jeffrey James Byrne, *Mecca of Revolution: Algeria, Decolonization, and the Third World Order* (New York: Oxford University Press, 2016). バーンはブーメディエンが権力を掌握した1965年のクーデターで彼の著書の記述を終えている。著者は、このクーデターは、「驚くほど同質的で、収縮的、そして保守的でさえあるポストコロニアル秩序」を生み出したと論じる（287頁）が、筆者の分析はこの見解に挑戦している。

(33) Giuliano Garavini, "From Boumedienomics to Reaganomics: Algeria, OPEC, and the International Struggle for Economic Equality," *Humanity*, 6, 1 (Spring 2015), 79-92; Garavini, *OPEC*, 236-247.

伴う覚書の中で，ブーメディエンは「OPEC の行動は，われわれ第三世界諸国にとって，原材料価格の重要性および生産国が輸出商品の国有化を通じて価格統制を行うレバーを操作する死活的重要性を示す，まさに最初の例証である」と宣言した。そうした行動は，銅，鉄，ボーキサイト，ゴム，コーヒーその他の産品の価格を引き上げるために，集団として行動するのに必要な，「原材料生産国の連合形成の大きな可能性」を示すものだと言明した。[34]

　ブーメディエンの主張の核心にあったのは，植民地主義と新植民地主義が彼らに課した構造的不利益を第三世界諸国が克服することのできる唯一の方法は，国際経済システムそのものを組み替えることだという信念だった。ブーメディエンならびに多くの彼の同時代人のみるところでは，発展に対する主たる制約は，国内的な欠陥によるものではなく，ポスト・インペリアル国家を特別に優遇し，さらに，部分的に彼らが輸出する第一次産品の価格を低く抑えることによって，旧植民地国家が資本や技術を獲得するのを妨げている国際貿易の新植民地主義的条件に由来するものであった。[35]

（6）「新国際経済秩序樹立宣言」の発表

　国連総会はブーメディエンの変化を求める呼びかけを支持し，「新国際経済秩序樹立宣言」と題される UNCTAD 起草文書を特別会合で成立させた。[36]この宣言は，第三世界諸国に共通の目的意識を与えた不満と野心の表明としては，おそらく唯一の最も重要なものであった。この宣言は，彼らが直面する最も緊要な国際問題は，帝国およびポスト・インペリアル国家が第三世界諸国の国家主権と経済発展に対して突きつけている進行中の脅威であることを明らかにした。言い換えると，この宣言のきっかけとなったのは，脱植民地化は不完全な

---

(34)　H.E. Houari Boumediene, *Petroleum, Raw Materials and Development* (Algiers: Democratic and Popular Republic of Algeria, 1974), x, passim.

(35)　こうした見解の知的ルーツに関する興味深い考察については，以下を参照されたい。Johanna Bockman, "Socialist Globalization Against Capitalist Neocolonialism: The Economic Ideas behind the New International Economic Order," *Humanity*, 6, 1 (Spring 2015), 109-128.

(36)　Resolution 3201 (S-VI), "Declaration on the Establishment of a New International Economic Order," General Assembly, United Nations, May 1, 1974 (http://www.un-documents.net/s6r3201.htm). 続く 2 つの段落内の引用文は，この文書に依拠している。

ままであり，その約束を実現するためには，新たな経済秩序が必要だという確信であった。

　禁輸と価格引き上げによって石油危機を引き起こした産油国の関心事にとってこの宣言が有する妥当性という観点からみるならば，そこに述べられた目的は注目に値する[37]。宣言はまず初めに，「過去数十年間で最大かつ最も重要な成果は，多数の人民や国民に対する植民地支配や外国による支配からの独立であった」ことを確認したことだ。そうはいっても，「あらゆる形の外国からの支配や植民地支配の残存，外国による占領，人種差別，アパルトヘイト，新植民地主義は，途上国の完全な解放と進歩にとっての最大の障害であり続けている」。世界人口の70％は途上国に住んでいたが，彼らは世界の所得の30％しか占めておらず，この現実は，「既存の国際経済秩序の下では，国際社会の均等で均衡のとれた発展を実現することを不可能」にした。それゆえ，世界は新国際経済秩序（NIEO）を必要としたのである。

（7）「新国際経済秩序樹立宣言」が求めるものとは

　この新秩序はどのようなものであるべきだと考えられているのだろうか。印象的なのは，この宣言が明らかにする第一の要件は，「国家主権の対等性，すべての人々の自決権，武力による領土獲得の否認，領土保全と他国の内政への不干渉」の尊重であった。帝国主義，植民地主義および新植民地主義は，この新たな世界秩序では居場所はなくなる。代わって，この宣言は，「すべての国家による最も広範な協力」および「最も発展が遅れている国にとって有利となるような特別措置」を奨励する。最も重視されたのは，自国の経済問題をコントロールし，OPECの成果に基づき拡大していく国家の主権であった。この権利は，「すべての国が，自国の発展にとって最も適切だと考える経済・社会制度を採用する権利」，「自国の天然資源に対するすべての国家の完全な恒久主

---

(37)　新国際経済秩序は，ますます研究者の関心を集め始めるようになった。この点に関しては，以下の特集号を参照されたい。"Toward a History of the New International Economic Order," *Humanity: An International Journal of Human Rights, Humanitarianism, and Development*, 6, 1 (Spring 2015). また，以下も参照。Vanessa Ogle, "State Rights against Private Capital: The 'New International Economic Order' and the Struggle over Aid, Trade, and Foreign Investment, 1962-1981," *Humanity*, 5, 2 (Summer 2014), 211-234; Getachew, *Worldmaking after Empire*, ch. 5.

第Ⅰ部　石油外交と冷戦

権」，それらの資源の「国有化の権利」，「天然資源…の枯渇や搾取に対する弁償と全面的な補償」および「多国籍企業の活動」を規制し監督する権利を含むものとされた。既存の秩序に埋め込まれた不平等を是正するために，この宣言は，「国際社会全体による途上国への積極的な支援」および，特に市場，資本，新技術へのアクセスという面での「途上国への優遇と非互恵的な待遇」を求めた。

　この宣言の全般的な目的は，経済・社会システムに関係なく，公正，主権の対等性，独立，およびすべての国家間の共通の利益と協力に基づく「新国際経済秩序」を創出することであり，それによって，不平等を正し，既存の不公平を是正し，先進国と途上国間の格差拡大を除去することを可能にし，着実に加速する経済的・社会的発展，平和ならびに正義を確実なものにすることを確認した。

　新国際経済秩序に対する国連総会の支持を得たことで，議論の余地はあるとしても，まとまりをもった，共同プロジェクトとして，第三世界はピークを迎えた。[38] OAPEC と OPEC は，石油生産と価格決定権を多国籍企業の支配からもぎ取り，さらに1973〜74年に加盟国を動員して先進世界との間に交易条件を設定することに成功した。このことは，第三世界と第一・第二世界との間の政治的，経済的関係をさらに大幅に組み替える希望を掻き立てた。1976年のUNCTAD 会合において，第三世界諸国の代表は，「北半球の社会主義国家と資本主義国家をイデオロギー面で区別することを止め」，それによって第三世界の経済的利益が第一・第二世界のそれといかに異なるかを際立たせた。[39] 第三世界の商品生産者組織は，グローバル経済における自分たちの立場を強化するモデルとして，OPEC に期待をかけた。豊かな資金に恵まれ，汎アラブ主義の誇りに満ち溢れる OAPEC は，エジプト，ヨルダン，シリアといった石油資源が乏しい隣国にかなりの額の財政援助を提供し始めた。OPEC は全体として，

---

(38)　同時に，ブレット・ベンジャミンが，以下の論考で論じているように，NIEO の願望のいくつかは，すでにバンドン会議で明らかにその萌芽が見られた。Bret Benjamin, "Bookend to Bandung: The New International Economic Order and the Antinomies of the Bandung Era," *Humanity*, 6. 1 (Spring 2015), 22-46.

(39)　Eva-Maria Muschik, "Special Issue Introduction: Towards a Global History of International Organizations and Decolonization," *Journal of Global History*, (2022), 10.

他の第三世界諸国に経済援助を提供する意図を確認し，石油危機によって経済が痛手を被ったアフリカ，アジア，ラテンアメリカの国々に何十億ドルもの資金を配分するために，OPEC 国際開発基金を設立した。[40]

（8）EEC によるロメ協定の締結

ヨーロッパ経済共同体（EEC）は，71カ国のアフリカ，カリブ海および太平洋諸国とロメ協定（1975年）を締結することによって，この挑戦に応えた。この経済協定は，非ヨーロッパの加盟国からの農産物と鉱物資源の輸出に対して，ヨーロッパ市場に無関税でアクセスすることを認めた。ロメ協定はまた，「各国が自国の政策を決定する権利」を認めた。このことは，この協定のすべての締約国の主権を確認するものであった。[41]こうしたトランスナショナルなイニシアティブの中に新たな経済秩序の前兆を見て取ることができた。

（9）イギリスの EEC 加盟の意味

ジュリアーノ・ギャラヴィニは，脱植民地化と第三世界が提起した挑戦は，EEC の諸政策決定をより広範なものにするのに役立ったと述べている。[42]これに関連して，以下の点は留意するに値する。イギリスは1972年に帝国中心のスターリング地域を放棄し，1973年に EEC 加盟を果たした。それは，イギリスが最初の加盟申請をしてから10年後であり，OPEC が石油禁輸を開始した年であった。この時期になると，イギリスは，点在するごくわずかの植民地領土を保有しているに過ぎなかった。イギリスはポスト・インペリアルな世界の不確かさから，経済的に避難する場所として EEC をみるようになっていた。同時に，EEC へのイギリスの加盟は，工業諸国間にみられる，より広範なポスト・インペリアルな趨勢，すなわち旧植民地との貿易から相互の貿易への移行を示すものであった。ロメ協定や類似のイニシアティブにもかかわらず，この趨勢

---

(40)　Keisuke Iida, "Third World Solidarity: The Group of 77 in the UN General Assembly," *International Organization*, 42, 2 (Spring 1988), 385.

(41)　European Commission: Development and Relations with African, Caribbean, and Pacific States, "The Conotau Agreement" (http://ec.europa.eu/development/body/cotonou/lome_history_en.htm).

(42)　Garavini, *After Empires*.

第Ⅰ部　石油外交と冷戦

はやがて，一次産品生産国の経済を弱体化させることになる。[43]

3　第三世界の連帯の衰退

（1）第三世界プロジェクト内部における緊張の増大

　1973〜74年の石油危機は短期的にみれば，第三世界プロジェクトにとっての勝利だったが，長い目でみれば，共通アジェンダへの第三世界諸国の関与の衰退につながった。合衆国の役人は1973年に，石油価格の急騰は「途上国にとって，ひどい痛手となるだろう」と警告した。[44] 本書への寄稿者たちが明らかにしているように，その影響は国によって異なった。だが，アフリカ，アジア，およびラテンアメリカの非産油国への全般的影響は，明らかに悪かった。OAPECやその他の国際機関から財政援助を受けた国でさえも，燃料，肥料，その他の石油製品価格の上昇に対処するのに困難を感じた。[45] インドの農業部門への挑戦の難しさについては，秋田茂〔本書第7章〕が詳述している。OPEC加盟国による世界への輸出割合は，1970年の5.6％から1974年の15％に増大したが，他の第三世界諸国はその割合を縮小させた。[46]

　こうした経済的困難は次いで，いくつかの途上国の政治的不安定と第三世界プロジェクト内部における緊張の増大を生み出した。石油危機は，1974年に起きたエチオピアのハイレ・セラシエ（Haire Selassie）皇帝失脚の要因だとみられている。[47] 石油危機はタイ，ガーナ，その他の政治的不安定を高めた。インドでは，それは1975年にインディラ・ガンディーが緊急事態宣言の導入を決定するのに貢献した可能性がある。[48] 米中央情報局（CIA）は1976年に，「国際経済協

---

(43)　こうした展開について想起させてくれたことに関して，アンドリュー・トンプソンに謝意を表したい。

(44)　"Minutes of the Secretary of State's Staff Meeting," in *FRUS, Vol. XXXVI,* 641.

(45)　たとえば，以下を参照されたい。Morten Jerven, *Economic Growth and Measurement Reconsidered in Botswana, Kenya, Tanzania, and Zambia, 1965-1995*（Oxford: Oxford University Press, 2014）. より一般的には，以下を参照されたい。Dietrich, *Oil Revolution,* ch. 8.

(46)　Iida, "Third World Solidarity," 381.

(47)　Schmidt, *Foreign Intervention,* 146.

(48)　Schmidt, *Foreign Intervention,* 146.

力会議〔CIEC〕への代表権をめぐって途上諸国間で緊張が認められる」と報告した。そうした緊張は，とくに「OPEC諸国が不釣り合いに多くの代表権を割り当てられている」点を考えると，偏狭な利益のために集団の目的を犠牲にする誘惑にかられるかもしれないという恐れ」から生じたものである。この報告は，続けて次のように述べた。

「パリに集った途上国の間ではすでに，OPEC諸国が検討したくない議題をめぐって論争が生まれていた。たとえば，ブラジルとジャマイカは会議において，途上国の国際収支問題について最大限の公表を行うよう強く要求した。OPEC諸国は，石油価格を4倍に引き上げたことが，途上国の困難にいかに大きく貢献したかを際立たせるので，そのような議題を議論することには強く反対した。途上国は仲間割れを引き起こすと見られるような取り組みには，ほとんど病的と思えるほどおびえていた[49]」。

（2）先進国に流入するペトロダラー

OPEC，特にますます豊かになるアラブ加盟国の約束にもかかわらず，第三世界の非産油諸国に対する開発援助は，石油収入のわずかな部分を占めたに過ぎなかった。代わって，一挙に膨れ上がったペトロダラーは，安定し収益の多いとみられた西側の金融市場に流入した。アラブ産油国が石油禁輸を科す以前から，合衆国の政策形成者は，産油国にとって，その収益を預ける場所として，「規模が大きく柔軟性に富んだ合衆国市場は非常に魅力的である」と予測していた[50]。部分的には，国務省と財務省による活発なロビー活動によって，いまや合衆国市場は「アラブ資本の単一の行先としては最大となった[51]」。ネオ・リベラルな世界秩序の基礎となる通貨政策の決定がなされたことによって，合衆国は，他の指導的な西欧諸国と相まって，ペトロダラーを引き寄せるために資本市場を開放した。山口育人〔本書第4章〕とマーク・メツラー〔本書第5章〕が明らかにしているように，そのことは「無国籍の」ユーロダラー台頭の基礎を

---

(49)　Dietrich, *Oil Revolution*, 296-297.

(50)　"National Intelligence Analytical Memorandum, May 11, 1973," *FRUS, Volume XXXVI*, 482.

(51)　"National Intelligence Analytical Memorandum, May 11, 1973," *FRUS, Volume XXXVI*, 482.

第Ⅰ部　石油外交と冷戦

作った。そして、ユーロダラーの多くは、エネルギー需要が高いコストを伴った先進国への融資に流れ込んだ。ある歴史家が述べているように、「石油輸出国は西側資本主義国の利益を補完するような、混乱を伴わないやり方で、膨大な収益を使うか投資する方法を見出した。……敗者は、実質的に交換するものがなかった貧困国であった[52]」。

4　第二次石油危機と第三世界プロジェクトの崩壊

（1）イラン革命とイラク親米政権の崩壊

　1979年の第二次石油危機を引き起こした状況はまた、第三世界プロジェクトの文脈の中で捉えることが可能である。イランのシャーは、多くの臣民によって、合衆国の傀儡だとみなされた。彼は、1953年に合衆国が工作したクーデターによって、政権の座に据えられた。このクーデターそのものは、イランの石油産業を国有化しようとするモサデグ（Moṣaddeq）首相の試みの帰結であった。ますます抑圧的となるシャー政権は、合衆国の武器と顧問たちに大きく依存するようになった。民衆革命によって、彼が1979年初めに権力の座から追放された際、大半のイラン人は彼の失墜を、アメリカ帝国主義の敗北および国家独立の主張として祝福した。

　イラン革命は、帝国主義と新植民地主義に対する闘争は全く終わっていないとする、途上国に広く行き渡っている見解を確認するようにみえた。この革命はまた、新国際経済秩序への残された希望を打ち砕き、まとまりをもった政治プロジェクトとしての第三世界の死を告げる鐘となる石油危機を引き起こした。1979年の石油危機は、1973～74年のそれと違って、自国が所有する天然資源に対する主権という OPEC の主張とは、どちらかといえば、ほとんど関係がなかった。そうではなく、第二次石油危機は、イラン革命がイランの石油産業を混乱に陥れた際に、国際石油市場を通じて広まった衝撃波の帰結だった。他の石油輸出国はまもなく、イランからの不足分の多くを補うために増産を行ったが、パニック買いが、石油価格を高騰させ、合衆国その他の地域で石油不足が生じる結果となった。

---

(52)　Salim Yaqub, *Imperfect Strangers: Americans, Arabs, and U.S.-Middle East Relations in the 1970s* (Ithaca: Cornell University Press, 2016), 279.

第2章 第三世界プロジェクト盛衰の支柱としての石油危機

（2）IMF・世銀の「構造調整」を受け入れざるを得なくなった途上国

多くの途上国，特に石油輸入に依存していた国々にとって，1979年の石油危機は，経済的には大損害をもたらし，輸出産品価格の急激な低下につながった。[53]これらの国々は，第一次石油危機から深刻なダメージを被っていた。第二次石油危機は，サブサハラ・アフリカやその他の第三世界諸国の多くにおいて，経済成長を急激に止めることになった。菅英輝は，発展の遅れた国々が保有する債務は1970年代に，690億ドルから4940億ドルへと，6倍に増大したと述べている。[54]くわえて，この新たな債務の増大する割合は，大量のユーロダラーをかかえ，利潤追求に熱心な銀行や他の民間投資家によって保有されていた。IMFや世銀からの支援を求める国々は，一般に「構造調整」として知られる，これまで以上に厳しい条件を飲まされることになった。1979年にマーガレット・サッチャー（Margaret Thatcher）が，1981年にはロナルド・レーガン（Ronald Reagan）が，政権を掌握したことによって，西側諸国のネオ・リベラルな通貨政策に賛同する決定的な変化が生まれた。[55]山口育人によると，南北問題を協議する1981年のカンクン・サミットで提起された再分配的な経済提言が拒絶されたことは，転換点となった。代わって，合衆国および他の先進諸国は途上国の要求に直面して，「強硬な態度を維持し」，「経済発展は私的セクターと自由市場計画……を通じて最もよく達成される」と主張した。[56]このことは，途上国が外国の競争から国内生産者を保護したり，不当な価格操作，失業，その他生活への脅威から国民を守る能力を削ぐ政策を意味した。新国際経済秩序の前提全体が，1979年の石油危機に伴う経済的混乱によって崩れた。

（3）終焉に向かう第三世界プロジェクト

この危機はまた，第三世界自体にとって，政治的・イデオロギー的転換点を画した。マルクス主義に鼓舞された左翼運動は1970年代の多くを通じて，植民

---

(53) Priya Lal, "African Socialism and the Limits of Global Familyhood: Tanzania and the New International Order in Sub-Saharan Africa," *Humanity*, 6, 1 (Spring 2015), 26.

(54) Hideki Kan, "The Cold War, the 1970s, and the Role of the ADB in Southeast and Northeast Asia," working paper for Taiwan workshop, December 20, 2017, 6.

(55) Ogle, "State Rights against Private Capital," 224-226.

(56) CIA, "Briefing Paper: North/South Issues, July 29, 1983," in cia.gov/library/readingroom/docs/CIA-RDP85M00364R000400510025-8.pdf.

第Ⅰ部　石油外交と冷戦

地主義，新植民地主義および帝国主義に対する闘争を導いてきた。その運動は，ベトナム，カンボジア，アンゴラ，モザンビーク，ニカラグア，エチオピア，イエメン，そして少なくとも短期的には，アフガニスタンとグレナダで勝利を得た。2つの超大国は，イラン革命が似たような結果をもたらすことを期待した——合衆国は不吉な予感をもって，ソ連は期待を込めて。予想とは違って，イスラム教徒たちは，ホメイニ師の指導の下に権力を掌握すると，イラン共産党を潰し，合衆国とソ連の発展モデルを拒絶した。部分的にはイラン革命によって鼓舞されることによって，アフガニスタンのイスラム教徒は結束をはかり，同国の共産主義政権を打倒したため，1979年にソ連のアフガニスタン介入を惹起した。他のイスラム主義運動が，ムスリム世界の他の地域でも次々と誕生した。非同盟運動の当初の指導者たちと同様に，イスラム教徒たちは，ソ連と合衆国の選択肢を拒絶する「第三の道」を提案した。非同盟運動の指導者たちとは違って，イスラム教徒たちはまた，取り締まりの厳しい信仰集団の外部に位置する誰かと目的を共有することも拒否した。長期に及ぶ，血なまぐさいイラン＝イラク戦争が，1980年に勃発した。この出来事は，世俗対宗教，スンニ派対シーア派という線に沿って，中東がますます分裂の度合いを強める初期兆候であり，この亀裂は今日まで続いている[57]。

　こうした分裂の過程は，中東をはるかに超えた広がりをみせた。おそらく，グローバル経済の将来にとって最も重要な発展は，鄧小平が1978年に権力を掌握したときに始まった，中国による，指令経済から市場中心の経済への驚くべき動きであった。1年後，中国が，同じ仲間の共産主義政権である隣国ベトナムと戦争を開始したことは，共通のマルクス主義イデオロギーは国益に取って代わるだろうという幻想を完膚なきまでに打ち砕いた[58]。左翼にとってさらなる打撃となったのは，解放闘争は当然のことながら，必然的にマルクス主義の教義を受け入れるだろうという思いが，アフガニスタンで試され，期待外れに

---

(57)　Ayesha Jalal, "An Uncertain Trajectory: Islam's Contemporary Globalization 1971-1979," in Ferguson, et al., *Shock of the Global*, 319-336; Westad, *Global Cold War*, ch. 8.

(58)　この戦争はまた，ナショナリズムに関するベネディクト・アンダーソンの独創的な研究を促す契機となった。Benedict Anderson, *Imagined Communities: Reflections on the Origin and Spread of Nationalism* (London: Verso, 1983)（ベネディクト・アンダーソン，白石隆・白石さや訳『想像の共同体——ナショナリズムの起源と流行』リブロポート，1987年）.

第**2**章　第三世界プロジェクト盛衰の支柱としての石油危機

なったことである。ソ連はアフガニスタンで，イスラム反乱分子に対して，残虐さを増す対反乱作戦を遂行した。第三世界とアイデンティティを共有する諸国は共通のイデオロギーないしは経済的目的を共有するという主張は，もはや維持できなくなった。1979年の非同盟首脳会議はインド，エジプト，インドネシアといったより保守的な加盟国と，キューバ，リビア，ベトナムといったより急進的な加盟国との間の亀裂をくっきりと浮かびあがらせた。[59]タンザニア建国の父ジュリアス・ニエレレ（Julius Nyerere）大統領は，77カ国グループ並びにより広い意味では第三世界が直面する諸問題を率直に認め，次のように述べている。

　「われわれを結集させたのはナショナリズムであることを改めて繰り返したい。というのは，進歩を追求するためにはまず，われわれ自身を理解しなければならないからだ。77カ国グループは，共通のイデオロギーを持ち合わせていない。われわれの中には，「科学的」であることを主張する社会主義に賛成する者もいる。他方で，社会主義者，資本主義者，神権政治の唱道者もいれば，ファシストもいる！　しかもわれわれは，必ずしも相互に友好的でもない。今日，お互いに戦争をしている国もある。個人一人当たりの年間所得は，100ドルから2000ドルまでの幅がある。鉱物資源を保有する国もあれば，そうでない国もある。海へのアクセスがない国もあれば，他方で巨大な海に囲まれている国もある。したがって，77カ国グループの当面の利害と交渉上の優先順位は，非常に異なっている。石油輸出国機構，貧困国，最貧困国，新興工業諸国，内陸国などがある。こうした分類のいくつかは，我々自身が行ったものであり，他の分類は，他国が自らの目的のために考案したものである。77カ国グループに関するこうした下位区分は有益かもしれない。……だが，それはまた非常に危険でもある[60]」。

---

(59)　Sara Lorenzini, *Global Development: A Cold War History* (Princeton: Princeton University Press, 2019), 159 (サラ・ロレンツィーニ，三須拓也・山本健訳『グローバル開発史――もう一つの冷戦』名古屋大学出版会，2022年).

(60)　引用は以下に拠る。Garavini, *After Empires*, 243-244.

111

第Ⅰ部　石油外交と冷戦

5　2つの石油危機と第三世界プロジェクトの盛衰

　1970年代の石油危機は，なぜ第三世界プロジェクトがピークに達し，かくも早く崩壊することになったかを理解するのに不可欠である。これら2つのグローバルな大変動は，脱植民地化の形式的な過程——旧植民地と従属地域を独立した主権国家として国際的に承認すること——が解決に失敗した経済的，政治的諸問題によって主として引き起こされた。第一の危機は，何十年もの長きにわたって OPEC 加盟国が続けてきた闘争，すなわち地下に横たわっている石油埋蔵量（重要性を増すこの商品の生産と価格決定権を含む）に対する主権国家の権利の主張の頂点を画するものであった。OPEC の驚嘆すべき成功は，他の途上国に新たな希望を与えた。それは，第三世界プロジェクトの主体としての集団的行動によって，天然資源とグローバル市場へのアクセスに対する新植民地主義的な支配の維持を意図しているようにみえるさまざまな国際組織や機関に打ち勝つことができるという希望であった。目的を共有しているという意識は，1973～74年の石油危機の余波の中で途上国を勇気づけたが，それは「新国際経済秩序樹立宣言」において非常に明確かつ強力に宣言された。脱植民地化という未完の仕事はまた，1979年のイラン革命と石油危機によって引き起こされた出来事にその刻印を記した。イラン国王を「大悪魔」として非難し，合衆国の傀儡として描写することにより，革命家たちは，帝国的従属から自国を自由にするナショナルな闘争としてその目的を提示した。しかし続いて起こった石油危機は，1973～74年の余波の中で姿を現し始めていた問題を確認することになった。すなわち，あまりにもしばしば，途上国の側で自国の利害・国益が，共通の経済利害や共有された政治・イデオロギー的な対抗に取って代わったことだ。1970年代の終焉は，脱植民地化時代の終わりをもたらしただけでなく，途上国世界の間の団結の希望をも打ち砕いた。その結果，第三世界は，第一世界と第二世界の冷戦対立がソ連の崩壊に伴い終結する前に，意味のある地政学的カテゴリーとして機能しなくなっていく。

第**3**章
東南アジア開発におけるアジア開発銀行の役割
——冷戦と石油危機の文脈——

菅　英輝

1　アジア開発銀行の設立と冷戦

（1）ADB 設立の背景

　アジア開発銀行（以下，ADB）は1966年に創設されたが，それは合衆国がベトナムでの戦争を急激に拡大していた時期であった。それゆえ，ワシントンの政策決定者たちは，金融および経済の分野はもちろんのこと，アジアにおける共産主義を封じ込めるために，アジアの非共産主義諸国の地域的連帯を強化する役割を ADB に期待した[1]。ジョンソン政権内では，アジアにおいて安全保障と経済発展は不可分に結びついているという認識が広く共有されていた[2]。したがって，彼らは，アジアの非共産主義諸国の経済的・社会的発展を通してアジアの政治安定に貢献することを ADB に期待した。

　ADB の創設に深く関与したもう一つのプレイヤーは日本であった。ワシントンの日本への期待は，高度経済成長を背景にアジアでこれまで以上の役割を果たしたいと願っていた日本国民のナショナリズムの高揚と合致した。1965年4月7日，ジョンソン大統領はボルチモアのジョンズ・ホプキンス大学での演説で，東南アジア向け援助計画を発表し，この地域の経済的・社会的発展のために10億ドルを拠出する用意があると述べた。佐藤栄作総理はこの計画を大い

---

[1]　この点についての，より詳細な考察については，以下を参照されたい。Hideki Kan, "U.S.-Japan Relations in the 1960s and U.S. Policy toward the Emerging Regionalism in Asia: Nationalism, Regionalism, and Collective Security," *Hosei Kenkyu*, Vol. 66, No. 2 (July, 1989), 41-59.

[2]　*Administrative History of the Department of State*, Vol. 1, chapter 7, Lyndon B. Johnson Library（以後，LBJ Library と記す），Austin, Texas.

第Ⅰ部　石油外交と冷戦

に歓迎した。ジョンソン大統領もまた，国連アジア極東経済委員会（エカフェ，ECAFE）内で検討されていたADB設立構想に賛同したことから，最終的に，佐藤は同銀行に合衆国と同額の2億ドルを拠出することになった。[3]

（2）ADBの政治経済的役割への注目

　冷戦における石油の役割の研究で著名なデーヴィッド・ペインター〔本書第1章〕は，「石油危機と冷戦との密接な関連を検討した研究は少ない」と述べているが，同様なことは，ADBの役割に関する研究についてもいえる。ADBに関する先行研究は，そのほとんどが，同銀行の経営，組織，融資活動，援助目的に焦点を当てたものである。[4] 同銀行の設立に関する研究を除けば，[5] その活動を冷戦の文脈で考察したものは極めて少なく，時期的にも60年代に集中している。[6] しかし，冷戦とアジア地域主義の台頭という国際環境の下で同銀行が設立されたことを踏まえるならば，サンフォードがアメリカ外交と多角的銀行（MDBs）の関係を考察する中で指摘するように，多角的銀行は，「その活動が直接的に合衆国の外交政策に関連するような政治組織」だとみなすのが妥当であろう。[7] 言い換えると，ADBの融資活動と同銀行が東南アジアの開発で果た

（3）　ADB創設にいたる経緯については，以下を参照されたい。Dennis T. Yasutomo, *Japan and the Asian Development Bank* (New York: Praeger, 1983), 55-60. 鄭敬娥「1960年代アジアにおける地域協力と日本の外交政策——アジア開発銀行（ADB）本店所在地決定過程を中心に」『比較社会文化研究』第11号（九州大学大学院比較社会文化学府）（2022年）65-77頁。

（4）　Nihal Kappagoda, *The Asian Development Bank* (London: Intermediate Technology Publications, 1995); John White, *Regional Development Banks The Asian, African and Inter-American Development Banks* (New York: Praeger Publishers, 1972)；中川浩二『アジア開発銀行』（教育社，1979年）。

（5）　Po-Wen Huang, Jr., *The Asian Development Bank: Diplomacy and Development in Asia* (New York: Vantage Press, 1975).

（6）　Richard de Camp, "The Asian Development Bank: An Imperial Thrust into the Pacific," Mark Selden, ed., *Remaking Asia: Essays on the American Uses of Power* (New York: Pantheon Books, 1971), 71-90; Yasutomo, op. cit. 後者は70年代までカバーしているが，一次史料を使った研究ではない。一次史料を使った研究としては，以下がある。Ming Wan, "Japan and the Asian Development Bank," *Pacific Affairs*, Vol. 68, No. 4 (Winter, 1995-1996). 菅英輝「東南アジアにおける「日米協力」とアジア開発銀行の対応——冷戦の文脈」『大阪大学大学院文学研究科紀要』第63号（2023年2月）1-32頁。

第**3**章　東南アジア開発におけるアジア開発銀行の役割

した役割の検討は，政治経済学的観点から行うことが求められる。

（3） ADB の融資方針

ADB 設立当初，渡辺武初代総裁の下で採用された融資方針のうち，以下の
３点はレシピエント（被援助国）側からすれば，かならずしも満足のいくもの
ではなかった。第一に，プロジェクトは経済的に健全なものでなければならな
いとされた（健全銀行経営主義）。第二に，被援助国の経済発展に貢献するもの
でなければならなかった。第三に，被援助国は融資に対する信用度を備えてい
なければならなかった。[8] だが，第一の要件にとって必要な，高評価を受けるプ
ロジェクト案を作成する専門的知識と経験を途上国は持ち合わせていない場合
が多かった。また，途上国は財政的資源が乏しい上に，貧困国は債務支払い能
力に欠けるという悩みを抱えており，第二，第三の要件を満たすことは容易で
はなかった。このため，レシピエントの間では，低利で償還期限も長いソフト
ローンである特別基金融資は魅力的な存在であり，その拡充を求める声は1960
年代末から70年代初頭にかけて高まっていた。そのようなときに，1973年の第
一次石油危機は発生した。石油危機の発生は，通常資本財源（OCRs）に基づ
く融資枠の拡大の必要性に加えて，特別基金融資枠の拡大の重要性と緊急性を
高めた。

（4） 本章の構成

第一次石油危機の発生は，ADB 内で特別基金融資が開始された時期と符合
することになった。そこで，本章では，レシピエントの間で強まっていた譲許
的資金である特別基金の統合および増資をめぐる政治過程，および ADB によ
る石油危機への対応を検討し，ADB が東南アジア開発において果たした役割
について考えてみたい。その際，ADB の融資活動が，冷戦と「日米協力」[9] の
文脈で実施されたことを踏まえ，ADB の融資活動の政治的側面に留意して考
察する。

第２節では，1970年代初めに加盟国間でソフトローン融資の増大を求める声

---

(7)　Jonathan E. Sanford, *U.S. Foreign Policy and Multilateral Development Banks* (Boulder,
　　 Colorado: Westview Press, 1982), 19, 23.

(8)　前掲，菅「東南アジアにおける「日米協力」とアジア開発銀行の対応」24頁。

第Ⅰ部　石油外交と冷戦

が高まる中，技術援助基金（TAF）は残しながら，農業特別基金（ASF）と多目的特別基金（MPSF）を統合し，1974年にアジア開発基金（ADF）を創設することになった経緯を検討する。第3節では，ADFの創設に伴い，同基金の増資が必要となる中，増資に必要な予算の議会承認に苦しむ合衆国政府の対応によって，増資をめぐるドナー諸国間の交渉が長引くと，ADB指導部が，合衆国と他のドナー諸国との間の利害を調整する役割を果たし，最終的に増資目標額21億5000万ドルを達成するのに指導力を発揮したことを明らかにする。第4節は，1973年の第一次石油危機および1970年代のドナー諸国の保護主義的傾向によってもたらされた諸圧力と困難をどう乗り切ったのかを考察する。中でも，1976年の第二次アジア農業調査報告書の刊行に注目し，ADB指導部は，この農業調査の勧告に基づき東南アジアへの農業融資額を大幅に増大させると同時に，譲許的資金であるADF資金の増資を実現したことによって，石油危機の挑戦にうまく対応したことを明らかにし，ADBが，70年代末から80年代にかけてのアジア新興工業経済地域（NIEs）およびアセアン-4（ASEAN-4）諸国の成長に重要な役割を担ったと論じる。最後に，これまでの議論を纏めると同時に，70年代に第三世界がその存在意義を失っていく中で，アジア諸国の

───────────

(9)　ここでいう「日米協力」とは，占領期に形成された戦後レジームに基づく日米関係の枠組みを指すものとする。この枠組みは第一には，憲法第9条の非武装規定と第1条の天皇制をセットとして，当時の日本の保守的な支配者層が受け入れたことによって，1951年に日米安保条約が締結され，日本の安全を合衆国に依存する構造ができあがったことに注目する。すなわち，日本の保守的政治エリートは，これによって，日本の国家主権に対する一定の制約を受容することになり，対米依存の構造が作られた。第二は，日本が合衆国主導の自由主義世界経済システムに統合されたことである。具体的には，IMF/GATT体制である。戦後の日本はこのIMF/GATT体制の下で，合衆国市場に依存しながら，原料資源の供給先および日本の製品輸出市場として東南アジアへの進出を目指したが，ワシントンの政策決定者たちは，このような日本の東南アジア政策を背後から支援した。少なくとも，1960年代末までは，日本外交は経済分野においても対米依存の構造がもたらす制約の下で展開せざるをえないという状況に置かれた。その結果，日本の政治・外交エリートは，冷戦期を通して，合衆国の冷戦政策を補完するコラボレーター政権としての役割を演じることになった。本章では，こうして作り上げられた戦後レジームを土台として形成された日米関係の構造を反映した枠組みとして，「日米協力」という概念を使用する。詳細については，以下を参照されたい。菅英輝『冷戦と「アメリカの世紀」』（岩波書店，2016年）の序章，2-20頁および第3章，82-96頁。菅英輝『冷戦期アメリカのアジア政策──「自由主義的国際秩序」の変容と「日米協力」』（晃洋書房，2019年）。

116

多くが，第三世界のカテゴリーから卒業しつつあったことに改めて注意を喚起する。

2　譲許的基金の拡大を求める声の高まりと ADF の創設

（1）増大する被援助加盟国の債務返済額

「援助資金のフローの大半は融資から成り立っているので，援助自体は債務を生む」。ロバート・ウッドはこのように述べ，支払総額に占める債務返済額の割合は，1960年代末以来着実に増大し始め，1968年には23.1％であったのが，1969年には28.2％，1970年には30.9％，そして1971年には34.0％に達したと指摘している。この割合は1980年に39.0％に達するまで絶えず増加した。[10]

これらの数字は，1960年代末から70年代初めには，借入国にとって，債務返済負担増大への懸念が高まっていたことを示している。1969年にピアソン委員会報告書[11]が刊行されたのに始まり，国連貿易開発会議（UNCTAD）および経済協力開発機構開発援助委員会（DAC-OECD）も，この債務増大問題にますます関心を向けるようになっていた。1972年5月には，UNCTAD 内に債務問題に取り組む下部組織（special subsidiary body）が特別に設けられた。[12]こうした傾向は ADB の融資活動に関する議論にも反映された。

（2）譲許的基金の拡充を望む声の高まり

渡辺初代総裁が唱えた「健全銀行経営主義」は，後発開発途上国（LDCs）にとって重荷になっていることが顕在化した。早くも1969年6月には，ADB 総務会第2回年次会合において，借入国のあいだから譲許的基金の拡大を強く望む声が出された。ネパール代表は，ADB の通常資本財源（OCRs）を活用する基本的困難の一つは「借り入れる際の利率」であると発言した。大半の LDCs

---

(10)　Robert E Wood, *From Marshall Plan to Debt Crisis Foreign Aid and Development Choices in the World Economy* (Berkeley: University of California Press, 1986), 234-236.

(11)　Lester Pearson, *Partners in Development Report of the Commission on International Development* (Liverpool: Pall Mall Press, 1969)（大来佐武郎監訳『開発と援助の構想——ピアソン委員会報告』日本経済新聞社，1969年）．

(12)　矢後和彦「累積債務問題の発見」『経済研究』第230号（2020年12月）15-18, 20頁。

第Ⅰ部　石油外交と冷戦

図 3 - 1　渡辺武（ADB 初代総裁）

にとって，債務返済は厳しい状況にあると指摘した上で，セイロン代表は，「健全銀行経営主義が要求する利子率」に基づいて融資されるOCRsは「譲許的な条件に基づく特別基金の割合を高めることによって」改善されなければならないと語った。同代表はまた，「そうでなければ，借入国の中には，同銀行の通常財源を利用することはできなくなる国が現れるだろう」と付け加えた。その2年後の1971年4月15〜17日にシンガポールで開催された第4回総務会会合で，加盟国の資金需要の増大に対応するため，参加者たちはOCRsを増資する必要性に加えて，通常資本財源に対する特別基金の割合を拡大すべきだという点で合意に達した。翌年4月にウィーンで開催された第5回総務会年次会合では，ドナー国であるオーストラリア代表が発言を求め，発展途上加盟国は「世界の資本市場における現行の利率で」ADBから融資を受けなければならないが，多くの場合，これらの加盟国はその余裕がないのだと述べた。

---

(13)　From USADB Manila to SOS, June 4, 1969, "2nd Annual Meeting of the ADB Board of Governors," Airgram A-176, RG 286, AID, Entry No. P 514, IOFs, 1969-1984, ADB Annual Meetings, 1971-1972, Box 3. NACP.

(14)　Amembassy Singapore to Manila for USADB, "Fourth Annual Meeting of ADB, Singapore, Apr 15-17," telegram 01004, April 17, 1971, ibid.

(15)　"Fifth Annual Meeting—Comments of Governors," held in Vienna, 20-22 April, 1972, Board of Governors Meeting, confidential, RG 286, AID, Entry No. P 664, Records Relating to the ADB, 1972-1972, Sec. M46-72, 18 Aug, 1972, Box 2. NACP. 例えば，ADBのOCRsの利率は，1978年の時点で7.7％であった。この点については，以下を参照されたい。Inter-office memorandum, William R. Thomson for Nachmanoff, July 14, 1978. Subject: "ADB Lending Rate Proposal." RG 56, General Records of the Department of the Treasury, Office of Assistant Secretary for International Affairs, Office of the Deputy Assistant for Developing Nations, Office of International Development Banks（以下 GRDOT と略記する），Subject Files Related to MDBs, 1978-1979, BCOP-3, Subcommittee on Multilateral Aid Working Group to BP-5-1, Senate Appropriations Subcommittee, Box 1. NACP.

（3）ソフトローン基金の増資を必要とする背景

「ソフトローン」基金を増やす必要性は，1960年代末から70年代初頭にかけて高まっていた。その背景には以下の要因があった。第一に，ADBの融資に占めるグラント・エレメント（贈与等価割合：援助条件緩和指数）の平均値は，DAC-OECDの勧告あるいは国際復興開発銀行（IBRD）・国際開発庁（USAID）や米州開発銀行（IDB）の融資に占めるグラント・エレメントの平均値と比べて見劣りした。この点を改善するためには，ADB融資全体の中で譲許的融資の割合を相当程度増やす以外になかった。[16] 第二に，過去数年間で多くの発展途上加盟国（DMCs）の債務返済額がかなり増大していた上に，政府開発援助（ODA）の贈与割合の低下およびいくつかの事例では，融資に占めるグラント・エレメントの比重低下がみられた。ブレトン・ウッズ体制の崩壊とそれに続く先進工業諸国の経済的不調は，発展途上国の経済に悪影響を及ぼした。エカフェ事務局が作成した『アジアおよび極東の経済概観1971年』は，国際貿易および外貨収入への悪影響に言及する中で，その要因として，国際通貨に関する諸問題，譲許的援助資金総額の目減り，輸入品の引き続く価格上昇と重要輸出品の価格低下，エカフェ地域の条件に適合した適正技術の移転の差し迫った必要性に言及した。[17] 山口育人〔本書第4章〕とマーク・メツラー〔本書第5章〕は，特に1973年の第一次石油危機後のユーロダラー市場を通じたLDCsへの民間資本の流れが急増し，その結果これらの国々の債務返済額が深刻なまでに悪化したことに注目している。

第三に，住宅，教育，水道水の供給，灌漑，人口抑制といった開発の社会的側面の重要性に対する認識の高まりである。1972年4月20～22日にウィーンで開催された第5回総務会会合において，スウェーデンの総務は，国連の世界社会情勢報告に言及し，開発計画の目的を，成長のみに限定するのではなく，平等や社会正義にその基本をおくべき必要性を強調した。パキスタンの総務もま

---

(16) "Review of Special Funds Resources of the ADB," confidential, R 43-72, 10 July, 1972. RG 286, AID, USAID/B/S/t, O/Reg Dev, Entry No. P 664, Records Relating to the ADB, 1972-1972, PR M 7-2, ADB Docs Misc Papers thru ADB Working Papers'72, Box 3. NACP.

(17) "A report by the Secretary D.C. Gunesekera and K. Nakasawa on the 28th session of the ECAFE," confidential, IN 21-72, 25 April, 1972, RG 286, AID, USAID/B/SA O/Reg Dev, Entry No. P 664, Records Relating to the ADB, 1972-1972, PRM 7-2 ADB Docs Info 1972 thru PRM 7-2, ADB Docs Minutes, Box 1. NACP.

第Ⅰ部　石油外交と冷戦

た，経済成長の追求だけでは十分ではなく，「社会正義と組み合わせ」なければならないと語った。[18] 同年11月にニューデリーで開催されたコロンボ・プラン諮問委員会第22回会合に関する報告は，問題の性格を，「開発の視座の質的転換」という言葉に要約した。同報告はまた，開発の概念を，「単に個人一人当たりの所得レベルの実現という観点から定義するのではなく，人間の基本的ニーズの充足という観点から捉えることによって」，より広い視座でみる必要性を強調した。[19]

　以上の他に，ADB内部にも，特別基金の増資を急がなければならない事情があった。石油危機後，低所得諸国が，特別基金からの借入れを強く望む中，当初の拠出額は1973年四半期には既存の財源に基づき決められた融資枠の上限に到達することが予想された。[20] 同銀行の既存の譲許的融資の約束分と1975年末までの追加融資分を賄うためには，約9億8000万ドルの特別基金財源が必要だった。既存の融資可能額3億1700万ドルと通常資本財源（OCRs）の留保財源3900万ドルが融資可能な状況にあることを考えると，渡辺総裁の推定では，1975年までの融資目標に到達するためには，6億2500万ドルの追加財源が必要とされた。そこで渡辺は，1973〜75年の期間に6億2500万ドルを調達することを提案した。[21]

---

(18)　"Fifth Annual Meeting—Comments of Governors," (Vienna, 20-22 April, 1972, Board of Governors Meeting), confidential, Sec. M 46-72, 18 Aug, 1972, RG 286, AID, Entry No. P 664, Records Relating to the ADB, 1972-1972, PRM72 ADB DCS Secretary Minutes thru PRM 12 ADB DOCs, Secretary Minutes, Box 2. NACP.

(19)　Report on the 22nd Meeting of the Consultative Committee on the Colombo Plan Held in New Delhi," 6-8 Nov 1972, IN. 48-72, 5 Dec. 1972, confidential, RG 286, AID, USAID/B/ SA O/Reg Dev, Entry No. P 664, Records Relating to the ADB, 1972-1972, PRM 7-2 ADB Docs Info 1972 thru PRM 7-2, ADB Docs Minutes, Box 1. NACP.

(20)　"Review of Special Funds: Report on Meeting of Representatives of Developed Member Countries of the Bank," (Washington, D.C., 30 Sept 1972), confidential, Sec. M 66- 72, 23 Oct. 1972, RG 286, AID, Entry No. P 664, Records Relating to the ADB, 1972-1972, Box 2. NACP.

(21)　"Review of Special Funds resources of the ADB," confidential, R 43-72 10 July 1972, RG 286, AID, USAID/B/S/T, O/Reg Dev, Entry No. P 664, Records Relating to the ADB, 1972-1972, PR M 7-2 ADB Docs Misc Papers thru ADB Working Papers, '72, Box 3. NACP.

（4） 3つの特別基金の統合を提案する渡辺総裁

　渡辺総裁自身は，ADBが直面する融資問題を明白に認識していた。1972年4月に開催されたウィーン会合の席で，渡辺は「すべての譲許的資金を，標準的な条件の下で拠出され，最大限の柔軟性をもった単一の基金に統合すること」を求めた。1972年9月，ワシントンD.C.で開催された発展途上加盟国（DMCs）の代表者の集まりで，渡辺は次のように述べた。「ADBはその融資を，より発展した途上国に集中させ，後発開発途上国（LDCs）のために十分なことをしてこなかったと批判されてきた」と。しかしこの融資慣行を変えるためには，ADBは譲許的な性格の「相当額の特別基金財源を必要とする」と指摘した。それゆえ渡辺は，現在実施されている3つの特別基金のうち，技術援助基金（TAF）は別個の独立した基金として残し，農業特別基金（ASF）と多目的特別基金（MPSF）を単一の統一された基金（すなわちアジア特別基金）に衣替えすることを提案した。その結果，1973年4月，ADB総務会は，譲許的なアジア開発基金を新設するための決議案を採択した。

---

(22)　Kenneth Rabin to Roderic O'connor, "ADB Meeting, Vienna, Apr 20-22, 1972," May 3, 1972, RG 286, AID, Entry No. P 514, IDFs, 1969-1984, ADB Annual Meeting, 1971-1972, thru ADB Annual Meetings, 1971-1972, Box 3. NACP.

(23)　"Review of Special Funds: Report on Meeting of Representatives of Developed Member Countries of the Bank," Washington, D.C., 30 Sept, 1972, confidential, RG 286, AID, Entry No. P 664, Records Relating to the ADB, 1972-1972, Sec. M66-72, Box 2. NACP.

(24)　1968年9月17日，理事会は譲許的融資のための3つの特別基金を設立するための特別基金（Rules and Regulations）を設けた。技術支援特別基金（TASF），農業特別基金（ASF）および多目的特別基金（MPSF）。ASFはデンマーク，日本，オランダから計2310万ドルの拠出金を受け取った。MPSFはオーストラリア，ベルギー，カナダ，デンマーク，日本，ドイツ，オランダ，合衆国の8カ国から1億5250万ドルの供出金を受理し，イタリア，ニュージーランド，ノルウェー，スイス，合衆国が資金を供出する意向を示した。さらに，総務会は，通常資本からおよそ2450万ドルの留保財源をMPSF向けに授権された。

(25)　"Review of Special Funds: Report on Meeting of Representatives of Developed Member Countries of the Bank（Washington, D.C., 30 Sept. 1972），" confidential, Sec. M66-72, 23 Oct 1972, RG 286, AID, Entry No. P 664, Records Relating to the ADB, 1972-1972, Sec M 66-72, Box 2. NACP. Amembassy Manila to SOS, Apr 29, 1973, telegram 04893, "Sixth Annual Meeting of ADB," RG 286, AID, Entry No. P 514, IDFs, 1969-1984, ADB Annual Meeting, 1971-1972 thru 1971-1972 [sic], Box 3.

第Ⅰ部　石油外交と冷戦

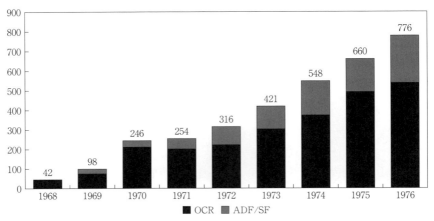

図3-2　融資承認額（財源別），1968〜76年（単位：100万ドル，合計：33億6100万ドル）
出典：Peter McCawley, *Banking on the Future of Asia and the Pacific*, ADB, 2017, 94.
注：OCR＝通常資本財源，ADF＝アジア開発基金，SF＝特別基金。

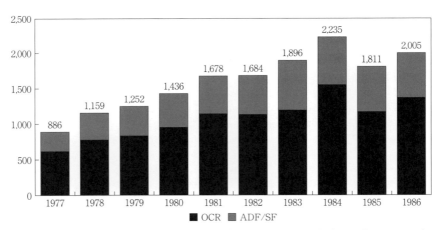

図3-3　融資承認額（財源別），1977〜86年（単位：100万ドル，合計：160億4100万ドル）
出典：Peter McCawley, *Banking on the Future of Asia and the Pacific*, ADB, 2017, 137.
注：OCR＝通常資本財源，ADF＝アジア開発基金，SF＝特別基金。

（5）アジア開発基金（ADF）の設置

アジア開発基金（ADF）は1973年総務会で承認され，ドナー加盟国10カ国が2億2500万ドルの拠出金を約束した1974年6月28日に，基金の法的な発効に必要な条件が満たされた。ドナー会合において，総額5億2500万ドルで合意されたことから，1974年に最初の資金拠出額4億8700万ドル（ADFI）が14の域内および域外ドナー加盟国間で調達された。合衆国のシェアは1億5000万ドル（29％）で，日本のシェア3億2000万ドル（54％）に次ぐ2位であった。[26] 融資枠の拡大に向けたADBの努力によって，1974年末には，同銀行の融資総額は20億ドルに近づきつつあった。これらの融資額中，124件の融資は通常資本財源からの融資で，その総額は14億3100万ドルにのぼった。残り87件は，特別基金からの融資で，その総額は4億9300万ドルであった。[27] 第一次石油危機が急激な融資拡大を必要としたことを踏まえると，譲許的なアジア開発基金がこのタイミングで活動可能になったことは注目に値する。

3　ADF増資をめぐる政治（ADF II～III）

（1）ADFの増資をめぐるドナー加盟国間の駆け引き

ADFの創設にはこぎつけたものの，増資をめぐっては，ドナー加盟国間で複雑な駆け引きが行われた。中でも，1970年代初頭において，ベトナム戦争からの米軍撤退が迫る中，議会の復権が叫ばれるようになり，合衆国政府と議会との関係は緊張の度合いを深めていた。ジョンソン大統領と後継者のニクソンは，ソフトローンと技術援助のための特別基金に2億ドルの拠出をすでに約束済みであった。だが，合衆国政府は議会の歳出予算の承認を得るのに苦労していた。議会の反対に直面する中，合衆国の特別基金への拠出金額はその後，1

---

(26)　Peter McCawley, *Banking on the Future of Asia and the Pacific 50 Years of the Asian Development Bank*（Manila: Asian Development Bank, 2017），443-447（ピーター・マッコーリー，浅沼信爾・小浜裕久監訳『アジアはいかに発展したか——アジア開発銀行がともに歩んだ50年』勁草書房，2018年）．

(27)　Robert Watson, Secretary of the National Advisory Council（NAC）to NAC, Subject: "ADB Annual Meeting—U.S. Position Papers, attachment," Apr 23 1975, RG 286, AID, Entry # P514, IDFs, 1969-1984, ADB Annual Meeting, 1971-1972, thru ADB Annual Meetings, 971-1972 [sic], Box 3, NACP.

第Ⅰ部　石油外交と冷戦

億ドルに削減された。その結果，ADB にとって重要な時期に，合衆国政府は
ADF への拠出に遅延しがちになった。1973年4月の第6回 ADB 年次総会では，
この米国の遅延は，加盟国間で「将来の合衆国の役割に関する懸念」を呼び起
こした。加盟国の中には，合衆国政府は「銀行の融資に不満を抱いている」の
ではないかと心配する声も聞かれた。⁽²⁸⁾

（2）ADF 拠出金の支払い遅延を続けるワシントン

　1976〜78年を対象にした ADF Ⅱ増資交渉において，ワシントンは拠出金の
支払い遅延を続けた。このため総務会は，遅延のたびに対応と調整を行うこと
を余儀なくされた。1975年12月3日，総務会は決議92号を採択し，ADF Ⅱ の
第1回目の増資のための拠出額をドナー加盟国から受け取る権限を同銀行に付
与した。この決議によると，ドナー加盟国は，毎年3回同額を分割払いの形で
拠出する約束になっていた。合衆国の拠出金に対する歳出予算が予定通り議会
で承認される見込みがないことが明らかになると，1976年9月10日，総務会は
ニュージーランドと合衆国からの支払いを促進するために決議103号を採択し
た。合衆国については，総務会は，不均等な額を3回に分け，その第1回目の
支払いを1976年10月1日に開始することができるという条件で，1億8000万ド
ルの拠出金を銀行が受け取ることを承認した。⁽²⁹⁾ところが，合衆国政府は1976年
10月1日に支払い開始予定の分割払い金を支払うことができない状況に再び
陥った。⁽³⁰⁾その後，合衆国政府は1977年10月1日になっても，全く支払いができ
ないことが明らかになった。そのような状況下で，総務会は1977年4月14日，

---

(28)　Amembassy Manila to SOS, April 29, 1973, telegram 04893. Subject: Sixth Annual
　　　Meeting of ADB," RG 286, AID, Entry #p514, IDFs, 1969-1984, ADB Annual Meeting,
　　　1971-1972 thru 1971-1972 [sic], Box 3. NACP.

(29)　Letter from Taroichi Yoshida to Michael Blumenthal (Governor, the DOT, ADB), 27
　　　January, 1978, regarding "Further Measures to Facilitate Commitment and Payment of
　　　United States' Contribution to First ADF Replenishment: Amendment of Resolution No.
　　　103," RG 56, GRDOT, Subject Files Related to MDBs, 1978-1979, AD-7-2 IDB to DA-7-3
　　　ADB (2 of 2), Box 5.

(30)　Amembassy Kuala Lumpur to SOS, Airgram A-62. Subject: "ADB Seventh Annual
　　　Meeting Statement by George P. Shultz, May 3, 1974" (held in Kuala Lumpur, Malaysia,
　　　April 25-27, 1974), RG 286, AID, Entry # P 514, IDFs, 1969-1984, ADB Annual Meeting,
　　　1971-1972 thru 1971-1972 [sic], Box 3. NACP.

第**3**章 東南アジア開発におけるアジア開発銀行の役割

決議107号を採択し，1977年10月開始，不均等な額の3年分割払いという条件で ADF II 拠出金を受け取る権限を銀行に付与した[31]。合衆国の支払い遅延が長期化する中，合衆国と ADB およびドナー加盟国との関係は緊張を孕む状況に置かれた。ドイツを含むドナー加盟国は，1976年4月にジャカルタで開催された ADB 年次総会の席上，もし合衆国が拠出額を減額すれば，ADF への拠出金額を再検討すると述べた[32]。

1977年に入って，ADB は1979年から82年までの4年間に融資する金額を賄うため，ADF III（1979〜82年）の増資（21億5000万ドル）を提案した。一連の交渉は，1977年10月に京都での年次総会で開始された。交渉では，通常資本財源を含め1982年までに総額で40％増とし，譲許的資金の比率を引き上げることを目指した。21億5000万ドルの増資目標額は総務会に正式に諮ることなく，ADB 指導部で設定された。このため，合衆国政府は，目標額は恣意的かつ高すぎると受け止めた。それでも，ADB 指導部は京都での会合で，ADF II における合衆国の負担割合である22.24％を継続することは根拠がないこと，さらに合衆国のシェアは ADF III では「できれば26〜27％の範囲まで」引き上げるべきだとの見解を示した。しかし合衆国代表は，合衆国のシェアは22.24％を超えることはないとの立場を堅持した。この数字は，合衆国のもともとのシェアが28.57％だったことを踏まえると，かなりの削減であった。合衆国は21億5000万ドルという増資目標額についても，この数字は高すぎるとして，さらなる説明を求めた[33]。

1978年2月中旬，スイスのジュネーヴで開催されたドナー加盟国第2回会合

---

(31) Letter from Taroichi Yoshida to Michael Blumenthal (Governor, the Department of the Treasury, ADB), 27 Jan 1978, regarding "Further Measures to Facilitate Commitment and Payment of United States' Contribution to First ADF Replenishment: Amendment of Resolution No. 103," *op. cit.*

(32) Glenn A. Lehman to Arthur Z. Gardner, memorandum, May 11, 1976, "ADB Annual Meeting, Jakarta, April 22-24, 1976," RG 286, AID, Entry P 514, IDFs, 1969-1984, ADB Annual Meeting, 1971-1972 thru 1971-1972 [sic], Box 3. NACP.

(33) Statement of C. Fred Bergsten before the Subcommittee on International Development Institution and Finance of the House Committee on Banking, Finance and Urban Affairs, April 5, 1978, RG 56, GRDOT, Subject Files Related to MDBs, 1978-1979, BCOP-3, Subcommittee on Multinational Aid Working Group to BP-5-1, Senate Appropriations Sub-Committee, Box 1.

125

第Ⅰ部　石油外交と冷戦

では，合衆国，カナダ，ベルギーの3カ国を除く全ドナー加盟国が21億5000万ドルの目標額を支持した。しかしナクマノフ（Arnold Nachmanoff）米財務次官補代理は，合衆国が21億5000万ドルの増資目標中22.24％の拠出を約束することは「極めてあり得ない」ことだと反論した。合衆国政府は，18億ドルから20億ドルの範囲がより妥当だと考えた。[34]

（3）ADF融資基準をめぐるドナー間の交渉とインドネシア問題

21億5000万ドルの増資目標額をめぐる一連の交渉は，進行中のADF融資基準の見直し問題と密接に絡んでいた。ADF融資を受ける資格基準は1974年に設けられた。その基準はGNP個人一人当たり所得，支払い能力，および吸収能力（absorption capacity）の3つの指標に基づいていた。当時，「完全に借入資格のある国」は，1972年時のGNP個人一人当たり所得が200ドル以下の国，「かろうじて借入れ可能な国」は，200〜300ドルの国，300ドルを超える国の場合は，「資格なし」であった。[35]

1974年9月，ADBは，主として合衆国の主張に基づき，インドネシアを「かろうじて借入れ可能な国」に分類した。その際，ADBは，1974年末の2つの譲許的融資がインドネシアにとって最後になるという了解の下で，この提案を了承した。にもかかわらず，合衆国はこの2つの対インドネシア譲許的融資に反対票を投じた。そのときの合衆国政府の言い分は，主要な石油輸出国としてのインドネシアの地位および石油輸出国機構（OPEC）加盟国という点に鑑み，インドネシアはADFの借り手としての資格はないというものだった。[36]1973年10月のアラブ＝イスラエル戦争に伴う第一次石油危機と原油価格の急上昇を考えると，当時の判断としては妥当であるようにみえた。だが，インドネシアの支払い能力に関する当初予測は，その後の原油輸出が横ばい状態に陥ったことから，あまりにも楽観的に過ぎたことが明らかになった。

---

(34)　MOC, undated. Subject: "Second ADF Meeting," Geneva, Switzerland, February 13-14, 1978, *ibid*.

(35)　Memorandum, Donald R. Sherk to Deputy Ass Sec Nachmanoff, Sept 2, 1978, RG 56, GRDOT, Subject Files Related to MDBs, 1978-1979, BCOP-3 Subcommittee on Multilateral Aid Working Group to BP-5-1, Senate Appropriations Sub-Committee, Box 1. NACP.

(36)　Donald R. Sherk for Bergsten, June 26, 1978. Subject: "Indonesia's Status as an ADF Borrower." *Ibid*.

第**3**章　東南アジア開発におけるアジア開発銀行の役割

そうした中，1975年2月には，インドネシア最大の国営石油・天然ガス会社であるペルタミナ（Pertamina）が財政危機に陥った。同社の負債は100億ドルにのぼり，これはおよそインドネシアの GNP の30％に相当した。この負債は最終的には，インドネシア政府が救済することで解決したものの，その結果インドネシアの対外債務はおよそ倍増した。ペルタミナ危機に加え，インドネシア政府による開発資金の借入れが加速したことから，インドネシアの債務支払いの割合は1977年に，およそ9％から16％に増大した。合衆国にとって，イン(37)ドネシアは冷戦において，戦略的に重要な位置を占めていた。インドネシアが将来深刻な財政危機に陥ることを恐れたワシントンは，ジャカルタは「完全に借入れ資格がある国」に再分類すべきだと主張し始めた。

ワシントンが ADF 融資基準の再検討を要請するのには，もう一つ理由があった。ADF が新設された1974年から76年までの期間に，ADF 資金を使って，15の発展途上加盟国に49件の融資が実施され，その総額は5億7500万ドルに達した。しかし ADF 融資は特定の加盟国に極端に集中していた。南アジア6カ国（バングラデシュ，パキスタン，ビルマ，ネパール，アフガニスタン，スリランカ）が，全体の85％以上を占めていた。このため，ワシントンの政策決定者たちは，(38)南アジアへの過度の集中を是正すれば，インドネシアがこれまで受け取った通常資本財源からの融資を減らすことが可能となり，そのことによって ADB 財源に生じた余裕部分を，東アジアと東南アジア諸国に振り向けることができると考えた。(39)

（4）ADB 融資基準の見直しに反対する ADB 指導部

だが，ADB は1974年基準を維持するとの立場を変えなかった。ADB 指導部は，現在の厳しい ADF 財源では，「かろうじて借入れ可能な国」に融資を回す余裕はないし，くわえて ADF III では，より一層の財源が必要とされると主張した。合衆国政府は ADB 指導部の説明では納得せず，1978年度には，イ

---

(37)　*Ibid.*

(38)　Memorandum, Donald Sherk to Nacmanoff, Sept 2, 1978. Subject: "Review of the Lending Criteria for Lending from the ADF." *Ibid.*

(39)　Donald Sherk for Bergsten, June 26, 1978. Subject: "Indonesia's Status as an ADF Borrower." *Ibid.*

127

第Ⅰ部　石油外交と冷戦

ンドネシア，タイ，およびフィリピンといった「かろうじて借入れ可能な国」
に追加融資することは可能だと論じた。こうして合衆国は，ADF の融資基準
の全面的レビューを求めた。[40]

　1978年 7 月初旬，バーグステン（Fred Bergsten）米財務次官補はエドモンド
（Lester Edmond）合衆国代表に対して，インドネシアを ADF の完全な融資資
格国として再分類することを求める米・豪共同イニシアティブに参加すること
を許可する権限を付与した。しかし，吉田太郎一総裁は，エドモンド大使と
オーストラリア代表に対して，理事会でこの問題を提起しないように求めた。
吉田は，このような提案は理事会を分断させると恐れた。貧困な加盟国は
ADF の借入額が減少することを懸念して，インドネシアに反発するだろうと
考えた。さらに協議が重ねられた結果，妥協が図られた。吉田総裁は，インド
ネシアはタイとフィリピンよりも ADF 融資を受けるより大きな権利を有して
いるという結論を受け入れ，その旨文書で明確にすることに同意した。その結
果，ワシントンも1978年 9 月12日に開催された理事会で吉田と了解した妥協案
に同意することに決した。[41]

（5）妥協点を模索する ADB 指導部と合衆国

　以上の他に，合衆国が妥協案を受け入れた背景として，以下の 2 点が考慮さ
れた。第一に，吉田総裁が，「2 つの強力な反対勢力の間で板挟みになってい

---

(40)　Memorandum from Rea Brazeal, Executive Secretariat for Karen Anderson, March
　　10, 1978. Subject: "IFIs" regarding Meeting on March 15 with Vice President Mondale, Mr.
　　McNamara, and Senators and Congressmen to discuss IFI's. "Talking Points." RG 56,
　　General Records of the Department of the Treasury, Office of Assistant Secretary for
　　International Affairs, Office of the Deputy Assistant Secretary for Developing Nations,
　　Office of International Development Banks, Subject Files Related to MDBs, 1978–1979,
　　BCOP–3 Sub-Committee on Multilateral Aid Working Group to BP–5–1, Senate
　　Appropriations Sub-Committee, Box 1. NACP.

(41)　Donald Sherk for Bergsten, June 26, 1978. Subject: "Indonesia's Status as an ADF
　　Borrower"; inter-office memorandum, Donald Sherk for Nachmanoff, July 24, 1978. Subject:
　　"Increased ADF Lending to Indonesia"; Memorandum from Donald Sherk to Nachmanoff,
　　Sept 2, 1978. RG 56, GRDOT, 1978–1979, Subject Files Related to MDBs, BCOP–3 Sub-
　　Committee on Multilateral Aid Working Group to BP–5–1, Senate Appropriations Sub-
　　Committee, Box 1. NACP.

第**3**章　東南アジア開発におけるアジア開発銀行の役割

た」ことだ。南アジアと南太平洋の加盟国およびラオスとベトナムは，ADF
融資が最貧国に限定されるべきだと主張する特定のヨーロッパ・ドナー加盟国
の支持を得ていた。他方，オーストラリア，合衆国，日本が支持する東南アジ
ア加盟国は，「かろうじて借入れ可能な国」にも ADF 資金の再配分がなされ
ることを求めていた。そのような状況の下で，合衆国政府関係者たちは，吉田
を追い込みすぎるのは得策ではないと判断した。第二に，米財務省は ADB 指
導部が求める21億5000万ドルの増資目標額と合衆国側が求める18〜20億ドルの
範囲との隔たりを解決する必要があった。1978年 4 月 5 日にバーグステンと
ADB 顧問チャドウィック卿（Sir Chadwick）がこの問題を協議した際，バーグ
ステンは，「かろうじて借入れ可能な国」に「ある程度の融資の再配分がある
のであれば」，20億ドルの拠出に同意することもあり得ると示唆した。これに
対して，チャドウィックもまた，来たる1978年の夏に ADF 基準の全面的レ
ビューを検討する計画であると伝えた。(42)その結果，78年 4 月24〜25日にウィー
ンで開かれた第11回年次総会において，ADF III に関して， 4 年間で20億ドル
の増資を行うことでドナー加盟国間の合意をみた。総会に出席していたバーグ
ステンは，「ベーシック・ヒューマン・ニーズの要件を満たしているプロジェ
クトについては，インドネシア，タイ，フィリピンといった，かろうじて借入
れ可能な国にも譲許的な追加財源のいくばくかが向けられる」ことをワシント
ンは希望すると語った。(43)この発言に示されるように，合衆国による ADF への
20億ドルの拠出と ADF 融資資格基準問題とは強い関連性があった。(44)下限の18
億ドルではなく上限の20億ドルで合衆国が妥協したことは，インドネシアに関
する資格問題との取引であった。

（6）仲介の労をとる日本

　これらの問題に関するワシントンと ADB 指導部との間の協議の間，ドイツ

---

(42)　MOC, April 5, 1978. Subject: "ADF III." Ibid.

(43)　Remarks by the Honorable C. Fred Bergsten, Ass Sec of the Treasury Department
for International Affairs, the 11th Annual Meeting, Vienna, Switzerland, April 24-25, 1978,
ibid.

(44)　MOC, April 5, 1978. Subject: "ADF III." RG 56, GRDOT, 1978-1979, Subject Files
Related to MDBs, BCOP-3 Sub-Committee on Multilateral Aid Working Group to BP-5-1,
Senate Appropriations Sub-Committee, Box 1. NACP.

第Ⅰ部　石油外交と冷戦

代表は，ドイツは21億5000万ドル中自国のシェアを引き受けるが，合衆国が合意された額よりも少ない額の拠出を認める103号決議案には反対だと発言した。日本代表は，合衆国とADBの立場に賛成する他の加盟国との間で微妙な立場におかれ，仲介の労をとるのに苦心した。日本代表はドイツ代表同様，ADBの増資目標額21億5000万ドルを支持し，日本としては上限額の3分の1を拠出すると付け加えた。同時に，日本は「日米協力」の観点から，議会との間に困難を抱える合衆国政府にも理解を示し，「合衆国の直面する諸々の困難に対して現実的な見方をすることも勘案すべきだ」と発言した。くわえて，日本はADB指導部の反対にもかかわらず，冷戦の論理に基づき，インドネシアの地位を「かろうじて借入れ可能な国」から「完全に借入れ資格のある国」への変更を求める合衆国とオーストラリアに同調する傾向があった。もっとも，インドネシアの資格問題に関するワシントンの立場への日本の支持は「弱々しかった」。それでも，米財務省の役人が作成した覚書は，「オーストラリアが主導し，合衆国が支持を表明する中」，ワシントンは「インドネシアの資格変更問題でも」日本の支持を期待することができたと述べている。一方で，ADB指導部が21億5000万ドルの目標額に固執し，他方で合衆国は18〜20億ドルを主張する中，日本は相対立する双方の板挟みになった。このような状況に直面し，日本は「日米協力」の論理とADBの立場を調整する状況におかれたが，最終的に，双方の利益を考慮した妥協案が成立したことは，日本にとって望ましい解決策だと受け止められた。

（45）　Donald Sherk for Bergsten, June 26, 1978. Subject: "Indonesia's Status as an ADF Borrower." RG 56, GRDOT, Subject Files Related to MDBs, 1978-1979, BCOP-3 Subcommittee on Multilateral Aid Working Group to BP-5, Senate Appropriations Sub-Committee, Box 1. NACP.

（46）　注（41）の以下の文書を参照。Inter-office memorandum, Donald Sherk for Nachmanoff, July 24, 1978. Subject: "Increased ADF Lending to Indonesia."

（47）　Donald Sherk for Bergsten June 26, 1978. Subject: "Indonesia's Status as an ADF Borrower," ibid.

第**3**章　東南アジア開発におけるアジア開発銀行の役割

4　2つの石油危機，第二次アジア農業調査報告，拡大する ADB 融資

（1）第一次石油危機と ADB 融資枠の急拡大

　ADF の創設にいたる過程は，1973年の第一次石油危機の発生とほぼ重なった。石油危機によって，ADB はこの地域全体の経済的危機に対処しなければならなくなった。途上国はエネルギー価格の急激な高騰の対応に追われた。また，燃料と肥料の輸入価格の高騰は，多くの国の国際収支を悪化させたため，より多くの借入れを余儀なくされ，その結果，対外債務は危機的なレベルにまで膨らんだ。

　ADB は石油危機の衝撃に対処するために，融資枠を急拡大した。1976年までの時期に，融資枠は1972年の 3 億1600万ドルから1976年10月の 7 億7000万ドル超まで増加した。[48]井上四郎総裁は銀行の財源を増やすために，いくつかの措置を講じた。彼はまず，さらなる一般資本財源の増資に向けて働きかけた。1976年10月，加盟国は銀行の授権資本を135％増資することに同意した。合衆国を除くすべての加盟国は，増資に賛成した。井上総裁は次に，国際資本市場からのさらなる借入れを行った。その結果，借入額は1974年の 3 億1000万ドルから1976年にはおよそ 5 億3000万ドルに増加した。1976年末までに，ADB は12カ国で起債を実現し，その額はおよそ11億ドルに達した。[49]

（2）劇的に増大する譲許的資金融資へのニーズ

　第一次石油危機後，低所得加盟国の譲許的資金に基づく融資へのニーズは劇的に増大した。それゆえ，低利子（1973年時点ではおよそ 1 ％）で融資するソフトローン窓口である ADF が，1974年 6 月に融資を開始できるようになったことは，小加盟国や低所得国の要請に応えるという意味で，特に重要であった。

　世銀のイニシアティブに応じて，1970年代半ば，ADB は融資枠において，

---

(48)　Peter McCawley, op. cit., 93-94.

(49)　Ibid., 99, 441. Dick Wilson, *A Bank for Half the World: the Story of the Asian Development Bank 1966-1986*（Manila: Asian Development Bank, 1987）. Appendix IV-1. 7, 461.

131

第Ⅰ部　石油外交と冷戦

農業および農村セクターの優先順位をかなり高めた。1970年代初頭になると，緑の革命は大規模農家やプランテーション経営者に有利に働いたことが明らかになった。彼らは新しい技術を採用する能力および，農業の場合は高収量品種（HYVs）を使用する能力において小農家よりもすぐれていた。しかし小規模農家は，「緑の革命」の利点をうまく活用できなかった。1972年11月に開かれたコロンボ・プラン第22回諮問委員会に関する報告は，「緑の革命」の結果，農業生産において重要な突破口が開かれたが，その恩恵は麦と米の生産に限られていたと指摘している。同報告はさらに，「緑の革命の副作用」として，農村部における経済的格差の拡大に言及した。[50]

（3）農業セクターへの融資拡大

　アジアにおける1971～72年度の米生産の停滞，および72年の厳しい旱魃による1972～73年の米生産量の落ち込みは，世界的規模での食糧不足をもたらした。メッラー〔本書第5章〕は，アジア最大の米輸出国であるタイは，1973年4月にコメ輸出の制限に踏み切り，9カ月後の74年1月に輸出が再開されたことを指摘している。さらに，すでに指摘したように，73年の第一次石油ショックは，肥料の急激な価格高騰を招いたが，それは肥料の消費低下をもたらした。このためADBは，農業セクター重視方針をさらに強化する必要に迫られた。1973年と74年の天候不順もまた，この地域の主要食糧産物に大きな被害をもたらした。この状況に対処するために，ADB指導部は，農業セクターへの融資を拡大し，融資額は73年の11％から74年の24％に増加した。[51]

　アジアにおける食糧生産の重要性を認識していた井上総裁は74年4月の総務会での演説で，米の十分な生産を確保するために，農業分野への投資増大の必要性を強調した。ここにいたって，食糧不足に直面したADB指導部とドナー加盟国は，途上国における農業生産と農業関連産業に一層高い優先順位をおく

---

(50)　"Report on the 22nd Meeting of the Consultative Committee on the Colombo Plan Held in New Delhi," 6-8 Nov. 1972, IN. 48-72, 5 Dec. 1972, confidential, RG 286, AID, USAID/B/ SA O/Reg Dev. Entry No P 664, Records Relating to the ADB 1972-1972, PRM 7-2 , ADB Docs Info 1972 thru PRM 7-2, ADB Docs Minutes, Box 1. NACP.

(51)　McCawley, op. cit., 93. *Rural Asia: Challenge and Opportunity*（New York: Praeger, 1978）. Appendix IV-1. 7, 461.

第**3**章　東南アジア開発におけるアジア開発銀行の役割

という点で共通の見解に達した。[(52)]

　1974年に農業融資がほぼ倍増したことに示されるように，農業分野への融資の増大は，同年6月のADFの創設と時期が一致したことが注目される。その後，農業融資額が増加し続けたことも重要であった。井上総裁は数名の総務が，農業と農村部の発展および農業技術指導の開発の重要性を強調したことに触れ，ADBは「農業に十分な関心を払い，農業技術教育の向上に関する同銀行の役割を拡大する」と約束した。これに応えて，大半の加盟国総務は，ADBが農業セクターのプロジェクトに融資額の37％を振り向ける約束をしたこと，および「財源を最貧国の農業セクターに振り向ける努力」を表明したことを称賛した。[(53)]

（4）第二次アジア農業調査報告及びその勧告内容

　そうした中，ADBは1976年に第二次アジア農業調査を実施したが，これは時宜を得た対応であった。農業セクターを対象とした第二次調査の勧告は，世銀の農村開発戦略に沿ったものであった。1977年8月に同報告に寄せた吉田総裁の序文は，ADBの政策変更の必要性を明確に認識していた。彼は次のように述べた。「1970年代の初頭において，多くのアジア諸国が深刻な食糧不足に陥ったこと，および農村部で依然として貧困と失業（ないしは不完全な就業状態）が広範に見られることは，1967年の農業調査で暗に示されていた期待がいろいろな理由で実現しなかったことを示している」と。[(54)]

　食糧不足が悪化する危険，農村部の広範な失業，第一次石油ショック後の環境悪化に直面する中，第二次農業調査は3つの主要な問題（食糧生産，失業，貧困）を指摘した。この指摘は，第一次農業調査が主要問題として食糧生産のみ

---

(52)　Glen A. Lehman to Arthur Z. Gardner, memorandum, May 11, 1976, "ADB Annual Meeting, Jakarta, April 22-24, 1976", RG 286, AID, Entry P 514, IDFs, 1969-1984, ADB Annual Meeting, 1971-1972 thru 1971-1972 [sic], Box 3. NACP.

(53)　Jakarta to DOS, telegram 05402, April 26, 1976, "Summary of Issues at ADB Annual Meeting," op. cit.

(54)　ADB, *Rural Asia: Challenge and Opportunity* (New York: Praeger, 1978), forward, August 1977.『1976年アジア農業調査』(*Asian Agricultural Survey 1976*) は当初，ADBによって1977年に出版され，その翌年に以下のタイトルで東京大学出版会から刊行された。ADB, *Rural Asia: Challenge and Opportunity*.

133

第Ⅰ部　石油外交と冷戦

を課題としていたこととは対照的だった。また，第二次報告は，農業生産の相
当な加速化に加えて，多くの小規模農家の参加と農業分野での雇用が，農村部
の貧困者の所得機会と購買力を高めるとして，より一層拡大・推進されるべき
だと勧告した。特に注目されるのは，1967年の第一次報告ではかならずしも重
視されていなかった農地改革の重要性に加えて，小規模農家に適した技術の活
用を通じた農業生産の拡大，信用も含む支援サービスの提供，広範な農業外雇
用を勧告したことである。

　なかでも，第二次農業調査が，農村部の向上に不可欠だとして農地改革の重
要性を指摘したことが注目される。その他にも，農業革命の恩恵が均等に行き
渡らなかった主要な理由として，既存の信用供与の仕組みが小規模農家には容
易に利用できる状況でなかったことがあったことを踏まえ，第二次調査は支援
措置の重要性を強調した。特に，信用供与によって，小規模農家が高収量品種
はもちろんのこと，肥料や農薬など他の化学製品を購入できるようになること
が重要だとされた。76年農業調査はまた，農村部の貧困の緩和には農業外雇用
のための大規模プログラムが不可欠だとの認識を示した。農業生産の拡大を通
して得られた雇用は，農村部の急速な人口増加を吸収するには不十分であり，
広範な非農業分野での雇用機会によって補完する必要があると考えられたから
だ。このため，76年農業調査は，農村から市場につながる道路の建設，灌漑施
設や排水路の整備，水害対策といった労働集約的な作業への公的資源の大規模
配分を求めた。

　くわえて，第二次農業調査は，農業セクターへのODAの相当額の増大，譲
許的融資の増大を通じたレシピエントに対する援助コストの削減，ローカルコ
スト融資の拡大，二国間援助のアンタイド化，さらには国内コンサルタントと
労働集約的技術の活用の増大，国内調達を優遇するための調達手続きの改善な
どを勧告した。

---

(55)　*Rural Asia*, op. cit., 1-3.『第一次農業調査』については，以下を参照されたい。The
　　ADB, *Asian Agricultural Survey* (Tokyo: The University of Tokyo Press, 1969).
(56)　Ibid., 207-292, 231-241.
(57)　Ibid., 256-261.
(58)　Ibid., 269-292.
(59)　Ibid., 295-317.

第**3**章　東南アジア開発におけるアジア開発銀行の役割

（5）第二次アジア農業調査報告の勧告の理事会承認

1977年の ADB 年次大会で吉田総裁は同銀行の政策を修正するにあたって，第二次農業調査をその基礎とする旨表明していたが，翌年4月にウィーンで開催された第11回 ADB 年次総会では，日米両国をはじめとする多くの加盟国が同報告を支持した。なかでも，借り手および小規模ドナー国の支持が目立った。その上，ウィーン会議開催までには，ADF 財源として4年間で20億ドルの増資を行うことで，ドナー加盟国間で合意がみられた。合衆国は増資額の22.24％（4億4500万ドル）を負担することに同意した。[60]

バーグステン米財務次官補は年次総会演説の中で，合衆国は ADB を強く支持することを確約した。ADB が，アジアの地域協力の要であるだけでなく，この地域の発展にとって重要な貢献をなす組織だと受け止めたのだ。[61] ドナー国および被融資国双方の間で，ウィーン総会は「調和の精神と同銀行に対する全面的支持」に特徴づけられていると受け止められた。「日米協力」のパートナーである日本代表は，「以前は，いくばくかの疑念」を抱いていたが，「今では，合衆国は全面的に〔ADB を〕支持してくれていると感じている」と語った。[62] さらに，農業と農村セクターに対する ADB の関心の高まりにも「大きな賛辞」が送られたことは注目に値する。[63]

第二次農業調査の勧告は，1979年4月に理事会で承認された。同理事会では，1979年から82年の4年間で，農業および農村セクターへの融資を年20％増加することが合意された。実際のところ，ADB はこの期間に農業への融資を倍増させ，その額は6億2000万ドルに達した。ADB 創設第二期（1977～86年）でみ

---

(60)　Inter-office memorandum, from William R. Thompson to Deputy Ass Sec Nachmanoff. Subject: "Investment Guidelines for ADB," May 3, 1978. Item for the Secretary's daily summary, April 27, 1978. RG 56, GRDOT, Subject Files Related to MDBs, 1978-1979, BCOP-3 Sub-Committee on Multilateral Aid Working Group to BP-5-1. Senate Appropriations Sub-Committee, Box 1. NACP.

(61)　Amembassy Vienna to DOS, telegram 03831, Apr 24, 1978. Subject: ADB Annual Meeting: U.S. speech before the 11th Annual Meeting, April 25, 1978. RG 286, AID, Entry No. P 514, IDFs, 1969-1984, ADB Annual Meeting, 1971-1972 thru ADB Annual Meetings 1971-1972 [sic], Box 2. NACP.

(62)　Vienna to DOS, telegram 83985, April 27, 1978, "ADB Annual Meeting" (Vienna, April 24-25, 1978), ibid. Box 3.

(63)　Ibid.

135

第Ⅰ部　石油外交と冷戦

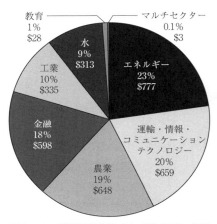

図3-4　融資承認額(セクター別), 1968〜67年
（単位：100万ドル, 合計：33億6100万ドル）

出典：Peter McCawley, *Banking on the Future of Asia and the Pacific*, ADB, 2017, 101.

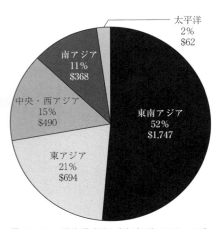

図3-5　融資承認額（地域別）, 1968〜76年
（単位：100万ドル, 合計：33億6100万ドル）

出典：ADB loan, technical assistance, grant, and equity approvals database Peter McCawley, *Banking on the Future of Asia and the Pacific*, ADB, 2017, 102.

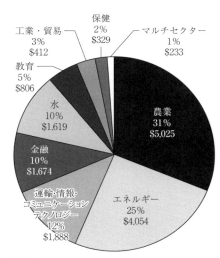

図3-6　融資承認額（セクター別）, 1977〜86年
（単位：100万ドル, 合計160億4100万ドル）

出典：Peter McCawley, *Banking on the Future of Asia and the Pacific*, ADB, 2017, 148.

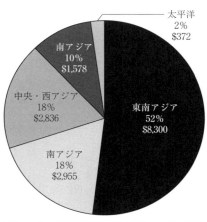

図3-7　融資承認額（地域別）, 1977〜86年
（単位：100万ドル, 合計160億4100万ドル）

出典：ADB loan, technical assistance, grant, and equity approvals database Peter McCawley, *Banking on the Future of Asia and the Pacific*, ADB, 2017, 149.

ると，融資額は160億ドルを超えたが，これは第一期からほぼ５倍増であった。そのうち３分の１はADFの財源が占めた。セクター別融資承認額で見ると，融資先は主に農業31％（50億2500万ドル）とエネルギー25％（45億5400万ドル）であり，融資全体の半分以上を占めた（図3-4，図3-5を参照）。

第二期の地域別融資承認額でみると，融資全体の半分以上が東南アジア向けで52％（83億ドル）を占め，東アジア10％（15億ドル7800万ドル）がこれに続いた（図3-6，図3-7を参照）。

同じく第二期における技術援助融資額は５倍増で１億2500万ドル，セクター別では，41％が農業に振り向けられた。[64]

（6）急拡大する農業生産

石油危機後のADBによる農業およびエネルギー政策重視によって，農業生産は1970年代末から80年代初頭にかけて急速に拡大した。その結果，インドネシアとフィリピンは食糧の自給を達成した。他の国の場合，食糧輸入の依存度がかなり低下したことで，国際収支の改善につながった。[65] 秋田茂〔本書第７章〕が明らかにしているように，インドもまた，1960年代半ばの深刻な「食糧危機」を克服した後は，1970年代に食糧生産で事実上自給を達成できるようになった。インドの食糧自給が可能となったのは，経済発展に関する政策の優先順位を重工業から農業発展に転換したことによる。興味深いことに，この点は，ADBが，第一次石油危機後に改めて農業セクターを重視する政策を推進したことと軌を一にする。もっとも，インドの場合は，世銀グループの援助を通じて第一次石油危機を克服し，第二次石油危機の際には，国際通貨基金からの大規模支援をうまく活用することによって乗り切ったことが注目される。

（7）ラ・ミントの提言の先見性

ここで留意すべきは，ADBが1971年に，『70年代の東南アジア経済』と題する調査成果を刊行したことである。この調査は1969年４月の第４回東南アジア経済開発閣僚会議の要請を受けて開始されたが，その成果はADBのその後の開発戦略にとって，重要な指針となった。この調査報告書の総論を執筆したの

---

(64)　McCauley, op. cit., 147.

(65)　Wilson, op. cit., 158-159.

第Ⅰ部　石油外交と冷戦

は，周知の通り，ロンドン・スクール・オブ・エコノミクス教授ラ・ミント
(Hla Myint) である。ラ・ミントの提言は，その後の東南アジアの経済発展の
軌跡を考えると，非常に示唆的である。

　第一に，ラ・ミントは，「緑の革命を経済発展のダイナミックな力に転換す
る」のに必要な経済政策を検討した。彼は，目的達成のために，東南アジア諸
国は既存の輸入代替政策から「輸出代替」政策に転換すべきだと主張した。そ
の根拠として，彼は，東南アジア諸国はその豊富な天然資源と増大する労働力
の供給を活用することによって，工業化戦略を輸出市場に向けるべきだと述べ
た。そのような輸出志向型工業化戦略は，既存の原材料輸出に替えて，徐々に
加工・半加工の原材料輸出に切り替えることを目指すべきだとされた。第二に，
ラ・ミントは，この地域は社会インフラの改善を通して外国からの民間投資を
より魅力的なものにするよう努力すべきだと進言した。彼は，社会インフラへ
の投資は，運輸・通信の改善に向けられるだけでなく，「労働力の質とスキル
(熟練) の向上にも向けられなければならない」とし，海外からの民間投資を
労働集約的な第一次産品輸出産業に引き付けるために人的資本の開発の重要性
を強調した。

　ラ・ミントの総論に盛り込まれたこれらすべての勧告は，1993年の世界銀行
報告の中で述べられた重要な要素のいくつかと合致している。世銀報告は「東
アジアの奇跡」に言及するにあたって，以下の要因を指摘した。東アジア諸国
が早い時期に輸入代替政策から輸出工業化戦略（同報告のいう「輸出プッシュ戦
略」）に転換したこと，その結果としての輸出の急速な拡大，技術の導入に対
する開放性と「人的資本の構築」，農業生産の重視と「緑の革命技術の広範な
採用」および「農村インフラへの高水準の投資」である。

---

(66)　開発理論の系譜におけるミントの貢献については，以下を参照されたい。脇村孝平「「南
　　　北問題」再考——経済格差のグローバル・ヒストリー」『経済学雑誌』第118巻3-5号（2018
　　　年3月）27-47, 特に33-35頁。

(67)　Asian Development Bank, *Southeast Asia's economy in the 1970s* (London: Longman,
　　　1971), 5, 19-22. 以下は，本書の総論部分の和訳である。ラ・ミント（小嶋清監訳）『70年代
　　　の東南アジア経済——緑の革命から経済発展へ』（日本経済新聞社，1971年）。

(68)　Ibid., 44, 102.

138

（8）成長軌道に乗ったアジア NIEs, 続くアセアン-4

　また，ラ・ミントの分析の鋭さは，日本，台湾，韓国および香港の急速な経済成長の見通しを踏まえた上で，東南アジアの輸出産品への需要環境が70年代を通して非常に明るいと観察した点にある。それゆえ，彼は，東南アジア諸国が，「その豊かな天然資源を，輸出産品への増大する世界市場の需要と結びつける」経済政策を追求すれば，この地域は輸出拡大を通じて急速な経済成長を享受することが期待できると考えた。[70] 新興工業経済地域（NIEs）といわれる韓国，香港，シンガポール，台湾は多かれ少なかれ，ラ・ミントが述べた発展パターンを辿った。NIEs は第一次石油危機が発生したときには，すでに輸出志向型工業発展の道を歩んでいた。そして，1976年に世界経済が回復の兆しを見せ始めると，NIEs の輸出は再開され，その後70年代を通して年20％を超える輸出の伸びを維持した。その結果，NIEs は海外からの直接投資にとって魅力ある市場となった。NIEs は未熟練で労働集約的な製品の輸出から出発したが，首尾よく構造調整を行うことによって，二度の石油危機がもたらした逆境の下で，熟練した資本集約的製造品にシフトすることができた。[71]

　アセアン-4（ASEAN-4）と称されるマレーシア，タイ，インドネシア，フィリピンは，やがて NIEs に続くことになった。1970年代にマレーシアとタイは中小規模産業の未熟練・半熟練労働者に依拠した，輸入代替戦略から輸出志向労働集約型工業化戦略に移行した。マレーシアはいくつかの輸出加工区を設置し，そこで多国籍企業，中でも日本から進出した多国籍企業が，繊維とエレクトロニクス製品を生産した。石油輸入国であるタイは，二度の石油危機の影響を受けたが，市場志向で輸出志向の対外投資政策を追求することによって，1970年代末から80年代初頭にかけて，およそ 7 ％の成長率を達成した。アセアン-4諸国の開発戦略で顕著なのは，より競争力のある労働力の開発に向けた調整政策に着手したことだ。この政策によって，比較的競争力のある人的資本集約的な製品を生産できるようになった。[72]

---

(69)　The World Bank, *The East Asian Miracle* (Oxford: Oxford University Press, 1993), 21-23, 32-34, 37-38, 43-46, 351-352（世界銀行，白鳥正喜監訳，海外経済協力基金開発問題研究会『東アジアの奇跡——経済成長と政府の役割』東洋経済新報社，1994年）.

(70)　*Southeast Asia's economy in the 1970s*, op.cit., 101.

(71)　Peter McCawley, op. cit., 110-111.

第Ⅰ部　石油外交と冷戦

　ブラジルと韓国を比較分析した山口育人〔本書第4章〕は，両国とも同じように，民間の金融機関から多くの借入れを行った（ブラジル1976〜80年，66.7％，1981〜82年，61.2％，韓国はそれぞれ60.4％と59.3％）にもかかわらず，韓国が経済発展に成功したのは，日米両国からの資本流入と製品輸入市場としての役割に加えて，輸出志向型工業化戦略の採用にあったことを明らかにしている。たとえば，1981年度の輸出収入に占める債務支払い額の割合は，韓国の場合13.0％であったのに対して，ブラジルの場合は31.9％であった。また，佐藤滋の研究によると，1980年代後半に工業化を達成したマレーシアとシンガポールの場合，両国の高い経済成長の要因は輸出志向戦略にあるとされる。[73]

5　東南アジアの継続的発展の基礎をなしたADB融資

　1970年代の特徴は，「民営化された国際開発金融」（山口），ブレトン・ウッズ体制とネオ・リベラルな体制の間の「幕間の時期」（メッラー），ソ連崩壊・共産主義の崩壊・合衆国のヘゲモニーの出現にいたる「グローバル・システムの変容」期（ペインター）など，論者によって異なる。70年代論を特集したもう一つの著書の編者の一人であるチャールズ・メイアーは，20世紀が経験した3つのシステム危機のうち，70年代のそれは，「産業社会の危機」および2つのフォーディズム（資本主義フォーディズムと国家社会主義フォーディズム）の危機だと述べている。[74]本論の趣旨により関連性があるのは，デーン・ケネディ〔本書第2章〕の主張である。ケネディは70年代を，「国際関係における独自の，一

---

(72)　Rashid Amjad eds., *The Development of Labour Intensive Industry in ASEAN Countries* (Geneva: International Labour Organization, 1981). 杉原薫「東南アジアにおける労働集約型工業化論の成立」『経済志林』第73巻4号（2006年3月）163-179頁。

(73)　Shigeru Sato, "Economic Development through Oil in Malaysia and Singapore: Increased State Capacity and Formation of the East Asian Oil Triangle," in Shigeru Akita ed., *Oil Crises of the 1970s and the Transformation of International Order Economy, Development, and Aid in Asia and Africa* (London: Bloomsbury Academic 2024), 123-147.

(74)　メイアーによると，3つの危機のうち，最初の2つは，1905年から第一次世界大戦までの危機および1930年代の世界経済危機である。Charles S. Maier, "'Malaise': The Crisis of Capitalism in the 1970s," in Niall Ferguson, Charles S. Maier, Erez Manela and Daniel J. Sargent eds., *The Shock of the Global The 1970s in Perspective* (Cambridge, Massachusetts: The Belknap Press of Harvard University Press, 2010), 44-45.

貫した勢力として」の第三世界の崩壊の時期と捉える。彼の主張は，第三世界の崩壊過程で同時期に起きていたもう一つの側面にわれわれの目を向けさせる。それは，本章で示したように，この時期，東南アジアでは，アジア NIEs とそれに続くアセアン-4 がともに，第三世界のカテゴリーから卒業しつつあったことである。ADB は「東アジアの奇跡」として注目されるようになったアジアの発展において，重要な役割を演じた。

　本章では，ADB は他の多角的開発銀行と同じく，援助機関であると同時に政治的組織でもあるという側面に注目し，ADB の融資活動を，冷戦と「日米協力」および石油危機の文脈の中で考察した。

　1960年代末から1970年代初めにかけて，加盟国間でソフトローン融資の増大を求める声が高まる中，ADB 指導部は３つの特別基金のうち，技術援助基金は残しながら，農業特別基金と多目的特別基金を統合し，1974年４月にアジア開発基金（ADF）を創設した。譲許的性格の特別基金の拡充の必要性を認識した ADB 指導部がリーダーシップを発揮して，同年６月に ADF の融資活動を開始したことは，第一次石油危機に伴い，加盟途上国が急激な融資拡大を必要としたことを踏まえると，レシピエントにとって重要な意味をもっていた。

　また，ADB 指導部は ADF の増資においても，リーダーシップを発揮した。ドナー加盟国とレシピエントとの間で目的と利害が交錯する中，ADB 指導部は「中立的」な立場に終始し，独自の融資政策を維持することに腐心した。この間，ワシントンの ADB へのアプローチは冷戦に強く規定され，自国の商業的・金融的利益の追求のみならず，冷戦の目的を実現する手段として ADB を活用しようとする姿勢が顕著だった。ワシントンの政策決定者たちは，南ベトナムと台湾への ADB 融資を強く支持したが，サイゴン政権が崩壊すると，手の平を返したように，「社会主義インドシナ」に厳しい態度をとるようになり，中でもベトナム社会主義共和国（SRV）への融資には執拗に反対し続けた。このため，ADB 指導部はしばしば，難しい立場に置かれた。

　一方，日本は全体としてみると，ADB に対して低姿勢で臨み，政治的に機微な問題では慎重に振舞った。「日米協力」の枠組みに基づく日本外交への制約に加えて，日本の政策決定者たちは，アジアにおける戦前の戦争被害の亡霊を呼び起こさないように注意を払った。ADB への資金の拠出額という観点からみれば，日本政府が「日米協力」に配慮しながらも，ADB の活動を支援し

第Ⅰ部　石油外交と冷戦

続けたことは，ADB 指導部がその役割を果たすのを助けることになった。

　全体として，ADB は，1970年代と80年代初頭にかけて東南アジア諸国が石油危機を乗り越え，発展の基礎を形成するのに重要な役割を果たしたといえるだろう。合衆国が政治的動機に基づき，ADB の融資活動にしばしば口を挟んだにもかかわらず，ADB 指導部は，高まる圧力をうまくかわすことに成功した。

　ADB 指導部はまた，石油危機の衝撃に対して，急速に融資額を増やすことで対応した。そのため，彼らは一般資本財源の増資をドナー加盟国に働きかけ，同時に譲許的資金である ADF の増資にも積極的に取り組み，農業融資枠を目立って増やす措置を講じた。ADF 増資目標額をめぐる長引く交渉を通じて，ADB 指導部は，日本の仲介にも助けられながら，合衆国の立場と他のドナー加盟国との間の異なる利害を調整する役割を担い，当初の ADF 増資目標額の達成にこぎつけた。さらに，1976年に実施された第二次農業調査が，食糧生産のみならず，失業や貧困も重要な課題として認定したことは，注目に値する。第二次農業調査は，ADB 指導部が東南アジアの農業セクター重視に政策転換を行う上で，重要な指針を提供した。

　その結果，1970年代から80年代にかけて農業生産が増大したことは，加盟国の対外貿易と国際収支の改善に寄与した。農業輸出品の総額は 4 倍以上の伸びを示し，240億ドルに達した。東南アジアは，1970年代に農業生産において余剰を記録した。他方，南アジアもまた，そこそこの余剰ないしは不足を記録した。1986年まで時期をずらせば，ビルマ，パキスタン，タイは ADB 創設以降の20年間で相当量の米の純輸出国としての地位を享受するようになった。インド，インドネシア，それにフィリピンもまた，20年間でコメの純輸入国から輸出国に変わった。[75]

――――――――――――――

(75)　Wilson, *op. cit.*, 159, 163.

142

第 II 部

国際金融秩序と開発金融の変容

国際開発金融機関
世界銀行(ワシントン, 左上), IMF(ワシントン, 右上), アジア開発銀行(マニラ, 左下), OECD本部(パリ, 右下)

第4章
石油危機と「民営化された国際開発金融」

山口育人

1 二度の石油危機と途上国開発金融

　本章は，1970年代の途上国開発金融の展開が，国際政治と世界経済における発展途上国のポジションにいかなる変化をもたらしたのかを検討する。あらかじめ結論をいうならば，二度の石油危機がもたらした世界経済構造の変容とそのもとでの途上国開発金融の展開によって「第三世界」や「南」と呼ばれた途上国が「分化」してゆくことになった。

　本章の前半で検討するように，第一次石油危機によって出現した膨大なオイルマネーはロンドンのユーロダラー市場を中心とする西側先進国の民間金融市場に流入することになった。[1] こうした西側の民間市場を基盤としたオイルマネー還流構造が出現したことは，ポスト・ブレトン・ウッズ体制の国際通貨・金融システムが変動相場制と国際資金移動の自由化・膨張を基調とする「民営化された国際通貨システム」[2] へと導かれる大きな要因となった。そして途上国開発金融のあり方も，IMF や UNCTAD が中心となるオイルマネー活用の公的な仕組みや，1974年の国連特別総会で決議された「新国際経済秩序」(NIEO)で描かれた途上国に有利な金融システムではなく，「民営化された国際開発金融」とでも呼ぶべきものへと展開していった。この結果，ユーロダラー市場を

---

(1)　ユーロダラーとは，アメリカ合衆国外の地域にあるドル（現金もしくは銀行預金）を指す。本章でいうユーロダラー市場とは，ロンドンをはじめとするヨーロッパ諸国，あるいはカリブ海，極東，中東地域に存在したユーロダラーやドル以外のユーロカレンシーを取り扱う金融資本市場を指す。

(2)　田所昌幸『アメリカを越えたドル——金融グローバリゼーションと通貨外交』（中央公論新社，2001年）。

第Ⅱ部　国際金融秩序と開発金融の変容

はじめとする国際民間金融市場での借り入れが可能な高所得途上国と低所得途上国とのあいだの「分化」が生じた。1970年代半ば以降，世界銀行など公的資金へ依存する低所得国とは対照的に，ブラジルや韓国など高所得NIEs諸国は活発な銀行借入れによって「国家主導・債務依存工業化路線」をとることになった。

　本章の後半では，第二次石油危機がきっかけとなって1980年代初頭からラテンアメリカ諸国が債務危機へ陥る一方で，東アジア諸国は経済成長軌道をたどることになったことを確認する。二度目の石油危機のきっかけとなったイラン革命，アメリカFRB議長ポール・ヴォルカーによる金利引き上げ，そして米英での「新自由主義」政権誕生，という1979／80年の「三つの革命」の影響は，「民営化された国際開発金融」のもと「国家主導・債務依存工業化路線」を展開してきたブラジルと韓国の「分かれ道」をもたらしたことを確認したい。

2　第一次石油危機とユーロダラー市場

　1970年代の世界経済について基本的な数字から概観する。表4-1が示すのは，70年代の世界経済でインフレーションが進行したこと，ならびに産油国への「富の移転」があったことである。また表4-2の商品輸出・商品輸入の項目で示されているように，世界貿易の拡大と，各国の対GDP比で貿易の占める割合の増加がみられた。ただし貿易の拡大以上に，国際金融市場の拡張が顕著であった。1973年，国際金融市場にある資金総額はおよそ1600億ドルで，1年間で新たに350億ドルが貸出される状況であった。それが80年代初頭には1兆5000億ドルへと総額は10倍に膨れ上がり，年間の貸出し額は3000億ドルに増加した[3]。

　次に1970年代の発展途上国の開発金融についてその特徴を確認したい。西側先進国のODAが全体としては停滞したのに対して，民間資金，あるいはIMF，世銀などの国際機関や地域開発機構が開発金融においてより大きな役割を果たすことになった。国際民間資金をみると，1973年から79年にかけて資金流入総額のうち途上国向けが占める割合は6.5％から23.3％へと増大した[4]。途

---

(3)　Jeffry A. Frieden, *Global Capitalism: Its Fall and Rise in the Twentieth Century* (New York: Norton, 2006), 380-381.

146

上国への民間資金流入の類型としては大きく5つあった。直接投資，輸出信用，（先進国市場での）途上国株式や債券発行といったポートフォリオ投資，そしてユーロダラー市場での借り入れ，であった。その中で西側の銀行による対途上国貸出しは顕著に拡大した。1971年から82

表4-1 外国為替総額の推移（米ドル）

	1970年	1974年	1980年
先進国	296億	649億	1647億
産油国	34億	129億	626億
非産油途上国	117億	270億	638億

出典：IMF, *International Financial Statistics 1985.*

年のあいだに直接投資が33億ドルから110億ドル，輸出信用が27.1億ドルから90億ドルに増加する一方で，銀行貸出しは33億ドルから290億ドルへ急拡大をみせた。[(5)]

　以下は，石油危機が途上国金融にもたらしたインパクトを考える。しかしその前提として，国際金融・通貨システム全体がいかなる状況に直面したのかまず確認したい。第一次石油危機が始まった時点で国際金融・通貨システムが抱えていた課題であるが，資金供給や国際収支関係の側面をみると次のようになる。ブレトン・ウッズ体制のもとではアメリカとイギリス，それに加えてIMFや世銀などの国際機関が，援助，投資，軍事支出，輸入超過などを通して各国の貿易や開発にとって必要となる資金需要を満たしてきた。民間による資本移動の役割は大きくなかった。しかし1960年代になるとブレトン・ウッズ体制を動揺させる3つの問題が指摘されるようになった。①基軸国際通貨をもつ米英両国の国際収支赤字の累増，②途上国の開発資金需要の増加，③貿易拡大に伴う国際資金移動の拡張であった。また民間セクターは資金移動の自由化も求め始めた。さらにドルやポンドの通貨価値が下落するとの予想は資本移動の自由化への圧力を強めた。またアメリカ政府によるドル防衛のための金融・通貨規制は，アメリカの民間金融機関がドルをロンドンのユーロダラー市場やカリブ海などのオフショア市場に持ち込み，そこで資金を運用する動きを拡大させていた。

　1971年8月の「ニクソン・ショック」後のスミソニアン合意により西側通貨の為替レート調整が試みられたが，ブレトン・ウッズ体制の動揺は収まらな

---

(4)　Scott Newton, *The Global Economy 1944-2000* (London, Arnold, 2004), 118-119.

(5)　Edwin Allan Brett, *The World Economy since the War: The Politics of Uneven Development* (London: Macmillan, 1985), 216-217.

第Ⅱ部　国際金融秩序と開発金融の変容

表4-2　世界のGDP，貿易，債務動向（米ドル）

	GDP（名目）	商品輸出	商品輸入	長期資本（対外債務から資産を引いたもの：ネット）	長期債務（1年以上）
アメリカ	1兆3500億 3兆7383億	710億 1840億	700億 2120億	−69億 −199億	＝＝＝＝ ＝＝＝＝
日本	4140億 1兆100億	360億 1010億	320億 990億	−83億 −126億	＝＝＝＝ ＝＝＝＝
サウジアラビア	267億 1147億	70億 580億	10億 200億	−9億 −34億	＝＝＝＝ ＝＝＝＝
韓国	137億 646億	30億 140億	30億 190億	5億 30億	39億 157億
ブラジル	792億 2248億	60億 150億	60億 180億	40億 64億	129億 520億
インド	795億 1416億	30億 76億	35億 118億	4億 8億	105億 171億
ケニア	25億 62億	4億 10億	5億 15億	1.2億 4.8億	7億 22億

出典：世界銀行（鳥居泰彦監訳）『世界経済統計95〈1973〜1993年〉』。
注：1973年（上段）・79年（下段）。

かった。そして1973年春，西側主要通貨は変動相場制へ移行することになった。これは，ブレトン・ウッズ体制下のいわゆる「トリレンマ」[6]の構図を変化させることになった。そして，そこに起こったのが1973年10月に勃発した第四次中東戦争である。OPEC諸国は生産調整と価格引き上げに動き，年末までに原油価格は4倍に急騰した。その結果，産油国は膨大な黒字（オイルマネー）をもつことになり，他方で先進国や非産油途上国は経常赤字を抱えることになった。こうしてオイルマネーのいわゆる「リサイクリング」問題が出現することになった。そこで，最終的にはオイルマネー流入の中心的受け皿となっていったユーロダラー市場の状況を整理する。

　すでに1960年代末にかけてODAが停滞する一方で，途上国への資金流入における民間資金の比重が高まっていた。ある試算によると1960年代，途上国へ

(6)　国内金融政策の自律性，固定為替相場，資本移動の自由，の3つを同時に満たす国際通貨システムが存在しないこと。

第**4**章　石油危機と「民営化された国際開発金融」

の資金流入のうち40％が民間であったが，その割合は70年代初頭に50％，74年時点では60％へと上昇していた。1974年時点で途上国の資本形成のうち15％を海外民間資本が占めていた。第一次石油危機以前から，アメリカ民間銀行による貸出し増加が先頭を切るかたちで，「国際資金確保においてそれまで中心的であった債券市場に対して……中期のユーロ（ダラー）信用が取って代わりつつある」ことが観察されていた。世銀スタッフは60年代に始まったこうした変化を，国際資金流動における「銀行が主導する局面」のスタートであり，70年代・80年代を通して国際金融を規定する第三の局面であると指摘している。

　石油危機前のユーロダラー市場拡大の背景には，インフレや金利上昇に対応するため西側の民間銀行が，直接投資や輸出信用付与，起債に積極的でなくなったことがあった。DAC諸国の対途上国資金の動きについて1964〜66年（平均）と74年の数字の変化を確認すると，直接投資が20.6億ドルから66.2億ドル，民間輸出信用が9.1億ドルから24.8億ドル，2国間株式・債券投資が6.5億ドルから37.9億ドルへとそれぞれ増加していたが，ユーロダラー市場での融資は1971年の14.1億ドルが，72年には38.8億ドル，73年には93億ドル，74年には98億ドルへと急拡大していた。市場での主な借り手は，先進国ではイギリスとイタリアで6割を占めると推計されていた。一方，途上国ではメキシコ，アルゼンチン，ブラジル，コロンビア，アルジェリア，ザイール，ザンビア，インドネシア，韓国，フィリピン，北朝鮮，東側諸国ではポーランドとソ連による借入れが目立ち，これらで3割を占めた。

　石油危機前からすでにユーロダラー市場は拡大基調にあり，西側先進国の規制緩和の流れを受けて国際民間資金流動の膨張が始まっていたわけだが，1973年末から始まった原油価格高騰により1年間ほどでOPEC諸国の黒字は700億

---

(7)　"The International Capital Markets, 1973," Memo by the Overseas Office, Group 4C, 25 Jan. 1974, 8A406/5, Bank of England Archive.

(8)　T.M. Rybczynski, *The Internationalization of the Financial System and the Developing Countries: The Evolving Relationship* (World Bank Staff Working Papers, Number 788) (1986), 15-20.

(9)　"Recent Trends of Private Capital Flows for Developing Countries," CPE/TWP(76)6, Note by the Secretariat of OECD, 5 March 1976, OECD Historical Archives.

(10)　"Consultations with private bankers on Euro-currency lending to developing countries (7 Dec. 1973)," 13 Dec. 1973, 8A406/5, Bank of England Archive.

149

第Ⅱ部　国際金融秩序と開発金融の変容

表4-3　オイルマネーの流入先（米ドル）

		1974年	1975年	1976年	1977年
イギリスへの投資	イギリス合計	210億	43億	45億	41億
	英国債	9億	4億	2億	＝＝
	大蔵省証券	27億	－9億	－12億	＝＝
	ポンド建て預金	17億	2億	－14億	3億
	外国通貨建て預金＊＊	138億	41億	56億	34億
	その他(1)	19億	5億	13億	4億
アメリカへの投資	アメリカ合計	116億	100億	120億	89億
	財務省証券（米国債）・預金	2億	20億	42億	43億
	財務省短期証券	53億	5億	－10億	－8億
	銀行預金	40億	6億	16億	4億
	その他(1)	21億	69億	72億	50億
その他諸国：銀行預金		90億	50億	70億	85億
その他諸国：2国間融資・借款，その他の投資(1)(2)		119億	124億	103億	112億
国際機関への融資		35億	40億	20億	3億
合計 （カッコ内は，そのうちの銀行預金合計）		570億 （285億）	357億 （99億）	358億 （128億）	330億 （126億）

出典：“International Banking and Bond Markets: Recent Developments and Prospects for 1978,” 21 June
1978, Table 6, SM/78/160, IMF Documents（元の表はイングランド銀行が作成したもの）.
注：＊＊これがロンドン市場へのユーロダラー，ユーロカレンシー資金の流入と呼ばれたもの.
(1)　株式，不動産などの保有，ならびにその他通貨による融資を含む.
(2)　途上国への融資を含む.

　ドルほどに膨れ上がった。こうして出現したオイルマネーはどこに還流したのか（表4-3）。1974年から75年にかけて産油国は，米英の民間銀行や政府証券，そしてロンドンのユーロダラー市場にオイルマネーを流入させることになった。
　ただしユーロダラー市場がリサイクリングの中心的受け皿となり，さらに国際資金流動の中核を担うことになるかは，国際政治の力学と国際経済外交の展開の中で決定づけられていった。自国の赤字を補う意図も大きくはあったが1974年秋になりイギリス政府は，先進国と途上国両方の赤字を補てんするためのOPEC諸国の黒字資金を活用する国際基金創設を提案していた。IMF専務理事であったヨハンネス・ヴィッテフェーン（Johannes Witteveen）は歓迎の意向を示し，IMFファシリティーを拡大する用意があるとした（35億ドル規模の第一次IMFオイルファシリティー〈Witteveen Ⅰ〉は6月に創設されていた[11]）。リサイクリングにおけるユーロダラー市場の役割については，たとえばドイツ・ブ

150

第4章　石油危機と「民営化された国際開発金融」

ンデスバンクの副総裁オトマール・エミンガーは，それまでのところオイルマネーは金融市場に混乱なく流入していることを認めつつも，長期的な安定性には疑問を投げかけた。そこで彼は，オイルマネーを安定的かつ長期的な投資先に誘導する必要性を指摘し，産油国との政府間融資協定，赤字非産油国の資本市場への投資促進，また国際機構を通した還流の構想を示した[12]。しかし，ドイツ企業買収への懸念，またインフレやマルク高につながる恐れから資金がドイツ自身に直接流入することには躊躇があった。エミンガーらの主張であるが，リサイクリングの公的枠組みが実現できないのであれば，ユーロダラー市場をはじめとする国際民間市場への流入を容認せざるをえない限界をはらんでいた[13]。

　9月末，米英仏日独のG5会合が開催され，リサイクリングの行方にとって重要な協議の場となった[14]。ヘンリー・キッシンジャーは，産油国が富を得ることは世界の政治的パワーの変更につながるとの基本認識を示す。またIMFや国連が管轄する公的枠組みでリサイクリングを行うことについても，OPEC諸国や国際機構がより大きな力をもつことになり，西側諸国の利益を損ねかねないとした。そこでキッシンジャーは，先進国がまず結束して原油価格引き下げの圧力をかけ，またOPECとの取り決めや公的枠組みを使わずに，相互に資金融通をすることで危機に対応すべきとした。そのためには産油国の黒字はまずもって石油を消費する先進国に還流させるべきと訴えた。アメリカの財務長官サイモンは，産油国はOECD諸国以外に投資先を見出すのは難しく，先進国の民間市場はオイルマネー流入に対応できるとした。健全で柔軟性のある銀行システムを有している西側諸国にオイルマネーを集め，その還流先を方向づける戦略であった[15]。

　さらにアメリカの政策決定者はアラブ産油国からの投資は脅威ではなく，

---

(11)　"Recycling of Oil Funds and Euromarkets," Treasury brief (draft), 30 Aug. 1974, T358/175, The National Archives (UK)（以下，TNA と表記）.

(12)　"The Monetary Consequences of the Oil Price Explosions and its Implications for the Euro-currency Markets," Address of Otmar Emminger on 14 Oct. 1974, T358/175, TNA.

(13)　William Glenn Gray, "Learning to 'Recycle': Petrodollars and the West, 1973-5," in Elisabetta Bini, Giuliano Garavini and Federico Romero eds., *Oil Shock: The 1973 Crisis and Its Economic Legacy* (New York: I.B. Tauris, 2016), 188.

(14)　Record of a Meeting, 28 and 29 Sept. 1974, OV53/81, Bank of England Archive.

(15)　"Petro Dollar Once More," Varley to Wilson, 16 Jan. 1975, PREM16/359, TNA.

151

第Ⅱ部　国際金融秩序と開発金融の変容

チャンスであると考えるようになっていた。たとえば財務省は，西側先進国へ投資させることで「産油国に対して，消費国の継続的成長と安定が自分たちの利益となる」状況が作り出される一方で，「産油国の膨大な金融資産流入が新たな競争をもたらし，これまで以上に資本市場は効率的なものとなるだろう」と指摘していた。[16] 1974年1月，アメリカ政府は外国為替に関する規制撤廃に踏み切った。財務長官ウィリアム・サイモン（William Simon）は，こうした規制緩和によりオイルマネーが流入し，国際金融におけるアメリカの支配的地位は強固になるとの期待を抱いたとされる。またこの措置によりロンドンのユーロダラー市場とアメリカ市場の金利差が収斂し始め，両市場間の資金移動はさらに増加することになった。『デイリーメール』紙は「アメリカ〔市場〕とユーロダラー市場の金利における連動が生まれたことで，市場は，金利を過度に上昇させることなくアラブ諸国からの預け入れを受け入れることができるようになる。またそこから，イギリスのような国への貸出しが可能となる」との見方を示していた。[17]

　アメリカ政府は西側消費国が互いに資金を融通しあう共同基金の創設を提案した。これによる「西側諸国の結束力」を背景に，産油国をしてマーケットに資金を流入させ，さらに金利が抑えられるよう促すべきと考えていた。9月のG5会合後，このアメリカ提案とIMFオイルファシリティーの延長・拡大をめぐって西側諸国の活発な外交交渉が行われた。結果としては，民間市場でオイルマネー還流が滞ったときに備える「OECD基金」創設と，IMFファシリティーを1975年春から50億ドル規模に拡大する妥協となった。つまりIMFはリサイクリングの中核とはならなかった。最終的にアメリカ政府は妥協したものの基本的考え方は変わっていなかった。1975年1月，投資家会合で財務省の事務次官補がスピーチを行った。そこでは，西側諸国はIMFファシリティーとOECD共同基金創設を決めたが，「これらはリサイクリングにおける民間資

(16)　Victor McFarland, *Oil Powers: A History of the US-Saudi Alliance* (New York: Columbia University Press, 2020), 186-189.

(17)　Christopher R.W. Dietrich, *Oil Revolution: Anticolonial Elites, Sovereign Rights, and the Economic Culture of Decolonization* (Cambridge: Cambridge University Press, 2017), 286; Daniel J. Sargent, *A Super Power Transformed: The Remaking of American Foreign Relations in the 1970s* (Oxford: Oxford University Press, 2015), 127-130; "$155 billion Eurodollars!," *Daily Mail*, 11 June 1976.

第**4**章　石油危機と「民営化された国際開発金融」

本市場の役割を補うもの」であり，特に OECD 基金は「国内・国際資本市場
の開放性を継続させ，公的リサイクリングの額を最小限に抑える助けになろ
う」との認識が示されていた。[18]

　1975年春になると OECD 会合でアメリカ代表は，オイルマネー流入がもた
らす国際金融市場への圧力について，それに耐えることができているとの認識
をみせた。また次のような見方も示した。産油国の黒字は限られた国に集中し
つつあり，それらの国々は安定した長期投資にシフトしていると。[19]ここであわ
せて，リサイクリング問題をめぐって米欧間で大きな分断が生じなかった要因
を指摘しておく。1974年になって大西洋の両岸で首脳交代が相次いだこと，南
欧での共産党躍進への危機感が高まったこと，そしてアンゴラ政変を受けアメ
リカの側でデタントへの懐疑が生まれたことなどにより，米欧間の対立を抑え
ようという流れが生まれたとの指摘もなされる。[20]

　それでは産油国はリサイクリング問題にいかなる態度をとったのであろうか。
まずサウジアラビア，イランをはじめ中東諸国による大量の武器輸入がオイル
マネー還流での重要な部分をなしたことを指摘しておく。[21]この点は「オイル・
トライアングル」の出現にも関連する。杉原薫は，石油危機後の国際通貨体制
の形成にあたっての日本・東アジアの重要性を指摘している。1974年から76年
における日本の対中東赤字は年170億ドル，これに対して日本の対欧州・アメ
リカ黒字は166億ドルであった。米英への投資資金や武器購入代金の流入と
「オイル・トライアングル」の成立は結びついたのである。[22]

　アメリカ政府は，主要産油国であるサウジアラビアを自らが望ましいと考え

---

(18)　"Remarks of the Honorable Gerald L. Parsky, Assistant Secretary of the Treasury
　　　 before the Investment Association of New York at the Bankers Club, January 1975,"
　　　 Department of the Treasury News, in T354/411, TNA.

(19)　"Temporary Working Party of Economic Policy Committee, CPE/TWP(75)3 and 4,"
　　　 Slater (UK delegation to OECD) to Littler (Treasury), 20 May 1975, T317/2471, TNA.

(20)　Duccio Basosi, "The US, Western Europe and a Changing Monetary System, 1969-
　　　 1979," in Antonio Varsori and Guia Migani eds., *Europe in the International Arena during
　　　 the 1970s: Entering a Different World* (Brussels: P.I.E. Peter Lang, 2011), 107-109.

(21)　すでに1975年段階でイギリス政府は，OPEC 諸国の軍事関連輸入は73年の17.3億ドルか
　　　 ら80年には35.6億ドルへ増加すると見込んでいたように，リサイクリング構造において中
　　　 東諸国の武器輸入がはたす役割が重要視されていた。

(22)　杉原薫『アジア太平洋経済圏の興隆』（大阪大学出版会，2003年）。

153

第Ⅱ部　国際金融秩序と開発金融の変容

るリサイクリング構造に取り込むべく熱心に動いた。1974年末の米・サウジアラビア合意によって，米財務省証券の購入やアメリカ民間市場への投資，武器の大量購入が取り決められ，またドル建ての原油取引継続が表明され，「アメリカの金融パワーの回復」につながったとも指摘される。興味深いのは，創設が決まった経済協力コミッションを管轄するのがサウジアラビアの場合は，通例の国務省や商務省ではなく財務省であったということである。[23] もう一つリサイクリング構造の出現にあたって考えるべき産油国の動向であるが，NIEO 実現を目指す途上国との連帯を OPEC 諸国は表明し，国際機関や非産油途上国への援助・融資が少なくない額で実施された。[24] しかし全体的にみると，産油国の投資姿勢はリターンを重視したもので，たとえばサウジアラビアはインドへの投資は安全でないと排除し，ブラジルにオイルマネーはほとんど流入しなかった。援助にしても政治・外交的意図から中東周辺国に対するものが大半であった。米英の民間金融市場が中核となるリサイクリング構造を変えるような OPEC 諸国の行動ではなかった。[25]

3　「民営化された国際開発金融」と途上国の「分化」

　ここからはオイルマネー出現後の途上国開発金融をめぐる議論について，いったん1974年初めの段階に戻って検討してゆきたい。3月の IMF 常務理事会合でヴィッテフェーンは，リサイクリング問題，途上国の金融問題，そして国際通貨システムの改革問題が一体で取り組まれるべき問題であるとの認識を示していた。[26] しかし先述したように IMF の新ファシリティーは50億ドル規模にとどまった。IMF がリサイクリングで主要な役割を果たせないことをみたラウル・プレビッシュ（Raúl Prebisch）は「空白は埋められなければならず……さもなければ深刻な打撃を受けた途上国は非常に厳しい状況に直面する」

(23)　David E. Spiro, *The Hidden Hand of American Hegemony: Petrodollar Recycling and International Markets* (Ithaca and London: Cornell University Press 1999), 88-91; Basosi, "The US, Western Europe and a Changing Monetary System," 108-109.

(24)　Giuliano Garavini, *The Rise and Fall of OPEC in the Twentieth Century* (Oxford: Oxford University Press, 2019), 243-253.

(25)　William Glenn Gray, "Learning to 'Recycle'," 190.

(26)　Telegram from UK Director IMF/IBRD 21 March 1974, FCO59/1234, TNA.

第**4**章　石油危機と「民営化された国際開発金融」

と述べた。ある研究者によると，ヴィッテフェーンは，サウジアラビアからの資金の取り込みをめぐってアメリカ財務省と直接競合した結果であると認識していたという。[27]

　他方，世界銀行総裁のロバート・マクナマラも原油価格上昇を前にして行動を起こしていた。彼もリサイクリングのためのなんらかの政府間メカニズムが必要と考えた。そこで，OPEC諸国のIMFオイルファシリティーへの拠出に期待する一方，世銀が産油国の資金を利用することについて中東の指導者との協議に乗り出した。アルジェリア大統領ウアリ・ブーメディエンとの会談では，途上国向けの資金供給を世銀が仲介する考え方を示す。しかし，世銀資金としてオイルマネーを活用するアイデアは壁にぶつかった。12月，マクナマラはサウジアラビアから7.5億ドルを借りることで合意できたが，クウェートやサウジアラビアが求めていた自国通貨による世銀への資金拠出は認めないとした。これはオイルマネー流入にとり障壁になった。世銀の決定には2つ理由があった。一つには米ドル以外の通貨を利用する「悪しき前例」になることを恐れたこと。もう一つは，アメリカ，日本，西ドイツなどが，拠出の見返りとしてOPEC諸国の議決権増大につながることを警戒したからである。またOPEC諸国や途上国の発言力が世銀で増すことになれば，世銀起債への投資家心理に悪影響を及ぼすとの議論もあった。[28] 自由市場イデオロギーとアメリカへの資金流入を重視したアメリカ政府は，世銀が各国政府からの資金拠出に依存するようになれば「その性格が変わり」，途上国における民間セクターへの世銀の援助は後退してゆくだろう，そしてそれは，国際民間資本市場からの支持獲得にとって必要な途上国での健全な金融政策に対する世銀からの肯定的姿勢をも後退させることになると主張した。[29]

---

(27)　Dietrich, *Oil Revolution*, 289; Spiro, *Hidden Hand*, 100.

(28)　Telegram from UK Director IBRD/IMF, 2 April 1974; "The Role of Oil Producing States and other LDCs in the World Bank," Memo by the Bank of England, 7 May 1974; "Relations between the IBRD and Oil Producers," Paper prepared by the Ministry of Overseas Development for Working Party on Financial Aspects of the Washington Energy Conference, FAWC(74)14, 8 May 1974; A.K. Rawlinson to F.R. Barratt, 17 June 1974, FCO59/1234, TNA. また次も参照されたい。Patrick Allan Sharma, *Robert McNamara's Other War: The World Bank and International Development* (Philadelphia: University of Pennsylvania Press, 2017), 79-83.

第Ⅱ部　国際金融秩序と開発金融の変容

　さて，UNCTAD に結集した途上国 G77であるが，ブレトン・ウッズ体制の崩壊と石油危機を，世界経済をラディカルに変革する好機になると考えた。オイルマネーの還流については，途上国の開発需要を満たすために公的枠組みに流入させるべきとした。1974年国連特別総会で NIEO 決議が実現したことを受けて，UNCTAD 新事務局長となったガマニ・コレア（Gamani Corea）は一次産品価格安定のための「一次産品共通基金」の創設に動き出す。コレアは60億ドル規模を思い描いていたが，注目すべきは，産油国資金が「共通基金」の柱になることを期待していたことである。これに対してアメリカのキッシンジャーは，石油に続く一次産品カルテルにつながるとの危惧を抱いたのと同時に，途上国に有利となるリサイクリングの発想だと警戒感を示した。[30]

　1974年10月，国際開発金融をめぐる新たな議論の場が登場した。それが「IMF・世銀合同開発委員会」であり，翌年の夏には，途上国への民間資金流入の促進をテーマとする作業部会が設けられた。先進国からはカナダ，フランス，西ドイツ，日本，オランダ，イギリス，アメリカが参加し，途上国からはマレーシア，フィリピン，メキシコ，トリニーダド・トバコ，クウェートが参加した。作業部会は1976年２月に中間報告書をまとめ，中位所得の途上国，ラテンアメリカ諸国，アジア NIEs 諸国については民間資本市場で資金調達すべきとした。途上国へのリソース移転を，改革された国際金融・通貨システムに埋め込むような提案はなされなかった。その一方で報告書は，途上国が民間資金流入を確実にするために信用度を維持しなければならないことを強調した。また作業部会は，ユーロダラー市場が途上国への資金供給を増やせるよう，先進国は対外投資を拡大することでそれに貢献できると指摘していた。[31]

　「民営化された国際開発金融」への流れは，「南」と「北」との協議として有名で1975年12月からパリで開催された CIEC（The Conference on International

---

(29)　David M. Wight, *Oil Money: Middle East Petrodollars and the Transformation of US Empire, 1967-1988* (Ithaca and London: Cornell University Press, 2021), 89.

(30)　John Toye and Richard Toye, *The UN and Global Political Economy* (Indiana and Bloomington: Indiana University Press, 2004), 242-251.

(31)　*Report of the Ministerial Committee of the Boards of Governors of the Bank and the Fund on the Transfer of Real Resources to Developing Countries (July 76-June 77, 3rd annual report)*, in M.G. de Vries ed., *International Monetary Fund 1972-1978, vol. 3: Documents* (Washington DC, 1985).

156

第**4**章 石油危機と「民営化された国際開発金融」

Economic Cooperation）会議で明確になった。アメリカ政府代表は，開発におい
ては民間資本が主要な役割を果たすべきことを繰り返し主張した。また「アメ
リカの資本市場は世界で最も開放的」だと訴えた。こうした姿勢について日本
代表が以下のような観察をしている。

　　アメリカ代表は，この分野〔民間資金フロー〕で前向きな成果を出すことを強
　　く欲している。自らの金融市場を開放したところであるアメリカは，ブラジ
　　ルやメキシコなど高所得国からの支持を確保することで途上国を分断しよう
　　と狙っている。というのもこれらの国々は，先進国の資本市場へのアクセス
　　拡大に最も関心を寄せているからである。[33]

　オイルマネーの出現，国際金融システムの変動，そしてユーロダラー市場の
拡大は途上国の開発金融の性格と構造を変化させることになった。ユーロダ
ラー市場（ならびにカリブ海などのオフショア市場）で実施された途上国向け融資
は西側の民間銀行がシンジケートを組んだものであった。途上国の借り入れは
その半分ほどが政府や政府関連機関によるものであり，ほとんどが中期（3年
以上）で，変動金利での借り入れであった。大半は，メキシコ，ブラジル（こ
の2カ国で借り入れの半分を占めた），その他ラテンアメリカ・アジア・アフリカ
の「富裕途上国」向け融資であった（表4-4）。[34]

　1976年初めのOECD会合でアメリカ代表は，途上国の開発資金問題につい
て包括的な見解を示す。そこでは，工業化を進める高所得途上国について，民
間銀行資金へ頼ることは「合理的戦略」であると断言していた。その上でアメ
リカ代表は表4-5のようにあるように途上国を国際収支構造と資金流入状況で
分類した。この表は，石油危機後の「民営化された国際開発金融」の出現のも
とで途上国が「分化」していったことを物語るものであろう。[35]

---

(32)　US Comments on the Question of Access to Capital Markets and Concern about
　　Developing Countries being 'Crowded out' of US Capital Market, 21 April 1976; "Legal
　　Aspects of LDC Access to US Capital Market," Summary of Statement of US Delegation
　　in T383/288, TNA.
(33)　平沢大使（OECD）から本省へ，1976年11月27日，2016-2435，外務省外交史料館。
(34)　"International Banking and Bond Markets: Recent Developments and Near-term
　　Prospects," 10 July 1979, SM/79/185, IMF Documents.

第Ⅱ部　国際金融秩序と開発金融の変容

表4-4　国際銀行の中期貸出額の推移（Medium-term Publicized International Banking Credit Commitments）（米百万ドル）

	1975年	1976年	1977年	1978年
先進国	6,600	10,960	13,911	35,384
産油国	3,123	3,478	5,499	9,923
非産油途上国	7,812	11,129	11,883	22,987
計画経済国	2,657	2,371	2,566	3,018
その他	364	766	294	347
合計	20,554	28,703	34,152	71,659

出典：Table IV（Appendix）in "International Banking and Bond Markets: Recent Developments and Near-term Prospects," 10 July 1979, SM/79/185, IMF Documents.

表4-5　途上国の対外金融状況

グループ①	タイ，台湾，シンガポール，マレーシア，コロンビア，モロッコ	健全・柔軟な経済政策／直接投資をひきつけている／民間資本市場で借り入れが可能／国際収支赤字は大きく増加していない／交易条件が悪化していない
グループ②	エジプト，イスラエル	大規模な国際収支赤字。しかし政治的考慮からDAC，OPEC諸国が全力で支援している
グループ③	ガーナ，バングラデシュ，インド，パキスタン	大規模な国際収支赤字／民間資本市場での信用は低い
グループ④	ブラジル，メキシコ，韓国	大規模な国際収支赤字と民間資本市場での高い借り入れ能力／生産力や多角化の点でLDCの先頭を走る経済で，国際収支赤字への対応力は高い
グループ⑤	アルゼンチン，ボリビア，チリ，ペルー，ウルグアイ，ザイール，ザンビア，フィリピン	一次産品依存や政治的不安定さという弱点がある／不適切な経済政策がみられる
残りグループ	残り65か国	グループ③・⑤と似た状況／IMFファシリティーの拡充で対応すべき。ただしその対応を円滑にするために二国間・多国間援助を検討する必要がある

出典："Financing of the Deficits of the Non-oil Developing Countries," United States Views, 19 January 1976, CPE/TWP（76）2, OECD Historical Archives.

　中・高所得途上国のユーロダラー市場借り入れが拡大するのと裏合わせになって，民間銀行資金を確保できない途上国の状況も注目されるようになった。こうした国々への対応としてIMF融資が重視されるようになった。こうした融資によってこれら国々の信用水準が支えられ，民間銀行資金の流入に道がひ

第**4**章　石油危機と「民営化された国際開発金融」

らられるといった議論がなされた。また先進国資本市場への限られたアクセスを改善するために世銀や ADB などが「共同出資者」となって民間資金流入を後押しする考え方も示されるようになった[36]。こうして途上国融資は，ブレトン・ウッズ体制崩壊後の IMF の主要業務になったことはよく知られているが，IMF や世界銀行のコンディショナリティを伴う「構造調整」要求の起源は「民営化された国際開発金融」と表裏の関係にあったともいえよう[37]。

　もう一つ途上国の「分化」という点でいえば，1976年12月ドーハ OPEC 総会が注目された。原油価格引き上げをめぐっては，サウジアラビアやアラブ首長国連邦などとイラクやイランなどとの対立が続いてきたが，総会で大幅価格引き上げに抵抗したサウジアラビアの動きの背景にあったのは，ジミー・カーター新政権との関係への配慮や，原油輸出先であり投資先である西側経済の停滞に対する懸念，そして国王ファイサル死去後の外交転換の兆候であったとされる。そして，価格引き上げについて総会で合意が形成できなかったことは，産油国間の分裂，産油国と非産油国途上国との「連帯」の困難さを示すことにもなった[38]。1975年末から断続的に続いていたパリ CIEC 会議においても，「富の移転」のため G77 がその実現を熱望した「共通基金」をめぐって，先進国との関係を複雑にしたくない産油国の姿勢は積極的なものではなかった。1977年6月に CIEC は終了するが，それは「プレビッシュが鼓舞した UNCTAD 計画の終焉」であったと指摘される。さらに翌78年，IMF では第七次出資比率見直しとサウジアラビアからの専務理事選出が決められた。もちろん，カーター政権下のドル下落にサウジアラビアは強い不満を持ち，第二次石油危機へといたる原油価格上昇を食い止めることにはならなかったが，石油とドルとの結びつきはより強まることになったのである[39]。

---

(35)　"Financing of the Deficits of the Non-oil Developing Countries," United States Views, 19 January 1976, CPE/TWP(76)2, OECD Historical Archives.

(36)　「CIEC 委員会第 3 回会合における代表団発言，1976年 4 月22日」，日本代表団から東京への報告，2016-2430，外務省外交史料館；Brief for Trade and Development Board, 16th session, Geneva, 5-22 October 1976, UNC(76)5, 5 Oct. 1976, T383/288, TNA.

(37)　David H. Pollock and Carlos Massad, "The International Monetary Fund in a New International Financial Constellation: An Interpretational Commentary," ECLA, *CEPAL Review*（1978）.

(38)　Garavini, *OPEC*, 262.

159

第Ⅱ部　国際金融秩序と開発金融の変容

4　第二次石油危機と「東アジアの奇跡」

　ユーロダラー市場を中心とする国際民間金融市場であるが，第一次石油危機
が落ち着きをみせるようになる1976年以降も拡大を続け，国際金融システムの
中核としての位置は強固になっていった。ただしその拡大は，オイルマネーで
はなく先進国資金の流入に依るところが大きかった。また，アメリカの国際収
支赤字，ヨーロッパ経済の停滞，先進国全体のインフレーションなどは先進国
の民間銀行をして，途上国向けをはじめとする国際貸出し業務へと向かわせ続
けた。1978年のG10諸国の国際融資先ならびに資金源の数字をみると，資金源
としては先進国が835億ドル，産油国が59億ドル，非産油途上国が160億ドルで
あった。融資残高の総計5400億ドルのうち先進国に対するものは3000億ドルを
占めたが，非産油途上国も1267億ドルを占め，1978年の1年間で非産油途上国
への貸出しは257億ドル増加していた。なおこの年，グロスの国際融資は9030
億ドルであったが，そのうち73％（6000億ドル）が「ユーロ貸出し」と呼ばれ
た自国通貨以外での民間銀行による貸出しであった。[40]

　カーター政権のドル政策は，ポスト・ブレトン・ウッズ体制の国際金融シス
テムが，アメリカの国際収支赤字と海外投資で生みだされたドルを還流させる
「オフショア・米ドル・システム」へと展開する道を開くものとなった。[41]カー
ター政権期にアメリカの銀行と企業は海外投資を3倍に増加させたとされる。
こうしたこともあり1977年末になると国際収支赤字は深刻の度を増した。ドル
下げ圧力，為替市場の混乱，欧州の輸出不振，ドル下落への産油国の不満と原
油価格上昇は，国際通貨ドルの地位にとって危機をもたらしたのは確かである。
1979年10月2日アメリカ政府は，IMFにおいて，ドル残高（対外ドル債務）を
SDRに（すべてでないにしても）置き換え，SDRを国際準備・決済資産として

---

(39)　Dietrich, *Oil Revolution*, 309.

(40)　"International Banking and Bond Markets: Recent Developments and Near-term
　　　Prospects," 10 July 1979, SM/79/185, IMF Documents.

(41)　Steffen Murau, Joe Rini and Armin Haas, "The Evolution of the Offshore US-Dollar
　　　System: Past, Present and Four Possible Future," *Journal of Institutional Economics*, 16: 6
　　　（2020）.

第**4**章　石油危機と「民営化された国際開発金融」

活用する「代替勘定（Substitution Account）」の議論を認めることになった。しかし6日，8月にFRB議長に任命されていたヴォルカーは「革命的」ともされる金利の大幅引き上げを表明した。もちろんインフレ抑制が主目的であったが，この決定は「世界に対してこの後しばらくのあいだ重要な結果をもたらすことになるアメリカの戦略的選択であることが明らかになった」。高金利路線をとることでFRBは「アメリカの国際収入の主たる柱とすべく，金融力強化を最優先課題に据えた」のであった。チャールズ・マイヤーがいうようにアメリカは「生産の帝国」から「消費の帝国」へ移行しながら，基軸通貨ドルを維持しつつ，世界の通貨・金融秩序を「オフショア・米ドル・システム」へと移行させることになった。

　そんな中での1979年イラン革命と原油価格の高騰は，国際金融システムならびに開発金融を再び揺さぶることになった。ただし80年代の開発金融の状況は，第一次石油危機と同じようには展開しなかった。ヴォルカーによる金利引き上げとこの後に誕生するロナルド・レーガン政権の「強いドル」政策によって，途上国の借入れ環境は悪化することになった。また1979年のイギリス総選挙，80年のアメリカ大統領選挙による政権交代（新自由主義「革命」）は，ODA抑制とインフレ抑制策による世界経済の後退の流れを強めるものであった。

　IMFと世銀は，先進国のインフレ抑制政策ならびに産油国の投資政策が世界の金融拡大にとりブレーキになると警告した。直接投資，起債，輸出信用は拡大傾向にあったものの，ユーロダラー市場などでの民間銀行貸出しが縮減した場合にそれを補うほどとは考えられなかった。世銀は，「価格上昇や債務利払いの負担，ならびにOECD各国の成長鈍化・停滞は，途上国の開発金融にとって明るい展望はもたらさない」と指摘した。そこで世銀は，資本流入と対外信用度がリンクしていることを強調しつつ，さらなる「構造調整」が必要との認識を示したのであった。

　1981年10月，メキシコ・カンクンに先進国と途上国双方の指導者たちが集まった。主要議題の一つが「ブラント・レポート」で，1977年にマクナマラが

---

(42)　Basosi, "The US, Western Europe and a Changing Monetary System," 109-116.

(43)　Charles S. Maier, *Among Empires: American Ascendancy and Its Predecessors* (Cambridge Mass.: Harvard University Press, 2006).

(44)　"IBRD Staff Paper on Recycling," IFP(80)25, 22 July 1980, T277/3620, TNA.

第Ⅱ部　国際金融秩序と開発金融の変容

西ドイツ元首相のヴィリー・ブラント（Willy Brandt）らに作成を依頼したもの
であった。レポートは，「南北問題」を（世界規模での経済拡大による）「グロー
バル・ケインズ主義」により解決するという考え方を示していた。また，先進
国と途上国が対等な立場で参画する「世界開発基金」創設も提起されていた。
しかしレーガンとマーガレット・サッチャーはレポートの考え方に同意せず，
NIEs 経済の「成功」を強調しつつ，インフレーションと闘い，市場メカニズ
ムを強化する重要性を説いたのであった。[45]

　イギリス大蔵省では1979年に，発展途上国を三分類するメモを作成していた。[46]
①NIEs 諸国ならびに世界経済環境に比較的スムーズに対応しているアジア諸
国のいくつかで，民間資本が潤沢に流入している国々，②深刻な貧困に直面し，
世界経済の環境に対応できていないアフリカ諸国，③中南米や南アジア諸国で，
①と②の中間にある国々。しかしながら1980年代に入ると中南米諸国の対外金
融状況は悪化し，82年，メキシコから債務危機が始まる。一方，アジア NIEs
とそれを追いかける東アジア諸国は安定的な経済成長を遂げてゆく。1980年代
のラテンアメリカと東アジアの違いをどのように考えるべきか。70年代の国際
開発金融の展開を踏まえつつ，第二次石油危機がもたらした影響についてブラ
ジルと韓国の比較を中心に検討したい。[47]

　両国とも1970年代，対外収支赤字を補塡するためにユーロダラー市場で大き

---

(45)　"Cancun Summit, 22-23 Oct. 1981: Economic Prospects for Developing Countries,"
　　　Brief by HM Treasury, PMVQ(81)4, 13 Oct. 1981; "Cancun Summit, 22-23 Oct. 1981:
　　　Monetary and Financial Issues," Brief by HM Treasury, PMVQ(81)9, 13 Oct. 1981,
　　　CAB133/519, TNA.

(46)　"The World Economic Prospects and Developing Country," Brief to the Chancellor of
　　　Exchequer by M. Hedley-Miller (draft), 31 Aug. 1979, T385/224, TNA.

(47)　以下，3段落は次の文献に依拠した。Jeff Frieden, "Third World Indebted Industrialization:
　　　International Finance and State Capitalism in Mexico, Brazil, Algeria and South Korea,"
　　　International Organization, 35:3 (1981); Stephan Haggard, "Macroeconomic Policy through
　　　the First Oil Shock, 1970-1975," in S. Haggard, R. Cooper et al., *Macroeconomic Policy and
　　　Adjustment in Korea 1970-1990* (Cambridge Mass.: Harvard Institute for International
　　　Development, 1994); Atul Kohli, *Imperialism and the Developing World: How Britain and
　　　the United States Shaped the Global Periphery* (Oxford: Oxford University Press, 2020),
　　　342-344; J.D. Sachs and J. Williamson, "External Debt and Macroeconomic Performance in
　　　Latin America and East Asia," *Brookings Papers on Economic Activity*, no. 2 (1985).

な借り入れを行い，それにより工業拡大路線を進めてきた（表4-6，表4-7）。ブラジル軍政にとって政権維持には，とりわけ工業化のための大規模投資が必要だと考えられた。しかし，政治的にも外国企業の直接投資に依存することは難しく，他方で中小民間企業の資金力は限られていた。そこで，国家主導の開発主義路線を支えるためにユーロダラー市場資金に依存することになった。

表4-6　国際資本市場での借り入れ（米百万ドル）

	1976年	1977年	1978年	1979年
先進国	23130.2 7434.9	22792.2 11055.1	22565.6 31343.5	24553.9 19041.8
計画経済国	72.0 2371.4	255.5 2691.0	30.0 3702.1	48.1 7451.2
国際機関	8255.8 377.0	7160.0 197.0	8424.6 181.7	8670.0 310.0
発展途上国	2336.2 18131.4	4755.9 20145.2	6090.9 38247.3	4014.5 43220.2
ブラジル	193.3 3288.3	855.8 2341.1	936.1 5110.7	735.6 5833.8
韓国	74.2 979.6	71.5 796.0	56.0 1699.0	43.6 2589.5
世界合計	34311.1 28703.3	36094.3 34185.3	37481.1 73694.6	37763.9 70209.4

出典：World Bank, *Borrowing in International Capital Markets*, EC-181/801 (First Half 1980).

注：上段：公的機関と民間による起債。下段：ユーロカレンシー融資。

表4-7　外国資本流入の内訳（長期資本／ネット）

		2国間 （公的）	多国間 （公的）	民間銀行	直接投資	年平均流入額 （米百万ドル）
ブラジル	1971-1975	5.3%	8.1%	52.0%	34.6%	2834.4
	1976-1980	3.0%	4.4%	66.7%	25.9%	6701.0
	1981-1982	5.2%	6.1%	61.2%	27.5%	8570.3
韓国	1971-1975	34.9%	14.9%	38.7%	11.5%	854.1
	1976-1980	18.1%	16.3%	60.4%	5.2%	2026.2
	1981-1982	19.6%	18.0%	59.3%	3.1%	2748.0
途上国全体	1980	19.3%	15.9%	47.7%	17.0%	59609.0

出典：Barbara Stallings, "The Role of Foreign Capital in Economic Development," in Gary Gereffi and Donald L. Wyman eds., *Manufacturing Miracles: Paths of Industrialization in Latin America and East Asia* (Princeton, 1990), Table 3.1, 3.2.

第Ⅱ部　国際金融秩序と開発金融の変容

Banco de Brazil やブラジル開発銀行（BNDE）が窓口となってそうした資金を借り入れ，民間投資額の4分の3を供給したとされる。対する韓国では1970年代に入ると直接投資が増加し始め，製造業投資の17%を占めることになった。それでも，直接投資額7億ドルに対して，国際民間市場からの借り入れは37億ドルに達していた。ブラジルと同じように韓国開発銀行（KDB）が資金調達の中心となり，資本財投資の半分ほどを供給した。[48]

　ともに「国家主導の資本主義体制が，ユーロマーケットの国際金融資本家と結びついた」ブラジルと韓国であったが，両国の工業化戦略に違いも存在した。韓国の場合，国内市場の限界から輸出に努力を傾注する必要があった。第一次石油危機に直面した韓国の国際収支は危機的状況に陥る。そこで韓国政府は1975年半ば，28の銀行からなるシンジケート（シティバンクが幹事）から2億ドルを借り入れる。原油価格高騰と世界経済の後退は韓国経済の先行きを不透明にしていた。しかし，短期資金を借りつつ輸出を拡大・多角化することによって8%前後の成長を続けた。IMF がいうところの「リスクのある戦略」によって石油危機に伴う調整を乗り切った（この過程では中東での建設事業に伴う外貨送金も重要であった）。そして韓国政府は長期で，より条件の良い外国資金の借り入れを求めるようになり，鉄鋼，化学，セメント工業などにその資金を投入し始めた。[49] さらに1977年になると朴正煕政権は専門家の慎重姿勢に反して，巨額の海外借り入れをもとにした大規模な工業化計画の実行に乗り出した。また政府は，より野心的な輸出促進プログラムと，技術移転を重視しつつ輸出市場を積極的に開拓するための外資導入政策に乗り出していた。[50]

　一方でブラジルは，比較的大きな国内市場規模をそなえ，戦間期に遡る工業

---

(48)　両国における開発銀行の役割については，Alice H. Amsden, *The Rise of 'The Rest': Challenges to the West from Late-industrializing Economies* (Oxford: Oxford University Press, 2001), 125-129.

(49)　"Korea: Recent Economic Developments," 1 Aug. 1978, SM/78/206, IMF Documents.

(50)　TNA ファイル FCO21/1664 (South Korean Economy 1978) のうち，特に "The Economy of South Korea in the Middle 1978," From the British Embassy to the Secretary of State of FCO, 28 July 1978; "South Korea: Inward Investment Current Attitudes and Past Performance," Memo by Commercial Department of the British Embassy, June 1978; "US Embassy's Briefing Paper on the South Korean Economy," attached to the Despatch from British Commercial Counsellor to the Department of Trade, 12 April 1978を参照した。

第**4**章　石油危機と「民営化された国際開発金融」

発展の歴史的蓄積があることを背景にして，輸出セクターに偏らない工業化路線をとった。また，国内向け産業とその労働者層の利益を優先する中で通貨高を容認する傾向があり，投資の優先順においても輸出部門は高くなかったとされる。

第二次石油危機と金利上昇によりブラジル，韓国ともに国際収支は打撃をこうむった。まずブラジルであるが，1980年の直接投資流入額は過去3年のうちの最低を記録し，結果として対外債務の70％は市場借入れが占めることになった。IMFは，「変動金利でのこの種の借入れが非常に高い比率になっており……債務支払いが国際的な金利変動に大きく左右される状態」だと分析していた。国際収支悪化に直面したブラジル政府は通貨切下げと緊縮政策をとり，IMFもそうした構造調整施策を後押しした。それでも1982年にはブラジルの対外金融状況は一層の悪化をたどった。また，1970年代からの資本移動に対する制限緩和によって可能となった資金逃避は危機をさらに悪化させる要因となった。1975年から85年，ラテンアメリカからの資本流出総額は1000億ドルに達したとの推計もある。これに対して東アジア諸国は，抑制的な国内金融システムを維持したとジェレミー・エーデルマンは指摘する。⁽⁵²⁾

韓国も，原油価格高騰のみならず，1977／78年からの拡張政策の影響，そして朴正煕暗殺による混乱で82年にかけて経済危機にあるとみられていた。しかしIMFのスタッフは，輸出水準の維持と政府投資の拡大によって韓国経済は1981年には成長軌道に戻ったことを確認していた。すでに1980年に韓国政府は，ウォンの実質切下げや財政引き締めといった強い調整策を打ち出していた。その結果，経常収支赤字は増加したが，「その増加は原油輸入価格上昇による影響の半分以下」に収まっていた。そして1981年から82年にかけて韓国は輸出シェアの確保，輸出競争力の獲得，多角化によって対外調整を乗り切ったとされた。ここで重要なのは，重工業・化学工業を中心とする工業投資のための借

----

(51)　"Brazil: Recent Economic Developments," 3 Nov. 1981, SM/81/207; "Brazil: Use of Fund Resources–Compensatory Financing Facility," The Secretary to the Members of the Executive Board, 24 Nov. 1982, EBS/82/15, IMF Documents.

(52)　Jeremy Adelman, "International Finance and Political Legitimacy: A Latin American View of the Global Shock," in Niall Ferguson et al. eds., *The Shock of the Global: The 1970s in Perspective* (Cambridge Mass. and London: The Belknap of Harvard University Press, 2010), 124-125.

第Ⅱ部　国際金融秩序と開発金融の変容

り入れが継続されたことである。また借り入れ自体も1980年には短期資金に頼らざるをえなくなったが，81年には長期資金の流入が回復していた。この背景として，韓国に対する日米の経済的，政治的支援についての分析が求められようが，ここではさらなる課題としておく。[53]

　韓国の事例は，海外からの借り入れと輸出志向型工業化路線とが結合した事例と理解できよう。1981年のブラジルと韓国の対外債務返済額の対 GNP 比はそれぞれ3.1％，5.7％で，利払いの対 GNP 比は1.8％，2.8％であった。これと対照的なのが対外債務返済額ならびに利払いの対輸出総額比であった。前者は81年，ブラジルと韓国の数字はそれぞれ31.9％，13.0％で，後者の利払いの対輸出総額比は18.5％，6.4％であった。[54]1970年代を通してブラジルと韓国はともに「民営化された国際開発金融」を活用しながら「国家主導・債務依存工業化」路線を展開してきた。しかし1979／80年の「三つの革命」の中で両国経済の歩みは分岐した。韓国経済の展開は，日米による市場・投資供給と輸出志向型工業化路線の東アジア諸国とが結びついたアジア太平洋経済圏が姿をあらわしつつあったことを示したといえよう。

5　二度の発展途上国の「分化」
——1970年代——

　本章は，二度の石油危機が途上国開発金融に与えた影響を確認し，「民営化された国際開発金融」のもとで「第三世界」や「南」と呼ばれた途上国が「分化」していったことを明らかにした。

　ブレトン・ウッズ体制の崩壊，西側主要通貨の変動相場制への移行，そしてオイルマネーがユーロダラー市場を柱とする米英の民間金融市場へ還流するリサイクリング構造が形成される中で「民営化された国際通貨システム」が登場する。この展開と並行するかたちで，途上国開発金融のあり方も新たな方向性

---

(53)　"Korea: Review of Stand-by Arrangements," The Secretary to the Members of the Executive Board, 16 July 1981, EBS/81/154; "Korea: Recent Economic Developments," 15 April 1982, SM/82/70, IMF Documents. また Alice H. Amsden, *Asia's Next Giant: South Korea and Late Industrialization* (New York and Oxford: Oxford University Pres, 1989), 104-105も参照されたい。

(54)　World Bank, *World Debt Tables 1982-1983 edition* (1983).

が明らかになり始めた。原油価格高騰を受けて途上国の中からは，オイルマ
ネーが「南」の開発を支えるような公的枠組みに流入し，それにより NIEO
の実現が後押しされるとの期待が高まった。NIEO のコンセプトは，資源主権
といった問題に限られず，国際通貨・金融システム改革議論（たとえば，IMF
の機構改革や SDR を国際準備資産化する主張，UNCTAD の「一次産品共通基金」構
想）とも結びついていた。1974年から76年にかけて国際社会は開発金融をめ
ぐって２つの選択肢を前にしていたといえるだろう。つまりそれは，途上国開
発資金フローの公的体制の構築か，あるいは「民営化された国際開発金融」の
方向に進むかであった。そしてここにおいては，オイルマネーのリサイクリン
グ問題とユーロダラー市場の行方がカギを握ることになった。西側の金融市場，
特にユーロダラー市場に基盤を置くリサイクリング構造が構築される中で，途
上国の高所得国は国際民間資金流入に大きく依存するようになった。一方，低
所得途上国は，外部からの債務管理と「構造調整」を伴う IMF や世銀など公
的資金への依存を深めることになった。国際収支状況と開発資金流入構造とい
う基準でもって途上国の「分化」が進んだ。

　1970年代末になり，イラン革命・第二次石油危機，アメリカの金利引き上げ，
米英での「新自由主義」政権誕生という「三つの革命」によって途上国開発金
融は再び動揺することになった。ラテンアメリカ諸国が債務危機へと陥る一方，
東アジア諸国の経済成長は継続した。「民営化された国際開発金融」のもと
1970年代を通して，ユーロダラー市場での資金調達を柱にして「国家主導・債
務依存工業化路線」を展開してきたブラジルと韓国はここで「分かれ道」を迎
えることになった。韓国が対外債務危機をまぬかれたことは，日米の投資・市
場と東アジア諸国の輸出志向型経済が結びついたアジア太平洋経済圏が出現し
つつあることを示した。その上で最後に指摘したいのは，アジア太平洋経済圏
の登場とは，第一次石油危機を経て出現した「民営化された国際通貨システ
ム」が，アメリカのヘゲモニーの金融化のもとで「オフショア・米ドル・シス
テム」としての性格を明確にする70年代末から80年代にかけての展開と親和的
であったということである。

第5章
1970年代の大循環
──ユーロダラー，オイルマネー，融資ブーム，債務危機，1973～82年──

マーク・メツラー（山口育人訳）

1　時代区分としての「1970年代」

　歴史的一時代としての「1960年代」はいつ終わったのだろうか。石油とドルとのあいだの関連性に注目する，あるいは地政学的転換に注目する，はたまた世界的な文化潮流に着目するとして，いずれにしても1973年に「60年代」は終わり，「70年代」へと入っていったのである。そして西側諸国では1973年から79年にかけての移行期において，戦後の長期好況の基底をなしてきた政治パラダイムが惰性で残ってはいても，機能不全に陥りつつあるとみられるようになっていた。他方で第一次産品輸出国の多くにとっては，欧米の民間銀行から歴史的ともいえる大規模な資金が流入する一方で，資源価格は〔工業製品に対して〕相対的に上昇をみせ，将来への可能性が広がりつつあるそんな時期に思われた。しかしこの「幕間」は，1979年から80年にかけての通貨，エネルギー，そして政治をめぐる衝撃によって終焉を迎えることになった。1982年，信用供与拡大と一次産品価格上昇の巨大な波は崩壊する。そして国際債務危機と不況という新たな局面がやってくることになった。グローバルな危機という見方からすると，1970年代とは二度のドル＝石油危機の時代であった。また，二度のインフレによる価格革命が起きた時代であった。そして，近代資本主義時代における四度目の大きな国際貸付ブームとその後の債務危機を経験した時代であった。

　1970年代を論じる本章に取りかかるにあたって，2020年代の世界経済の危機を考えることから始めたい。筆者は2020年8月，本章を書く上で最初となる構想を提示したが，このときすでに多くの識者は，インフレを招く信用環境，供給危機，そしてスタグフレーションが組み合わさった1970年代にみられたよう

第Ⅱ部　国際金融秩序と開発金融の変容

な状況に世界は回帰するのではないかと予想していた[1]。史上かつてないほどの超低金利と大規模な債務救済を伴う「金融緩和（イージーマネー）」が21世紀に入って以来，今日までの我々の世界を物語る中心的テーマとなってきた。ただし近年までこうした「金融緩和（イージーマネー）」は，中央銀行が主導する金融セクターに対するケインズ主義的政策の類のものであり，経済一般への緊縮と組み合わされるのが普通であった。ところが2020年・21年には，少なくとも新型コロナウイルスのパンデミックの期間には，経済一般の緊縮策はとられなかった。同時に世界全体では供給危機が起こった。1970年代をより強く想起させるが，エネルギー危機が同時進行したのである。2021年春から夏にかけての6カ月間でアジアやヨーロッパで天然ガス価格が4倍ないし5倍に高騰したのが危機の始まりであった。同じく2021年，石炭価格も4〜5倍となり，化学肥料の価格も同様の高騰を示した。さらに2022年2月24日のロシアのウクライナ侵攻によりエネルギー，食糧，化学肥料はさらなる価格高騰に見舞われることになった[2]。結果，世界のインフレ率は1970年代以来の水準に達し，当時みられたストライキの波が世界を覆うかのような状況となっている。現段階では「スタグネーション」には陥っていないが，その到来を多くの人々が予想している。そして，1970年代との比較が数多くの金融関連メディアに登場するようになったのである。

　本章は，経済変動を，時代区分ならびに構造分析の鍵として捉える立場に依拠しながら，古典的概念でいうところの「危機」であった1970年代について，図式的な理解を示してゆきたい。なかでも根幹にある問題は，価格サイクルならびに信用・債務サイクルの歴史であると考える。価格の面で1970年代とは，1973年から74年ならびに79年から80年にかけて起きた二度の石油危機に連動して生じた2つの世界的インフレーションの波に支配されていた。表面的には，

---

(1)　本章は，秋田茂がオーガナイズしたワークショップ（2020〜22年）での議論を通じて完成した。また初期段階でコメントしてくれたキレン・アズィズ・チョウドリ（Kiren Aziz Chaudhry）に謝意を示したい。

(2)　天然ガス価格（LNG 価格指標である Japan Korea Marker: JKM）は，2021年初頭に100万 BTU 当たり6〜7ドルであったものが，2021年末には30ドルを超え，2022年8〜9月には50ドルを超えた。ヨーロッパの天然ガス価格はこれ以上に上昇している。また化学肥料の価格も天然ガスと同様の上昇をみせた。石炭価格（価格指標となるオーストラリア・ニューカッスルコールフューチャーズ〈Newcastle coal futures〉）は，2010年代は1トン当たり60〜100ドルであったが，2021年末には200ドルになり，2022年春には400ドルを超えた。

170

第**5**章　1970年代の大循環

石油危機とは，中東における特定の政治情勢という国際経済システムにとっては外部性をもつ出来事として理解されよう。しかし深く分析すると，本章が対象とする時期を通じて，通貨システムの変化と石油システムの変化は密接に関連しており，経済的にいうと内生的で，グローバルなレベルでみると構造的なダイナミクスが存在していたことがわかる。また，本章が対象とする時期を次の2つの時期と比較・検討することもできよう。国際的な一次産品ブーム⇒国際貸付ブーム⇒国際債務危機へと展開した1920年代・30年代や，同じような展開をみせた1860年代・70年代との比較である。これらとの比較によって，1970年代を取り巻いた本質的な力学を明確に捉えることができよう。また現在経験している2020年代の展開を取り巻く力学についても，考察可能になるのではないだろうか。

　本章では「1970年代」を1973年2月から1982年8月までの10年間（または「9年間」と呼んでもよい）として捉える。またこの時期は，本書の第2章でデーン・ケネディが論じる「第三世界プロジェクトの興亡」の時代と対応している。ここでは3つの転換点に焦点を当てたい。1973年には，1950年代・60年代の長期好況が終わり，「60年代」という文化的・政治的な一つの時代が「70年代」に取って代わられた。1982年には，国際的インフレーションの波と同時にユーロダラー貸出しの波が終わった。同年8月，メキシコはドル債務のデフォルトを発表し，これは「第三世界」の債務危機と1930年代以来最も深刻な国際的不況の始まりを告げるものとなった。これら2つの転換の中間点にある1977年／78年においても，ここを境に大きな変化があった。このときからドルの新たな下落が始まり，1978年から79年にかけて二度目のドル＝石油危機にいたったのである。「1973年」，「1977年／78年」，「1982年」という転換点をもとにするこうした時間的枠組みは，グローバル経済の展開を踏まえて提起しているのであるが，同時に政治的・文化的な転換点の経験もそこに存在したのである。

2　時代区分
——石油，通貨，食糧の「ブレトン・ウッズ時代」——

　1970年代に一体，何が変化したのだろうか。一つの説明は，1950年から73年のあいだの長期にわたる世界的な好況を支えてきた機構と技術の協調体制がある限界を迎えたというものである。この協調体制は危機を迎え，その後，大転

171

第Ⅱ部　国際金融秩序と開発金融の変容

換が始まったということになる。こうした見方をする論者の大半は，戦後の長期にわたる好況（ブーム）を，産業管理における「フォーディズム」ならびにマクロ経済管理におけるケインズ主義と一体のものと考える[3]。国際通貨関係の観点でいうと，金との交換価値が決められていたアメリカ・ドルと主要通貨が固定相場で結びつけられていた「ブレトン・ウッズ時代」として戦後の好況（ブーム）を理解する。資源やエネルギーの観点でいうと，この時代は，ペルシア湾地域の原油産出が基盤となった安価な石油の時代，ならびに新たな石油化学技術を用いた生産拡大に支えられた安い食糧の時代であった。そこで我々は，「ペトロ＝フォーディズム＝ケインジアン・パラダイム」とでも呼ぶことのできる技術＝経済パラダイムが支配的であった時代として戦後を理解することができよう。

　第二次世界大戦後の通貨体制とエネルギー体制はともに1940年代後半に形成され，1971年から73年のあいだに崩壊していった体制である。アメリカのブレトン・ウッズで1944年7月に開催された国際通貨会議とは，世界の主要通貨間の固定相場関係を復活させることを狙いとした。これは1931年の金本位制の崩壊によってもたらされた国際通貨関係の分裂を終わらせることを意味した。会議で掲げられた目標は，金や金交換が可能なイギリスのポンドが占めた地位をアメリカのドルが受け継いだ1947年から49年末にかけて事実上，達成された[4]。ドル以外の通貨は，金との交換比率が法的に保証されたドルに固定相場関係で結びつけられた。典型的な例である日本円でいうと，1949年4月に1ドル＝360円に固定され，この交換レートは1971年8月まで変わることはなかった[5]。

(3)　たとえば，「レギュラシオン理論学派」の理論家としてはミシェル・アグリエッタ（Michel Aglietta）が挙げられる。また「蓄積の社会的構造（social structures of accumulation）」の理論家としてはデヴィッド・M・ゴードン（David M. Gordon）が，「新シュンペーター学派（neo-Schumpeterian analysts）」としてはクリストファー・フリーマン（Christopher Freeman）やカルロタ・ペレス（Carlota Perez）が挙げられる。以下で述べるように，こうした考え方の早いものは1970年代にさかのぼる。

(4)　Armand van Dormael, *Bretton Woods: Birth of a Monetary System*（New York: Holmes & Meier, 1978）; Eric Helleiner, *States and the Reemergence of Global Finance: From Bretton Woods to the 1990s*（Cornell University Press, 1994）, 25-77（エリック・ヘライナー，矢野修一ほか訳『国家とグローバル金融』法政大学出版局，2015年）. 本章でいう「ドル」は，「アメリカ・ドル」を指す。

(5)　Mark Metzler, *Capital as Will and Imagination: Schumpeter's Guide to the Postwar Japanese Miracle*（Cornell University Press, 2013）, 132-136.

ドイツ・マルクとドルとの交換レートは円・ドル関係よりもやや変動幅が大きかったとはいえ，やはり固定相場関係にあった。

また同時に，アメリカが支え，寡占した「固定相場」体制は，1930年代の大恐慌下に過度の競争と価格崩壊によって混迷状況にあった国際石油取引においても実現していた。[6] 1947年から70年のあいだ原油価格は比較的低価であっただけでなく，非常に安定したものであった。指標となる代表油種のアラビアン・ライトは1947年に1バレル当たり1.90ドルであったが，驚くべきことに1970年時点でも1バレル当たり1.80ドルであったのである。

また「戦後食糧体制」についても1940年代後半から1972／73年までの「固定相場」体制のもとにあったと我々は理解できる。[7] 国際小麦協定（1949年）以降，小麦価格は例外的なほどの安定期を経験し，低価は1972年前半まで続いた（1949年当初，1ブッシェル当たり2ドル程度であった価格は，その後，さらに低くなっていった）。こうした小麦の価格体制は，政府が補助するアメリカの大規模備蓄によって支えられていた。またアメリカは大規模な小麦輸出国であり，1960年代初頭には世界の約半分を，60年代末でも世界の小麦輸出の3分の1を占めた。アメリカのPL480法は貧しい国々への小麦輸出に補助を与えた。[8] こうしたアメリカ農業に対する「輸出を用いた支援」は，多くの穀物輸入国に対して自給を

---

(6)　David S. Painter, "Oil and the Marshall Plan," *Business History Review*, 58:3 (1984), 359-383 ; David S. Painter, *Oil and the American Century: The Political Economy of U.S. Foreign Oil Policy, 1941-1954* (Baltimore: Johns Hopkins University Press, 1986); David S. Painter, "The Marshall Plan and Oil," *Cold War History*, 9:2 (2009), 159-175; Daniel Yergin, *The Prize: The Epic Quest for Oil, Money, and Power* (New York: Simon & Schuster, 1991), ch. 21（ダニエル・ヤーギン，日高義樹・持田直武共訳『石油の世紀──支配者たちの興亡』日本放送出版協会，1991年); Laura E. Hein, *Fueling Growth: The Energy Revolution and Economic Policy in Postwar Japan* (Harvard University East Asia Center, 1990).

(7)　Emma Rothschild, "Food Politics," *Foreign Affairs*, 54:2 (1976), 285-307 ; Harriet Friedmann, "The Political Economy of Food: The Rise and Fall of the Postwar International Food Order," *American Journal of Sociology*, vol. 88 (Supplement, 1982), S248-S286 ; Philip McMichael, "A Food Regime Genealogy," *Journal of Peasant Studies*, 36:1 (2009), 139-169 ; Fridolin Krausmann and Ernst Langthaler, "Food Regimes and their Trade Links: A Socio-Ecological Perspective," *Ecological Economics*, 160 (2019), 87-95.

(8)　秋田茂「インドの「緑の革命」・世界銀行と石油危機──化学肥料問題を中心に」〔本書第7章〕。

第Ⅱ部　国際金融秩序と開発金融の変容

達成することを抑制させる要因にもなっていた。

1971年8月と73年2～3月のドル危機は，ブレトン・ウッズ体制という国際通貨秩序の崩壊を告げるものとなった。さらに世界は，1972年半ばに始まり73年まで続く国際的な食糧危機と続く「戦後食糧体制」の崩壊を経験した。そして1973年末から74年にかけて第一次石油危機に見舞われた世界は，「戦後石油体制」の解体を迎えることになったのである。

3　内発性の衝撃
——初めはドル危機から——

1970年代，大規模な国際貿易の収支不均衡はまずもって，1890年代以来初めてとなったアメリカの貿易赤字ならびにヨーロッパ・日本の貿易黒字によって引き起こされた。この不均衡は石油とも関係していた。アメリカの原油生産は1970年にピークを迎え，71年後半から輸入が増加し始めていた。また71年5月には，投機的な「ユーロダラー貸出し」に刺激されるかたちでヨーロッパの為替市場で大規模なドル売りが生じていた。この結果，ドイツ・マルクに上昇圧力がかかり，ドルを売ってマルクを買っていた銀行は予想外の利益を得ることになった。1971年7月から8月初旬にかけての次なるドル売りの中で，英仏の金融当局はアメリカに対して何億ドルものドルを金に交換するよう要求したように（公的交換レートはまだ1ドル35オンスとされていた），ドルからの「逃避」が起きた[9]。こうして，アメリカ政府がドルの金交換停止に踏み切るのは避けられない情勢となったが，実際に停止が表明されると衝撃が走った。1971年8月15

---

(9)　James L. Butkiewicz and Scott Ohlmacher, "Ending Bretton Woods: Evidence from the Nixon Tapes," *Economic History Review*, 74:4 (2021), 922-945 ; Paul A. Volcker and Toyoŏ Gyohten, *Changing Fortunes: The World's Money and the Threat to American Leadership* (New York: Times Books, 1992), 75-81（ポール・ボルカー/行天豊雄・江澤雄一監訳『富の興亡——円とドルの歴史』東洋経済新報社，1992年）; Francis J. Gavin, *Gold, Dollars, and Power: The Politics of International Monetary Relations, 1958-1971* (Chapel Hill: University of North Carolina Press, 2003), 194-196 ; Ronan Manly, "British Requests for $3 Billion in US Treasury Gold—The Trigger that Closed the Gold Window," *BullionStar* (bullionstar.com/blogs), August 16, 2021（2021年8月17日閲覧）; George P. Shultz and Kenneth W. Dam, *Economic Policy Beyond the Headlines* (W.W. Norton, 1977), 110-115（ジョージ・P・シュルツ/ケネス・W・ダム，安藤博訳『市場への信頼——シュルツの効果的な経済政策』サイマル出版会，1983年）.

第5章 1970年代の大循環

日の日曜日夕刻に行われたリチャード・ニクソン大統領のテレビ演説であるが，アメリカ国民にとって重要なポイントになったのは90日間の賃金・物価・融資の凍結指令であった。朝鮮戦争以来初めてとなる賃金・物価統制であり，実際のところ，この措置はベトナムに10万以上の米兵が派遣されている中での戦時インフレーションに対応する緊急措置であり，戦時措置としては古典的なものといえた（ただし戦時緊急措置という性格付けはされなかったが）。また同時に発表された金交換停止は，さかのぼること54年前，第一次世界大戦下にウィルソン大統領がとった措置を思い起こさせるものであった[10]。しかしながら，1971年の措置はその後ずっと続くものとなった。そして金本位制の最後の痕跡を消し去る歴史的意味をもった。経済学者ロバート・トリフィンは，固定相場制を維持すべくさらに18カ月間ほど努力が試みられたとはいえ，このニクソンの措置が「ブレトン・ウッズ体制の崩壊」をもたらしたと述べている[11]。

ドル・金交換の停止は，世界における一連の大規模な通貨レート再調整への起点となった。日本は「ニクソン・ショック」によって特に影響を受けたが，そこには対米輸出に10％の超過金が課せられる措置も含まれていた。日本が降伏してから26年目にあたるちょうど8月15日にニクソン大統領の発表がなされたことを知った人の中には，そこに日本への直接のメッセージが込められていると考えるものもいた。また「ニクソン・ショック」は制度的変化を告げたのみならず，通貨ポンド・スターリングが担ってきた国際システムが最終的に終焉するタイミングとも重なっていた。1971年8月から72年6月の時期は，スターリング圏が終焉のプロセスを迎えていた時期でもあったのである。ロンドンの銀行にとってこのことは，国際業務の大部分が，ポンドの貸出しから，ユーロダラーの貸出しへと移行することを意味したが，これについてはあらためて詳しく論じたい[12]。

1971年の通貨危機に対応すべく各国は次々と経済刺激策をとったが，これはインフレーションによる経済過熱を世界的に増幅させた[13]。そして，これは長い

---

(10) Simon Bytheway and Mark Metzler, *Central Banks and Gold: How Tokyo, London, and New York Shaped the Modern World* (Ithaca: Cornell University Press, 2016), 45-47, 71-73.

(11) Robert Triffin, "Gold and the Dollar Crisis: Yesterday and Tomorrow," *Essays in International Finance*, No. 132 (Department of Economics, Princeton University, 1978), 3.

175

期間にわたった戦後好況の最終局面をなすものとなった。イギリスの製造業は構造的危機の深まりに直面し，イギリス経済は「スタグフレーション」にいち早く見舞われようとしていた。その一方で，金融面では1971年以降，政府の景気刺激とユーロダラー貸出し拡大に象徴されるイングランド銀行による金融緩和によって「熱狂に近い浮わついたムード」で覆われていた[14]。1972年5月，ロンドンの株式市場は投機的潮流がピークを迎え，不動産市場はバブル状態になろうとしていた。アメリカでも同時期，不動産投資信託（REIT）において投機ブームが生じていた。日本では，田中角栄首相の「列島改造計画」による大規模な景気刺激によって，1955年から73年までの高度成長がその頂点に達しようとしていた。地価は倍になる上昇の勢いをみせた[15]。そして1974年から75年になるとこれら3カ国すべてが資産価格の急激な落ち込みに見舞われることとなった。1972年のインフレを加速させる金融・財政政策は，一連の供給ショックの始まりと同時に起こってもいたのであった。

4　ドルと異常気象
──次にやってきた食糧価格ショック──

　農業への補助金，化学肥料の大規模な利用，そして北米とヨーロッパでの生

---

(12)　Herman van der Wee, *Prosperity and Upheaval: The World Economy 1945-1980* (University of California Press, 1986 [1984]), 491 ; Catherine R. Schenk, "The Sterling Area and Economic Disintegration," *Geschichte und Gesellschaft*, 39:2 (2013), 177-196 ; P.J. Cain and A.G. Hopkins, *British Imperialism: Crisis and Deconstruction, 1914-1990* (London: Longman, 1993), 293（P・J・ケイン／A・G・ホプキンズ，木畑洋一・旦祐介訳『ジェントルマン資本主義の帝国 II ──危機と解体1914-1990』名古屋大学出版会，1997年); Carlo Edoardo Altamura, "A New Dawn for European Banking: The Euromarket, the Oil Crisis and the Rise of International Banking," *Zeitschrift für Unternehmensgeschichte / Journal of Business History*, 60:1 (2015), 33.

(13)　Philip Armstrong, Andrew Glyn, and John Harrison, *Capitalism since 1945* (Oxford: Basil Blackwell, 1991 [1984]), 215-220.

(14)　たとえば，*The Economist*, "Rampant Stagflation," October 17, 1970, 63-64. 引用は，Anthony Sampson, *The Money Lenders: Bankers and a World in Turmoil* (New York: Viking, 1982), 129-130（アンソニー・サンプソン，田中融二訳『銀行と世界危機』TBS ブリタニカ，1982年）より。

(15)　Japan Institute of International Affairs, *White Papers of Japan 1973-74* (Tokyo: Japan Institute of International Affairs, 1975), 190-192.

第**5**章 1970年代の大循環

産余剰が相まって1960年代，食糧生産での豊作が続いていた。国際穀物価格は下落し，明らかに農作物の過剰生産状況であった。1968年には国際価格固定の協定は緩められ，68年から70年のあいだにアメリカ，カナダ，オーストラリア，アルゼンチンの小麦作付面積は5000万ヘクタールから3000万ヘクタールへと減少していた。結果，小麦生産は8000万トンから6000万トンへと減少した。政策は，それまでの大規模な穀物備蓄から，より小規模な備蓄を維持するものへと転換しつつあった。そうした状況の中，1972年夏（北半球にとって夏の時期），非常に強いエルニーニョ・南方振動（ENSO）が，ロシア，中国，インド，東南アジア，オーストラリア，およびアフリカのサヘル諸国で干ばつと不作を引き起こした。この結果，世界の穀物生産量は1972年に3600万トン減少した。気候史家のパイオニアであるH・H・ラムは，第二次世界大戦以来初めて世界の食糧生産総量が現実に減少したと指摘している。またエルニーニョは，1960年代には家畜飼料の主要な魚粉タンパク源となってたペルー沖のアンチョビ漁の崩壊も引き起こした。

　ソ連は大量の穀物不足に直面したが，これは1968年から71年にかけて，国内で食肉消費を増大させるべく飼料穀物の使用量を40％増加させる政策によって一層，悪化させられたものであった。1972年7月，ソ連はアメリカとのデタント外交状況を利用して，かつてない規模での穀物購入を，それも目立たぬ形で実施した。ソ連は1972年から73年にかけて2万1000万トン以上，73年から74年にかけてはさらに900万トン以上の穀物を輸入した。ハリエット・フリードマン（Harriet Friedmann）によると，それは「国際食糧秩序におけるバランスを揺るがす」ほどの規模であった。またこれによりアメリカでは農業ブームが引

---

(16)　Friedmann, "Political Economy of Food," S275.

(17)　H. H. Lamb, *Climate, History and the Modern World* (Methuen, 1982), 307 ; John A. Schnittker, "The 1972-73 Food Price Spiral," *Brookings Papers on Economic Activity*, no. 2 (1973), 498-500.

(18)　César N. Caviedes, "El Niño 1972: Its Climatic, Ecological, Human, and Economic Implications," *Geographical Review*, 65:4 (1975), 493-509; Gregory Ferguson-Cradler, "Fisheries' Collapse and the Making of a Global Event, 1950s-1970s," *Journal of Global History*, 13 (2018), 399-424 ; Kristin A. Wintersteen, *The Fishmeal Revolution: The Industrialization of the Humboldt Current Ecosystem* (Berkeley: University of California Press, 2021), ch. 5.

き起こされた。1972年半ばから日本の総合商社も海外で大量に食糧・資源を買い集め，在庫を積み上げた。なおこの行動は，貿易黒字を抑え，円高の抑制を図ろうとした日本政府が後押ししたものであった。

東南アジアでは，1972年の深刻なエルニーニョ干ばつによって，それまであった稲作の「緑の革命」に対する楽観が一転した。1973年4月にはアジア最大の米輸出国であるタイは輸出制限に乗り出し，国内の食糧確保を図った。ピーター・ティマーの言葉によると「恐怖の9カ月のあいだ，世界からコメ市場が姿を消した」。タイのコメ輸出は1974年1月に再開されたが，輸出価格は輸出停止前の4倍となっていた。カンボジアでは，不作と内戦が極度の負の連鎖をなす状況となった。独立したばかりのバングラデシュでは，何万人もの人々が食糧市場の混乱で食べ物を買えず，餓死することになった。エチオピアや西アフリカ・サヘル地域でも食糧生産が打撃を受け，何万人もの人々が餓死に追いやられた。

1972年末から74年初頭にかけて，すでにインフレが進んでいた金融環境を背景に，これら食糧の供給不足と大規模な買い付けによって国際的な穀物価格はほぼ4倍に上昇した。特筆すべきことに，これは1973年末から74年初頭にかけての原油価格の上昇幅と同程度であった。

価格高騰によって打撃を受ける人々がいた一方，ある人々にとって価格高騰はプラスとなった。あらゆる種類の第一次産品の価格は，1973年10月から始まる石油危機の前年にほぼ倍増していた。これは第一次産品産出国にとって，交易条件の改善としては朝鮮戦争以来，最大のものであり，「朝鮮戦争以来はじ

---

(19)　Lyle P. Schertz, "World Food: Prices and the Poor," *Foreign Affairs*, 52:3（1974），513-514 ; Friedmann "Political Economy of Food," S249, S272-273.

(20)　C. Peter Timmer, "Reflections on Food Crises Past," *Food Policy*, 35（2010），2.

(21)　Amartya Sen, *Poverty and Famines: An Essay on Entitlement and Deprivation*（Delhi: Oxford University Press, 1981 [reprint, 1999]）（アマルティア・セン，黒崎卓・山崎幸治訳『貧困と飢饉』岩波書店，2017年）. クリスティアン・ゲルラッハ（Christian Gerlach）は，亡くなった人の数はもっと多いと指摘している（"Famine Responses in the World Food Crisis 1972-5 and the World Food Conference of 1974," *European Review of History—Revue européenne d'histoire*, 22:6 [2015], 930）。

(22)　Simon Harris, "Cereals," in Cheryl Payer, ed., *Commodity Trade of the Third World*（New York: Wiley and Son, 1975），86-88.

めて，上昇する食糧価格が世界的なインフレを助長する主要な要因となった」
と指摘される[23]。アメリカ合衆国の農民にとっては，1910年代の農業ブームに匹
敵する「黄金時代」の始まりとなった[24]。またアメリカの炭鉱や他の国々の農
業・鉱業にも同様のことがいえた。食糧などを輸入する立場であったインドは
価格上昇に苦しめられたが，ラテンアメリカ，アフリカ，東南アジア諸国の大
半は有利なポジションに立つことになった。石油危機前夜，アンガス・ホーン
（Angus Hone）は次のように分析していた。「1973年，発展途上国の貿易見通し
は，1951年や，さらには1960年と比べてもかなり良くなっている。第一次産品
生産者側に優位なバランスが出現している」[25]と。少なくとも，当時はそのよう
に認識されていたのであった。

5　決定的な石油危機の発生

1973年は，国際政治と経済における一連の変化で幕を開けた。1月27日，ア
メリカと北ベトナムのあいだでパリ和平協定が調印されたが，その2週間前，
ニクソン大統領は賃金・物価統制の大部分を解除していた。アメリカの人々に
とって，戦争が終わり，世の中の雰囲気は大きく変わりつつあるように感じら
れた。同時に，外国為替市場でのドル売りが再び急増し，西ドイツ当局は2月
3日，緊急の外国為替規制に追い込まれていた。日本も2月9日，外国為替取
引の緊急停止を決定し，12日には欧州の外国為替市場が全面閉鎖された。そし
て13日，ドルが金や主要通貨に対してさらに10％切り下げられた[26]。15日になる

---

(23)　Angus Hone, "The Primary Commodities Boom," *New Left Review*, no. 81 (September-October 1973), 85 ; Angus Hone, "World Raw Materials Trade: Trends and Forecast for 1974-1980," *Economic and Political Weekly*, 9:11 (March 16, 1974), 439 ; Richard N. Cooper and Robert Z. Lawrence, "The 1972-75 Commodity Boom," *Brookings Papers on Economic Activity*, no. 3 (1975), 671-723. 引用は Harris, "Cereals" 79 より。

(24)　Wendong Zhang and Kristine Tidgren, "The Current Farm Downturn vs the 1920s and 1980s Farm Crises: An Economic and Regulatory Comparison," *Agricultural Finance Review*, 78:4 (2018), 396-411.

(25)　Hone, "Primary Commodities"（引用は92頁より）; Hone, "World Raw Materials."

(26)　*Current History*, 1973, 各号; Harold James, *International Monetary Cooperation Since Bretton Woods*（Washington, DC: International Monetary Fund/New York: Oxford University Press, 1996), 241-242.

第Ⅱ部　国際金融秩序と開発金融の変容

とアメリカの株式市場が急落し，通貨や第一次産品への投機はさらに激しくなった。また金の自由市場価格も急騰した。イギリスでは，インフレを抑えるための緊縮政策に対する大規模なストライキの波に見舞われていた。

　2月の最終週にはドル売りが激化し，3月2日，日本，ヨーロッパ，ロンドンの外国為替市場は再び閉鎖に追い込まれた。これにより，ブレトン・ウッズ体制の固定為替相場制を維持する努力の終わりが告げられた。そして3月12日，西ドイツ，フランス，ベルギー，ルクセンブルク，オランダの5カ国は相互に通貨レートを固定し，他方でドルや他の通貨に対して共同でレート変動させる決定を下した。この措置は日銀も支持した。3月19日になるとヨーロッパの外国為替市場は再開し，欧州通貨の為替レート「変動」システムが動き出すことになった。当初は一時的措置とみられていたが，実際には新しい国際通貨秩序がスタートしたことを意味するものであった。またこれは，26年後に欧州共通通貨が誕生する歩みにおける重要な第一歩でもあった。10月27日，G20諸国の蔵相・中央銀行総裁会議において上記の措置が事実上，承認された。ヨーロッパの「通貨スネーク」の変動幅を方向づけるアンカー役を担ったドイツ・マルクであるが，1973年初めの段階では69年時点と比べて実質70％を超えて切り上げられた状態にあった。日本円も1971年時点と比べ，25％高い状態にあった。[27]

　以上でみてきたベトナム戦争後の通貨変動は，当時は「戦争後」の出来事だとは理解されていなかったが，地政学的変動と裏合わせの出来事であった。3月29日，北ベトナムは残る米軍捕虜を解放し，南ベトナムにいた最後の米軍の戦闘部隊は撤収した。また同じ3月，日本は中華人民共和国との外交関係を正常化し，5月には西ドイツが東ドイツならびにチェコスロヴァキアとの関係正常化に踏み切っていた。「東西関係」の緊張緩和が進んでいた。

　他方，国際原油取引では混乱が起こっていた。これには1971年から73年にかけてのアルジェリアとリビア，72年から73年にかけてのイラク，そして73年初頭のイランにおける外国石油会社の国有化あるいは準国有化の動きが背景にあった。1973年5月15日，リビア，イラク，クウェート，アルジェリアは，イスラエルを支援する西側諸国への抗議として，共同で石油輸出の停止を行っていた。またアメリカ・ドルの下落は，サウジアラビアをはじめとする石油輸出

(27)　Van der Wee, *Prosperity and Upheaval*, 491-493 ; James, *International Monetary Cooperation*, 242-243 ; *Current History*, 各号.

第5章　1970年代の大循環

国のドル資産を目減りさせることで原油取引の混乱要因になっていた。

　1973年の夏になるとより実質的な輸出停止が行われる。それはアメリカによるものだった。前年の魚粉ショックの影響で，家畜飼料に使用される大豆やその他の植物油脂の価格は1973年初めに3倍に上昇し，肉類の価格を急騰させた。この結果，3月末，ニクソン大統領は牛肉，豚肉，羊肉の価格統制を命じることになる。そして6月27日，次の大統領選挙までわずか4カ月という段階になって大豆と綿実品の輸出を突如，禁止した。アメリカは当時，世界の大豆輸出の90％以上を占め，最大の輸入国は日本であった。7月になるとアメリカ政府は輸出制限を拡大し，それは植物油脂全般，動物性脂肪，食用油，家畜飼料，スクラップ金属などに及ぶことになった。この新たな「ニクソン・ショック」を受けて日本政府と総合商社は，ブラジルにおいて輸出志向の大豆栽培セクター開発に乗り出し，これによりブラジルは大豆生産ブームへと進むことになったのである。[28]

　そこに石油危機が始まったのである。1973年10月6日，エジプトとシリアは，サウジアラビアの協力を事前に取りつけた上で第四次中東戦争に突入した。1956年と67年の第二次・第三次中東戦争におけるアラブ諸国の石油禁輸は，アメリカが「最後の供給者」として機能したために効果がなかった。ところが1971年以降，アメリカの急激な原油輸入増加によりそうした構図に変化が生じていた。10月17日，アラブ石油輸出国機構（OAPEC）の加盟国は，イスラエルを支援するアメリカをはじめとする国々に対する原油輸出の禁止を宣言した。[29]戦闘は10月25日に終結し，イスラエルの勝利で終わった。しかし，短期間の地域戦争であったが第四次中東戦争は，時期と場所を問わず世界に経済的影響を

---

(28)　Saburo Okita, "Natural Resource Dependency and Japanese Foreign Policy," *Foreign Affairs*, 52:4（1974），714-724 ; Michael Hudson, *Super Imperialism: The Origin and Fundamentals of U.S. World Dominance*（second edition, Pluto Press, 2003［first edition, 1972］），370（マイケル・ハドソン，広津倫子訳『超帝国主義国家アメリカの内幕』徳間書店，2002年）; Raj Patel, *Stuffed and Starved: The Hidden Battle for the World Food System*（Portobello Books/Melville House Publishing, 2007），180-184（ラジ・パテル，佐久間智子訳『肥満と飢餓——世界フード・ビジネスの不幸のシステム』作品社，2012年）.

(29)　Joe Stork, "Oil and the International Crisis," *MERIP Reports*, No. 32（November 1974），3-20, 34 ; Rüdiger Graf, "Making Use of the 'Oil Weapon': Western Industrialized Countries and Arab Petropolitics in 1973-74," *Diplomatic History*, 36:1（2012），185-208.

第Ⅱ部　国際金融秩序と開発金融の変容

もたらすことになった。石油禁輸は、いくつかの変更があったものの1974年初めまで継続した。同時に石油輸出国機構（OPEC）は、戦争前の1バレルあたり約3ドルから、1974年初めには約12ドルにまで原油価格を引き上げた。[30] 数週間のうちに原油価格は、インフレが招いた価格革命に追随する存在から、革命を先導する存在となったのである。

　全体的にみたとき、供給源で生じた事態は深刻なものであった。陸海空すべての輸送が石油で支えられていた。石油火力発電所は世界の発電量の4分の1を占めていた。また石油は天然ガスとともに石油化学工業の基本原料であり、石油危機は石油化学産業、とりわけ化学肥料に影響を与えることとなった。世界の肥料価格は1972年から74年にかけて4～5倍に上昇した。本書の第7章で秋田茂が論じているように、インドにとっては良好なモンスーンと収穫結果にもかかわらず、1972年から73年にかけて食糧価格上昇の圧力が続いた。また石炭や天然ガス価格も急騰していた。世界の穀物価格は1974年にさらなる高値をつけ、砂糖価格は5倍に上昇した。日本をはじめとする国々でトイレットペーパーのパニック買いが起こり、人々のあいだに不足心理が拡散したのであった。[31]

　すでに工業化が進んだ国々にとって、石油危機は、大規模な産業不況の引き金を引くものとなった。また50年を経た今日からみると、石油危機は、そうした国々における重工業化の歩みに限界をもたらしたものであったといえよう。1955年以降、世界の中で最も急成長を遂げていた日本にとって、1973年は一人当たりの資源使用量が最も多い年となった。その後、一人当たりの資源使用は減少に転じるが、それは現在まで続く変化の始まりとなった。[32] このように1973年は生態＝経済的な観点からも注目すべき年となったのである。

6　1973年
——歴史の分水嶺——

　1970年代における変容がもつその画期性をめぐって、いくつかの重要な考え

---

(30)　これら数字を1桁増やすことで2022年時点の価格に近くなる。2010年代末の原油価格は1バレル当たりおよそ50ドルだったが、2022年には100ドル近くになっている。

(31)　秋田「インドの「緑の革命」・世界銀行と石油危機」〔本書第7章〕; Eiko Maruko Siniawer, "'Toilet Paper Panic': Uncertainty and Insecurity in Early 1970s Japan," *American Historical Review*, 126: 2 (2021), 530-554.

182

が70年代初頭に提起され始めていた。アメリカ国内での原油生産がピークを迎えた直後，ローマクラブによる報告書『成長の限界』（1972年）が公表される。コンピューターモデルを用いた報告書は，世界の工業化が基盤とする資源の限界はそれを超過し，21世紀にはその基盤は崩壊する可能性があると指摘した。これは国際的な注目を集めた。この報告書は，当時の知的世界で盛んに行われるようになっていた議論に棹差すものであった。シエラクラブが支援して書かれたベストセラー『人口が爆発する（*The Population Bomb*）』（1968年）（著者はポール・エーリック〈Paul Ehrlich〉とアン・エーリック〈Ann Ehrlich〉）は，1970年代には大規模な飢餓が起こると予測した。「地球全体」として抑制と縮小（ダウンサイジング）が必要だというメッセージは，これもベストセラーとなったが，畜産＝産業複合体を批判するフランシス・ムア・ラッペ（Frances Moore Lappe）の『小さな惑星の緑の食卓（*Diet for a Small Planet*）』（1971年）や，仏教の教えに影響を受けた経済学を唱えるE・F・シューマッハー（E. F. Schumacher）の『スモール・イズ・ビューティフル（*Small is Beautiful*）』（1973年）などでもみられた。こうした著作は人々にひろく読まれ，大きな話題となったものであり，またアメリカでさらに大きなベストセラーとなったハル・リンゼイ（Hal Lindsey）の『今は亡き大いなる地球——核戦争を熱望する人々の聖典（*The Late Great Planet*）』（1970年とその後の改訂版）で語られた物語の世俗版ともいえよう。リンゼイは，中東やヨーロッパで起こっている出来事について，聖書の黙示録が現実に展開されようとしているのだと考えた。日本では，1974年に，小松左京『日本沈没』（1973年）が大ベストセラーとなっていた。本章で議論しているテーマに近い著作は，ドイツ語で書かれたエルネスト・マンデルの『後期資本主義（*Der Spätkapitalismus*）』（1972年）（*Late Capitalism* として英訳が1975年に出版された）であり，世界の資本主義システムが後期段階に入ったという考えを示

---

(32) Fridolin Krausmann, Simone Gingrich, and Reza Nourbakhch-Sabet, "The Metabolic Transition in Japan: A Material Flow Account for the Period 1878 to 2005," *Journal of Industrial Ecology*, 15 (2011), 877-892 ; Dominik Wiedenhofer, Elena Rovenskaya, Willi Haas, Fridolin Krausmann, Irene Pallua, Marina Fischer-Kowalski, "Is There a 1970s Syndrome? Analyzing Structural Breaks in the Metabolism of Industrial Economies," *Energy Procedia*, 40 (2013), 182-191 ; Mark Metzler, "Japan: The Arc of Industrialization," in Laura Hein, ed., *The New Cambridge History of Japan, Volume III* (Cambridge University Press, 2023), 293-337.

第Ⅱ部　国際金融秩序と開発金融の変容

していた。

　マンデルの議論は，1920年代にコンドラチェフが形成し，ヨーゼフ・シュンペーター（Joseph Schumpeter），そしてマンデルと同郷人であるレオン・デュプリエなどによって展開された「経済の長波」の考えを，マルクス主義の立場から再評価したことで注目された[33]。デュプリエは78年にこのテーマに立ち戻り，「長波の決定的な転換点として，1972～74年が焦点となる時期であり」，波の頂点としては1920年，1872年，または1818年がそれに相当するとの解釈を示したのであった（これら３つの年に関しては以下であらためて言及したい）。そして彼は，信用創造のダイナミクスこそが長波の動きにとっての基礎的要因になると考えた[34]。1977年には，ラディカルな経済学者ゴードン（David M. Gordon）が，これら長波が技術＝産業変革の一連の動きを反映するというシュンペーターの考えをさらに押し広げつつ，1950年代と60年代の長期の世界経済ブームが，寡占資本と労働のあいだの合意に基づいた特殊な「資本蓄積の社会的構造」に支えられていたことを主張した。またそのブームは安価な石油によっても支えられていたと指摘した。そして，そのシステムは1973年になると危機に瀕し，今や崩壊しつつあると論じたのであった[35]。これは，フランスの「レギュラシオン学派」の見解と実質的に同じであった。ロベール・ボワイエの言葉を借りると，

────────────

(33)　Ernest Mandel, *Late Capitalism*, transl. Joris De Bres (London: NLB, 1975 [revised edition of *Der Spätkapitalismus*, 1972])（ドイツ語版の翻訳は，飯田裕康・的場昭弘訳『後期資本主義』柘植書房，1980-81年，３分冊); N.D. Kondratjew [Kondratiev], "Die langen Wellen der Konjunktur," *Archiv für Sozialwissenschaft und Sozialpolitik*, 56:3 (1926), 573-609. これの一部分は W.F. Stolper によって英訳されている（"The Long Waves in Economic Life," *Review of Economics and Statistics*, 17:6〈November 1935〉, 105-115)。シュンペーターの議論は彼の1000ページにも及ぶ1939年の著書 *Business Cycles*（シュムペーター，金融経済研究所訳『景気循環論──資本主義過程の理論的・歴史的・統計的分析』有斐閣，復刻版，1985年）で確認できる。デュプリエの議論は1947年の著書 *Des mouvements économiques généraux* で確認できる。

(34)　Léon Dupriez, "1974 A Downturn of the Long Wave?" *Banca Nazionale del Lavoro Quarterly Review*, vol. 31 (September 1978), 199-210. 1872年と1920年の転換点については次のものを参照。Mark Metzler, "The Correlation of Crises, 1918-20," in Urs Matthias Zachmann, ed., *Asia after Versailles: Asian Perspectives on the Paris Peace Conference and the Interwar Order, 1919-33* (Edinburgh University Press, 2017), 23-54 ; Mark Metzler, "Japan and the World Conjuncture of 1866," in Robert Hellyer and Harald Fuess, eds., *The Meiji Restoration: Japan as a Global Nation* (Cambridge University Press, 2020), 15-39.

184

第**5**章 1970年代の大循環

「すべてのメンバーが同じ結論に達した……<u>1973年を境にそれまでの経済潮流</u><u>との断絶が起こった</u>が，それは経済的，社会的，技術的な組織原理としての<u>フォーディズムの危機から派生した</u>」のであった。⁽³⁶⁾

「60年代」を構成する政治的・文化的傾向についても，1972年から73年にかけて限界に達していた。また，後の分析でもこの時期を時間的な分水嶺として理解している。たとえば歴史家のジュディス・シュタインは，1972年11月のアメリカ大統領選挙を「60年代最後の選挙⁽³⁷⁾」と呼び，一方で，ジェラルド・フォード（1974年8月〜77年1月）とジミー・カーター（77年1月〜81年1月）という「70年代」大統領の時期は「合間」あるいは「暫定」の性格を色濃く帯びていたと論じる。また日本でも，左翼運動全般や，とりわけ新しい「女性解放」運動は1970年代初頭にピークを迎えたが，72年以降急速に後退し，77年以降は保守的反動が出現していた。⁽³⁸⁾文化的・知的状況を考慮した文学史家フレドリック・ジェイムソンは，1973年をシステムの転換点と位置づけ，1960年代の解放運動の衰退ならびに戦後の長期好況の終焉と関連づけている。都市理論家のデーヴィッド・ハーヴェイは「1972年頃以降に」文化的，政治＝経済的実践の「大転換」があったことを後に指摘し，それは「「ポストモダニズム」と呼ばれるものを出現させた知と文化史における転機」だと述べている。またジェイムソンは，ポストモダニズムを「後期資本主義の文化的論理」と位置づけ，マンデルの理論と関連づけた。⁽³⁹⁾ポストモダニズムについては本題から外れるテーマとなるが，システムにおける全般的な転換点というアイデアは重要と思われ

---

(35)　David M. Gordon, "Up and Down the Long Roller Coaster," in Crisis Reader Editorial Collective, ed., *U.S. Capitalism in Crisis* (New York: Union for Radical Political Economics, 1978), 32-34頁をとくに参照されたい。

(36)　Robert Boyer, *The Regulation School: A Critical Introduction*, transl. Craig Charney (New York: Columbia University Press, 1990), 25（ロベール・ボワイエ，山田鋭夫・井上泰夫編訳『入門・レギュラシオン——経済学／歴史学／社会主義／日本』藤原書店，1990年）. 下線の強調は筆者によるもの。

(37)　Judith Stein, *Pivotal Decade: How the United States Traded Factories for Finance in the 70s* (New Haven: Yale University Press, 2011), ch. 3.

(38)　Ochiai Emiko, *The Japanese Family System in Transition: A Sociological Analysis of Family Change in Postwar Japan* (Tokyo: LTCB International Library Foundation, 1996 [1994]), 85-99（落合恵美子『21世紀家族へ』第4版，有斐閣，2019年）; Jean-Marie Bouissou, *Japan: The Burden of Success* (Boulder: Lynne Rienner, 2002), ch. 5.

第Ⅱ部　国際金融秩序と開発金融の変容

る。なかでも国際通貨体制の変化には特に注意を払う必要があるといえよう。

7　ユーロダラー貸出しブームによる「解決」

　価格が4倍になったことで産油途上国には「ペトロダラー」と呼ばれた莫大な資金が流入した。これらの国々の購買力は1973年に約300億ドルだったものが，74年には1000億ドルを超えた。こうして出現した資金をいかに「リサイクリング」するか，先進国の経済政策担当者にとって重大な課題を突きつけられた。ただしこの「リサイクリング」という言葉は誤解を招くものでもある。すでに存在しているドルをいかに還流させるか，という問題にとどまらなかったからである。新たなドルが生み出されたのである。ロバート・トリフィンは1978年にこう述べている。「原油価格は暴騰したが，それに歩調を合わせたかのような国際金融の膨張，特に商業銀行による融資によって〔原油購入代金は〕決済された」。この国際金融の膨張は石油危機以前から始まっており，そこではオフショア銀行による「ドル信用の創造」が展開していた。ムラウ，リニ，ハースの2020年の共著論文が指摘するように，単純にいえば「ペトロダラーとは，ユーロダラーなのであった[40]」。

　ユーロダラー融資とは，アメリカ合衆国の域外にある民間銀行による米ドル支払い方法の新たな創出であり，規制を受けないものであった。これが問題の根底にあることを指摘しておく。本章は，ムラウ，リニ，ハースによる共著論文が提起しているように，国際通貨体制の展開において，1973年を境にブレトン・ウッズ体制が「オフショア・米ドル・システム」に移行したという理解を採用している[41]。「オフショア・ドル」という言葉は，1970年代，「ユーロダラー」という言葉と同義であった。「ユーロカレンシー」や「ユーロマネー」という表現もされるが，要は「オフショア通貨」であった（1999年に登場した

---

(39)　Fredric Jameson, "Periodizing the 60s," *Social Text*, No. 9/10, The 60's without Apology (Spring-Summer, 1984), 178-209 ; David Harvey, *The Condition of Postmodernity: An Enquiry into the Origins of Cultural Change* (Cambridge, MA: Blackwell, 1990), vii, 1, 4（デヴィッド・ハーベイ，吉原直樹監訳『ポストモダニティの条件』青木書店，1999年）.

(40)　Triffin, "Gold and the Dollar Crisis," 10-11 ; Steffen Murau, Joe Rini, and Armin Haas, "The Evolution of the Offshore US—Dollar System: Past, Present and Four Possible Futures," *Journal of Institutional Economics*, 16（2020）, 773. 下線は筆者によるもの.

186

第5章　1970年代の大循環

EU の統一通貨ユーロとは区別してほしい）[42]。民間金融機関が中心となった「オフショア・米ドル・システム」が，システムとして認識されるには時間を必要とした。システムのメカニズムや広がりは一般に理解されにくいものがある。本章の結論でも触れるが，「オフショア・米ドル・システム」の重要性とわかりにくさは，2008年リーマンショックを契機とした世界金融危機を通じて劇的なかたちで認識されるようになったのである。1970年代初頭にさかのぼって議論をすることは，世界規模の危機の可能性を明確にはらんだ現在の国際通貨体制の起点を探るということにもなろう。

　ユーロダラー融資の発端は冷戦時代にさかのぼる。アメリカ政府当局によるドル使用の監視を逃れるために考え出されたものであった。オフショアのドル融資はとりわけロンドンにおいて行われ，アメリカの大手銀行のロンドン支店がその中心となった。それゆえにユーロダラー市場は規模のかなり大きな少数の銀行によって支配されるものとなった[43]。1970年には，ヨーロッパに拠点を置く銀行によるユーロカレンシー（その大半はユーロダラー）の貸出し総額は推定で1050億ドルに達していた。そして1972年には1830億ドルにまで増大していた[44]。当時から警告は発せられていた。ユーロカレンシー市場での貸出しは「強力で，

---

(41)　Murau, Rini, and Haas, "Evolution"; Steffen Murau, "Offshore Dollar Creation and the Emergence of the post-2008 International Monetary System," IASS Discussion Paper, Institute for Advanced Sustainability Studies, Potsdam, 2018. また次のものも参照。山口育人「石油危機と「民営化された国際開発金融」」〔本書第4章〕; Carlo Edoardo Altamura, *European Banks and the Rise of International Finance: The Post-Bretton Woods Era* (Abingdon: Routledge, 2017); Jeffry Frieden, *Banking on the World: The Politics of American International Finance* (New York: Harper & Row, 1987), ch. 4. Paul Einzig in *The Euro-dollar System* (1964 and several later editions) は肯定的な見方を示している。月刊誌 *Euromoney* (1969年以降の各号) はマーケット参加者の見方を教えてくれる。

(42)　「ユーロダラー」ではなく「オフショア・ドル」と呼ぶほうが，金融史を専門とする読者以外には誤解が生じなくて済むかもしれない。なお本章では，この2つの言葉を同じ意味のものとして用いる。

(43)　Catherine R. Schenk, "The Origins of the Eurodollar Market in London: 1955-1963," *Explorations in Economic History*, 35 (1998), 221-238 ; Marcello de Cecco, "Inflation and Structural Change in the Euro-dollar Market," EUI Working Paper No. 23 (Florence: European University Institute Department of Economics, August 1982), 31 ; Miguel S. Wionczek, et al., *LDC External Debt and the World Economy* (Colegio de México, Center for Economic and Social Studies of the Third World, 1978), 76-77.

187

第Ⅱ部　国際金融秩序と開発金融の変容

新たなドル創造機構」であると，連邦準備制度理事会のアーサー・バーンズ（Arthur Burns）議長は1971年5月，非公開のG10中央銀行会合で述べていた。公の場で語る以上にバーンズは，民間によるマネーの創造について率直に語ったのであった。[45] 1972年には経済学者のフリッツ・マッハルプは「ヨーロッパにおける米ドルの製造」という表現を用いながら，「ヨーロッパの商業銀行の貸出しによるドル創造」を，規制の網がかけられない「国家なき通貨」だと指摘していた。シュンペーターの友人であり同郷のマッハルプは，銀行が貸出すことでお金を創造する方法についてシュンペーターと同様に明晰な見方をもっており，このプロセスを「金融の魔術」と表現したことがあった。[46] 銀行がユーロカレンシーによる貸出残高を作り出す際，彼らは国内での融資規模を制約していた準備金要件からも解放されていた。マッハルプは，ユーロダラー取引における倍数効果（レバレッジ）は80％ほどであると推測した。これに対してミルトン・フリードマンは97％程度と推測したが，[47] 実際には本当のところは誰も知るところではなかった。いずれにせよこれが，1973年から82年にかけての国際的な信用創造の波を巻き起こすのに必要な資金をもたらした「魔法の袋」なのであった。

　1971年から73年にかけて，ヨーロッパの中央銀行はこうしたプロセスを促進し，ユーロカレンシー市場の拡大において主導的役割を果たすことになった。「ペトロダラー」が主導的役割を果たすことになる前段階の役割をつとめたといえる。もちろん，ドイツ当局を中心にユーロダラーを管理しようという取り組みがあり，銀行が国内貸出しに応じて課せられる準備金要件と同様の規制を

---

(44)　Carlo Edoardo Altamura, "The Paradox of the 1970s: The Renaissance of International Banking and the Rise of Public Debt," *Journal of Modern European History*, 15:4 (2017), 536に国際決済銀行（BIS）の推計が紹介されている。

(45)　引用は Altamura, *European Banks*, 90より。下線は筆者によるもの。

(46)　Fritz Machlup, "The Eurodollar System and Its Control," in American Enterprise Institute for Public Policy Research, *International Monetary Problems* (Washington, DC: American Enterprise Institute for Public Policy Research, 1972), 3-63. 下線は筆者によるもの；Fritz Machlup, "Forced or Induced Saving: An Exploration into Its Synonyms and Homonyms," *Review of Economics and Statistics*, 25:1 (1943), 26-39. Metzler, *Capital as Will and Imagination*, 36-61において，信用による通貨創造に関わる大きな論点を取り扱っている。

(47)　Milton Friedman, "The Euro-Dollar Market: Some First Principles" (Federal Reserve Bank of St. Louis, July 1971), 16-24. また De Cecco, "Inflation" も参照されたい。

導入する議論もなされてはいた。しかし，ロンドン拠点の銀行の立場を反映したイギリス代表はこれに反対を示したのであった。マッハルプは1972年，ユーロダラー市場を利用していた中央銀行でさえ市場の全体像の一部しか把握できず，自らの行動の予期せぬ結果に繰り返し驚かされていることを指摘していた。その一例が，ユーロカレンシー市場が外国為替市場での投機において資金源となったプロセスであった。またマッハルプは，ユーロカレンシー市場に参加している銀行が危機に陥った際に，中央銀行が救済を迫られることを予想していた。1974年夏に危機が起こり，それは数億ドル規模のものとなった。その後，1982年以降は数十億ドル規模で，そして2008年のグローバル金融危機では数兆ドル規模で危機が繰り返されることになった。

　原油価格の急激な上昇によりヨーロッパの石油輸入国は国際収支が悪化し，デフレや不況に追い込まれる可能性があった。しかし，デフレを意識的に回避する選択がされた。1974年5月初め，国際通貨基金（IMF）の専務理事ヨハンネス・ヴィッテフェーンは，国際収支赤字に対する通常の対応策は「国内でのデフレまたは輸入の抑制」であるが，石油輸入による赤字の場合はこうした策は適切でないと述べていた。そこで採用された対応策で中心となったのが，ユーロカレンシー市場に依存することであった。これは民間による，特に銀行を通した信用創出による通貨供給を通じた調整策を意味した。一方，銀行に求める準備金については暗黙のうちに議論は棚上げされた。1974年の早い段階では，新規のユーロダラー融資の主な借り手は日本あるいはイギリスやフランスなどの欧州諸国であった。その1年ほど前に起こった変動相場制の採用と同じく，事実上，国際民間銀行へ多くの役割を委ねることは既定の政策対応となったのである。こうした対応は新自由主義経済思想の胎動とも調和的であり，新自由主義の考え方は多くの点で国際金融分野に最初に適用されることになったのである。

---

(48)　Altamura, *European Banks*, 35-38, 89-98 ; William Glenn Gray, "Learning to 'Recycle': Petrodollars and the West, 1973-5," in Elisabetta Bini, Giuliano Garavini, and Federico Romero, eds., *Oil Shock: The 1973 Crisis and its Economic Legacy* (I.B. Tauris, 2016), 172-197.

(49)　Altamura, "New Dawn," 35-36 ; Altamura, *European Banks*, 101-103 ; 山口「石油危機と「民営化された国際開発金融」」〔本書第4章〕がOECD内での同様の議論を紹介している。

第Ⅱ部　国際金融秩序と開発金融の変容

　新たな「オフショア・ドル」時代において，最初の深刻な銀行危機は1973年12月，ロンドンで始まることになった。このときイングランド銀行はロンドンの大手銀行をひそかに呼び集め，「ライフボート」作戦を実施することで中 小銀行を救済・再編した。また銀行危機はアメリカでも始まっていた。さらに1974年６月から７月にかけて，ドイツのハルシュタット銀行やミケーレ・シンドーナ（Michele Sindona）が関係したイタリアの銀行ならびにニューヨーク州のフランクリン・ナショナル・バンク銀行の破綻によりユーロカレンシー市場の危機が表面化した。シンドーナが関係していたフランクリン・ナショナル・バンクは，大西洋を挟んだ裏資金移動において中核的存在になっていた銀行でもあった。こうした状況を受けて９月，ヨーロッパの中央銀行は目立たぬ形ではあったが，非公式ながら「最後の貸し手」としての役割を引き受けることを決め，市場の危機に介入した。ハイマン・ミンスキーの言葉を借りれば，アメリカ FRB は，「フランクリン・ナショナル・バンクのユーロダラー債務をすべて「清算」してから銀行を閉鎖することで……ユーロダラー市場におけるすべてのアメリカ銀行の債務を暗黙ながら保証した」のであった。さらに11月になるとイングランド銀行がロンドンの銀行の直接救済に踏み切ることになった。

　これらの銀行危機により1974年末，一時的には新規ユーロダラー融資は減少した。また欧米の景気後退は，欧米の銀行をしてより高い収益を見込める他の投資先を求めさせる要因となっていた。一方，高い第一次産品価格に支えられ

---

(50)　Gerald A. Pollack, "Are the Oil-Payments Deficits Manageable?," *Essays in International Finance*, 1975, International Finance Section, Department of Economics, Princeton University, 3-5 ; Altamura, *European Banks*, 100-102 ; Simone Selva, *Before the Neoliberal Turn: The Rise of Energy Finance and the Limits to US Foreign Policy* (London: Palgrave Macmillan, 2017), 241 ; Simone Selva, "Recycling OPEC Oil Revenues and Resurrecting the Dollar, and the US International Payments Position in American Foreign Policy, 1970-1975," *Federal History* (2020), 29-52.

(51)　Helleiner, *States*, 115-122.

(52)　Margaret Reid, "The Secondary Banking Crisis—Five years on," *The Banker*, 128 (December 1978), 21-30.

(53)　Sampson, *Money Lenders*, 130-139 ; R.T. Naylor, *Hot Money and the Politics of Debt* (third edition, McGill-Queen's University Press, 2004), 51-54 ; Altamura, *European Banks*, 109-110; Hyman P. Minsky, "Financial Markets and Economic Instability, 1965-1980," *Nebraska Journal of Economics & Business*, 20:4 (1981), 9.

ていた中位所得途上国の経済成長は引き続き高い水準で推移した。また第一次産品価格の高値は，OPEC のような生産者カルテルを促し，1974年5月の国連総会決議で掲げられた第三世界の資源主権に基づく「新国際経済秩序」への機運を高めることにもなった。結局のところ，この新しい経済秩序は実現しなかった一方で，新しい「オフショア・米ドル・システム」が数年間にわたって途上国のいくつかに新規の資金を供給することになった。長期的にみれば，こうした信用拡大は，新植民地主義によるある種の「トロイの木馬」として理解されるようになったのである。

　1975年になると途上国へのユーロダラー融資は急増し，1億ドル以上の「ジャンボローン」も登場した。1976年になると，途上国向け融資は先進国へのそれを上回ることとなった。特に，メキシコやブラジルには大規模な融資が行われ，両国は台湾や韓国とともに「新興工業国」の一員として考えられるようになった。こうした融資は1977年から78年にかけてさらに拡張し，「ジャンボローン」の中には10億ドルに達するものもあった。なお多くの米系銀行の「オフショア」銀行業務は，バハマなどにあるオフィスを通じて行われているというのは法的な建前であって，実際にはアメリカにある銀行本体のオフィスの中で融資業務は行われていた。

　借り手の国々にとって民間銀行によるユーロダラー融資は，公的融資に付随するような支出に対するコントロールや政治的，経済的条件がなく，自由に使えるメリットがあった。高インフレも，1970年代中盤には実質金利（年間利率

---

(54)　Miles Kahler, "Politics and International Debt: Explaining the Crisis," *International Organization*, 39:3 (1985), 20 ; Carlos Ominami, "North-South Relations in the 1980s: The Return of Imperialism?" *International Journal of Political Economy*, 18:4 (1988/1989), 80-112.

(55)　デーン・ケネディ「第三世界プロジェクト盛衰の支柱としての石油危機」〔本書第2章〕; Joan Edelman Spero, *The Politics of International Economic Relations* (fourth edition, New York: St. Martin's Press, 1990), 286-298（ジョーン・E・スペロ，小林陽太郎・首藤信彦訳『国際経済関係論』東洋経済新報社，1988年); Andre Gunder Frank, *Crisis: In the World Economy* (New York: Holmes & Meier Publishers, 1980), 263-304.

(56)　Wionczek et al., *LDC External Debt*, 72-75; Altamura, *European Banks*, 113-120. 直接関わった人物の説明としては，S.C. Gwynne, *Selling Money* (New York: Penguin, 1986).

(57)　Gwynne, *Selling Money*, 75-78, 82-85 ; Donald D. Hester, *The Evolution of Monetary Policy and Banking in the US* (Springer, 2008), 74.

第Ⅱ部　国際金融秩序と開発金融の変容

から年間インフレ率を引いたもの）を低くする効果があった。国際業務を行う銀行の側は，他の銀行との共同によるシンジケート融資としたり，専門的なコンソーシアム銀行を新規設立したり，さらに重要なことには，大規模な長期ローンを「ロールオーバークレジット」として数カ月ごとに金利が変動する設定にするなどして，リスク軽減をはかっていたのであった。[58]

　当時，これら全ては革新的手法に思われた。しかし世界の「周辺」地域の第一次産品輸出国への融資は，継続して行われてきたわけではないものの，長い歴史があった。一つ前の大規模な国際融資ブームは1920年代にあったが，最後は東欧やラテンアメリカのほとんどの国がデフォルトを起こし，1930年代に終わった。[59]その後，アメリカの銀行は30年以上のあいだラテンアメリカへの融資に戻ることはなかった。この結果，1930年代の災難は，最も年をとった銀行家の記憶以外ではすでに過去のものとなっていたのである。実際のところ新しい世代の国際銀行家は若く，また経験も浅かった。「銀行が融資を増やせば増やすほど，中堅幹部の役割はベビーブーム世代が務めることになった」と指摘される。[60]

　1970年にはそのほとんどが公的援助か直接投資であった途上国への資本流入は，年間95億ドルだったものが1982年にはピークとなる690億ドルに増加した。そしてその増加のほとんどが民間によるユーロダラー融資であった。アメリカの銀行だけでも1973年から82年の間にこの新しいユーロダラー融資を利用して途上国に4800億ドルを貸出した。そのうち3000億ドルがラテンアメリカに流れた。途上国が抱えた外国債務は合計6000億ドルに達した。[61]1978年になると，ド

---

(58)　Stephany Griffith-Jones, *International Finance and Latin America* (Routledge [reissue], 2014 [orig. 1984]), 44-45 ; Altamura, *European Banks*, 104-106 ; Sebastian Alvarez, *Mexican Banks and Foreign Finance: From Internationalization to Financial Crisis, 1973-1982* (Palgrave Macmillan, 2019), 12-23.

(59)　Ilse Schueller Mintz, *Deterioration in the Quality of Foreign Bonds Issued in the United States, 1920-1930* (New York: National Bureau of Economic Research, 1951).

(60)　Gwynne, *Selling Money*, 16.

(61)　Barbara Stallings, "The Role of Foreign Capital in Economic Development," in Gary Gereffi and Donald L. Wyman, eds., *Manufacturing Miracles: Paths of Industrialization in Latin America and East Asia* (Princeton University Press, 1990), 66 ; Griffith-Jones, *International Finance*, ch. 5 ; World Bank, *World Debt Tables, 1992-93, External Finance for Developing Countries* (two volumes, Washington, DC: World Bank, 1992), 3.

ル信用の過剰な創出は米ドル切下げへの新たな圧力を生むことになった。そして，これはドル価値の回復を目指す強い措置を引き起こすことになった。

8　二度目のドル危機，そして二度目の第一次産品・石油危機

　1977年 1 月に発足したカーター大統領政権は，これまでで最も「グローバリスト」的政権とされ，国際ケインズ主義を推進した。カーター自身と政権幹部の大半が1973年 7 月にデーヴィッド・ロックフェラー（David Rockefeller）によって組織された「日米欧三極委員会（Trilateral Commission）」のメンバーであった。委員会の取り組みの新しさとしては，それまで「大西洋クラブ（'Atlantist' club)」だったところに日本を含めたことを挙げることができよう。[62]
またカーター政権は，ドル下落を容認する政策に戻っていた。しかし1978年になるとドル下落は「転落」というほどに急激なものとなり，これは新たなドル危機を引き起こし，ついにアメリカは調整を迫られることになったのである。
　1975年から78年，二度のオイルショックの合間において原油価格は 1 バレルあたり約13〜14ドルと安定をみせた。これは歴史的には高水準であったが，他の商品価格の持続的なインフレと相対比較すると，実質的には原油価格は下がっていたといえた。それゆえ石油輸出国にとってインフレーションと1977年のドルの減価は，1971年から73年の状況の繰り返しであるかに思われた。しかし今回は，ヨーロッパの経済減速により石油需要は抑制され，1975年から始まった北海油田の生産，1977年からのアラスカのノース・スロープ油田やメキシコ湾岸油田の増産など非 OPEC 産原油の登場が違っていた。さらに中国とマレーシアも一時的に石油供給国となっていた。[63]こうして1978年になる頃には，ペルシア湾岸の石油輸出国の経常収支黒字は，石油危機前の水準にまで縮小し

---

(62)　Stein, *Pivotal Decade*, 158-175 ; Kazuhiko Yago, "Before the 'Locomotive' Runs: The Impact of the 1973-1974 Oil Shock on Japan and the International Financial System," *Financial History Review*, 27:3 (2020), 418-435.

(63)　南和志「世界エネルギー危機と中国石油外交」〔本書第 6 章〕; Shigeru Sato, "Economic Development through Oil in Malaysia and Singapore: Increased State Capacity and Formation of the East Asian Oil Triangle," in Shigeru Akita, ed., *Oil Crisis of the 1970s and the Transformation of International Order: Economy, Development, and Aid in Asia and Africa* (London: Bloomsbury Academic, 2024), ch. 5.

第Ⅱ部　国際金融秩序と開発金融の変容

表5-1　OPEC諸国の経常収支黒字

1973年	1974年	1975年	1976年	1977年	1978年	1979年	1980年
70億ドル	680億ドル	350億ドル	400億ドル	300億ドル	20億ドル	690億ドル	1140億ドル

た。表5-1は，OPEC諸国全体の1973年から80年にかけての経常収支黒字の推移である[64]。ここでも1978年が特筆すべき年だということがわかる。前年に300億ドルに達していた経常収支黒字が20億ドルにまで落ち込んだのである。

　同時期，国際収支の不均衡をもたらすもう一つの要因が出現しつつあった。それは，1975年以降，回復基調に入っていた日本の工業成長であった。当時，日本の工業を牽引していたのは，高燃費の自動車，家電製品，そして世界で最も生産エネルギー効率のよい製造法による鉄鋼の輸出であった。1973年から75年にかけて年間20億ドル程度だった日本の対アメリカ，カナダ，西欧との貿易黒字は，77年になると100億ドル以上に拡大していた。日本からみると，これら増大した輸出収入は，引き続き大規模な原油輸入支払いで相殺されるものであった。こうして日本，中東，西欧の間に「オイル・トライアングル」が生まれ，これは世界最大の多角決済メカニズムとなった[65]。

　1977年後半にドルが他の通貨に対して下落するにつれてOPEC諸国からは，原油価格をドル建てからSDRや通貨バスケット建てに移行させるべきかどうかという議論が出始めた。78年初めになるとそういった議論はさらに強まった。ユーロカレンシー債券市場で投資家たちは，ドイツ・マルク建ての債券を求めるようになった。ベネズエラやサウジアラビアなどの中央銀行や政府は目立たぬようにしながらも，自国の通貨準備をドルから他の通貨に移行させようとした[66]。ドル売りが加速し，それを反映して外国為替取引額は73年初以来の歴史的な規模にまで増加した。そして1978年10月，ドルは円に対して10年間で最も

---

(64)　Altamura, "Paradox of the 1970s" において引用されている IMF のデータ。

(65)　Kaoru Sugihara, "Japan, the Middle East and the World Economy: A Note on the Oil Triangle," *Japan Forum*, 4:1 (1992), 27 ; Kaoru Sugihara, "East Asia, Middle East and the World Economy: Further Notes on the Oil Triangle," Working Paper Series No. 9, Kyoto: Afrasian Centre for Peace and Development Studies, 2006, 1 （ここでは，当時の為替レートで円からドルに換算した数字を示す）。

(66)　"A European scheme to defend the dollar," *Business Week*, March 13, 1978, 36 ; "The dollar fades as a reserve currency," *Business Week*, March 20, 1978, 150.

第**5**章　1970年代の大循環

低い水準（1ドル＝190円。1975年末の1ドル＝300円からの急落）を記録した。1971年8月以来の7年間でドルは円に対してほぼ半分の価値を失うことになったのである。ドル／マルクやドル／スイス・フランのあいだでのレートも同様の動きを示していたが，その動きは円／ドル以上の大きな振幅を示したのであった。

　こうしたドルの大幅な下落は，一般的にはアメリカの対外債務の「部分不履行」として説明されることはないが，ドル保有者の立場からみれば実質的にはそういうものであった。

　再び第一次産品価格が急騰した。世界の小麦とコメ価格は1970年代には「鞍型ピーク」をたどって推移することになった。まず1972年から74年にかけて歴史的高値をつけた後，76年から77年にかけてそこから50％近く下落し，その後再び上昇した。2度目の急激な上昇は1978年初頭に始まり，80年になって小麦とコメの価格は74年時点とほぼ同じ高値に戻ることになった[67]。78年秋とは，原油の実質価格が暫時，低水準にあった時期であった。

　このカギとなる時期にアメリカ政府は方針を転換し，日本ならびにドイツにドルを支えるよう求めた。その結果，1978年11月1日，ドル救済パッケージに関係国は合意した。FRBは公定歩合を9.5％という歴史的高水準へと利上げし，またブンデスバンク，日銀，スイス国立銀行とのあいだで大規模な通貨スワップが準備された。同時にアメリカ政府は自発的な価格・賃金統制を国内で求めた。驚くべきことに，円やドイツ・マルク建ての「カーターボンド」までもが発行されることになった。この段階でドルは円に対して10年来の安値をつけた。なお，マルクに対する最安値がつくのは1980年であった[68]。

　ちょうどこの頃，イラン革命はクライマックスにさしかかっていた。1973年以降の石油価格の上昇は革命の条件を生み出していた。経済の過熱は，社会構造の大変動をもたらし，シャーに野望を抱かせ，そして生活費を押し上げる原

---

(67)　Jonas Joerin and Robert Joerin, "Reviewing the Similarities of the 2007-08 and 1972-74 Food Crisis," Working paper, Swiss Federal Institute of Technology ETH Zurich, 2013, 14-16 ; Sue Horton, "The 1974 and 2008 Food Price Crises: déjà-vu?," Economic Research Paper: 2009-06, Laurier Centre for Economic Research & Policy Analysis, Wilfrid Laurier University, 2009 ; Geoffrey Bastin and John Ellis, *International Trade in Grain and the World Food Economy*, EIU Special Report No. 83 (London: Economist Intelligence Unit Ltd., 1980), Charts.

因となった。1978年末，各都市での大規模なデモと油田でのストライキが同時発生し，原油生産が停滞する。1979年1月から2月にかけて革命派が勝利すると，原油購入と備蓄拡充に急ぐ動きが世界を駆け巡った。イランの原油生産量は1979年初頭にはおおよそ回復するが，78年10月から79年1月のあいだに日産で約500万バレル（500万バレルとは，世界全体の生産量の7％にあたった）ほど生産が落ち込んだ。このような中でOPECは価格引き上げに再び動いた。原油価格は1979年，1バレル当たり15ドルから30ドルへと上昇した。ドル価値で測ると，第二次石油危機による価格上昇は前回よりも大きいものといえた。1980年9月22日にイラクがイランに侵攻し，フーゼスターン（Khuzestan）油田を奪おうとする中で危機は長引き，原油価格は82年には1バレル当たり35ドルに達した。

　この一方で，全体的傾向をみるならばOPECは原油価格をコントロールする力を失いつつあったといえる。実質的に1970年から77年までが「OPECの最盛期」で，OPEC諸国が世界の原油生産で占める割合が50％を超えた時期であった。実際，1973年がOPECの占めるシェアでは最高値であった。その後，1978年と79年にはOPECのシェアは世界の生産量の半分未満へと減少し，80年代初頭には3分の1未満にまで落ち込んだ。また第二次石油危機以降，国際的な石油販売は契約販売からスポット市場での取引へと移行し，それにより価格の不安定性が増すことになった。

---

(68)　R. Taggart Murphy, *The Weight of the Yen* (W.W. Norton, 1997), 128-129 (R・ターガート・マーフィー，畑水敏行訳『日本経済の本当の話』上・下巻，毎日新聞社，1996年)；James, *International Monetary Cooperation*, 303-306; Robert Guttmann, *How Credit Money Shapes the Economy: The United States in a Global System* (Armonk: M.E. Sharpe, 1994), 146; Van der Wee, *Prosperity and Upheaval*, 492.

(69)　Robert E. Looney, "The Inflationary Process in Prerevolutionary Iran," *Journal of Developing Areas*, 19:3 (1985), 329-350 ; Peyman Jafari, "Reasons to Revolt: Iranian Oil Workers in the 1970s," *International Labor and Working-Class History*, No. 84 (Fall 2013), 195-217.

(70)　Yergin, *The Prize*, chapters 33-34 ; James D. Hamilton, "Historical Oil Shocks," in Randall E. Parker and Robert M. Whaples, eds., *Routledge Handbook of Major Events in Economic History* (Routledge, 2013), 252-254.

(71)　Catherine R. Schenk, *International Economic Relations Since 1945* (Routledge, 2011), 56-57 ; Yergin, *The Prize*, 718-724.

第**5**章　1970年代の大循環

　1979年の「ドル・石油危機」は73年の危機と部分的には同じパターンを繰り返した。まずドルの下落と第一次産品価格の上昇があり、その後に中東で、明らかに外因性の政治危機ならびに原油価格の急騰が起きた。しかしながら79年の危機において、底流にあった力のバランスは異なっていた。第一次石油危機後に採用されたインフレ的「解決策」は、ヨーロッパやアメリカ合衆国のいずれにおいても、もはや実現可能ではないように思われた。1979年、ロンドン・シティの事情に詳しいアンドルー・ションフィールドは次のように述べた。「1974年の第一次石油危機後と79年の第二次石油危機後における国際的ムードの違いは、この点において顕著である」。実際のところ当局は、デフレと景気後退による調整を選んだのであった[72]。

　アメリカにとり戦略的敗北とみなされたイラン革命は、ベトナム戦争での敗北と重ね合わされるものであった。また一時期は、1979年7月のニカラグア革命のように、アメリカ帝国主義に対する60年代スタイルの民族解放闘争の一つとしてもイラン革命は認識された。1979年1月にはドルが他の通貨に対して再び下落し、ここにドル「救済」の国際的な試みは終わりを告げた。金価格も急上昇し、1979年初めの1オンス200ドルから1年後には史上最高値の1オンス875ドルに達していた。他にも、通貨システムにおいてさまざまな変化が生じていた。1979年3月には新しい欧州通貨制度（EMS）が導入され、欧州共同体各国の通貨は共通の欧州通貨単位（ECU）にリンクされた。これは、単一欧州通貨への第一歩となった。ただしイギリスはこの動きに加わらなかった。1979年5月4日には保守党がイギリス総選挙で勝利し、サッチャーが首相に就任し、新自由主義と反インフレの方針を明確に掲げた。

　資本コストにおいても重大な変化が起きていた。FRBは歴史的な水準にまで金利を引き上げ続けていた。しかしこれらの引き上げはインフレを止めるというより、それを追いかけるに過ぎないようなものであった。それゆえに、ドルの国際通貨としての主導性をめぐる危機は収まっていないように思われた。真に決定的な動きが始まったのは1979年10月であった。FRBの新議長ヴォルカーは、金利を目標にする政策から、銀行準備金のコントロールを通じたマネーサプライの水準を目標にする政策へと劇的に転換した。これにより、実質

---

(72)　Andrew Shonfield, "The World Economy 1979," *Foreign Affairs*, 58:3 (1979), 596, 620, 引用は607.

第Ⅱ部　国際金融秩序と開発金融の変容

的に米国史上最高水準へと金利は上昇することとなった。1979年10月6日に発表されたヴォルカーの金融引き締めの大きな特徴の一つは，銀行の借り入れ（ユーロダラー借り入れを含む）に対して8％の準備預金を必要とする要件を導入したことであった。しかしながらその最初の影響は，ロンドンの米系銀行をしてユーロダラー借り入れに殺到させるものであり，8月から9月にかけて「かつてないほど急激な信用拡大が生じることになった」。ロンドンのユーロカレンシー市場の残高は150億ドル純増したのである。また，ヴォルカーの新しい政策は，金利変動を非常に流動的にした。最終的に，1981年9月から10月にかけてアメリカ政府の長期債券の金利は14％を超え，米国の主要企業債券の金利は15％に達した。ユーロダラー預金の金利も1979年末の9％から81年末には21％に上昇した。途上国がユーロダラー融資に対して支払う変動金利は1970年代半ばから2倍の水準になり，81年には年率平均18％に達することになった。

　これらの引き締め措置により最終的には，1980年初頭の年率14％のピークから，82年末までに4％未満にまでアメリカの消費者物価インフレは引き下げられることとなった。そしてドルの価値をある程度，回復させることにもなった。1982年7月，33カ月間にわたるFRBは歴史上最も厳しいといわれた金融引き締め政策を終了した。そして8月，国際債務バブルがはじけることになった。

　1979年から81年にかけての〔アメリカなど先進国への〕「通貨逆流」や激しい投機的動きのなかで，大規模な国際民間貸付けの最後の波が生じていた。この時点で借り手国は，短期・高利子ローンの借り換えを続けることでそれまでに借りた債務の返済を行うようになっていた。日本やヨーロッパの銀行は米系銀行を補うかたちで，途上国の主要借り手に対する融資を展開していた。日系銀

────────────

(73)　Hester, *Evolution of Monetary Policy*, 57-60 ; William Ellington, "Billions in Eurodollars were borrowed by U.S. banks before Fed credit squeeze," *Wall Street Journal*, October 19, 1979, 36. これら準備金は，1980年3月にカーター政権が新たな融資規制を導入した後，4月にさらに引き上げられた。終了したのは同年7月24日である（Hester, *Evolution*, 61）.

(74)　Sidney Homer and Richard Sylla, *A History of Interest Rates* (third edition, New Brunswick, NJ: Rutgers University Press, 1991), ch. 18; Jeffry Frieden, "Classes, Sectors, and Foreign Debt in Latin America," *Comparative Politics*, 21:1 (October 1988), 1.

(75)　Griffith-Jones, *International Finance*, 54-55.

(76)　William Greider, *Secrets of the Temple: How the Federal Reserve Runs the Country* (New York: Simon & Schuster, 1987), 505-507.

行のメキシコへの貸出し残高は，1980年の50億ドルから82年には270億ドルに急増し，そのうち70％が民間部門に流れていた。[77]

債務不履行は徐々に始まっていった。ペルーとボリビアは1980年に早くも債務返済の危機に陥る。東欧の社会主義国では，経済後退は原油価格の上昇とも関連していた。ポーランドは1981年4月に対外債務支払いができなくなり，西側の銀行は81年9月，ルーマニアへの新規融資を停止した。[78]そしてコスタリカ，ジャマイカ，セネガルも81年にデフォルトに追い込まれることになったのである。

さらに融資が続いた場所の多くでは，信用供与を新たに利用した歴史的ともいえる資本逃避の波が生まれ，借り手国から貸し手国へと資金が逆流していた。途上国で最大の借り手であったメキシコでは1981年から82年初頭にかけて約300億ドルの新たな債務が発生し，それに対しておそらく200億ドルがアメリカの銀行や不動産に逆流する資本逃避が起こっていた。ベネズエラからは1982年／83年で140億ドルが流出したと推計されている。ラテンアメリカ全体では，1978〜82年に債務が倍増して3310億ドルに達したが，これに対して1000億ドル以上が何らかのかたちでアメリカに還流することになったといわれる。[79]

---

(77)　Frances McCall Rosenbluth, "Japanese Banks in Mexico: The Role of Government in Private Decisions," *International Journal*, 46:4 (1991), 674-675.

(78)　Fritz Bartel, "Fugitive Leverage: Commercial Banks, Sovereign Debt, and Cold War Crisis in Poland, 1980-1982," *Enterprise & Society*, 18:1 (2017), 72-107 ; David Shirreff, "Romania Tries Bankers' Nerves," *Euromoney* (November 1981), 15-24. また Michael De Groot, "The Soviet Union, CMEA, and the Energy Crisis of the 1970s," *Journal of Cold War Studies*, 22:4 (2020), 4-30 ; デーヴィッド・S・ペインター「石油危機とグローバル冷戦」〔本書第1章〕も参照されたい。

(79)　Frieden, "Classes, Sectors," 11, 13 ; Jeremy Adelman, "International Finance and Political Legitimacy: A Latin American View of the Global Shock," in Niall Ferguson, Charles S. Maier, Erez Manela, and Daniel J. Sargent, eds., *The Shock of the Global: The 1970s in Perspective* (Harvard University Press, 2011), 124; Albert Fishlow, "Some Reflections on Comparative Latin American Economic Performance and Policy," in Tariq Banuri, ed., *Economic Liberalization: No Panacea. The Experiences of Latin America and Asia* (Oxford: Clarendon Press, 1991), 153.

第Ⅱ部　国際金融秩序と開発金融の変容

9　第一次産品価格の下落，債務危機，そして1982年の大不況

　アメリカとヨーロッパでのインフレ抑制政策により需要が低迷する一方，新しい第一次産品の供給源も引き続き登場していた。1980年春から夏にかけて，原油価格は価格指標として知られるウエスト・テキサス・インターメディエート（WTI: West Texas Intermediate）が1バレル当たり38ドルを超え，20世紀で最高値を記録した。しかしその後，徐々に下落に転じた。また1980年末には，小麦，砂糖などの農産物価格が10年来で2度目の高値を記録した後，81年になって急落していた。

　世界の第一次産品価格は，この時点から以後20年にわたる下落が始まることになった。債務を抱えた第一次産品輸出国は，金利の急上昇と商品価格の下落による「シザーズ・エフェクト」に見舞われることになった。もちろんこれは第一次産品生産者全般にもいえることであった。アメリカでも農産物輸出が1981年にピークを迎えた後，80年代，農家には債務危機が襲ってくることになった。長い目で見ると1973年から81年は，1910年から19年や2003年から13年にかけて起こった歴史的な農業ブームに匹敵する，アメリカ農業の顕著な好況期だったと理解できるだろう。[80] 1980年代に対外債務の返済繰り延べを余儀なくされることになるラテンアメリカ諸国にとって，81年と82年，輸出額全体の減少（8.6%減）と比べて製品輸出価格の下落は緩やかなものであった（7.6%減）。これに対して綿花（22%減），ブラジルのコーヒー（26%減），そしてとりわけ砂糖（71%減）の輸出額の落ち込みは深刻であった。[81]

　メキシコでは，主にメキシコ・ペソで収益を受け取る企業がドルでの借入れを行っていた。また銀行は，銀行間市場において変動金利での借り入れをしてきた。しかし1981年中頃になると米系銀行の銀行間貸付が大幅に縮小されたこ

---

(80)　Barry J. Barnett, "The U.S. Farm Financial Crisis of the 1980s," *Agricultural History*, 74:2 (2000), 366-380 ; Zhang and Tidgren, "Current Farm Downturn."

(81)　Eliana Cardoso and Ann Helwege, *Latin America's Economy: Diversity, Trends, and Conflicts* (MIT Press, 1992), 117 ; Gary P. Green, *Finance Capital and Uneven Development* (Routledge, 1987), 108に米州開発銀行（Inter-American Development Bank）の統計が引用されている。

第**5**章　1970年代の大循環

とで，メキシコの銀行は打撃を受けることとなった。さらに1982年2月になってペソが30％切り下げられると状況はコントロールが困難となり，続いて8月13日にメキシコ政府が850億ドルの外債について次回の返済ができないことを発表すると，危機はより広範な意味合いをもつものと受け止められるようになった。

　1983年10月にはラテンアメリカ，アフリカ，東欧の27カ国が外債の返済ができなくなり，繰り延べを求める事態に陥る。これは近現代史において4度目となる国際的な債務危機であった。同時に，ヨーロッパと北米の多くの工業地帯が景気後退の中で「ラストベルト」と呼ばれる構造的不況地帯へと転落することとなった。実際，1930年代以来最悪でかつ広範にわたる不況となっていったのである。

　ラテンアメリカでは，石油輸出国で大規模な借り入れ国であったベネズエラとメキシコが最も極端な景気過熱と破綻のサイクルを経験することになった（図5-1）。ラテンアメリカとカリブ地域全体で1981年から85年のあいだに一人当たりのGNPは17％減少した。ピーター・エヴァンズ（Peter Evans）によればブラジルの景気後退は，「〔ブラジル〕史上，最悪の産業不況」となった。アイケングリーンとリンダートは，1982年以降の数年間はラテンアメリカにとっては「20世紀最悪の不況」の時代であったと指摘している。

　アフリカではほとんどの国にとって民間のユーロダラー融資は重要ではなかったものの，同じ時期に並行して，また多くの点でより深刻な債務危機が展開した。サブサハラアフリカ全体では82年から87年までのあいだに一人当たりGNPは38％減少した（図5-2）。アフリカでは多額の債務を抱えた石油輸出国としてナイジェリアが，最も極端な景気過熱と破綻サイクルを経験することになった。本書の第8章でギャレス・オースティンが論じているように，国ごとに経験は異なっていたが，少なくとも27のサブサハラアフリカ諸国が「開発の

---

(82)　Sebastian Alvarez, "The Mexican Debt Crisis Redux: International Markets in Financial Crisis, 1977-1982," *Financial History Review*, 22:1 (2015), 79-105.

(83)　Altamura, *European Banks*, 230-231.

(84)　World Bank, *World Tables, 1994* (Baltimore: Johns Hopkins University Press, 1994), Table 1 ; Kahler, "Politics and International Debt," 35 ; Barry Eichengreen and Peter H. Lindert, "Overview," in Eichengreen and Lindert, eds., *The International Debt Crisis in Historical Perspective* (Cambridge, MA: MIT Press, 1989), 1.

201

第Ⅱ部　国際金融秩序と開発金融の変容

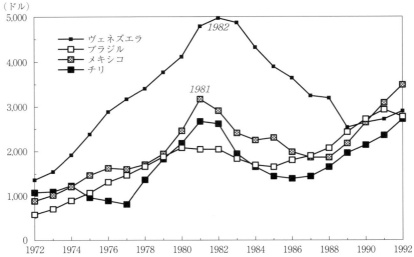

図 5-1　ヴェネズエラ，ブラジル，メキシコ，チリの一人当たり GNP の推移（1971〜92年）
出典：World Bank, *World Tables, 1994*, Table 1.
注：1980年代の不況の影響が読み取れる。

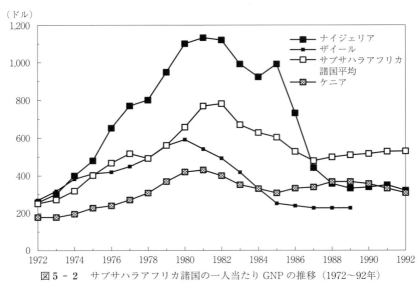

図 5-2　サブサハラアフリカ諸国の一人当たり GNP の推移（1972〜92年）
出典：World Bank, *World Tables, 1994*, Table 1.

反転」と呼ばれる一人当たり国民所得の劇的な低下を経験したのであった[85]。

　他方，すべての国が同じ歩調でもって経済回復を経験したわけではなかった。ブラジルとウルグアイは1985年には回復基調に入った。しかし，次の大規模な景気の世界的減速が1992年に始まった段階で，10のラテンアメリカ諸国はまだ80年代初頭の所得水準を回復していなかった[86]。それ以外の国についても，80年代初頭の所得水準を大きく上回ることができた国はほとんどなかった。したがって，1981年から82年にかけて始まった景気後退は，一過性の危機が引き起こした問題ではなく，新たな構造的状況として立ち現れたのである。

　債務危機は東欧の大半，ラテンアメリカの全域，そしてアフリカのほぼ全域に影響を与えた。そして，続く債務危機は1990年代初頭にやってきたが，そこでは中東と旧ソ連諸国のほとんどが影響を受けた。一方でフィリピンを除いてアジアへの影響はかなり小さいものであった。アジアの例外的状況は，1980年代という新しい出発点を考える上で根幹をなす論点となろう。このとき，広くアジアにおいて輸出志向型工業化が加速する一方で，日本がアメリカに代わって世界最大の債権国になろうとしていた。しかし同時に，「オフショア・米ドル・システム」がもつ国際金融システムにおける中心的地位はより強固になっていたのである。

10　資本主義の歴史における時代構造

　この章の議論を簡潔にまとめると，国際通貨の歴史における「ブレトン・ウッズ時代」は1940年代後半から1971〜73年までの期間であったが，またこの期間は国際的な石油取引と穀物貿易においても一つのまとまった時代であった

---

(85)　ギャレス・オースティン「商品価格高騰に直面したガーナとケニヤ──ナショナルとグローバルの交錯」〔本書第8章〕; Dharam Ghai and Cynthia Hewitt de Alcántara, "The Crisis of the 1980s in Africa, Latin America, and the Caribbean: An Overview," in Dharam Ghai, ed., *The IMF and the South, The Social Impact of Crisis and Adjustment* (London: Zed Books/United Nations Research Institute for Social Development, 1991), 14 ; Alejandro Portes and A. Douglas Kincaid, "Sociology and Development in the 1990s: Critical Challenges and Empirical Trends," *Sociological Forum*, 4:4 (1989), 479-503.

(86)　ウルグアイ，パラグアイ，ペルー，エクアドル，コロンビア，ベネズエラ，ニカラグア，ホンジュラス，グアテマラ，ドミニカ共和国。

第Ⅱ部　国際金融秩序と開発金融の変容

ということである。戦後の通貨体制，食糧体制，エネルギー体制はすべて1970年代初頭に終わりを迎えたが，それが起きたのは，50年代に始まった長期的な世界経済の好況（ブーム）が73年から75年にかけての国際的な景気後退で終止符を打ったときでもあった。また世界的な「オフショア・ドル」貸出しの大きな波が始まったときでもあったのである。この貸出しの波は，それがもたらすインフレーションによる景気過熱の影響が均等でなかったため，80年代初頭になって一連の危機を招いた。そして景気後退や不況が続いてやってきたのである。

　1973年から74年の第一次石油危機は，実際のところは「ドル＝石油危機」であり，79年から80年にかけて起きた第二次石油危機も同じ性格のものであった。いずれの場合も，ドル下落の衝撃がまずやってきて，穀物やその他の第一次産品価格が急騰し，その後，石油価格が急騰した。1985年から86年に起きた「逆オイルショック」，すなわち原油価格の崩壊は，85年9月のプラザ合意後のドルの大幅切下げに連関する別のタイプの「ドル＝石油危機」であった[87]。ここでもまた穀物価格の崩壊を伴っていた。

　第一次産品生産者にとっては，1970年代に価格上昇を経験したのち，80年代になると価格暴落と交易条件の悪化に見舞われる展開であった。そして長期にわたって第一次産品価格が低迷する時期へと突入したのである。国際的な第一次産品価格が次に大幅上昇するのは，中国のすさまじい勢いの工業化が始まり，またアメリカのイラク侵攻が起きる2003年まで待つ必要があった。多くの第一次産品輸出地域にとってこの年は，1982年に始まった価格の長期下落が終わりを告げる年となったのである。

（1）「1970年代」とはいつなのか？

　本章では，経済，政治，文化の面での「60年代」というものが，1973年を境に「70年代」へと移行したとの主張を述べてきた。1973年初めとは，1月にベトナム戦争が終わり，2月にドル切下げとアメリカ株式市場の下落があり，3月には国際的に変動相場制への移行が起きたように「分水嶺」となる時期であった。そして，10月の石油危機によってこれら年初の出来事は，エネルギー・産業の全般的危機へと深刻化していった。

---

(87)　Duccio Basosi, Giuliano Garavini, and Massimiliano Trentin, eds., *Counter-Shock: The Oil Counter-Revolution of the 1980s* (London: I.B. Tauris, 2018).

204

第**5**章　1970年代の大循環

　それでは「70年代」はいつ終わったのか。このことを考えるにあたってまず，1979年から80年の 2 年間が「終わりの始まり」であったことを指摘したい。1979年 1 月にイラン革命と第二次石油危機が起こり， 5 月にはサッチャーがイギリス首相に選ばれた。10月になるとアメリカ FRB が緊縮政策への転換をより徹底させることになった。原油価格は1980年 5 月から 6 月にかけ20世紀における最高値に達し，小麦やその他の農産物の価格も同年秋にピークを迎えることになった。そして，11月，レーガンが大統領選挙に勝利した。ただし世界的なインフレーションとユーロダラーの融資ブームは81年になっても続き，それが崩壊するのは82年に入ってからであった。なお，こうした政治的・経済的転換の連鎖は，世代交代や文化的転換とともに展開したのであった。

　国際金融史の観点からみるとカルロ・アルタムラの議論は，本章と同じく1973年から82年までを「70年代」として考えている。またアルタムラは，古い秩序が崩壊しつつも新しい秩序がまだ出現していない「幕間の時期」という用語を使ってこの「70年代」を説明しており，筆者自身の考えてきたところと一致している。[88] この秩序の「継承」については，いくつかの側面に分けて考えることができよう。国際金融秩序の面では1973年になって新しい秩序が登場し，それは「オフショア・米ドル・システム」を基盤とするものとなった。産業面では，フォーディズム秩序は変調をきたそうとしていたが，マイクロエレクトロニクスを中心とした新たな技術・経済パラダイムの登場を語ることができるようになるのは1980年代を待たなければならない状況であった。また，新自由主義政治が全開となるのも80年代を待つ必要があったといえよう。

（2）史上 4 度目の国際融資ブームから 4 度目の債務危機へ

　「信用創造・債務増大サイクル」の歴史に目を向けるならば，それはより長い時間的展望で考えることを意味するだろう。1980年代の債務危機は予測できたはずである。これはクリスチャン・ズーターによる画期的研究の主旨である。ズーターは，歴史的にみると世界的な信用創造には三度の波があって，それぞれが債務不履行の連鎖に終わったことを詳述している。これらの数十年単位の「信用創造・債務増大サイクル」はいくつかの構造的類似点を共有し，古典的

---

(88)　Altamura, *European Banks*, 247.

205

第Ⅱ部　国際金融秩序と開発金融の変容

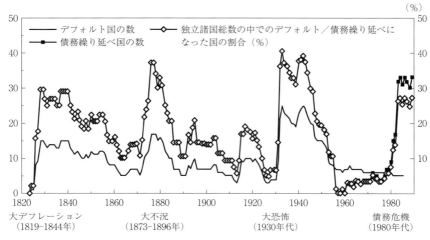

図5-3　世界経済における「債務・デフォルトサイクル」(1823〜1989年)

出典：Suter, *Debt Cycles*, 195-199.

注：1956年までの数字はデフォルトを行った国の数を示し，56年以降は債務繰り延べ対象となった国の数を示す。パーセント(％)は，独立諸国総数の中でのデフォルト／債務繰り延べになった国の割合を示す。

な「長波の年表」と一致するものであった(89)（図5-3）。新しい貸出しの波が起きるにあたっては，銀行業務の革新や規制緩和の拡大がそこに関係していた。債務危機は「周辺」の第一次産品生産地域を襲い，同じ場所で何度も繰り返されることになった。またそれぞれの危機は，通貨緊縮と世界的な一次産品価格の下落を背景にして始まるものであった。

　産業資本主義時代における最初の国際貸付の波は，1825年の投機的なピークと崩壊へといたった。ここでは，南アメリカの新しく独立した共和国へのものをはじめとしたロンドンからの貸付けが含まれていた。続いて起こった債務危機では15カ国がデフォルトとなった。続く1837年以降の債務危機ではアメリカ

---

(89) Christian Suter, "Long Waves in the International Financial System: Debt-Default Cycles of Sovereign Borrowers," *Review* (Fernand Braudel Center), 12:1 (1989), 26-27, 37 ; Christian Suter, *Debt Cycles in the World-Economy, Foreign Loans, Financial Crises, and Debt Settlements, 1820-1990* (Boulder, CO: Westview Press, 1992). また Carlos Marichal, *A Century of Debt Crises in Latin America: From Independence to the Great Depression, 1820-1930* (Princeton University Press, 1989) も参照されたい。

第**5**章　1970年代の大循環

合衆国南部のほぼすべての州がデフォルトに陥ったのである。

　二番目の大規模な国際貸付の波は1870年代初頭にピークに達し，イギリスやフランスをはじめとするヨーロッパ諸国による南北アメリカ大陸，オスマン帝国，およびエジプトへの貸付けが中心であった。これは1873年から79年の不況で終焉を迎える。そして1875年から82年にかけて17か国がデフォルトにいたった。また1890年代になっても債務不履行の余波が残った。

　1920年代に起こった第三次の国際貸付けの波は，中欧，東欧，そして再び南アメリカへのものが中心であった。この時期，主導的役割をになったのはアメリカの銀行であった。そして30年代の大恐慌になると24カ国がデフォルトにいたったのであった。

　1970年代から80年代にかけての信用ブームと債務バブルにおいては，管理された新たな対応が債務不履行に対してなされた，とはいえ，全体としてみるとそれまでと同様のパターンに沿って展開した。1982年から86年にかけて33カ国がデフォルトし，そこには社会主義圏である東欧の「第二世界」の多くや，アジア諸国を除く「第三世界」のほとんどの国々が含まれていた。1990年代になると，石油やその他の一次産品の世界価格が20世紀後半の最低水準にまで低下し，さらなる債務不履行が残ることとなった。

　これら四度の債務危機に関してズーターは，デフォルトした国の数について驚くべき規則性を指摘している。いずれのケースでも，その当時存在していた独立国家の約3分の1がデフォルトしたという。各貸付けブームのピーク（1820年代初頭，1870年代最初の数年，1920年代中盤，および1970年代半ばから末にかけて）は，経済の長波のピークまたは下降局面に入った早い段階で発生した。ズーターはこれらの貸出ブームを「プル」と「プッシュ」要因に基づいて説明する。「プル」要因としては，借り手国が当時おかれた好条件，とりわけ原材料の高価格がそうであるとする。重要な「プッシュ」要因としては，貸出し国における投資機会の減退であり，「「中核」国の市場が飽和し，利益率が低下し始めたあと，つまり長波の後半段階になって資本が「周縁」部に流入する」と述べている。1970年代は，こうした両要因が作用したのであった。

---

(90)　Suter, "Long Waves," 6. ズーターの完全なデータ表はドイツ語版にある, *Schuldenzyklen in der Dritten Welt: Kreditaufnahme, Zahlungskrisen und Schuldenregelungen peripherer Länder im Weltsystem von 1820 bis 1986* (Frankfurt am Main: Anton Hain, 1990).

第Ⅱ部　国際金融秩序と開発金融の変容

　いま述べた点は，国際金融における「リサイクリング」の問題につながる。
杉原薫の提唱した1970年代および80年代の「オイル・トライアングル」は，20
年代の「債権・債務トライアングル」を想起させる。1920年代，アメリカの国
際貸出し，ドイツの戦争賠償支払い，英仏の戦債支払いの3つがつながって
いた。この3つがつながることで「リサイクリング」が機能したことを述べる
にあたってチャールズ・キンドルバーガーは，この言葉は1973年以降の OPEC
の黒字還流について用いられたのが最初であることを指摘している。また彼は
さかのぼって3つの「リサイクリング」があったことを指摘している。

　(1)　<u>1817～18年</u>，ベアリング商会によるフランス政府への融資は，「フラン
　　スの戦債支払いを還流させたものであり，海外投資を含めイギリスの投資家
　　たちの活動範囲を拡大させた」。そして，先述したように，この海外貸出し
　　の波は1825年の破綻に終わった。
　(2)「同じプロセスが，<u>1871年</u>に勃発した普仏戦争の賠償支払いでもみられ
　　た」。これをきっかけに国際投資ブームが起こり，1873年の破綻で終わるこ
　　とになった。
　(3)同じことが「<u>1924年</u>の〔アメリカが主導した〕ドーズ案による貸付けで起こ
　　り，それまでと同様，海外債券への新規投資を刺激する効果を持った」。
　　1924年から28年にかけての国際貸付けブームは，29年から31年の世界規模の
　　債務危機という結末にいたった。

　投資ブームにつながる最初の階段をなした「リサイクリング」融資はそれぞ
れ政治的性格をもっており，またその時代としては最大の金融取引であった。

───────────────

(91)　Sugihara, "Japan, the Middle East and the World Economy"; Sugihara, "East Asia,
　　Middle East and the World Economy"; Charles P. Kindleberger, *The World in Depression,*
　　1929-1939 (second edition, University of California Press, 1986 [orig. 1973]), ch. 2
　　(チャールズ・P・キンドルバーガー，石崎昭彦・木村一朗訳『大不況下の世界──1929-
　　1939』改訂増補版，岩波書店，2009年). また Ramaa Vasudevan, "The Borrower of Last
　　Resort: International Adjustment and Liquidity in Historical Perspective," *Journal of*
　　Economic Issues, 42:4 (2008), 1055-1081も参照されたい。
(92)　以下の引用は Charles P. Kindleberger, *A Financial History of Western Europe* (Oxford
　　University Press, 1993), 215. 下線は筆者によるもの。

208

こうした融資をわれわれは歴史的な国際貸付けブームを引き起こす「起爆装置」と呼ぶことができよう。波及する信用創造の効果は巨大であり，そして将来の債務崩壊の舞台を用意するものであった。1970年代の貸付けブームを引き起こしたものは単一の大型融資というわけではなかったものの，銀行が融資に「群がる」かのような動きがあり，特に1977年，ラテンアメリカ諸国への貸付けが爆発的に増加したのであった。[93]

　1980年代の債務危機がそれまでと最も異なっていたところは，デフォルトが管理されて対応されたことであり，それは強力なグローバル債権機関の存在を反映していた。[94]これに対して1930年代の危機は銀行や金融家の信用を失墜させるものであった。その後，国際金融資本主義のもつ破滅的な力を抑えるべくブレトン・ウッズ体制が設計され，そこでは，途上国への融資については民間によるものではなく，公的融資が重視されたのである。全体として，1930年代から70年代にかけての時代とは国の経済的役割が前面に出される時代であったといえよう。それに対して1970年代に形成された銀行主導の国際金融秩序は，82年の債務危機の後，さらなる力を得ることになる。さらに，それ以降のすべての国際金融危機においてその秩序の力は増大してきた。国際金融センターが，債務国の経済政策や資源に対する支配力を主張できる状況になっているのである。

（3）国際通貨体制——「オフショア・米ドル・システム」

　1970年代に出現した「オフショア・米ドル・システム」は，新自由主義の原理と調和的である一方で国家による最終的なバックアップを得ていた。そしてその出現は，以前のシステム変化と構造的な類似点があった。このテーマについて書かれた研究者によって十分に検討されていない点の一つは，過去のシステム変化のいずれの場合においても，国際的な貸付けブームのピークは新しい国際通貨体制の確立期と重なっていたことである。

---

(93)　Carlo Edoardo Altamura and Juan Flores Zendejas, "Politics, International Banking, and the Debt Crisis of 1982," *Business History Review*, 94 (2020), 753-778も参照されたい。

(94)　Jerome E. Roos, *Why Not Default? The Political Economy of Sovereign Debt* (Princeton University Press, 2019).

第Ⅱ部　国際金融秩序と開発金融の変容

・1817〜21年においてイギリスによる「古典的」金本位制が成立した。「ロンドン宛て手形」システムとともに，この「古典的」金本位制は世界において初となる真にグローバルな信用通貨システムの基盤となった。
・1871年から73年にかけて，ドイツ，フランス，アメリカなどの国々が金銀複本位の通貨制から金単一の本位制に移行したことで，「国際」金本位制が誕生した。
・第一次世界大戦後，米ドルは最も強力な国際通貨となり，1920年代の国際貸付けは，ドルが金の代替役を務める国際「金為替本位制」を構築しようとする動きと絡んでいた。[95]しかしこの制度は1931年になると失敗に終わったことが明らかになった。

　1973年には，新しい「オフショア・米ドル・システム」が静かに，一見すると自然なかたちで出現したという驚くべき事実がある。たしかに1970年代初頭には，ユーロダラーのもつ信用創造がインフレーションをもたらすことについて中央銀行の関係者を含めて大きな議論がなされていた（ただし多くの場合，内々での議論において）。しかしこの時代において皮肉であったのは，ユーロダラーの信用創造が急速に拡大する一方で，インフレーションが進行するにつれて，この拡大についての議論が薄れていったということである。また，規制されないユーロダラーによる信用創造が債務危機を招き，中央銀行に「最後の貸し手」としての役割を強いるのではないかという懸念も，欧州の中央銀行が1974年から75年にかけてユーロ市場を暗黙裡に支えたことによって後景に退いたかに思われた。つまるところ，根本的問題について広く議論されないままに終わったのである。
　この時点から，「オフショア・米ドル・システム」が明らかにその中心にあった2007年から2008年の大西洋を挟んだ金融危機にいたるまで一本の線を引くことができる。「今回は」，歴史家アダム・トゥーズの言葉を借りれば，「「周

---

(95)　Bytheway and Metzler, *Central Banks*, ch. 4-6 ; Mark Metzler, *Lever of Empire: The International Gold Standard and the Crisis of Liberalism in Prewar Japan* (Berkeley: University of California Press, 2006), ch. 8 ; Barry Eichengreen, *Golden Fetters: The Gold Standard and the Great Depression, 1919-1939* (New York: Oxford University Press, 1992), ch. 6-7.

辺」の国々に責任を負わせることができない危機となった[96]」。そしてリーマン
ブラザーズの破綻が発表された翌日の2008年9月16日，世界の金融市場がパ
ニックに陥った際に，ワシントンで開かれた連邦公開市場委員会の席で最重要
テーマとなったのはじつに欧州銀行のドル資金調達の危機であった。FRB は，
欧州の銀行が巨額のドル債務を不履行にした場合，債務の上に債務が積み上げ
られたレバレッジによる債務の塔が崩壊する恐れがあると懸念していた。「オ
フショア・米ドル・システム」の「最後の貸し手」として FRB は，13の欧州
大手銀行に2兆ドルの資金を直接供給した。また欧州中央銀行（ECB），イン
グランド銀行，スイス国立銀行にも与信枠を提供し，これら中央銀行は監督下
にある大手民間銀行にさらに数十億ドルを供与した。これは，史上最大でかつ
最も短期間で行われた金融債権の移動であり，「それは可能な限り隠密裏にな
された[97]」のであった。そして，2020年初頭，新型コロナウイルスによる最初の
波の中で発生した金融危機において FRB は，さらに大規模かつ迅速，そして
実践的な形でいま述べた行動を繰り返した。これら救済策は安定化には成功し
たと解釈できよう。あるいは，ここで登場した「最後の貸し手」は，ますます
制御することが困難で，またますます大きなバブルを生み出す役割をもってし
まったと指摘することができるかもしれない。こうやってもたらされたバブル
のメカニズムは，過去の危機とはもはや比較が不可能になったといえるかもし
れない。

（4）長期の時間スケールでみたときの転換点？

　近現代における工業化の総体的タイムスパンの観点から，本章の最後にあ
たっていくつか考えてみたい。資源とエネルギー流動に関する生態＝経済分析
を活用することで，資源とエネルギー使用の増加が国単位でいかに工業化につ
ながるかを詳細に理解できる。こうした分析が生み出す統計をみると，1970年
代においてある顕著な断絶が工業化していた国々において生じたことがわかる。

---

(96)　J. Adam Tooze, *Crashed: How a Decade of Financial Crises Changed the World*
　　（Viking, 2019), 2.

(97)　Tooze, *Crashed*, 154, 202-207, 215-216 ; Minutes of the Federal Open Market
　　Committee, September 16, 2008, https://www.federalreserve.gov/monetarypolicy/
　　fomcminutes20080916.htm.

第Ⅱ部　国際金融秩序と開発金融の変容

日本が最も特徴的なケースで，戦後の長期好況（ブーム）を通じて10倍になった一人当たりの資源使用量は，1973年にピークに達した。この後，日本の資源使用量は減少に転じた。日本は，工業国において起きた転換の最も顕著な事例である[98]。ウィーンに拠点を置く研究チームはこのトレンドの転換を「1970年代シンドローム」と呼び，「世界中の多くの国々で1970年代，何が起こったのか」という問いを立てた。3つほどの具体的な問いが立てられた。「消費やライフスタイルにおいて内因性の飽和が起きたのであろうか」。「長期の経済ブームの終着点であったのであろうか」。「経済成長をもたらすエンジンが構造的に変化したのであろうか」[99]。このように1970年代を長期の時間スケールでみたときのターニングポイントとして理解するのは，すでに工業化した国々の観点から考えた場合である。この後に工業化してゆく国々にとっては異なる状況と思われたことは否定できないだろう。2020年代に入ったいま，我々は1970年代と似た構造的変化を経験しながら新たな歴史局面に立ち入りつつある。そうだとすれば，1970年代について立てられた3つの問いは，現在起きていることのダイナミズムを読み解こうとする我々の姿勢にも影響を与えるだろう。

---

(98)　Krausmann et al., "Metabolic Transition"; Metzler, "Arc of Industrialization."

(99)　Wiedenhofer et al., "1970s Syndrome," 189 ; Marina Fischer-Kowalski and Daniel Hausknost, eds., *Large Scale Societal Transitions in the Past. The Role of Social Revolutions and the 1970s Syndrome*, Social Ecology Working Paper 152, Alpen Adria Universität, 2014.

第Ⅲ部

冷戦，開発と経済援助

インド・ボンベイのトロンベイ・プロジェクト（火力発電所）

ガーナのヴォルタ・ダム（水力発電所）

中国の大慶油田

第6章
世界エネルギー危機と中国石油外交

南　和　志

　石油は中国にとって天の恵みであった[1]。1950年代，ソ連の技術者の協力を得て，中国は新疆にカラマイ油田と独山子油田を開発し，「中国には石油がない」という西洋の言説を打ち砕いた[2]。1959年，中国最大の陸上油田・大慶油田が黒龍江省にて掘り当てられ，それに続いて華北地方で勝利油田（山東省）と大港油田（天津市近郊）も発見されると，中国石油産業は飛躍的に発展する。これらの油田の発見は，中国外交の転換期と重なった。1950年代後半から中ソ関係が悪化し，1960年夏にはソ連が中国から技術者を突然引き揚げたことで，両国の経済協力は破綻する。中国共産党は，毛沢東主席のもと，「独立自主」を中国の経済発展の基礎とすることを宣言した。1960年代にソ連からの石油輸入が途絶えた一方，中国は東側諸国（ハンガリー，ルーマニア，東ドイツ，アルバニアなど）と西側諸国（フランス，イタリア，日本など）から石油技術を輸入し，自国の油田開発に努めたことで，1960年代前半には石油の自給自足を達成した[3]。1960年代半ばから1970年代後半にかけて，中国の石油生産量は20万 BPD（バレル／日）から210万 BPD 以上へと10倍以上に増加する。中国は石油大国への道

＊本章の一部は，以下の2つの論文に掲載されている。Kazushi Minami, "Oil for the Lamps of America? Sino-American Oil Diplomacy, 1973-1979," *Diplomatic History*, vol. 41, no. 5 (2017), 959-984 および Kazushi Minami, "The Bottleneck of the Reform: China's Oil Policy in the 1980s," in Priscilla Roberts, ed., *Chinese Economic Statecraft from 1978 to 1989: The First Decade of Deng Xiaoping's Reforms* (Basingstoke, UK: Palgrave Macmillan, 2022), 297-328.

(1)　本章では，中華人民共和国を「中国」，中華民国を「台湾」と表記する。

(2)　Chu-yuan Cheng, *Economic Relations Between Peking and Moscow: 1949-63* (New York, 1964), 33, 36 ; Sidney Klein, *The Road Divides: Economic Aspects of the Sino-Soviet Dispute* (Hong Kong, 1966), 56 ; Tatsu Kambara and Christopher Howe, *China and the Global Energy Crisis: Development and Prospects for China's Oil and Natural Gas* (Northampton, MA, 2007), 11.

第Ⅲ部　冷戦，開発と経済援助

表6-1　中国の石油生産量と消費量(1,000 BPD)

年	生産	消費	年	生産	消費
1965	227	215	1981	2033	1625
1966	292	277	1982	2051	1614
1967	279	273	1983	2130	1654
1968	320	298	1984	2295	1713
1969	437	401	1985	2508	1807
1970	616	554	1986	2625	1925
1971	791	753	1987	2694	2048
1972	915	865	1988	2745	2203
1973	1077	1058	1989	2764	2315
1974	1302	1217	1990	2778	2297
1975	1548	1342	1991	2831	2491
1976	1746	1534	1992	2845	2705
1977	1880	1625	1993	2892	3013
1978	2090	1819	1994	2934	3069
1979	2132	1827	1995	2993	3342
1980	2122	1707			

出典：BP Statistical Review of World Energy 2022. データは以下参照。https://www.bp.com/en/global/corporate/energy-economics/statistical-review-of-world-energy.html

を歩んでいるようにみえた。

　1973年のオイルショックによって，中国の石油は外交手段になる。世界的なエネルギー危機の影響を免れた中国は石油価格の高騰から利益を得，石油輸出を1972年の2万6000BPDから1979年には28万4000BPDに拡大した。この外貨収入によって，周恩来首相が発案した「四つの近代化」(農業，工業，科学技術，国防)のための技術輸入が可能になった。中国の石油は資本主義諸国の注目を浴びた。アメリカ，西欧，日本の石油企業は，中東以外の石油供給源を確保するため，膨大な天然資源をもつ中国の可能性に着目する。これを後押ししたのは，国連アジア・極東経済委員会(ECAFE)が1968年に行った海洋調査であった。この調査の結果，東シナ海の大陸棚は資源採掘が未だ行われておらず，「世界で最も多量の石油と天然ガスを貯留する場所の一つ」で，ペルシア湾地域に匹敵する天然資源の宝庫であると結論づけられた。[4]1970年代初頭には中国が資本主義諸国との外交関係を改善する中で，中国の指導者たちは自国の海洋資源の豊かさを強調した。数年後，中国自身がエネルギー危機に直面することになるとは，彼らは想像も

(3)　Arthur Klinghoffer, "Sino-Soviet Relations and the Politics of Oil," *Asian Survey* 16, no.6 (1976), 542-543 ; Chad Mitcham, *China's Economic Relations with the West and Japan, 1949-79: Grain, Trade and Diplomacy* (New York, 2005), 118-119, 122, 142-143, 156-157, 180-181 ; Kim Woodard, *The International Energy Relations of China* (Stanford, CA, 1980), 528-533, 546, 550.

(4)　Kenneth Emery et al., "Geological Structure and Some Water Characteristics of East China Sea and Yellow Sea," in Coordinating Committee for Geoscience Programs in East and Southeast Asia (CCOP) *Technical Bulletin*, 2 (1969), 41.

していなかっただろう。

本章は，1970年代と1980年代の国際石油市場の変動が，中国のエコノミック・ステイトクラフト（国家の経済体制）に及ぼした影響を分析する。石油危機がもたらした脅威と機会は，技術貿易，そして後には合弁事業を通じて，中国と資本主義圏の経済的・政治的結びつきを促進した。また，「独立自主」精神のもとで行われた西側諸国との石油協力は，中国が1980年代に経済危機を回避するのに役立ち，「改革開放」の根底を支えたといえる。本章では，まず，第一次石油危機以

表6-2　中国の石油輸出量(1,000 BPD)

年	輸出	年	輸出
1970	7.63	1980	351.64
1971	12.65	1981	372.32
1972	30.73	1982	393.41
1973	60.05	1983	396.22
1974	131.54	1984	556.48
1975	240.58	1985	727.78
1976	209.86	1986	681.99
1977	222.31	1987	646.04
1978	270.71	1988	619.33
1979	330.55	1989	584.99

出典：この数値は次のものから換算した。Larry Chuen-ho Chow, "The Changing Role of Oil in Chinese Exports, 1974-89," *The China Quarterly*, no.131 (September 1992), 751.

降，中国の石油に対する世界的な熱狂，およびその妥当性を検討する。次に，毛沢東が始め，その後継者が加速させた石油技術輸入について，これが1970年代後半の米中関係改善の経済的基盤を形成した点を論じる。そして改革開放初期の中国経済を脅かしたエネルギー危機について，中国が海底石油合弁事業を通じてこれを回避しようとしたことを考察する。結論では，中国がどのように1980年代のソ連圏と同様の経済危機を回避できたのか，簡単に論じる。

1　「もう一つの中東」論

中国は戦略的目的のために石油を利用した。1973年末石油危機に見舞われた日本は，非共産圏で初めて中国の石油を輸入することになったが，この年の輸入量は730万バレルで，日本の1週間の消費量の約5分の1であった。中国の対日石油輸出は，モスクワが外国の技術と資本で開発を目論んでいた西シベリア・チュメニ油田計画に，日本が参画しないように画策したものだったようである。中国はまた，社会主義の「友人」である北朝鮮およびベトナム，そしてアメリカのアジア地域同盟国であるタイおよびフィリピン（いずれも台湾と国交があった）に石油を輸出する。[5]中国は，これらの石油輸出は始まりに過ぎないことをほのめかしていた。1973年末，アメリカの企業代表団が中国を訪れた際，

217

第Ⅲ部　冷戦，開発と経済援助

ある石油会社の幹部が「陸上・海底の石油・ガス探査，石油生産・精製施設を中国に援助する」ことに興味を示した[(6)]。これに対して李先念副総理は，中国はまだ石油の潜在能力を計算している段階だと曖昧に返答しつつ，「中国の技術者たちは，石油の埋蔵量を見積もるために地中深く掘削するよう指示されたが，あまり深く掘ると合衆国まで掘削してしまうので，それは控えるようにしている」と言い放った[(7)]。この言葉は，世界中の石油関係者の関心を引いた。

アメリカでは，中国が次の石油大国になるかどうか，議論が白熱した。もし中国，日本，台湾が争っている東シナ海の大陸棚において，期待通り大規模油田・ガス田が発見されれば，中国が石油大国になるのは間違いない。いち早く資源探査に投資していたアメリカ企業であるガルフ・オイル社の幹部は，次のように述べた。「石油が発見され，（論争の）決着がつくまで，この地域から撤退する石油会社はないだろう。領土に関する問題が解決され，各国政府から要請されるまでは，撤退は不可能だ。もし石油が見つかれば，それがきっかけになるだろう[(8)]。」先進的な海底探査装置を初めて中国に販売したジオスペース社の副社長レイモンド・コックス（Raymond Cox）は，全米の石油会社の心情について「中国はもう一つの中東だと思うが，まだ時間がかかりそうだ。ただし，彼らの開発の動きは速い[(9)]」と評している。しかし，中国が「もう一つの中東」であるという言説には，多くの人々が異議を唱えた。毛沢東の「独立自主」の

---

(5)　Jeronim Perović and Dunja Krempin, "'The Key is in Our Hands:' Soviet Energy Strategy in Détente and the Global Oil Crises of 1970s," *Historical Social Research* 39, no.4 (2014), 117-119, 123-128, 131 ; Arthur Klinghoffer, *The Soviet Union and International Oil Politics* (New York, 1977), 261-262, 276-277 ; Woodard, *International Energy Relations*, 504-505.

(6)　Remarks of Andrew Gibson, November 6, 1973, "Special Reports #6 The Peking Report March 1974," box 158, United States-China Business Council (hereafter USCBC), Gerald R. Ford Library (以後 GFL); General Discussion, November 7, 1973, "Special Reports #6 The Peking Report March 1974," box 158, USCBC, GFL.

(7)　Summary of Meeting with Li Hsien-nien, November 8, 1973, "Special Reports #6 The Peking Report March 1974," box 158, USCBC, GFL.

(8)　Selig S. Harrison, "Time Bomb in East Asia", *Foreign Policy*, no. 20 (Fall 1975), 14, 20-21.

(9)　James Sterba, "Peking Purchasing U.S. Oil Equipment To Step Up Output," *New York Times*, November 28, 1975, 63.

第**6**章　世界エネルギー危機と中国石油外交

イデオロギーが海底資源開発の障害になっているようにみえたほか，中国の石油生産量が時間とともに増加したとしても，中国の巨大な内需により石油輸出を急速に拡大させることはできない。1973年末，米大統領ニクソンは石油輸入先の多様化を約束したが，1978年まで，米国企業が中国から石油を購入することはなかった。1970年代半ばになると，「もう一つの中東」論は下火になっていた。

　端的にいって，中国は石油大国ではなかった。予想通り，中国の石油生産量の増加は内需の増加に追いつけず，1975年から1977年にかけて輸出量は20万BPD 以下にとどまり，サウジアラビアの800万 BPD に比べれば微々たるものであった。1975年末，CIA は「中国が大量の石油を輸出するには，国内の経済成長を犠牲にし，外国企業との石油合弁事業を受け入れる必要がある」と指摘したが，これらは中国にとって明らかに受け入れ難い条件だった。[10] しかし，1975年半ばの一時期においては，合弁事業が全く問題外であったわけではない。1975年当時，中国経済の最高責任者であった鄧小平副首相は，「工業20条」（20項目の産業化計画）の中で，東シナ海と南シナ海での合弁事業を提唱し，外国の石油企業が採掘した石油を売却し，資本主義諸国からの技術輸入に充てることを提案した。[11] この大胆な計画は，鄧小平の政敵である四人組が「独立自主」の厳格な解釈を強く主張し，すぐに廃案となったが，1977年に鄧小平が副首相に返り咲いたことにより，再び審議されることになる。

　国内政治の混乱がなくとも，毛沢東の外交政策と中国の石油輸出は相容れない関係にあった。1974年，中国は全世界をアメリカとソ連（第一世界），欧州とアジアの同盟国（第二世界），そして中国を含む発展途上国（第三世界）に分ける「3つの世界論」を唱え始めた。[12] この理論によれば，中国はアラブ諸国とともにアメリカに対する資源戦争に参加する必要がある。鄧小平は1974年の国連

---

(10)　CIA, *China: Energy Balance Projections*, November 1975, "Special Reports #15, Energy Balance Projections for the PRC, 1975-1985", box 158, USCBC, GFL.

(11)　鄧小平「Guanyu jiakuai fazhan gongye de ruogan wenti（taolun gao）（産業発展の加速に関する若干の質問（討議案））」1975年9月2日。

(12)　中国共産党中央公文書管理部編『毛沢東外交手稿集』北京，1994年，600-601頁。Kuisong Yang and Yafeng Xia, "Vacillating between Revolution and Détente: Mao's Changing Psyche and Policy toward the United States, 1966-1976," *Diplomatic History* 34, no. 2（April 2010）, 415-422.

219

第Ⅲ部　冷戦，開発と経済援助

総会で，世界の「被抑圧人民と被抑圧国家」に与しつつ，「世界覇権を追求する」米ソ超大国を「新しい世界戦争の元凶」と糾弾している[13]。アメリカとその同盟国に大量の石油を輸出することは，「３つの世界論」に反することは明確であった。1974年に中国の掘削船が東シナ海での操業に初めて成功した際，乗組員は「（中国による）海洋資源探索の第一歩を踏み出した」と同時に，「米ソの海洋覇権主義に対抗するという大きな政治責任を果たした」と賞賛された[14]。1970年代半ば，中国の石油政策においては，経済よりも政治が優先されていたのである。

2　自立の再定義

中国の「独立自主」は，時代によって異なる意味をもつ，論争の多い概念であった。文化大革命の最盛期（1966〜68年）には，その定義が以前よりも厳格になり，世界経済から自立した経済自給システムの構築が唱えられた。しかし，経済成長の鈍化により，中国の経済・貿易政策は以前の状態に立ち戻ることを余儀なくされる。中国国際貿易促進委員会（CCPIT）主席の王耀亭が1973年にアメリカの起業家に語ったように，「独立自主」は「扉を閉ざす」ことを意味するわけではなくなっていたのだ[15]。特に石油産業においては，中国の技術は世界の近代的水準から半世紀も遅れていた[16]。1972年，北京は資本主義諸国から海底探査システム，大型コンピューター，甲板昇降型採掘機など，総額数百万ドルに及ぶ石油機器の輸入を再開した。1976年にヒューストンで開かれた中国の石油産業に関する会議で，あるエネルギー専門家が述べたように，「自国の技術にのみ依存する」ことは，中国にとってもはや不可能であった。中国石油産業は「ロシア（ソ連）式技術」から「西洋式技術」に転換するため，「西洋の

---

(13)　"Excerpts From Chinese Address to U.N. Session on Raw Materials," *New York Times*, April 12 (1974), 12.

(14)　上海市革命委員会工運班編『工運報告』第296号，1974年8月30日，B246-2-1030-188，上海市資料室（以後，SMA）。

(15)　Summary of National Council Meeting with CCPIT, November 7, 1973, "Special Reports #6—The Peking Report," box 158, USCBC, GFL.

(16)　Smil, "Energy in China: Achievements and Prospects," The China Quarterly 65 (March 1976), 59.

第**6**章　世界エネルギー危機と中国石油外交

ノウハウ」が必要だと主張したのである。[17]

　1976年9月の毛沢東の死去は，この変化を加速させた。1977年の全国工業大会にて，毛沢東の後継者として指名されていた華国鋒は，近代技術の輸入に基づく急速な工業化という非常に野心的な構想を打ち出した。華は「大慶油田のような偉大な成功がもっとあれば，世界の近代的な経済技術水準に追いつき，追い越すことができるはずだ」と述べた。そして，1980年までに「10カ所ほどの大慶油田」を新たに建設し，1985年の第六次5カ年計画終了までに石油生産量500万BPDを達成することを約束した。[18]これらの数字はすぐに幻想に過ぎないことが判明したが，華は技術輸入を中国の新しい石油政策の柱に据えたのである。同年末，中国国際貿易促進委員会の代表団がアメリカを視察した際，アメリカが得意とする石油技術に大いに興味を示した。王耀亭は「独立自主というのは，自己隔離を意味するものではない」と述べ，外国の先端技術を取り入れることは「中国の工業化を加速させるためにも有益である」と述べた。[19]

　独立自主の再定義は，今から考えると必然の出来事であった。1977年末のアメリカ石油設備視察団は，中国東北部の掘削装置が1945年のアメリカの規格と同じくらいに時代遅れとなっていることに衝撃を受けた。「中国は西側諸国の掘削装置ならどんなものでも欲しがるだろう」と彼らは分析した。[20]1978年末に大慶一帯の1500もの油井を視察した別の代表団も「彼らは実質的に何の技術ももっていない」と結論づけた。中国の最新鋭油田に関するある報告書には，「粗悪」や「旧式」といった形容詞が散りばめられ，「諸外国から新しい技術を買わなければならないのは明らかだ」と述べている。[21]中国人はもちろん，アメ

---

(17)　Jan-Olaf Willums, "The Development of China's Petroleum Industry", June 23, 1976, "Conference on China's Oil Industry and the Prospect for United States Trade, Houston, 6/20/76, Speechhes" box 118, USCBC, GFL.

(18)　中国共産党中央委員会委員長兼国務院総理である華国鋒の「工業は大慶に学べ」という全国会議での演説（1977年5月9日）」『人民日報』1977年5月13日，2-3頁。

(19)　CCPIT Business Meeting, September 8, 1977, "September 1977-CCPIT from China, Business Meeting (2)," box 125, USCBC, GFL.

(20)　Stephen Harner's Trip Report, undated, "Delegations Department, Petroleum Industry Delegation, 11/77, Trip Report (1)," box 107, USCBC, GFL.

(21)　B. R. Dixon to China File, December 1, 1978, "Delegations Department, Petroleum Industry Delegation, 9/78, Trip Report," box 111, USCBC, GFL.

第Ⅲ部　冷戦，開発と経済援助

表6-3　中国の貿易収支（百万ドル）

年	輸出	輸入
1965	2200	2000
1966	2400	2300
1967	2100	2000
1968	2100	1900
1969	2200	1800
1970	2300	2300
1971	2600	2200
1972	3400	2900
1973	5800	5200
1974	7000	7600
1975	7300	7500
1976	6900	6600
1977	7600	7200
1978	9700	10900
1979	13700	15700
1980	18300	19600

出典：国家統計局『中国統計年鑑』1988年，721頁。

リカが世界一の石油技術をもっていることを熟知していた。1979年以前は国交がなかったこともあり，中国のエネルギー技術輸入に占めるアメリカの割合は10%程度に過ぎなかったが，1970年代後半から中国はアメリカの石油技術を積極的に導入し，アームコ社の海洋掘削装置（1500～2000万ドル），デジタルリソース社の海底探査システム（370万ドル），ヒューズツール社の掘削ビットとカッター（1700万ドル）などを購入した。[22]中国の熱狂的なほどまでの技術輸入は，日本や西欧の銀行から長期融資を受け，対米貿易で10億ドル以上の赤字を出すほどであった。[23]「独立自主」は，借金をして，技術を輸入し，それを習得する，という新しい意味をもつようになったのだ。

3　アメリカ合衆国への傾倒

　1970年代後半，石油は米中戦略関係の支柱となった。アメリカでは，デタント派のサイラス・ヴァンス国務長官に代わり，反ソ連のタカ派であるズビグネフ・ブレジンスキー国家安全保障問題担当大統領補佐官が，ジミー・カーターの主要外交顧問になった。中国では，1977年7月に復職した鄧小平が，華国鋒に代わって事実上の国家指導者となり，1978年12月の中国共産党第11期中央委員会3回全体会議で頂点に昇りつめた。ブレジンスキーと鄧は，発展途上国，特に中東やベトナムにおけるソ連の影響力拡大を警戒していた。ソ連が石油資源を狙ってペルシア湾地域に侵攻し，資本主義圏に再びエネルギー危機をもた

---

(22)　Woodard, International Energy Relations, 82, 548-549.

(23)　Min Song, "A Dissonance in Mao's Revolution: Chinese Agricultural Imports from the United States, 1972-1978," *Diplomatic History*, vol. 38, no. 2 (2014), 428-429 ; De Pauw, *U.S.-Chinese Trade Negotiations*, 5.

第**6**章　世界エネルギー危機と中国石油外交

らすかもしれないという点で，2人の意見は一致していた。[24]1978年7月，大統領の科学技術顧問でブレジンスキーの盟友であるフランク・プレス（Frank Press）は，今こそソ連に「強いメッセージ」を送るべきであるとして，政府関連機関の高官を中心とする大規模な科学代表団を率いて中国を訪れ，前例のない科学技術協力を公式に提案した。[25]鄧の唯一の不満は，その提案が十分「具体的」ではなかったことであった。同年11月，大統領令43号はエネルギー，教育，宇宙，農業，医学，地球科学，商業をアメリカの対中協力分野と定めた。[26]

　米中石油協力をさらに推し進めたのは，上院エネルギー委員会のヘンリー・ジャクソン（Henry Jackson）委員長とジェームズ・シュレシンジャー・エネルギー長官であった。ソ連に対する米中戦略パートナーシップを提唱する2人はデタントに反対し，石油技術協力を通じて中国と協力関係を結ぶことを主張した。1978年2月，ジャクソンは中国を訪れ，鄧小平と2度目の会談を行った。彼は「あなた方の石油開発を助けることは我々の利益」でもあり，「私たちは石油や石炭の開発で最も優れた技術を持っており，協力することができる」と述べた。[27]鄧はうなずきながら，「世界中から近代的な技術と経験を輸入する」ことを約束し，「中米関係が早期に正常化すれば，中米貿易の発展ペースはもっと速くなるだろう」とも付け加えた。[28]同年10月，シュレシンジャーは，フランク・プレスが主導した政府間科学技術協力の一環として中国を訪問した。彼は中国の石油産業の生みの親である余秋里副総理と会談し，エネルギー協力に関する非公式協定を結んだ。この協定は，1979年1月にカーター大統領と鄧小平が署名した科学技術協力の一部となる。[29]シュレシンジャーと余は，1980

---

(24)　このようなソ連に対する脅威認識については，本書の第1章を参照。

(25)　Memo, Press to Brzezinski, March 13, 1978, "China（PRC）, 2-5/78," box 8, Country Files, Brzezinski Material, National Security Adviser, JCL.

(26)　Presidential Directive 43, November 3, 1978, *FRUS, 1977-1980*, vol. XIII, doc. 150.

(27)　Mao Lin, "Sino-American Relations and the Diplomacy of Modernization: 1966-1979" （PhD diss., University of Georgia, 2010）, 447.

(28)　*Deng Xiaoping sixiang nianbian*, 105-106.

(29)　Memo, Schlesinger to Carter, November 27, 1978, *FRUS, 1977-1980*, vol.XIII, doc 157 ; and Government Printing Office, ed., *Public Papers of the Presidents of the United States: Government Printing Office, ed, Public Papers of Presidents of the United States: Jimmy Carter, 1979*（Washington, D.C., 1979）, 200-202.

第Ⅲ部　冷戦，開発と経済援助

年代にソ連の石油生産が予測通り停滞すると，ソ連はペルシア湾地域に侵攻する恐れがあるとの認識で一致しており，この認識が両国のエネルギー協力に政治的な意味をもたせた。ジャクソンとシュレシンジャーは，石油を通じて米中関係を活性化させることに成功したのである。

　1978年11月21日，コースタル・ステーツ・ガス社が中国からの原油購入を発表し，1973年以来，アメリカの石油関係者が切望していた中国からの石油輸入がついに実現した。しかし，その量はわずか360万バレルで，アメリカの1日当たりの石油供給量の6分の1にも満たなかった。中国は5年間で3億4500万バレルの原油を日本に輸出することで合意するなど，アジア近隣諸国に，石油のほとんどを販売していた。中国の対米石油輸出は，対ソ連戦略的パートナーシップの象徴だったのである。1979年1月に米中両国は国交を正常化し，同じ頃，中国はCDC社の大型コンピューター12台（6900万ドル），LTV社の掘削装置7台（4000万ドル），ジオソース社，サーセル社，テキサスインスツルメント社の海底調査システム（3900万ドル）といったアメリカの石油技術の大規模購入に踏み切った。中国がソ連に「一辺倒」してから30年後，今回はアメリカ合衆国に「一辺倒」したわけだが，この過程を円滑化したのが石油であった。

4　海底油田開発と中国のエネルギー危機

　1970年代後半，中国は自国の海洋資源を活用し，石油の生産量を増やすことにした。しかし，海底油田を開発するのは容易なことではない。中国東北地方の陸上油田を採掘するために使っていた旧式のソ連製設備よりも，はるかに高度な近代的技術が必要だったのである。さらに，地底調査から試掘，油井建設，

───────────────

(30)　CIA, *The International Energy Situation: CIA, The International Energy Situation: Outlook to 1985*, ER 77-10240 U, April 1977 ; CIA, *Prospects for Soviet Oil Production*, ER 77-10270, April 1977; CIA, *Prospects for Soviet Oil Production: CIA, Propects for Soviet Oil Production: A Supplemental Analysis*, ER 77-10425, July 1977; and the Ministry of Petroleum Industry, Waishi qingkuang fanying [External Affairs Report] no.36, October 27, 1978, B76-4-1105-69, SMA.

(31)　Kevin Fountain, "The Development of China's Offshore Oil," *China Business Review* 7, no.1 (January-February 1980), 36 ; and Andrew Malcom, "Japan and China Sign 8-Year Pact For $20 Billion Industrial Deals," *New York Times*, February 17, 1978, A10.

第6章 世界エネルギー危機と中国石油外交

サービス提供，輸送，労働者訓練にいたるまで，オフショア石油産業の複雑な
プロセスは，総額数十億ドルの費用がかかるものであった。このプロセスを処
理するには，何年も，あるいは何十年も経験を積んで初めて形になる管理能力
も必要であった。中国は1970年代初めから半ばにかけて，日本，シンガポール，
ノルウェー，アメリカの海洋掘削用の移動式プラットフォームであるジャッキ
アップリグを購入し，国内のリグよりもはるかに深く掘削できるようになった
が，中国のオフショアビジネスが直面する課題を緩和するにはいたらなかった。[32]
技術も資本もノウハウもない中国は，自分たちだけではどうにもならないこと
を自覚していた。そこで，つい最近まで「資本主義の悪の権化」であった外国
の石油企業を誘致し，オフショア合弁事業を行うしか選択肢がなかったので
ある。[33]

　1978年，中国の石油産業は新時代を迎えた。1月，孫敬文石油工業部副部長
と李人俊国家計画委員会副主任を団長とする中国政府高官一行は，日本，ア
メリカを視察し，近代石油技術の調査を行った。中国のエネルギー政策の手綱
を握る石油化学工業部長の康世恩は，この使節団の重要性を理解していた。康
は，この視察団の報告書が届くと，エネルギー分野の有力者で構成される研究
会を開き，報告書を修正して党指導部に提出した。最終報告書は，海洋探査・
開発を加速させる唯一の方法として，「生産分担方式」（外国企業が生産した石油
を産油国と分け合う方式）を提案し，外国企業は可能な限り中国の設備を購入し，
中国の技術者を採用すべきであると主張した。この革新的な提案は，党指導部
に少なからぬ衝撃を与えた。3月26日，華国鋒主席は，この報告書を議論する
会議の議長を務め，1985年までに中国の年間石油生産量を345万BPDに引き
上げるという野心的な計画を達成するため，オフショア事業における海外との
協調を支持した。その際，華は合弁事業による資源開発は「主権に影響するも
のではない」と付け加え，葉剣英，李先念ら他の高官も，華の意見に賛成した。[34]

　1978年の春，中国は早速動き始める。石油工業部は，それまで長年外国との
資源協力に否定的だった姿勢から一転し，「革命的な」決定を下した。アメリカ，

---

(32)　Woodard, *International Energy Relations*, 204.

(33)　Vaclav Smil, *Energy in China's Modernization: Advances and Limitations*（Armonk, NY, 1988), 98.

(34)　Qin Wencai, *Xin ji lan jiang*（Beijing: Xinhua chubanshe), 37-38.

225

第Ⅲ部　冷戦，開発と経済援助

日本，フランスの石油会社を北京に招き，中国の海洋資源の共同探査・開発について協議したのである。この前代未聞の動きは，アメリカの石油関係者の度肝を抜いた。ペンズオイル社のJ・ヒュー・リートケは「私の推測では，この決定は（中国政府内で）非常に高い優先順位をもっていて，目標を達成しなければならないというプレッシャーがかかっているのだ」と述べた。中国は海底資源開発に向けて，企業間の国際競争を促進していた。中国石油総公司の張文彬社長は，あるアメリカ人ビジネスマンに，中国は外国企業に「互いに競争し，誰が最初に石油を発見するか競争するように」奨励していると語った。石油工業部はすぐに多くの企業と交渉を始めると同時に，アメリカ，イギリス，フランス，ノルウェー，日本，ブラジルに代表団を派遣し，各国の海洋技術を研究した。中国近海の大陸棚をめぐる国際競争が始まった。

　海外の石油関係者は，この機会にすぐに飛びついた。1978年末，日本国営石油公社（JNOC）が最初に渤海湾南部での探査権を獲得した。その後，後を追うように数十社の競合企業が現れた。米中関係が正常化した数カ月後には，ARCO社，AMOCO社，Citco社，Union社が中国と同様の協定を結んだ。1979年と1980年には，17カ国から33社がこれに続いた。これらの企業は合計2億ドルをかけて地底探査を行い，そのデータを中国に無償で提供した。データが石油やガスを含む可能性のある地下構造を示していた場合，調査を行った企業に優先的な開発権が与えられるというものであった。1979年12月，中国は日本企業とフランス企業に最初の資源開発契約を与え，渤海湾ではJNOCとエルフ・アキテーヌ社，トンキン湾北東部ではトタルエナジーズ社がこれを請け負うことになった。しかし，これらの契約には特殊性が存在していた。第一に，

---

(35)　Larry Auldridge, "Watching the World," *The Oil and Gas Journal* (September 4, 1978), 56.

(36)　Kenneth Lieberthal and Michel Oksenberg, *Policy Making in China: Leaders, Structures, and Processes* (Princeton, NJ, 1988), 219.

(37)　Hobart Rowen, "China's Oil: Peking Turns to West for Its Technology," *Washington Post* (August 11, 1978), A1, A8.

(38)　Meeting with China Petroleum Corporation, September 23, 1978, "Subject File, CHP Visit to Peking, 9/78," box 338, USCBC, GFL.

(39)　"Exporter's Notes" in *China Business Review* 6, no.1 (January-February, 1979), 66-68 ; no.2 (March-April, 1979), 36 ; no.3 (May-June, 1979), 41.

第6章　世界エネルギー危機と中国石油外交

これらの油田はすでに中国が掘削・開発しており，日本とフランスは生産コストを分担するだけという契約であった。第二に，これらの油田はかなり浅い場所に位置しており，開発が容易であった。第三に，これらの企業は完全または部分的に国有であり，民間企業よりも高いリスクを負うことができた。1970年代末の時点では，中国の海底資源開発事業が今後どのようなものになるのか，まだ不明確な状況であった。

オフショア合弁事業は，中国にとってまさに渡りに船であった。1978年末，鄧小平が「改革開放」に乗り出したとき，中国の石油産業は深刻な問題を抱えていた。数十年にわたる水圧利用の石油採掘に加え，技術革新の停滞，新規油田開発の遅れなどから，中国の陸上石油生産量は1978年から1983年にかけて200万から210万BPDの間で横ばいになっていた。中国最大の大慶油田の石油生産量は，1981年の100万BPDから1985年の110万BPDへと，1980年代前半にわずか10％増加しただけである。華国鋒の「10カ所ほどの大慶油田」を開発するという計画は，夢物語以外の何者でもなかった。このような石油産業の大不振は，中国にとって想定外のものであり，1980年代前半には中国が日本との間に交わした石油売買契約を履行できない結果となった。共産党指導部は，これが悪夢の始まりであることを危惧した。1970年代から1980年代にかけて中国の石油政策を主導した康世恩によると，エネルギー産業関係者は中国が現在の石油生産水準を維持し，将来的に石油輸出国としての地位を維持できるかどうか心配していた。康は，「もし（中国が）石油輸入国になったら，大変なことになる」と述べている。[40] かつて「もう一つの中東」と予想された中国は，今やエネルギーに乏しい国に逆戻りする危機に直面していた。

このエネルギー危機は，中国の「改革開放」を脅かすものだった。中国はエネルギー消費の約4分の3を石炭に依存していたが，1980年代の国内エネルギー需要を満たす重要な天然資源として，石油を重視していた。この10年間で，中国の工業生産高は3倍以上になり，人口は9億8000万人から11億人を超え，エネルギー消費量は60％以上増加した。国内エネルギー需給よりも重要なことは，石油不足は中国の技術輸入計画の阻害要因になり得るということである。中国の石油輸出量は停滞していたが，1979年の第二次石油危機で石油価格が2

---

(40)　Kang Shi'en, *Kang Shi'en lun Zhongguo shiyou gongye*（Beijing: Shiyou gongye chubanshe, 1995），365-366.

第Ⅲ部　冷戦，開発と経済援助

表6-4　中国のエネルギー構成（1970年及び1980年）（％）

	1970		1980	
	生産	消費	生産	消費
石炭	81.6	80.9	69.4	72.2
石油	14.1	14.7	23.8	20.7
その他	4.3	4.4	6.8	7.1

出典：国家統計局『中国通事年鑑』1990年，453頁。

倍以上になったため，石油輸出額は1978年の12億ドルから1981年には47億ドルに増加し，輸出総額の5分の1を超える収入となっていた。[41] しかし，中国は性急な技術輸入による外貨不足に直面し，1985年には150億ドルに達する巨額の貿易赤字となった。共産党指導部は，技術輸入の資金を安定的に確保し，「4つの近代化」を達成するためには，自国の需要が高まる中でも石油を輸出し続けなければならないと考えていたのである。

　この計画が失敗すれば，大きな政治的犠牲を強いられることは明らかであった。中国の指導者たちは，改革開放路線は決して覆すべきでないと決心していたが，石油不足はその経済計画を狂わせるだけでなく，大慶の発見以来，中国のプロパガンダの重要構成要素であった「独立自主」の神話を打ち砕くことにもなる。もしそのような事態になれば，中国政治は混乱し，再び権力闘争が起こり，文化大革命が再来するかもしれなかった。この危機に対処するにあたって，中国には3つの選択肢があった。まず，石油の国内消費を抑制することである。1979年，中国政府は家庭での石油消費を減らすため，全国的な資源節約運動を展開し，その一環として石炭の利用を奨励した。康世恩は「条件が許す限り，今年中に石油を燃やすボイラーをすべて石炭式に変えるべきだ」と主張した。[42] 第二に，経済発展のペースを遅らせることである。1980年代前半，中国の指導者たちは，技術輸入を急ぎすぎたと判断すると，外国人投資家の不満をよそに，しばしば受注をキャンセルしていた。この2つの対策は，効果的ではあったが，石油需給問題の根本的な解決にはいたらなかった。エネルギー問題に対する3つ目の解決策は，中国近海に新たな石油源をみつけることであり，これこそが理想的なシナリオであった。

---

(41)　Larry Chuen-ho Chow, "The Changing Role of Oil in Chinese Exports, 1974-89," *The China Quarterly* 131 (September 1992), 757.

(42)　Kevin Fountain, "The Development of China's Offshore Oil in the Next Decade," *China Business Review*, vol.7, no.1 (1980), 23-36.

第**6**章　世界エネルギー危機と中国石油外交

5　海底資源共同開発の過程

　当然のことながら，中国の海底資源政策は，共産党内で論争を巻き起こした。康世恩は，技術，資本，経験の不足を理由に海外企業との共同開発を正当化する一方で，生産分担方式は中国の海洋・エネルギー主権を放棄することにはならない，と考えていた。そして「主権はまだ我々の手の中にある」と力強く宣言した。彼の主張は最終的に勝利をおさめたが，党内の反発がないわけではなかった。1978年2月，中国がまだ外国企業の協力を得てオフショア事業を行うかどうかを検討していた頃，李先念副首相は，康世恩，余秋里，谷牧副首相ら党内の「エネルギー閥」に対し，外国の「資本家」や「帝国主義者」が，中国の「少しばかり不十分というわけではなく，非常に不十分」な知識と経験につけ込むことを恐れている，と表明している。「狼と交渉するには，狼のように吠えることを学ぶべきだ」というわけである。さらに李は，資源協力は中国を外国企業の技術に依存させることになりかねないといい，「独立自主の原則を前提に，世界の最新技術を輸入すべきだ」と主張した。このような懸念は，単に李の個人的な不安ではなく，中国政府関係者，特に保守派の間で広く共有されていた。

　1979年と1980年に起きた2つの事件は，中国の海底資源開発をさらに難しくした。1979年11月25日，大嵐とそれに対する誤った対応が重なり，渤海湾のジャッキアップリグ「渤海Ⅱ」が大破し，乗組員74人のうち72人が死亡した。この悲劇は，政治的な粛清につながった。石油大臣の宋振明は罷免され，他の4人の官僚も投獄された。また，余秋里は国家計画委員会から国家エネルギー委員会に異動させられ，国家経済委員会主任を辞任した康世恩は宋の後任として石油大臣に就任するなど，降格人事も多くみられた。渤海Ⅱ事件から2カ月も経たない1980年1月25日，ニューヨークの中国系英語新聞 *China Daily News* は，渤海湾における日中の契約について，JNOC は数カ月で投資費用を

---

(43)　国務院『海上石油探査調整会議報告』1979年11月8日，B1-9-67-122，SMA。周永康編『康師恩の中国石油産業に関する議論』（北京，中国），348頁。

(44)　*Jianguo yilai Li Xiannian wengao*, vol.4（Beijing: Zhongyang wenxian chubanshe, 2011), 84.

229

第Ⅲ部　冷戦，開発と経済援助

回収し，2000年まで数千億ドル規模の石油をタダで獲得できるという虚偽の内容で批判した。この報道が中国で知られるようになると，鄧小平は国家エネルギー委員会と国家輸出入管理委員会に，JNOC との取引の経済的メリットを対外的に説明するよう指示した。[45] 渤海Ⅱ事故および英語新聞報道事件は，いずれも海底資源共同開発に伴う政治的リスクを浮き彫りにした。

　中国が最も苦労したのは，イデオロギー面の調整であった。1980年，鄧小平の経済改革を批判した保守派の陳雲は，中国は近代化に基づく「物質文明」だけでなく，社会主義に基づく「精神文明」を築くべきであると主張した。つまり，中国は資本主義の技術のみを輸入すればいいのであって，その中にある思想は輸入してはならないということである。陳雲の警告は，石油業界にも適応されることになる。たとえば，秦文彩石油副部長は，すべての外国人技術者が「資本家の代理人」というわけではなく，外国の協力は「屈服」ではないとしつつも，外国の技術者とともに仕事をする中国の技術者は「資本主義思想に蝕まれないよう注意しなければならない」と注意を促した。[46] 李先念の外国資本家に対する不信感も，陳と同じような懸念から生まれていた。李は1981年，余秋里に，海底資源共同開発の「重要性と複雑性」は，日本の新日鉄の援助で設立された宝山鋼鉄を「はるかに凌駕する」と書いている。李は，「外国の資本家も資本家である」ことを肝に銘じなければ，「主権，資源，経済（という問題）で失敗する」かもしれないと警告した。[47] このように，中国側はオフショア共同事業について議論を続け，具体的な次の一手を打てないままであった。

　中国は決断を迫られつつあった。1980年半ば，外国企業は珠江口（南シナ海北部）および英虞湾（黄海南部）で計43万平方メートルを探査し，1979年以来合意していた地質探査をすべて完了した。このデータをもとに，中国のエネルギー関係者は，この地域の石油開発の可能性について熟慮を重ねる。1981年1月，彼らは資源開発協力に関する一連の会議を開催し，17日後，調査・開発権の国際入札に打って出るべきだ，と結論を出した。落札者は，その地域の探鉱，開発，生産の権利を得ることができる。事業の財政的，法的，技術的複雑性から，入札開始は1年近く延期されたが，中国政府関係者は楽観的姿勢を崩さな

----

(45)　Qin, *Xin ji lan jiang,* 206.

(46)　Qin, *Xin ji lan jiang,* 12-13.

(47)　*Jianguo yilai Li Xiannian wengao,* vol. 4, 225.

第**6**章　世界エネルギー危機と中国石油外交

かった。康世恩は，1985年以降，中国における石油の主な供給源は陸上から洋
上に移行するだろうと予想していた。彼の計画によると，渤海湾やトンキン湾
の油田は1986年に生産を開始し，間もなくその潜在能力を最大限に発揮するだ
ろうが，南シナ海の油田はさらに数年を要するとした。[48] 中国側は海底油田に大
きな望みを託していたのである。

　外国の石油企業は何カ月も待たされ，我慢の限界に達していた。1979年のイ
ラン革命とソ連のアフガニスタン侵攻により，新たな石油資源の確保が急務と
なり，1980年代初頭には世界的な石油産業の不況により，資金繰りが厳しく
なっていた。中国の海底石油埋蔵量の正確な数値は誰にもわからず，中国の陸
上埋蔵量に匹敵する約390億バレルという保守的な推定から，サウジアラビア
に匹敵する1000億バレルという根拠に乏しい主張まで，さまざまであった。ア
メリカによる試算では，北海油田の埋蔵量（100〜300億バレル）や米国の石油埋
蔵量（300億バレル）を上回ってはいたが，中国沿岸の大陸棚から石油を採掘す
るのは，これらの地域よりもはるかに困難であった。外国石油企業は，中国の
海洋ベンチャーが，北海油田のようにうまくはいかないだろうと考えていた。
しかし，中国が外国技術で海底石油を採掘する方針である限り，撤退すること
はできなかった。[49]

　1982年初頭，ようやく事態が動く。1月，中国政府は「中華人民共和国対外
合作採掘海洋石油資源協力条例」を制定し，海底資源開発協力の基本的枠組み
である「モデル契約」を発表した。翌月，中国はオフショア事業の責任法人で
ある中国海洋石油総公司（CNOOC）を設立し，秦文彩が総裁に就任した。
CNOOC設立の翌日，北京は南黄海の北部と珠江河口の一部で，第1回国際入
札の実施を発表した。同年3月には，南黄海の南部，トンキン湾南部，英虞湾
西部など，さらに多くの地域を入札の対象とする。日本との領有権争いのため，
東シナ海全域は入札対象外としたが，南黄海と南シナ海の指定区域は5万8000
平方マイルに及んだ。入札に参加したのは，1979年から1980年にかけての調査
に参加した十数カ国の企業，計46社である。これらの会社は入札書類を受け取
るため，5月に中国へ代表者を派遣した。

----

(48)　康世恩『康世恩』373-375頁。

(49)　Thomas J. Lueck, "Plumbing China Oil Reserves," *New York Times*（August 18, 1983），
　　D1, 2.

第Ⅲ部　冷戦，開発と経済援助

　外国石油企業関係者は，中国側が提示した契約書内容に驚きを隠せなかった。
契約後5～7年以内に海洋探査を行い，地質調査から試掘まですべての費用を
負担することが義務づけられていたほか，石油がみつかった場合には，
CNOOCと生産分与の交渉をすることになる。外国企業とCNOOCは，生産
された石油の50%を「コスト・オイル」として，探鉱・開発・生産のコストを
回収する。すべてのコストが回収されると，「プロフィット・オイル」を分け
合うことになり，CNOOCが51%，外国企業が49%を取得する。12.5%の使用
料（ロイヤルティ）税と5%の消費税を考慮すると，中国の海底資源開発事業は，
利益が全く保証されないハイリスクなビジネスのようにみえた。また，中国は
契約終了後，設計からソフトウェア，データにいたるまで，すべての技術の移
転を要求した。それに加え，外国企業は，中国の技術者が技術や経営スキルを
学ぶための取り決めに則り，可能な限り中国の設備や人材を使わなければなら
なかった。[50]つまり，中国は外国企業に資金負担を強い，オフショア技術を習得
し，運が良ければ石油を手に入れることができる。原油価格が世界的に下落傾
向にある中，国内のエネルギー需要が高まり，政情が不安定な中国のような国
において，リスクの高いオフショア事業に長期的に取り組むことには，多くの
企業が難色を示した。しかし，最終的に，この賭けに参加する判断を下さざる
をえなかった。1982年8月，米国の15社を含む数十社が入札に応募した。

　数カ月の交渉の後，1983年5月，中国は珠江河口域の最初の海洋開発契約を，
ブリティッシュ・ペトロリアム社（BP）を中心とする国際石油会社グループに
発注した。BP社は，この海域での大規模生産が可能であるとしても，その開
発には少なくとも10年はかかると見積もっていたが，この契約自体は記念すべ
きものであった。BPのグループ会社であるペトロカナダ社のウィルバート・
ホッパー会長は，この事業を「非常に有益なもの」と評価している。[51]BPの広
報担当者であるラス・ヒルは，「私たちの考えでは，中国沖の石油埋蔵量は，
少なくとも北海，おそらくそれ以上になるだろうと考えて」おり，中国近海は
「非常に魅力的な可能性を秘めている」と語っている。[52]BP社に続いて，アメ

---

(50)　Stephanie R. Green, "Offshore Business," *China Business Review*, vol. 9, no. 3 (1982),
　　17-19.

(51)　Christopher S. Wren, "China Sets Offshore Oil Accord," *New York Times* (May 11,
　　1983), D1, 6.

232

第**6**章　世界エネルギー危機と中国石油外交

リカ，日本，フランスの企業が相次いで契約を
結んだ。しかし，公の場での発言とは裏腹に，
これらの石油企業は決して浮かれてはいなかっ
た。厳しい契約内容，原油価格の下落，石油発
見の見込みの薄さという三重苦が，中国のオフ
ショア事業をかつてないほど危険で収益性の低
いものにしてしまった。「重要なのは，とにか
く石油を見つけることだ。両者とも（我々も中
国も），できるだけ早く石油を発見したいのだ」
と，あるアメリカ人幹部は漏らした。[53]

　結論からいうと，外国企業の目論見は期待外
れに終わった。1980年代前半，外国企業は中国
近海の大陸棚に17億ドル以上を投じて海洋探査
を行った。150本の試掘井を掘削し，そのうち

表6-5　大慶油田の石油生産
量（1,000 BPD）

年	生産量
1970	365
1971	460
1972	526
1973	580
1974	708
1975	797
1976	867
1977	867
1978	868
1979	875
1980	887

出典：Chen Guangyu, *Daqing
youtian zhi* [Daqing oilfield
gazette] (Harbin: Heilongjiang
renmin chubanshe, 2009), 264.

約3分の1が石油やガスを発見した。しかし，これらの油田のほとんどは生産
量が少なく，商業的に成立しないことが判明した。10億バレル以上の石油埋蔵
量をもつ巨大油田は，トタル社の潿洲10-3（トンキン湾），日中石油開発公社
（JCODC）の城北油田とBZ28-1（ともに渤海湾）の3つだけであった。1984年
11月に中国が発表した第2回入札は，第1回入札に比べ，海外の石油関係者の
注目度が著しく低かったのも不思議ではない。さらに，中国の石油確認埋蔵量
は1985年から1988年にかけて170億バレル強で横ばいとなり，1989年には減少
に転じた。最も致命的だったのは，世界の原油価格が1985年の27.6ドル／バレ
ルから1986年には14.4ドル／バレルに急落し，世界各地でのオフショア事業が
不要になったことである。中国の石油の夢は，ほとんど消え去ってしまった。

　中国のエネルギー需給バランスが再び危うくなると，中国政府は他の石油源
の開拓を急ぐことになった。最大の望みは，海洋開発の原因でもある，華北お
よび東北地方の陸上油田である。1980年代初頭の時点では，投資不足が深刻で，
より深い深度や複雑な構造，遠隔地にある石油の検出や抽出ができなかった。
陸上石油生産を再活性化するため，中国共産党の胡耀邦総書記をはじめとする

---

(52)　Lueck, "Plumbing China Oil Reserves."

(53)　Kim Woodard, "The Drilling Begins," *China Business Review*, vol.10, no.3 (1984), 25.

233

第Ⅲ部　冷戦，開発と経済援助

表6-6　世界の原油価格（現在のUSD／バレル）

年	価格	年	価格
1970	1.80	1983	29.55
1971	2.24	1984	28.78
1972	2.48	1985	27.56
1973	3.29	1986	14.43
1974	11.58	1987	18.44
1975	11.53	1988	14.92
1976	12.80	1989	18.23
1977	13.92	1990	23.73
1978	14.02	1991	20.00
1979	31.61	1992	19.32
1980	36.83	1993	16.97
1981	35.93	1994	15.82
1982	32.97	1995	17.02

出典：BP Statistical Review of World Energy 2022.

高官たちは，大規模な技術更新を呼びかけた。[54]1981年から1984年にかけて，北京は世界銀行の融資を受けながら2600万ドル以上を投じて，アメリカから400台以上の水中ポンプを購入し，大慶油田の生産量アップと新規油井の掘削を可能にした。[55]さらに，唐柯石油工業部長と大慶市長の李玉剛は，1984年にアメリカを視察し，陸上石油技術を学んだ。帰国後，中国はアメリカからの設備やサービスの購入を大幅に増加させ，1985年にはピークの3億7260万ドルに達した。この新しい投資により，大慶は21世紀を迎えるまで947〜965千BPDの安定した生産を維持することができたのである。

　陸上油田の再開発に加え，新たな油田・炭鉱の開発により，中国政府は海底資源開発が軟着陸する時間を稼ぐことに成功した。1987年，中国の海底石油生産量は，城北の7万2000BPD，涠洲10-3の7000BPDなどを合わせて14万2000BPDに達し，石油生産量全体の約5％を占めるようになった。同年，アジップ社（イタリア），シェブロン社，テキサコ社のコンソーシアムが珠江流域で恵州21-1の開発契約を結び，同油田は1990年代前半に2万BPDを生産することになった。1988年には，渤海湾にあるJCODCのBZ28-1が稼働し，2万2000BPDの生産能力をもつようになった。これらの小さな成功例が，外国石油企業の希望の光となった。1989年，北京が中国の主権下にある東シナ海の一部について予備調査の開放を宣言すると，エクソン，BP，フィリップスなどの企業はすぐに関心を示した。その間，中国は海洋技術の内製化を急ピッチで

---

(54)　David Denny, "China's Oil Industry Charts a New Course," *China Business Review*, vol.12, no.1 (1986), 14-18.

(55)　Christopher S. Wren, "China's Race to Keep Pumping Oil," *New York Times* (April 22, 1984), F9.

第**6**章　世界エネルギー危機と中国石油外交

進めていた。1987年，CNOOC は渤海湾北部の油田を独自に発見，開発し，綏中 36-1 と命名した。地質部も1980年から1990年にかけて東シナ海で16本の油田を掘削し，そのうち13本で石油やガスを発見している。中国にとって，海底資源開発はもはや自分たちだけの手の届かない存在ではなくなっていた。

表6-7　1985年の油田別石油生産量（BPD）

油 田	生 産
華 北	175.78
大 慶	923.04
勝 利	396.52
遼 河	130.97
新 疆	77.55
大 港	54.63
重 慶	24.47

出典：国家統計局『中国通事年鑑』1986年，342頁。

　こうして中国は，エネルギー需給の綱渡りに成功した。1980年代，中国の石油生産量は200万BPD から280万 BPD に，石炭生産量は7億トンから12億トンに増加した。このような急拡大をもってしても，資源輸出による多額の外貨獲得はおろか，自国のエネルギー収支の悪化を回復させるにはいたらなかった。しかし，海底資源開発があまり芳しい成果をあげられなかったことを補って余りあるものだった，ということはできるだろう。1980年からの10年間で，外国企業は中国のオフショア事業に27億ドル（探査22億5000万ドル，開発4億5000万ドル）を投資し，400キロメートルの地質探査を行い，220本の油井を掘削した。その結果，63億4000万バレルの石油と1200億立方メートルのガスが発見された。[56] しかし，10年後の時点で，石油を生産している油井は3つ，建設中の油井は2つ，開発中のガス油井は6つだけであった。この結果は期待外れだったことは否めないが，大失敗というほどではなかった。この10年間で，CNOOC は石油の販売とサービス契約から18億ドルを稼ぎ，資本と技術を蓄積して，自らオフショア事業を拡大した。[57] 中国の海底資源の野望は潰えたが，その野望を実現するための努力は，少なくとも部分的には報われたといえるだろう。

6　石油と中国経済の「奇跡」

　1970年代から1980年代にかけての2つの「石油危機」，すなわち世界の原油価格の急騰と急落は，中国の経済体制を一変させた。1973年以前の中国は「独

---

(56)　康世恩『康世恩』543頁。

(57)　Qin, *Xin ji lan jiang*, 27.

第Ⅲ部　冷戦，開発と経済援助

立自主」という枠組みの中で世界経済と限定的に関わりをもつ国家であった。しかし，1970年代の世界的なエネルギー危機を契機に，中国は大きく変貌を遂げる。国内外で共有された中国の石油に対する幻想は，その幻想を現実のものにするための技術貿易を推進し，中国を経済的にも政治的にも資本主義圏に徐々に取り込んでいった。改革開放が正式に開始される以前から，中国のエネルギー部門は合弁事業の新時代を迎えており，20年近く外国企業との関わりを最小限に抑えてきたこの国にとって，もはや後戻りできない状況となった。「独立自主」は政治的レトリックとして存続したが，その概念はますます拡張されていった。1980年代の終わりには，中国経済とグローバル経済の統合は不可逆的な軌道に乗っており，1989年の天安門事件はその速度を若干遅らせただけであった。

　中国の急速な経済成長は，決して予定調和ではなかった。1970年代後半，中国がエネルギー危機に直面したとき，ソ連崩壊の引き金になったような経済的苦境に陥る可能性があった。ソ連は1970年代の世界的なエネルギー危機で大きな利益を得たが，ソ連からの石油輸出に依存していた東欧衛星国は，同様の恩恵にあずかることができなかった。1980年代半ばの原油価格の暴落とそれに伴うソ連財政の悪化は，ソ連圏全体を欧米資本に深く依存させ，やがて社会主義を崩壊させる経済改革を引き起こした。[58]中国も，1970年代末には技術輸入の増加で未曾有の負債を抱えており，最大の収入源は石油輸出だった。1980年代半ばに石油バブルが崩壊すると，中国もロシアや東欧のようにエネルギー不足と外貨不足の二重苦に悩まされる。しかし，中国はこの危機を耐え抜いた。1980年代を通じて，陸上油田への再投資とオフショア事業によって，中国の石油生産量は緩やかながらも着実に増加し，技術移転も安価に行うことができた。1993年に中国が石油輸入国になった頃には，中国は「世界の工場」として，貿易黒字を積み上げていた。

　中国はなぜ，ソ連と同様の運命を回避し得たのだろうか。1980年代半ばまで，中国に石油戦略というものはほとんど存在せず，東シナ海や南シナ海の大陸棚が，いつか中国を石油大国にするという夢物語が前提だった。しかし，中国がその夢物語を現実にするためには，外国企業の技術を吸収する必要性と，外国

────────────

(58)　この点については，以下を参照。Michael De Groot, "The Soviet Union, CMEA, and the Energy Crisis of the 1970s," *Journal of Cold War Studies*, vol. 22, no.4 (2020), 4-30.

第**6**章　世界エネルギー危機と中国石油外交

企業に依存してしまうことへの嫌悪感との間で，微妙なバランスを取る必要があった。この点をめぐり，中国共産党指導部の中で激しい論争が繰り広げられることになる。しかし，中国は片方の方針に傾くことはなかった。もし，独立自主の原則を投げ捨てて海外からの融資や債権を増やしていれば，1980年代前半に中南米を襲ったような金融危機によって，改革開放路線そのものが突如として終焉を迎える可能性があった。一方，財政悪化の際に技術輸入や合弁事業を停止していれば，エネルギー危機で甚大な被害を受け，世界経済から孤立してしまう可能性があった。1970年代から80年代にかけての中国の石油政策の舵取りは，多様な経済思想をもつ政策立案者が場当たり的，漸進的に行ったからこそ，エネルギー危機を乗り越えることができたのである。この意味で，中国の経済成長はまさに「奇跡」であったといえる。

第7章
インドの「緑の革命」・世界銀行と石油危機
——化学肥料問題を中心に——

秋 田 　 茂

1 「緑の革命」と石油危機

　本章は，1970年代のインドにおける「緑の革命」（The Green Revolution）と農業開発の進展を，石油危機との関連で再考する。なぜインドは，1970年代の石油危機という困難な状況の下で，事実上の食糧生産の自給を実現できたのだろうか。いかなる要因が，1970年代のインドの農業開発の進展に貢献したのだろうか。

　1960年代半ばに，インドは「食糧危機」に直面したが，大規模な国際的な援助，とりわけアメリカの食糧援助である公法480（PL480）を通じた史上最大の小麦援助を得て危機を乗り切っていた[1]。この危機の間にインド政府は，経済開発の優先順位を，資本財生産を中心とした重化学工業化（いわゆるビッグ・プッシュ型工業化戦略）から農業開発へと変更した[2]。その政策の変更は，1960年代末のインドにおける「緑の革命」の始まりと位置づけることができる[3]。

[1]　秋田茂『帝国から開発援助へ——戦後アジア国際秩序と工業化』（名古屋大学出版会，2017年）第4章；David C. Engerman, *The Price of Aid: The Economic Cold War in India* (Cambridge, Massachusetts: Harvard University Press, 2018), chap.7.

[2]　絵所秀紀「独立後インドの経済政策とマクロ経済パフォーマンス」長崎暢子編『世界歴史大系南アジア史4——近代・現代』（山川出版社，2019年）259-266頁。

[3]　C. Subramaniam, *Hand of Destiny: Memoirs, Vol. II: The Green Revolution* (Bombay: Bharatiya Vidya Bhavan, 1995); Nick Cullather, *The Hungry World—America's Cold War Battle against Poverty in Asia* (Cambridge, Massachusetts: Harvard University Press, 2010), chap.9. 柳沢悠は，インドで農業問題・農村開発は，独立直後の第一次五カ年計画で重視された点に着目し，1950年代の農業政策との連続面の脈絡で60年代末の「緑の革命」を把握している。柳沢悠『現代インド経済——発展の淵源・軌跡・展望』（名古屋大学出版会，2014年）第5章。

第Ⅲ部　冷戦，開発と経済援助

　しかし，1973〜74年にインドは，第一次石油危機により引き起こされた経済不況の中で，農業開発にとり不可欠な必需品である化学肥料の不足に直面した。農業用化学肥料は石油化学産業の主要な副産物である。(4)いかにして，インド政府は，グローバルな経済危機の下でこの化学肥料不足の問題を解決したのだろうか。本章は前半で，インドに対する対外経済援助，特に，マクナマラ総裁（1968〜81年）が率いた世界銀行グループ（国際開発復興銀行 IBRD と国際開発協会 IDA）からの経済援助に着目し，1970年代のアジア国際経済秩序が変容していく過程での「緑の革命」と発展途上国における農業開発の意義を考察する。第一次石油危機（1973〜74年）時のインドは，輸出と貿易外収支の増加を通じて経済的危機を克服し，1974〜77年にかけて年率27％の輸出の伸長と，ペルシア湾岸諸国からの海外送金の劇的な増大を通じて，例外的な貿易黒字を達成した。だがこの好循環も，1979年の第二次石油危機により反転し赤字に転落した。インドは，1970年代末〜80年代初頭の二度目の経済危機をどのようにして乗り越えたのであろうか。後半では，二度の石油危機に対するインド政府独自の対応を，1980年代初頭に始まる国際通貨基金（IMF）の「構造調整」政策と関連づけて考察する。

2　1970年代のインドの経済開発
——重化学工業化から農業開発へ——

　インドの経済開発の優先順位は，食糧不足による飢饉の脅威に直面した1965〜67年の食糧危機の直後に，重化学工業化から農業開発に移行した。第三次五カ年計画（1961〜65年）の後半段階で，重化学工業化（ビッグ・プッシュ型工業化戦略）の遅れに悩む中でインド政府は，資本財生産に力を入れた。同時期のインドは，モンスーン期の天候不順（少雨）による2年連続の旱魃と主要穀物の不作に直面した。こうした深刻な経済状況の下で，インド政府は「計画中断」（Plan Holidays）宣言に追い込まれ，立案中の第四次五カ年計画の内容と経済戦略自体の再考を余儀なくされた。1966〜69年度初めまでの3年間，1年限りの

---

(4)　Michael Tanzer, *The Political Economy of International Oil and the Underdeveloped Countries* (London: Temple Smith, 1969), chap.19.

(5)　Patrick Allan Sharma, *Robert McNamara's Other War: The World Bank and International Development* (Philadelphia: University of Pennsylvania Press, 2017).

第7章 インドの「緑の革命」・世界銀行と石油危機

年次計画が作成され遂行された。1966年1月には首相シャストリ（R. B. Shastri）が急死したため，インディラ・ガンディーが急遽後継首相となった。彼女は1966年6月に，前政権時代にアメリカの圧力を受けて立案されていた政策をそのまま継承する形で，ルピー通貨の大幅切下げと一連の経済自由化措置（製造業ライセンス品目の規制緩和，輸出奨励金の削減，輸入関税の引下げ）を実施した[6]。

1969年4月21日に，待望の第四次五カ年計画がインド立法府に提出された。これは，1967年9月に任務を引き継いだ新たな計画委員会（ガドギル〈D. R. Gadgil〉副委員長）が作成した計画案であった。その新委員会は，15年間に及ぶ計画的な経済開発を終えた後のインド経済に必要なものを徹底的に再検討するために，3年間の「計画中断」を最大限に活用した。第四次五カ年計画の当初案は大きく変更されたが，その重要な変更点は以下の2点にあった。①1966～71年の当初の計画案と比較した場合，公共部門からの経費支出と外国からの援助総額が比較的穏当な規模であること。後者の対外被援助予定額の修正は，公共部門の開発のための資金が，外国からの援助と赤字財政への過度の依存から，国内資金重視に移行することを意味した，②とりわけ経済開発の過程で，農業・小規模工業・運輸業では民間部門投資の増大に期待した。この新計画は，当時インドが直面していた経済問題とその解決を図る上で，以前の計画よりもはるかに現実主義的であった。

第四次五カ年計画の資金調達に関して，「開発資金全体に占める援助金額の割合が（第三次計画の28％，当初の第四次計画の29％，3年間の年次計画期間中の約40％から）17.5％に低下したこと[7]は，自立を達成するという国家の基本方針を反映していた。農業生産の伸びによって1971年以降は段階的な削減が予想される，贈与の性格が強い食糧援助を除くと，援助実額の減少は，外国援助の利用

---

(6) 絵所，前掲論文，264頁。

(7) 1968年9月に，駐印アメリカ大使のチェスター・ボールズは，外国援助への依存率を，1966～67年が41％，1967～68年が45％という数値を指摘している。彼は依然として，1968～69年の年間計画におけるインド政府開発計画の資金調達の3分の1以上を占めていた外国援助の重要性を強調していた。以下を参照。Airgram A-1454 from AmEmbassy NEW DELHI to Department of State, September 13, 1968, "GOI Annual Plan for 1968-69," by Chester Bowles, p.4, E 2-2 GER-E 1/1/67 BOX 624, The US National Archives and Research Administration, College Park-Maryland: NARA II（以下 NARA II と略記）。

241

第Ⅲ部　冷戦，開発と経済援助

可能額のより現実的な査定と，債務返済の負担増大への懸念を映し出していた」[8]。当初計画案の慎重な修正を経て，農業部門の重要性を強調し，小麦と米（基本食糧）のさらなる増産と最終的な食糧自給を目標とした新第四次五カ年計画は，1969年から開始された。

　この第四次五カ年計画が始まるちょうど1年前に，インドの国内食糧生産は回復して年間9500万トンの水準を達成し，1971～72年には1億トンの大台を突破した。この大幅な国内食糧生産の増加により，穀物の輸入量，特にPL480を通じた食糧輸入は減少傾向にあった。もちろん食糧輸入が完全になくなったわけではないが，1960年代末からインドは穀物生産の自給に向かって着実な一歩を歩み始めた。

　1960年代の後半に，アメリカ政府のPL480食糧援助は，食糧危機下でのインドの経済開発で非常に重要な役割を果たした。アメリカのジョンソン政権は，史上初めて，インドの経済政策，とりわけ農業政策に強力な影響力をおよぼす政治的圧力の手段としてPL480を駆使した。ジョンソンの「短期つなぎ止め」政策（short-tether policy）は，インドの農業政策をより自由主義的な方向に転換させる上で非常に有効であった[9]。

　しかし，たとえ開発政策の転換に対する外的諸要因の効果を認めるとしても，インド経済の変容，特にインド農業の近代化と「自立」を実現するためには，国内的な誘因や政策努力が不可欠であった。幸いにもインドの食糧危機は，1967～68年のモンスーン期の良好な天候回復により終焉した。だがそれに加えて，シャストリ政権下での第三次五カ年計画の最終段階で，精力的な農業政策改革の試みが着手されていた。その改革で強力な指導力を発揮したのが，食糧農業相のスブラマニアム（C. Subramaniam）であり，その改革派には，世銀やアメリカ政府との交渉を担当したガンディー政権内部の親英米派，経済計画委員会委員長のアショク・メータ（Ashok Meta），有力な財務官僚（後のインド連邦準備銀行総裁）ジャハ（J. K. Jha），大蔵大臣（後にガンディー政権で副首相を務め

---

(8)　Airgram A-299 From AmEmbassy NEW DELHI to Department of State, May 1, 1969, "India's Revised Fourth Five-Year Plan," by Whathesby, pp. 2-14, E 5 INDIA 1/1/67 BOX 624, NARA II.

(9)　Shigeru Akita, "The Aid-India Consortium, the World Bank, and the International Order of Asia, 1958-1968," *Asian Review of World Histories*, 2-2 (2014), 217-248.

第7章　インドの「緑の革命」・世界銀行と石油危機

る）モラージ・デサイ（Morarji Desai）も加わった。1958年にインド援助コンソーシアムを立ち上げた駐米インド大使ネルー（B. K. Nehru）も，インド政府とジョンソン政権の仲介に努め，大統領安全保障特別補佐官のロストウ（W. W. Rostow）や，駐印アメリカ大使のチェスター・ボールズ（Chester Bowles）とも緊密に協力した。彼らの非常に巧妙な経済外交の展開によって，インドのインフラ整備に必要な資金の確保が可能になったのである。

　ところで，「緑の革命」のスムースな開始と継続のためには，3つの基本的な必要条件，すなわち，①高収量品種（HYVs）の導入，②化学肥料の集中的使用，③灌漑設備の整備，特に管井戸の掘削と水汲み上げのポンプ稼働用電力の確保，が不可欠であった。本章ではこの3条件の中でも特に，2番目の化学肥料の集中的な大量使用に着目する。というのも，「緑の革命」と化学肥料使用の課題は，インド政府が第三期五カ年計画まで強力に推進してきた重化学工業化，とりわけ化学肥料工場の新増設を通じた化学肥料の国産化と直結しており，それ自体が1970年代の二度の石油危機と最も緊密な関係を有し，その影響を被ったからである。

　インドに対する多角的援助の枠組みである世界銀行（以下，世銀）が主導したインド援助コンソーシアムは，特に食糧危機を克服して，インドの農業開発を促進するためには不可欠な存在であった。世銀は，1967年4月にパリで開催

---

(10)　Chester Bowles, *Promises to Keep-My Years in Public Life 1941-1969* (New York and London: Harper & Row, Publishers, 1971), Part IV: Ambassador to India ; Chester Bowles, *A View from New Delhi—Selected Speeches and Writings by Chester Bowles* (New Haven and London: Yale University Press, 1969), section two ; B.K. Nehru, *Nice Guys Finish Second* (New Delhi: Viking, 1997), Part VIII.

(11)　化学肥料の主要栄養素について概観しておく。窒素肥料（N）は，ハーバー・ボッシュ法で生成されるアンモニア（NH_3）から製造される。そのエネルギー集約的製造過程で，通常天然ガス（CH_4）から水素が，空気から窒素（N_2）が供給される。アンモニアは，他のすべての窒素肥料の供給原料（feedstock）として使用される。すべての燐酸肥料（P）は，リン酸イオン（PO_4^{3-}）を含有する鉱物からの抽出で得られる。燐酸を含有する最も一般的な鉱物は，燐灰岩（phosphate rock）である。カリ肥料（K; K_2O）は，カリウム含有鉱物の混合であり，水溶性である。カリ肥料は，通常は塩化カリウム，硫酸カリウム，炭酸カリウム，あるいは硝酸カリウム（硝石）である。

(12)　柳沢悠は，菅井戸灌漑の普及が「緑の革命」にとり決定的に重要であったとする。柳沢，前掲書，122, 127頁。

243

第Ⅲ部　冷戦，開発と経済援助

された「食糧援助コンソーシアム」で主導権を発揮し，食糧援助への協力を求めて，コンソーシアム加盟国だけでなく非加盟国にも強力な働きかけを行った。食糧危機の直後の1968年に，世銀総裁がジョージ・ウッズ（George Woods）からロバート・マクナマラに替わったが，彼の長期にわたった総裁在任期間（1968〜81年）中の1970年代に，世銀のミッション（使命）と活動は劇的に変化した。[13]世銀グループ，特に国際開発協会（IDA）は，インドを含めた発展途上国に対する資金供与を以前の10倍以上に増やした。[14]世銀のミッションは，利潤追求型の産業融資や資本集約的工業化プロジェクトへの資金援助（プロジェクト融資）から，農業開発や社会開発，公衆衛生・初等教育の拡充・家族計画推進のような「貧困削減」支援へと変化した。とりわけ，発展途上国での農業開発が，経済援助計画の重点目標として強調されるようになった。こうした歴史的脈絡で，本章は，1970年代のインドにおける「緑の革命」の進展と化学肥料の供給・生産（輸入代替国産化）との緊密な関係性に着目する。

3　第一次石油危機時のインド経済

　インド経済は1972〜73年に困難な時期を経験しつつあった。工業部門の停滞に加えて，インドの農業生産は，同年の旱魃で打撃を受けた。翌1973年は順調なモンスーンに恵まれたため秋季の収穫は良好であったが，食糧事情は厳しい状況が続いていた。農作物の不足は，冬季の降雨量の不足だけでなく，化学肥料と電力の深刻な不足，灌漑井戸のポンプ稼働用ディーゼル燃料の不足によりもたらされていた。この国内的な経済危機に石油危機による世界的な商品価格の高騰が重なって，1973〜74年度にかけて，独立後最悪の年率25％に及ぶ激しいインフレが生じて，インドの経済開発計画は大きな打撃を受けた。

　1950年代末の国際収支の危機以来，外貨不足が，インドの経済開発計画を遂行する上で最も深刻な制約要因になっていたが，石油危機による商品価格の高

---

(13)　Patrick Allan Sharma, *Robert McNamara's Other War: The World Bank and International Development* (Philadelphia: University of Pennsylvania Press, 2017).

(14)　S. Guhan, "The World Bank's Lending in South Asia," in Devesh Kapur, John P. Lewis and Richard Webb, eds., *The World Bank: Its First Half Century*, vol. 2, *Perspectives* (Washington D.C.: Brookings Institution Press, 1997), chap.8, 317-384.

騰により，国際収支問題は一層深刻さを増していた。インドの輸入額において石油輸入が占めた比重は大きく，1972〜73年度において，原油および石油製品の輸入額は2億6500万ドルと商品輸入額の約10％を占めた。その比重は，1973〜74年度は6億2500万ドル（同18％），1974〜75年度には13億ドル（同26％）に達すると予測されていた。すでにインド政府は，短期の対策としては，石油製品価格の値上げ，さらに可能な場合は燃料を石油から石炭に転換することで，石油消費量の減少を促す措置を取っていた。石油消費の大半が，化学肥料生産の供給原料や灌漑用ポンプ・農業機械の燃料として農業部門に，さらに輸送や産業など重要な諸経済部門に集中していたため，石油供給量の削減は，経済面での生産活動全般を制約することになった。

だが，石油価格の上昇は，インドの貿易赤字額が大幅に増大した一つの要因に過ぎなかった。1973年の異常に高騰した価格で食糧と化学肥料を大量に輸入する必要があったため，また，石油・鋼鉄・非鉄金属・他の重要な輸入品の価格が上昇したため，1973〜74年度のインドの輸入額は，37％増大した。この輸入増は，輸出額が14％増加したことで部分的に相殺されたが，インドの貿易赤字額は，1972〜73年度の5000万ドルと比べると，1973〜74年度は6億5000万ドルに急増した。この水準で輸入商品の価格上昇が続いた場合，輸入額はさらに40％の増加が予想されていた。たとえ輸出が着実に伸びたとしても，こうした貿易収支の逼迫・赤字急増の状況では，対外援助受け入れの必要性は必然的に高まり，特に，1972〜73年度の実績を4億ドル上回る国際開発協会（IDA）からの13億ドルに及ぶ多額の資金援助（借款）は不可欠となった。

過去に多額の借り入れを行った結果，1973年3月末時点でインドの対外債務は99億ドル，1973〜74年度の債務返済額は，インドの総輸出額の24％に相当する7億ドルに達していた。経済成長に対する対外債務の負担を軽減するために，1968〜69年度からインド援助コンソーシアムは，債務救済措置を導入しており，[15] 1973〜74年度の債務軽減額は1億8500万ドルであった。インドが新たに軽減されたソフト・ローンで多額の資金需要を満たすことを前提にしたとしても，1970年代の債務返済額はより緩やかに増加し，1980年でもインドの輸出総額の

---

(15) 1960年代末のインドの債務救済問題と世銀の取り組みについては，渡辺昭一「1960年代の開発援助とインド援助コンソーシアム——開発から債務救済へ」渡辺昭一編『冷戦変容期の国際開発援助とアジア——1960年代を問う』（ミネルヴァ書房，2017年）第3章を参照。

第Ⅲ部　冷戦，開発と経済援助

約20％に高止まりすることが予測されていた。[16]

4　世界的な化学肥料危機と世界銀行の積極的役割

（1）1950～60年代からのインド化学肥料生産の展開

　農業部門と化学肥料の生産は，インドにおける世銀と IDA による資金供与（融資）の中心になっていた。表 7-1 に示される通り，インドの化学肥料生産は，1954年からほぼ20年にわたって増加の一途をたどっていた。第三次五カ年計画（1961～65年）の下で，化学肥料の調達は数多くの肥料工場の建設を通じて，製品輸入から国内生産（輸入代替）に移行しつつあった。1975年に出版された世銀の実績評価報告書によれば，[17]1970年からインド化学肥料産業に関与するようになった IDA は，公共部門のプロジェクトで，外国の工学技術を導入する既存の生産プラントの近代化・拡張計画に関与していた。第四次五カ年計画で公的部門の諸プロジェクトが再開され，4 カ所の肥料プラントが IDA の支援を受けた。その報告書では，1975年時点でのインドの化学肥料国内生産が，以下のように記されている。「インドは窒素肥料（N）生産で事実上の自給を徐々に達成しつつあるが，依然として一定量の燐酸肥料（P）と，カリ肥料（K）

表 7 - 1　インドの化学肥料生産と消費の比較（単位：1000トン）

年　度	窒素肥料（N）			リン酸肥料（P）		
	生産量	消費量	不足分	生産量	消費量	不足分
1954	53	89	− 36	14	8	＋6
1964	219	407	− 188	108	117	− 9
1974 （見通し）	1,070	1,835	− 765	390	634	− 244
1979	3,400	3,500	− 100	1,000	1,200	− 200
1984	5,100	5,200	− 100	1,700	2,100	− 400

出典：Report No. 928-IN: Appraisal of a Project to Improve Fertilizer Production Fertilizer Industry Credit; India, November 24, 1975, Industrial Projects Department, The World Bank, 14.

----

(16)　Report No. P-1460-IN: Report and Recommendations of the President to the Executive Directors on a Proposed Credit to the Government of India for the Trombay IV Fertilizer Expansion and Plant Operations Improvement Project, June 3, 1974, 1240623: Fertilizer Expansion and Plant Operation Project-Trombay Fertilizer-Credit 0481-P009685 -Correspondence, World Bank Archives.

(17)　Report No. 928-IN: Appraisal of a Project to Improve Fertilizer Production Fertilizer Industry Credit; India, November 24, 1975, Industrial Projects Department, World Bank Archives.

第7章　インドの「緑の革命」・世界銀行と石油危機

全量の輸入が続いている。増大する肥料需要に対応するため，インド政府は，既存の工場生産を増やすとともに，新たな生産力増強のため野心的な計画に着手している」。

（2）発展途上国における化学肥料不足と世界銀行の積極的支援

　1975年に出た世銀による開発途上国の化学肥料需要報告書は，1970年代初頭[18]から続いた世界全体の肥料需要を取り巻く厳しい状況，化学肥料の需要急増による品不足と未曾有の高価格を指摘し，その価格高騰の原因として，①化学肥料生施設への投資の減退，②世界中の広範な地域での深刻な旱魃と不作，③エネルギー価格と化学肥料の原材料価格の大幅な高騰，④いくつかの発展途上国におけるインフレ防護策としての肥料在庫の増強・積み増し，以上の４項目を挙げている。発展途上国の化学肥料の必用量の約３分の２が輸入に依存しており，肥料価格高騰による品不足に直面していたのは，これらの発展途上国であった。報告書は途上国が直面した苦境を以下のように記している。

　　「高価格と肥料不足の理由が何であろうと，1974年初めの時点で，多くの発展途上国が十分な量の化学肥料を生産できず，（その救済のため）緊急の国際的支援が必要である事が明らかになった。最も深刻な影響を受けた国々は，自国の資金で必要な輸入品の代価を支払えないか，二国間ないし多国間援助を活用できない，最も弱体な立場に置かれていた[19]」。

　1972年以来の，化学肥料価格の急激な上昇は，世銀が作成した図7-1に示されている。こうした世界的規模での「化学肥料危機」（fertilizer crisis）の中で，世銀は，化学肥料工場建設プロジェクト投資と肥料生産の技術支援の面で，あらゆる二国間・国際融資機関の中で最も積極的であった。世銀は，過去３年間で10億ドルに及ぶ途上国の化学肥料生産への融資の実績を，以下のように評価している。

---

(18)　Report No. 830: Fertilizer Requirements of Developing Countries---Revised Outlook in 1975, July 1975, Industry Projects Department, The International Bank for Reconstruction and Development/International Development Association, World Bank Archives.

(19)　Ibid., 4.

247

第Ⅲ部 冷戦，開発と経済援助

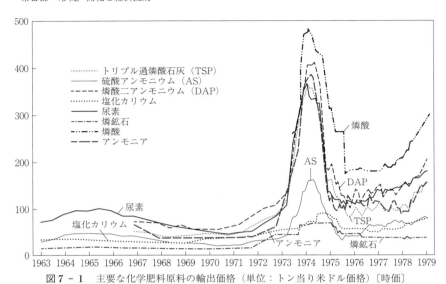

図7-1 主要な化学肥料原料の輸出価格（単位：トン当り米ドル価格）〔時価〕

「1973年の終わりまでに，世銀グループは，17カ国の19の化学肥料プロジェクトで3億ドル強の投資を行ったが，その内の1億4700万ドルは，1970～73年に認可された6つのプロジェクト向けであった。1974年だけで，世銀グループは，6カ国の7つのプロジェクトで3億2900万ドルの融資確約を行い，1975年前半にも7つのプロジェクトで，さらに3億2900万ドルを認可した。（カリ肥料を除く）これらすべてのプロジェクトは，年間440万トンの生産力，あるいは，発展途上国の現在あるいは近い将来に確約された窒素肥料・燐酸肥料の生産力の約13％を占めていた」。

「世銀は3種類すべての肥料栄養素（窒素・燐酸・カリ）の生産計画に融資してきたが，最大の支援は，窒素肥料の生産，中でも，アンモニアと尿素生産に向けられてきた。この重点的支援は，大幅な不足が生じたうえで，さらに数年間は続く可能性が高かったのが窒素領域であったという事実により，妥当であった。また，これら肥料の三要素は，均衡がとれた土壌を肥やし作物の最適対応を実現するためには，一定期間は必要であるものの，とりわけ収穫量を最大にするためには，化学肥料使用の初期の数年間に窒素肥料の恒常的な使用が必要であった」[20]。

第**7**章　インドの「緑の革命」・世界銀行と石油危機

　この1975年の世銀による化学肥料の報告書は，今後 5 年間の世銀グループの計画では，1980年以降の発展途上国での追加的な化学肥料の需要増に対応するため，新たな肥料生産設備と関連の流通・販売ネットワークに対して約10億ドルの資金供与を組み込むべきであるとの提言を行っていた。この金額は，過去 5 年間（1971〜75年度）に認可された 7 億7500万ドル，過去 3 年間（1973〜75年度）の 7 億2000万ドルと比較しても巨額であった。世銀グループの1976〜79年度の事業計画には， 5 億ドルの化学肥料融資（窒素肥料 1 億6500万ドル；燐酸肥料 1 億5500万ドル；燐灰岩6000万ドル；カリ肥料3000万ドル；その他未特定項目で 1 億2000万ドル）が含まれていた。また同報告書は，発展途上国における化学肥料の生産と使用のあらゆる側面で，状況の変化に柔軟に対応できるように，肥料の開発援助に対する一層包括的なアプローチを取るように提言していた。

5　第一次石油危機後のインドの化学肥料産業

　世銀は，インドに対する借款供与の評価を常に行っていた。他方で，アメリカは，インドへの最大の化学肥料輸出国であり，インドのアメリカ大使館には，農務参事官（Agricultural Attaché and Counsellor）のアイヴァン・ジョンソン（Ivan E. Johnson）が駐在し，定期的にニューデリーからワシントンの農務省宛に『インド化学肥料調査報告（*Fertilizer Survey of India*）』を送付していた。この調査報告と世銀の融資評価報告書を相互に参照すれば，インド現地での化学肥料生産の実態，そのインド農業での使用状況，さらに第一次石油危機のインパクトに関して，さらに詳細な状況把握が可能になる。[21]

（ 1 ）インド農業における化学肥料の使用状況

　世界中の化学肥料不足により，1972〜74年のインド政府は，十分な輸入量を確保できず，輸入肥料に対する支払額も急増した。インドは，化学肥料必用量の約半分を輸入に依存していたために，こうした困難な状況は，耕作農民に

---

(20)　Ibid., 5. 14, p.30.

(21)　Report No. 928-IN, Appraisal of a Project to Improve Fertilizer Production, Fertilizer Industry Credit; India, November 24, 1975, Industrial Projects Department, World Bank Archives.

249

第Ⅲ部　冷戦，開発と経済援助

とっては肥料の高価格と肥料不足に直結した。同じ1975年の世銀評価報告書は
第一次石油危機直後の肥料価格の激動について，以下のように報じている。

「化学肥料の小売り価格は，輸入価格が高騰した結果，急上昇したのち1974
年6月まで，だいたい高止まり状態であった。これは肥料消費の成長に負の
影響を与えたため，政府は，1975年7月に主要肥料価格を引き下げた。しか
し依然として，現在のインドにおける肥料の平均的な農民手渡し価格は，世
界で最も高価であることは明らかである。最近の肥料価格の変動は，輸入価
格と政府による干渉，とりわけ窒素肥料価格の統制が原因である」。
「燐酸肥料の価格は統制されず，輸入燐灰岩価格の変動に委ねられている。
燐灰岩価格は過去2年間に急騰したため，燐酸肥料の価格は事実として，窒
素価格以上に上昇した。燐酸肥料の価格弾力性は，（土壌における燐酸塩の残
存効果を反映して）通常は窒素肥料よりも大きいため，助成対象でないこうし
た燐酸肥料の高価格は，化学肥料の需要に，そして結果として作物の収穫高
に深刻な影響を及ぼしている[22]」。

　1977年の『インド化学肥料調査報告』でアメリカの農務参事官ジョンソンは，
第一次石油危機直後に低迷した化学肥料消費の復活の様子を，以下のように報
告している。

「1976～77年度（4月～3月）の化学肥料全体の消費量は，暫定値によれば
3488トンで，前年消費量の2701トンより29％増加している。（中略）この増
加傾向は，過去4年間に支配的であった停滞パターンからの顕著な分岐を示
している。約78万7000トンに及ぶ消費量の純増は，春収穫期（rabi）の作物
だけでなく秋・冬収穫期（kharif）の作物に対する窒素肥料（N）使用と，春
収穫期作物での燐酸肥料（P_2O_5）使用が大幅に増加したことに依るもので
あった。ここ数年来で初めて，両収穫期ですべての栄養素で増加がみられた
——春収穫期の燐酸肥料の55％の大幅増加，秋冬収穫期における窒素肥料の
20％増。1976～77年全体の化学肥料消費量は，窒素肥料247万7000トン，燐

(22)　Ibid., 2. 17 and 2. 18, pp.6-7.

250

第7章　インドの「緑の革命」・世界銀行と石油危機

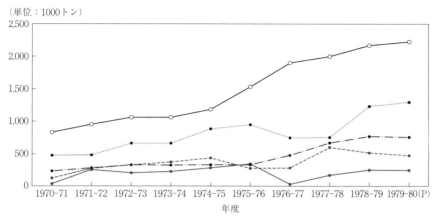

―○― 窒素肥料生産　……… 輸入窒素肥料　―●― 燐酸肥料生産　―・― 輸入カリウム肥料　―●― 輸入燐酸肥料

図7-2　インドの三大主要化学肥料の輸入量と国内生産量

酸肥料68万3000トン，カリ肥料（K_2O）は32万8000トンであった。

　1977～78年度の肥料消費動向は，いくつかの要因のため明確な予想はできない。天候と肥料投入量／作物の出来高による価格の連鎖が最も重要な変数になるであろう。（中略）通常の天候が続くことを前提とすると，インド政府食糧農業省の予測によれば，そこそこの成功のチャンスがあることを示している。近年の化学肥料価格の低下と，食糧政策で広範な裁量権を行使して，1976年の秋・冬収穫期の直前に始めた重点的肥料使用促進キャンペーンを拡大するインド政府の決定を考慮した場合，特にそうであろう」[23]。

（2）1970年代の化学肥料工業と世銀の支援――トロンベイ・プロジェクト

　1974～75年の間に，エネルギーと化学肥料の供給状況が悪化して危機的な状況に陥ったため，世界各国の政府は，必需品への輸入依存度を引き下げることに注力するようになった。化学肥料不足とその結果もたらされた価格高騰により，発展途上国と先進国の両方で，化学肥料工場の建設数が急激に増加した。インドでも事情は同様であったが，恒常的な外貨不足と経常収支の急速な悪化に伴い，インドで化学肥料の増産を図るには，世銀グループを中心とする対外

---

[23]　RG166 BOX67: India―Annual Fertilizer Report, In-7036, May 13, 1977, by Ivan E. Johnson, Agricultural Attaché, NARA II.

第Ⅲ部　冷戦，開発と経済援助

的な借款を通じた金融支援が不可欠であった。

　その代表例として，ボンベイの「トロンベイ・プロジェクト」（Trombay Project）の設備拡張と操業率改善計画を概観しておきたい。トロンベイ化学肥料工場は，ボンベイ（現ムンバイ）の工業地域に位置し，1966年に操業を開始した大規模プラントで，インド最大の化学肥料製造業者であるインド化学肥料公社（FCI: Fertilizer Corporation of India）が運営する5つの生産拠点の一つであった。FCI自体は，インドの窒素肥料の25％（27万9000トン），燐酸肥料の10％（3万2000トン）を生産する，1961年に設立された国営企業であった。操業初期の段階から，有効稼働率の低下に悩まされており，その改善を含めた設備近代化計画と規模の拡張が順次進められていた。[24]

　1973〜74年の第一次石油危機後に，インド政府は，既存の肥料工場の有効操業率を引き上げるために，1億500万ドルのIDA借款供与を要請した。この計画全体の必要経費は，外貨9200万ドルを含め，総額2億3900万ドルと見込まれていた。この借款は，世銀グループにとって，1967年以来の国際金融公社（IFC: International Finance Cooperation）の融資2件，国際復興開発銀行・IDAの7件を含めた，化学肥料生産施設のために実行した9件目の融資であった。

　具体的には，1974年6月にIDAは，トロンベイ第四期肥料拡張計画・プラント操業改善プロジェクトの資金調達支援のために，インドへの5000万ドルの借款供与に同意した。

　そのうち3300万ドルが，5年の支払猶予期間を含めた15年間，年利9.5％で，インド化学肥料公社（FCI）に貸し付けられた。その融資の主要部分は，ボンベイのFCIトロンベイ工場の生産能力拡張（トロンベイ第四期：硝酸25万トン，ニトロ燐酸肥料35万5000トンの生産，総費用6400万ドル，IDAの融資はその62％，3300万ドル）に充当された。詳細は以下の通りであった。プラント設備および予備部品に1950万ドル；特許使用料と設計技術料360万ドル；プラント建設・委任料460万ドル；プロジェクト管理・訓練費180万ドル；その他の諸経費として350万ドル。

　残りの1700万ドルは，3カ所のFCI工場と1カ所のFACT（トラバンコール

────────────────────

(24)　Report No.448-IN: Appraisal of Trombay IV Fertilizer Expansion and Plant Operations Improvement Project India, May 20, 1974, Industrial Projects Department, World Bank Archives.

第**7**章 インドの「緑の革命」・世界銀行と石油危機

化学肥料会社）の「プラント操業改善計画」で使用された。その改善投資により，年平均で 6 ～ 9 万トンの栄養素生産の増加，年間1000～1500万ドルのインド経済への利益貢献が見込まれた。こうした一連の操業改善と設備増強により，トロンベイ・プラントは，年4000万ルピー（532万ドル）を稼げる FCI プラントでも最も収益が多い工場になった[25]。

このトロンベイ・プロジェクトにみられるように，世銀グループにとって，インドの農業部門と化学肥料生産への融資と技術支援は重点領域となっていた。その結果，インド化学肥料産業の進展は緩やかであったが，着実な成果をあげた。1975年の時点のインドでは，16の主要な肥料会社が20カ所で工場を稼働させており，その生産能力は，窒素肥料（N）が約280万トン，燐酸肥料（P）が80万トンであった。さらに16工場が建設中で，5 カ所のプラント計画が進んでいた。1979年までに，肥料産業は年産で約640万トンの生産能力に達すると予想され，その内，55％が公的部門（国有），27％が共同部門，残り18％が私的部門（民営企業）であった。この生産力には，510万トンの窒素肥料と130万トンの燐酸肥料が含まれる予定であった[26]。

しかし，インドの化学肥料産業におけるプラント全体の稼働率は約60％にとどまっていたため，消費量の半数近くの製品輸入が必要となり，それによってインドの厳しい経常収支の状況はさらに悪化していた。

アメリカ農務省の1976年版『インド化学肥料調査報告』は，1975年11月末の時点で，合計106億8000万ルピーが投資されていた化学肥料産業が，インドで「最大かつ最も重要な基幹産業の一つ」であることを明確に認識していた。インド政府は，公共部門肥料工場の拡張に力点を置いていたが，その政策は，未検証の国産工学技術への過度の依存と，経営陣への過度の負担を伴っていた。こうした課題や，インド経済が必要とする投入量やインフラの不備（それはもっ

---

(25) Report No. P-1460-IN: Report and Recommendations of the President to the Executive Directors on a Proposed Credit to the Government of India for the Trombay IV Fertilizer Expansion and Plant Operations Improvement Project, June 3, 1974; Report No.3998: Project Performance Audit Report: India—Trombay IV Fertilizer Expansion and Plant Operations Improvement Project (Credit 481-IN), June 23, 1982, Operations Evaluation Department, World Bank Archives.

(26) RG166 BOX67: India—Annual Fertilizer Report, In-7036, May 13, 1977, by Ivan E. Johnson, Agricultural Attachê, pp.9-10, NARA II.

253

第Ⅲ部　冷戦，開発と経済援助

ぱら電力，原材料，輸送システムの不足や設備更新の遅れにつながった）にもかかわらず，インドの化学肥料産業は，他の発展途上国の肥料産業と比較すると，相対的に良好な状態であった。アメリカの化学肥料調査報告は，「一定の国産の工学技術力が確立されていた。過去数年の間に，インドの設備，プラント建設，民間事業の能力は大幅に引き上げられた。外貨コストは，インドネシア，フィリピン，アラブ系湾岸諸国における事業の場合の約半分であり，外貨必要額は，他の諸国と比べると半額，プロジェクト総経費の30～40％にとどまっていた。しかし，生産設備製造業からの納入は，しばしば必要以上に時間を要していた」と報じていた。[27]

（3）化学肥料産業の原料としての石油——ナフサから重油・石炭・天然ガスへ

化学肥料の国内生産を増やすために，インドは，天然ガス，ナフサ，重油，石炭，褐炭コークス炉ガス，電解水素を含めて，アンモニア生産のために多様な原材料を使用した。国産ガスが利用可能な場合はガスが使用された。しかし，インドの天然ガス埋蔵量は小規模で，アッサム州のインド化学肥料公社（FCI）ナムラップ工場とグジャラート州のインド農民肥料公社（IFFCO: Indian Farmers Fertilizer Corporative）カロール工場の2カ所に原材料を供給するので手一杯であった。他のすべての化学肥料工場は，石油精製製品，つまり石油産業が生産するナフサと重油に依存していた。アンモニア製造でのナフサ改質処理はよく知られた過程であり，石油系原料油から窒素肥料を製造するために商業的に利用可能な唯一の方式であったため，窒素肥料の製造原料としてナフサが最も一般的に使用されていた。

インド政府は石油化学省（Ministry of Petroleum and Chemicals）を通じて，1971年に，インドで建設されたすべてのプラントの供給原料として重油の採用を決定した。追加の資本コストが必要なことは認識されていたが，重油と比べた場合のナフサの高価格と，地方市場で余剰の重油が利用可能であったため，供給の視点だけでなく経費節約の観点からも，その政府の決定は正当化できるものであった。

世界銀行は1975年の借款評価報告書において，新設化学肥料プラントの使用

---

(27)　RG166 BOX59: Fertilizer Survey of India for 1976, In-6045, May 21, 1976, by Ivan E. Johnson, Agricultural Attaché, NARA II.

254

第**7**章　インドの「緑の革命」・世界銀行と石油危機

原料として，石炭によるナフサの代替とそれに伴う重油使用の妥当性を次のように指摘していた。

「最近，インド政府は，石炭で重油を代替することで，原油の使用を削減することに努めてきたが，その結果として重質の重油が余ることが予想されるため，ナフサではなく重油をベース原料として使用する新世代の化学肥料プラントの設立は正当化できるであろう」。

1976年のアメリカの『インド化学肥料調査報告』も，インド政府の政策転換を，同様に報じている。

「化学肥料生産の原材料に関して，大半のインドの肥料工場は重油をベースとしている。1973年末の原油価格の急騰以前は，当該産業の諸計画は，自然な需要増と軽質石油製品の余剰の予測や需要の増大と釣り合う形で，石油精製能力の拡張に依拠していた。価格が上昇した結果，重質の重油と石炭の使用がますます考慮されるようになった。石油精製業と同じくらい化学肥料産業も，現在，苦境に直面している。追加の資本コストを伴うにもかかわらず，重油と比較した際のナフサの高価格と，地方市場で大量の重油が余ることを予想して，インド政府は1971年に，将来インドで建設されるアンモニアプラントの供給原料として，重油の採用を決定した」[28]。

以上のような経緯から，インドにおける新たな化学肥料製造能力に関する原料は，ナフサ，重油あるいは石炭に限定された。1979年までに，窒素肥料の年間生産高は510万トンに達することが予想されたが，37％がナフサ，31％が重油，13％が石炭に依存し，天然ガスは12％，その他の原料は7％を占めることが予想されていた[29]。

---

(28)　RG166 BOX59: Fertilizer Survey of India for 1976, In-6045, May 21, 1976, by Ivan E. Johnson, Agricultural Attachê, NARA II.

(29)　Report No. 928-IN, Appraisal of a Project to Improve Fertilizer Production, Fertilizer Industry Credit; India, November 24, 1975, Industrial Projects Department, 3. 18, p.12. World Bank Archives.

255

第Ⅲ部　冷戦，開発と経済援助

こうした状況は，1977年にボンベイ沖で油田とガス田（Bombay High）が発見
された後に，再びナフサに有利な方向に変化した。1978年版のアメリカ農務省
の『インド化学肥料調査報告』は，インド石油化学省による政策見直しを，以
下のように伝えている。

「ボンベイ沖での油田とガス田の発見に次いで，最近政策の見直しが行われ
て，以下の3点が決定された。(1)天然ガスが利用可能であれば，ガスが供給
燃料として優先されるべきである，(2)石炭のガス化技術による2カ所の石炭
原料プラントの良好な稼働状況が，経験値に基づいて確認されれば，すぐに
肥料生産原料として，石炭のさらなる使用を考慮すべきである，(3)その後の
天然ガスと石炭の使用は，技術と経済性，すなわち消費，輸送面での事業計
画とその実現可能性等に基づいて決定されるべきである。化学肥料生産の原
料として，重油の使用は，当面，すべての新たな肥料プロジェクトから排除
される一方で，完全な新設プラントでのナフサ使用は，（プラントが）内陸部
に立地し長期の処理を必要とする事例に限定して，考慮の対象となる。だが，
内陸部の既存プラントが比較的小額な資本投資ですぐに拡張可能な場合は，
原料としてのナフサの使用も考えられる[30]」。

以上のように，インドにおける化学肥料産業にとっての供給原料の優先順位
は，第一次石油危機前後の原油価格の高騰に左右されて，石油から精製される
ナフサ・重油の石油系原料と，インドでの埋蔵量が豊富な石炭，新たな鉱床が
発見された天然ガスの間で，調達コスト，生産プラントの地理的位置（沿海か
内陸部立地か）と建設コスト，さらに利用可能な処理技術の開発状況もふまえて，
変動を余儀なくされた。

（4）1970年代中葉のインドの化学肥料投資計画

インド化学肥料産業の拡張は続き，1975年の年産360万トンの水準から，
1979年までには年間約640万トンの生産力に達することが予想されていた。こ
の拡張計画においてインド政府は，必要経費全体の3分の2以上を負担し，政

(30)　RG166 BOX 78: India—Annual Fertilizer Report, In-8033, May 12, 1978, by Ivan E.
Johnson, Agricultural Attachê, NARA II.

第7章　インドの「緑の革命」・世界銀行と石油危機

府資金の大半が1976年から1979年の間に必要とされていた。その経費支出は，年平均で約50万ドル，インド政府の年間開発計画予算の約15～20％を占める見込みであった[31]。

　しかし，その投資計画は，ある種の危機に直面していた。化学肥料産業界の運営と技術面での能力は，多くのプロジェクトが追加されることで，急速で過剰な関与を余儀なくされていた。資本財産業も，依然として化学肥料生産設備を遅れずに供給する点で困難に直面し，受注した注文をこなすことに精一杯の状況であった。さらに深刻であったのが，インド政府資金の制約によって，いくつものプロジェクトの完成が大幅に遅れていたことである。

　逼迫していた供給側の事情が緩和されて，その結果として，国際的な化学肥料の価格低下が予想されていたにもかかわらず，インドにおける化学肥料生産の国産量を増やすための資本投資を正当化できる，いくつもの要因が存在した。

　「第一に，国際的な化学肥料価格の低下が予期されたにもかかわらず，インドにおける生産に対する経済的見返りは，依然として満足のいく水準であることが予想されていた。第二に，たとえ一時的であったとしても，国際市場における肥料不足は，必需品の大部分を輸入に依存している国々の国際収支に大きな影響を及ぼしていた。1972～75年に，インドは化学肥料消費量の45～50％を，輸入に依存していた。1974～76年に価格がほぼ3倍に値上がりした際，肥料の輸入代金は，1974年の3億5500万ドルから1976年の10億9000万ドルに跳ね上がった。そのような多額で予期せぬ稀少な外貨の流出は，経済への重圧を生み出し，経済開発計画を混乱させる可能性があった。化学肥料産業の周期的な変動を考えると，輸入への大幅な依存を減らす措置が取られない限り，そうした混乱や中断が再発する可能性があった[32]」。

　1976年に世銀は，インドが，利用可能な外貨準備に対するさまざまな圧力，たとえば，ガソリン・石油・潤滑油・食糧の輸入や，累積債務返済などによる資金需要に直面して，より長期の信用貸し（financial credit）を必要とするであ

────────────

(31)　Report No. 928-IN, Appraisal of a Project to Improve Fertilizer Production, Fertilizer Industry Credit; India, 1975. 4. 04, p.13, World Bank Archives.

(32)　Ibid., 8. 03, p.26.

257

第Ⅲ部　冷戦，開発と経済援助

表7－2　化学肥料投資計画の資金源（単位：US100万ドル）

財政年度	支出年度			合計（％）
	1975年まで	1976-79年	1980年	
1．世銀／IDA	45	395	—	440（11）
2．他の外国資金（贈与・借款）	180	320	—	500（12）
3．インドの金融機関	—	200	—	200（5）
4．内部事業資金	40	130	—	170（4）
5．インド政府	485	2,010	290	2,785（68）
合計	750	3,055	290	4,095（100）

出典：Report No. 928-IN, Appraisal of a Project to Improve Fertilizer Production, Fertilizer Industry Credit; India, 1975. 4. 04, p.13, NARA II.

ろうと予想していた。「インドは，化学肥料の購入や肥料用原料輸入のために，利用可能なあらゆる長期クレジットを活用するだけでなく，インドの農産物・半製品・製造品の保証された輸出市場と引き換えにこれらの輸入品目を確保できる二国間の貿易協定締結を通じて，より安定した価格でこうした諸需要を調整する可能性が極めて高い」[33]。

6　第二次石油危機と1981年の IMF 金融支援協定

　インドは第一次石油危機による経済不振を素早く乗り越えたが，1979～80年に，複合的な要因の相乗作用による経済状態の急激な悪化に再び直面することになった。その経済不振は，①深刻な旱魃という気象変動，②発電・石炭業・運輸業など，輸入措置によって代替不可能なインフラ部門の不振，③不安定な政治情勢のため，中央政府の適切な指令が欠如したこと，さらに最も深刻であったのが，④石油価格急騰と供給の混乱，以上の諸要因が複合的に重なり合ったために引き起こされた。インドは，政治経済両面での複合的な危機の最中に，第二次石油危機に直面した。

（1）国際収支の回復，中東からの海外送金と政治経済の複合的危機

　インド政府は，以下の『1980年版インド経済白書』の引用から明らかなよう

(33)　RG166 BOX59: Fertilizer Survey of India for 1976, In-6045, May 21, 1976, by Ivan E. Johnson, Agricultural Attachê, NARA II.

258

第7章　インドの「緑の革命」・世界銀行と石油危機

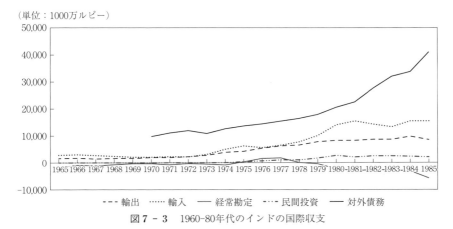

図7-3　1960-80年代のインドの国際収支

に，第一次（1973年）と第二次（1979～80年）石油危機の相違をはっきり認識していた。

　現在，インドは石油価格が最初に急騰した1973年とは異なる状況に置かれている。石油価格が4倍に跳ね上がった後の数年間，悪化した国際収支は，輸出実績の顕著な回復，1974～75年から1976～77年の年率27％の伸びにより回復した。我々は国内生産を組織化し，第一次石油危機後の比較的有利な交易条件，とりわけ産油国の急激な輸入需要を取り込むべく，輸出振興策を推し進めた。我々は，我が国の熟練および非熟練労働力に対するこれら産油国からの膨大な需要からも利益を得てきた。現在の状況は，比較すると明らかに不利である。世界中の貿易環境は一層不都合で，国内での供給不足が輸出振興の大きな足かせになっている。また，我が国の労働者に対する需要も縮小しているように思われる。[34]

　第二次石油危機時において，インドに有利に働いた2つの重要な要因があった。その一つは，インドが抱えた約1400万トンの食糧在庫であり，もう一つは，1980年5月末時点で489億ルピーに達した多額の外貨準備高である。

---

(34) Government of India, *Economic Survey of India, 1979-80*, New Delhi, 1980, Outlook for 1980-81, 64.

第Ⅲ部　冷戦，開発と経済援助

　1975〜77年の間に，輸出高と用役の伸長，とりわけ，ペルシア湾岸産油国における インド人出稼ぎ労働者の大幅な増加に伴い，海外送金主体の貿易外収入が急増したため，インドの外貨準備に顕著な改善がみられた[35]。個人送金は最大の貿易外収入であり，1976年の受取額は，23億3000万ルピーから69億6000万ルピーに急増していた[36]。海外からの資金流入を促進するため，インド政府は1975年11月1日に，インド人および海外居住インド系外国人からの送金を促す制度を導入した。「この制度は該当者に，外貨での預金口座保持と同じ外貨での利払いを認めている。それにより，通貨交換を保証し，為替レートの変動リスクから保護されている。本制度による預金は，91日から61カ月までの幅で認められ，5.5〜10％の変動利率で非課税の利払いが保証される。別途インド政府は，海外居住インド人（NRI: non-resident Indians）による投資の本国送金を，一定の留保条件の元で自由化した[37]」。こうした一連の財政政策により，インドの国際収支は第二次石油危機前に急速に回復していたのである。

　しかし，二度目の石油危機により状況は急激に悪化した。外国送金の伸びは，すでに1978〜79年に横ばい状態になり，「湾岸諸国の労働者受け入れ能力が不安定な現状では，この項目での成長継続は見込めない」状況であった[38]。2年続きの良好な降雨の後に，1979〜80年初冬の収穫期のパンジャブ，ハリアナ，連合州等の北インド，西ベンガル州，さらに南部のアンドラ・プラデシュ州でも深刻な旱魃が発生した。そのためインドの穀物生産高は，約1400万トン，農業生産の10％相当量の減収となった。だが，こうした試練にもかかわらず，「インドの農業経済はこの間，基礎的な体力を獲得していた。この事実は，1960年代末から採用してきた，水利管理改善による灌漑の拡張，高収量品種の普及，化学肥料の大量使用，文化習慣の改善等を含む，農業開発戦略が基本的に有効であったことを例証」していた[39]。10年にわたる「緑の革命」の実験を通じて，

---

(35)　Government of India, *Economic Survey of India, 1977-78*, New Delhi, 1978, chap.7, 39.
　　湾岸諸国における南アジア系出稼ぎ労働者の急増は今後の研究課題であるが，以下を参照。
　　Mehran Kamrava and Zara Babar, eds., *Migrant Labor in the Persian Gulf* (London: Hurst
　　& Company, 2012, in collaboration with Georgetown University's Center for International
　　and Regional Studies, School of Foreign Service in Qatar).

(36)　Government of India, *Economic Survey of India, 1978-79*, New Delhi, 1979, chap.7, 45.

(37)　Government of India, *Economic Survey of India, 1975-76*, New Delhi, 1976, chap.7, 41.

(38)　Government of India, *Economic Survey of India, 1980-81*, New Delhi, 1981, chap.8, 54.

第**7**章　インドの「緑の革命」・世界銀行と石油危機

インド農業は再発する旱魃に対して一定の回復力を獲得していた。しかし，化学肥料使用の顕著な増加により，政府補助金に伴う財政的重荷と輸入代金支払いが増大していた。

（2）国際通貨基金（IMF）から7億9100万SDRの借入れ

1980～81年のインド経済は，厳しい旱魃，引き続くインフラの諸問題，対外諸要因の悪化を受けて窮屈な状況が続いていた。インフレーションの圧力は第一・四半期には依然として強かったが，7月以降かなり低下した。同年の国際収支は厳しい状況が続き，貿易赤字額は，石油と他の輸入品価格高騰のため400億ルピーを超え，輸出の成長は停滞したままであった。

他方でインド農業は，前年（1979～80年）の生産が不利な気象条件に大きく左右されて落ち込んだとはいえ，1980～81年は回復基調にあった。農業生産は19％増加し，GDPは6.5％増えた。原油と石油製品価格の上昇に伴い，化学肥料価格も，輸入品の高価格，製造コストの上昇，政府補助金の減額のために上昇した。国際収支悪化の最大の要因は，1978年12月～1980年1月の間に石油価格が2倍になった点である。この油価や化学肥料等の他の輸入品価格の連動した高騰により，輸入量の増加はわずかであるものの，輸入品の支払い金額は大幅に増加した。今後2年間の全輸入額で450億ルピーの増加が見込まれる中で，石油関連品の輸入増だけで，392億3000万ルピー，約87％を占めていた。

依然としてインフレ状況が続く中で行われた1980年1月の第7回総選挙で，インディラ・ガンディー率いるインド国民会議派が過半数の勝利を収め，3年間の野党の地位から政権に復帰した。ガンディー新政権は経済的苦境からの脱却を最優先課題とし，国際通貨基金（IMF）からの金融支援を申請して[40]，1980年8月にIMF信託基金から，国際収支救済のために優遇された条件で，5億2550万SDR（54億1000万ルピー）の融資を受けた。IMFは，1980年3月末までの12カ月間に予想されるインドの輸出不振を補完するために，代償金融融資規定（compensatory financing facility）に基づき，インド政府による外貨購入（基金

---

(39)　Government of India, *Economic Survey of India, 1979-80*, New Delhi, 1980, 2 and 5.

(40)　International Monetary Fund (IMF), "India—Request for Trust Fund Loan," Prepared by the Asian Department, July 25, 1980; "India—Request for Trust Fund Loan," TR/80/25, July 28, 1980.

第Ⅲ部　冷戦，開発と経済援助

からの引出し）に同意した。インドの引出額は，2億6600万SDR（27億4000万ル
ピー），インドのIMFへの出資金の23.2%に相当する金額であった。[41]

　代償金融融資の引出しと信託基金融資を承認するために，IMF当局は，イ
ンドの農業部門の決定的に重要な役割を明確に認識していた。「農業開発を加
速する諸政策が近年推進されてきた。インドが成長，雇用，所得分配目標を達
成するには，1979～80年で後退を余儀なくされた農業開発の勢いを取り戻す必
要がある」。[42]「緑の革命」の着実な進展は，国際機関から金融支援を獲得する上
での堅実な基盤を提供することになり，この点が，IMFとの複雑な交渉の第
一歩であった。

（3）「構造調整」のための50億SDR IMF金融支援協定の締結

　インド政府は1981年11月に，3年間で50億SDR（57億5000万ドル）に及ぶ巨
額の金融支援協定をIMFと締結した。インドの国際収支が急速に改善する中
で，全額が引き出されなかったにもかかわらず，これはIMF史上で単独では
最大のEFF（延長資金融資）であった。[43] 世界的なインフレ亢進に伴い，既存の
IMF出資金総額は目減りし，出資金の拡大が必要となっていた。IMFの出資
金総額は，5年間で2.3倍に増額された。1978年10月に390億SDR（474億ド
ル）；1980年11月に600億SDR（781億ドル）；1983年3月で900億SDR（950億
ドル）。[44] IMF出資金拡大のペースと比べると，インドとの融資協定はあまりに
巨額であったために，IMFとインド政府双方の当時者にとってその政治経済
的重みは無視できなかった。国際金融に精通したイングランド銀行も，インド

---

(41)　Government of India, *Economic Survey of India, 1980-81*, New Delhi, 1981, 54; IMF,
　　　"Minutes of Executive Board Meeting," EBM/ 80/122, August 7, 1980, 1-31.

(42)　IMF, "The Acting Chairman's Summing Up at the Conclusion of the 1980 Article IV
　　　Consultation with India," Executive Board Meeting 80/122, August 7, 1980, August 11,
　　　1980-80/185.

(43)　IMFは1975年に，本格的な構造改革を促す方策として，長期の枠組み（3年間の引出
　　　と4～8年間の再購入）のためのEFFの方針を打ち出した。以下を参照。Harold James,
　　　International Monetary Cooperation Since Bretton Woods（New York: Oxford University
　　　Press, 1996), 328, 333. インド政府は1984年5月にIMF基金の引出しを停止した。引出総額
　　　は39億SDRであった。

(44)　Harold James, *International Monetary Cooperation*, 338-340.

第7章　インドの「緑の革命」・世界銀行と石油危機

の例外的な融資要請をはっきり認識していた。「インドが求めている EFF ——3年間で最大50億 SDR 相当——は，IMF 最大の融資であり，IMF 資金の例外的な引出となるであろう」。(45)

IMF 当局自体は，1981年11月9日の二度にわたる基金理事会で，インドとの巨額融資協定の妥当性を議論していた。議論は，金融支援協定の規模と，IMF に対する金融的影響に集中した。その核心は，インドの要請は，国際収支救済の計画なのか，あるいは開発のために金融的支援なのかという点であった。最初に，インド蔵相のナラシンハム（N. Narasimham）は，自国国際収支赤字の深刻さを強調し，「今回の

図7－4　ニクソンとインディラ・ガンディー（1971年4月11日・ワシントン DC）

国際通貨基金の支援は，構造調整プログラムを実施するための決定的な大規模資金となる」と発言した。(46) 副専務理事のテーラー（C. Taylor）は，「調整プログラムに大胆な開発・投資計画が付随している。その点でインドの要請は異常かつ例外的である。生産性と貿易収支に対する計画案のインパクトは，延長協定が終わるまで検証できないであろう」と指摘した。(47) アメリカの理事エルブ（R. D. Elb）は，レーガン政権の立場を代弁して協定を厳しく批判した。「政策をあまりにルーズに解釈することは，通貨基金の流動資産を脅かし，将来の借り手に対する融資資金を侵害することになる。さらに重要なのは，そうした進展が通貨基金の性格を大幅に変更してしまう点である。実際，国際通貨基金は，

---

(45) "India, The IMF and the World Bank," from Bank of England, P N Mayes to A.J. Coles, South Asia Department, FCO, 13 October 1981, FCO37/2506, The National Archives (TNA).

(46) IMF, "Statement by Mr. Narasimham on India," Executive Board Meeting 81/138, November 9, 1981, EMB/81/138（11/9/87), 2.

(47) Remarks by Mr. Taylor, IMF, "Minutes of Executive Board Meeting," EBM/ 81/138, 10:00 a.m., November 9, 1981, 40-45.

第Ⅲ部　冷戦，開発と経済援助

一時的な国際収支融資を偶発的に行うために準備された回転信用機関ではなく，中期の資金仲介者になる可能性が高まる」として提案に反対し，最終的にインドの要請をめぐる議決を棄権した。[48]

　理事会議長で IMF 専務理事のジャック・ド・ラロジエール（Jacques de Larosière）は，IMF の立場を以下のように確認した。「本基金は無差別の方針と，既存の融資政策に準じて，加盟国に支援を提供する立場に立つべきである。その精神で，我々は，今日審議してきた資金運用を支えてきた。（中略）インドの事例は前例とはならない」。彼は検証の過程で，特に注意すべき次に挙げる 5 つの諸要因を強調した。①インドの公的資金の大幅な増加，②利子率と通貨政策全般，③対外実績，④経済の開放政策，そして⑤投資計画。[49]副専務理事テーラーはインドの要請承認に留保を表明したが，最終的に，インドに好都合なように便宜を図った。イギリスの理事は，計画を注意深く見守る必要性を強調した上で，インドの要請を支持した。[50]数名の理事の批判にもかかわらず，対インド50億 SDR の IMF 金融支援協定は承諾された。

　1981〜82年のインド経済の状況は，農業・産業両部門の実績が上がるにつれ大きく改善した。主要商品での圧力は続くものの，インドのインフレ率は大幅に低減された。国際収支悪化の主要要因は，貿易収支の悪化であった。輸入額の急増，とりわけ石油製品と化学肥料の輸入金額は，1978〜79年の209億8000万ルピーから1980〜81年の624億ルピーに急増した。短期間で深刻な国際収支問題を是正するため，輸出拡大の努力を強化するとともに，原油・化学肥料・鉄鋼・セメント・食用油・印刷用紙・アルミニウム等の基幹製品の輸入代替を急ぐ必要があった。この点で，国産原油の生産量が，1980〜81年の1050万トンから1981〜82年の1590万トンに増大した事は注目に値する。

　1980〜81年の経常収支の赤字額は270億ルピーを超えた。その赤字は，約105

---

(48)　IMF, "Minutes of Executive Board Meeting," EBM/ 81/139, 3:00 p.m., November 9, 1981, 12-13.

(49)　IMF, "Minutes of Executive Board Meeting," EBM/ 81/139, 3:00 p.m., November 9, 1981, 38-42; "The Chairman's Concluding Remarks with Regard to India's Request for an Extended Arrangement, Executive Board Meeting," 81/139, November 9, 1981, November 16, 1981-81/193.

(50)　"IMF—INDIA," from Chancellor of Exchequer to Lord Carrington, Secretary of State for FC Affairs, 6 November 1981, FCO37/2507 Aid to India-Policy（TNA）.

264

第7章　インドの「緑の革命」・世界銀行と石油危機

億8000万ルピーの経済援助，IMFからの81億5000万ルピーの引出し，34億2000万ルピーの外貨準備取り崩しで補填された。

インドは必要な「構造調整」を中期的に実施する上で主導性を発揮した。農業生産の持続的成長は，物価安定と長期にわたる経済成長に不可欠の要件であった。1981〜82年の予想食糧生産量は，1960年代の年産8300万トン，70年代の年産1億1400万トンに比較すると，1億3400万トンに達していた。この増加は灌漑の拡張・高収量品種の導入・化学肥料の多用・信用供与などの農業基本戦略の成功を反映し，「緑の革命」の偉大な成果であった。

（4）経済下降に対する弾力性と譲与的な借入れ

1982〜83年にインドの物価水準は，9月初めから年率2％前後で安定的に推移した。1981〜82年の輸出は，16.2％の大幅な伸びを示した。引き続き国際収支への圧力はあったものの，インド経済は農業部門で，経済的下降局面に対する顕著な弾力性（回復力）がみられた。1970年代初めに化学肥料の使用が促がされ，農業生産性向上の重要な要因となった。高収量・肥料対応型品種の出現と，灌漑施設（菅井戸と電動ポンプ）の整備が農業の成長を支えた。化学肥料（窒素・燐酸・カリ肥料）の総消費量は，1960〜61年の29万4000トンから，1970〜71年に226万トン，1980〜81年には550万トンに達した。こうした急速な化学肥料消費が増加した結果，インドは，窒素肥料で（中国，アメリカ合衆国，ソ連に次いで）世界第四位，燐酸肥料で第6位の消費国になった。インド国産の化学肥料が増大するにつれて，輸入量は大幅に減少したが，依然としてインドは主要な肥料輸入国であり，国際肥料価格の動向に大きな影響を及ぼしていた。

借款と現金・商品譲与を通じた正規の対外経済援助が，インドの国際収支を補填する重要な資金源となっていた。1982〜83年に，インド援助コンソーシアム加盟諸国は，総額34億SDR（37億3000万ドル）の支援を確約したが，そのうち世銀グループ（IDAとIBRD）は22億ドル（60％）の提供を表明した。インドの経常収支の赤字が増大する一方で，将来的に正規の援助による譲与的支援の減少が見込まれていた。従って，継続的な国際収支の赤字に対応するため，追加的な外部資金の借入れに頼ることが必要となった。結果として，インド政府はIMFと3年間（1981〜82年から1984〜85年）で上限50億SDRの金融支援協定を締結するとともに，それを補完するため，選択的に外国の民間金融機関から

265

第Ⅲ部　冷戦，開発と経済援助

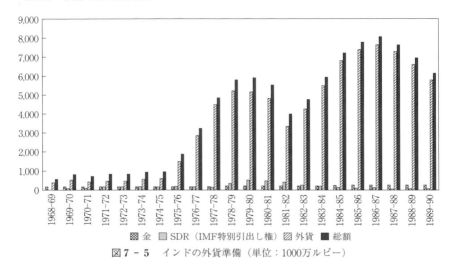

図7-5　インドの外貨準備（単位：1000万ルピー）

の商業ベースの借入れ120億4000万ルピーに頼った。

　1982年2月に，イギリス政府の対外経済援助を担っていた輸出信用保証局（Export Credit Guarantee Department）は，インド市場の現状を以下のように評価していた。「IMF借款（あるいはインド当局者が好んで使う「信用ライン」）は，信頼要因とみなされるべきである。インドが中期的に国際収支の問題に直面するのは間違いないが，EFF（延長資金融資）は，金融的な支柱だけでなく，他の融資者を鼓舞する信頼の証として機能するであろう。インド当局者は，最初の融資区分が直後に引き出されたにもかかわらず，融資全額を引き出すことはないと明言していた」。IMF融資の下支え効果，インド農業部門の弾力性，そして石油市場の明るい展望は，インドの中期的な将来性が大いに向上したことを示唆していた。その証左として，1970年代と1980年代初頭において，インドは一度も債務不履行に陥ることはなかった。

　1982〜83年の『インド経済白書』は，世界経済とアジア国際経済秩序におけるインドの位置を以下のように要約している。

――――――――――――
(51)　"India: Market Assessment," Export Credit Guarantee Department, February 1982, T442/43―INDIA―Aid/Trade Provision (TNA).

第**7**章　インドの「緑の革命」・世界銀行と石油危機

インドのような大陸経済にとって，輸出主導の成長戦略は関係がないし，可能ではないが，輸入必需品への支払いを行うために，輸出基盤の拡大が重要であることは否定できない。(中略) 我が国の国際収支の健全性を維持するために，多角的戦略が遂行されねばならない。重要な経済部門での投資を維持するために，商業ベースで一定の対外借入は不可欠であるが，我が国は，全体の借入額と対外債務の構成に関して非常に慎重でなければならない。既存の選択的投資のためになされた借金に配慮すれば，将来の商業借入の限度は，国際収支の変化に照らし合わせて決定する必要がある。対外借入面でのインドの選択的で慎重な政策の妥当性は，過去の債務返済危機に直面している最近の数カ国の経験により立証されている。(中略) 石油輸入国は，こうした（失業・ゼロ成長・高インフレーション）展開で最も深刻な影響を受けてきた。1979年の石油価格高騰後に驚異的水準に達したそれら諸国の経常収支赤字は，輸出品価格の低下によりさらに悪化してきた。多くの諸国の開発計画は，劇的な縮小を余儀なくされてきた。持続的な価格の安定は捉えようがなく，成長率は低下した。そうした中でインドは，過去3年間，計画された開発の速さを維持し，インフレ率の大幅な引き下げに成功した数少ない国の一つである。過去3年の開発計画の成長率は，今年の農業生産の後退にもかかわらず，年率約5％と推定される。ここ数年間は困難で難しい状況であるが，我が国の経済は，こうしたさまざまな困難に対処できる，必要な力と弾力性を備えている。[52]

巨大な国内市場を抱える大陸規模の経済として，1970年代・80年代初頭のインドが，輸出主導の成長戦略，あるいは輸出志向型工業化を考えることはなかった。だが，輸入額高騰による貿易赤字急増を補塡し，国際収支の悪化を食い止めるために，インド政府は，インド援助コンソーシアムと世銀グループからの譲与的借款だけにとどまらず，正規の対外経済援助を超えたIMFからの優遇的借入れにも頼らざるをえなかった。ユーロダラー市場のような国際民間金融市場からの商業ベースの借入れは，代替的で補完的な対外資金源として，債務返済能力の範囲内に収まるように厳格に管理されていた。

---

(52)　Government of India, *Economic Survey of India, 1982-83* (New Delhi, 1983), 68-72.

267

第Ⅲ部　冷戦，開発と経済援助

7　国際金融機関とインド

　以上，1970年代の二度の石油危機の時期における，インドの「緑の革命」・
農業開発の進展，化学肥料問題と国際経済秩序の変容との関連性を考察してき
た。インドが，石油危機により深刻な影響を受けた国の一つであることは違い
ない。その対応の特徴と独自性をまとめると以下の3点になる。

　第一に，インドの化学肥料産業の拡張を実現する上で，インドへのプロジェ
クト（金融）支援を通じて，マクナマラ総裁が率いた世銀グループが主導的な
役割を果たした点を確認できる。1970年代初めのニクソン政権の下で，PL480
を含めたアメリカ合衆国の対インド経済援助が削減・一時停止される過程で，
世界銀行がアメリカに代わって，インドに対する最大の援助提供者となった。
世銀融資の大半は化学肥料プロジェクトに配分された。もちろん，化学肥料投
資計画の最大の資金源はインド政府（68％）であったが，資金面で，世銀グルー
プ単独（11％）と他の外国金融諸機関（12％）が占めたシェアは，1970年代の
石油危機において無視できない存在感があった。主に国際開発協会（通称・第
二世銀 IDA）を通じて世銀グループが提供した金融支援と信用供与（借款）は，
既存のインド化学肥料工場の稼働率向上のための技術支援とも相まって，石油
危機のインドに対する経済的・金融的な打撃を緩和することに寄与した。

　第二に，第二次石油危機はインドにさらなる衝撃を与え，インドは1979～80
年に深刻な国際収支危機に陥った。その窮状は，初冬収穫期の深刻な旱魃と政
治的不安定によりさらに悪化し，複合的な政治経済的危機を引き起こした。中
東湾岸諸国のインド人出稼ぎ労働者からの海外送金――貿易外収支の重要な収
入源――と，（インド援助コンソーシアムなど）正規の対外経済援助だけでは，国
際収支の増大する赤字額を補填できなくなった。この難局を切り抜けるために，
インディラ・ガンディー政権は IMF と交渉を行い，3年間で総額50億 SDR の
金融支援協定を締結した。IMF の「構造調整」の全般的ルールに沿い，IMF
の救済計画（facilities）を活用するこの政治的決断によって，インドは金融危機
を乗り切った。しかし，インドのプログラムは，外部からいかなる形でも強要
されたものではなく，あくまでも自ら課したものであった。インド政府が選択
した混合政策は，政府が主体的に選びその履行を支援した。(53)インド政府は，自

268

第7章 インドの「緑の革命」・世界銀行と石油危機

国の開発諸政策を継続し，IMFとの協議を通じてではあるが，自律的な政策の主導権を行使した。この点でインドの経験は，1980年代初頭の一連の債務不履行後のラテンアメリカ諸国に対する「構造調整」政策とは極めて異なっていた。インドの事例は，1980年代における「構造調整」の解釈に新たな歴史的展望を提起している。

　第三に，化学肥料生産のため石油副産物に過度に依存したことで，農業開発のための化学肥料使用は大きな制約を受け，肥料価格の高騰で一時的に，インド農民層の化学肥料の集約的使用は抑制された。しかし，インド政府は農業開発の基本戦略として「緑の革命」を主導し，食糧の自給実現に努めた。農業開発政策は，石油危機の衝撃を受けて派生した国際収支危機の下でも，決して中断されることはなかった。1970年代の石油危機後の経済面での実績に関する先行研究では，インディラ・ガンディー政権の下での重工業（資本財）を基盤とする工業化の停滞と，緩やかな経済成長（工業など農業以外の部門における1965／66年〜1979／80年の総要素生産性の伸びは0.07%，第二次産業の平均成長率は4.3%）[54]のため，インドの経済実績は，東アジアや東南アジアの新興工業経済地域（NIEs）と比較して，しばしば「ヒンドゥー的成長率」と呼ばれてネガティヴに評価されてきた。しかし我々は，インドにおける「緑の革命」の着実な進展と食糧自給化の歴史的意義を，「東アジアの奇跡」（East Asian Miracle）あるいはアジア国際経済秩序の変容，さらに1970年代の石油危機がもたらした世界経済・世界システムの転換の文脈で再考する必要がある。

---

(53)　M. Narasimham, *World Economic Environment and Prospects for India*（New Delhi: Sterling Publishers, 1988), 76-77.

(54)　柳沢，前掲書，87-98頁。対照的に，工業部門など農業以外の部門における総要素生産性の伸びは，1950／51〜1960／64年が1.21%，1980／81〜1999／2000年が2.01%であった。第二次産業の第1期と2期の平均成長率は，ともに6.8%であった。

(付記)　本章は，科研費成果報告としての拙稿「インドの「緑の革命」，世界銀行と1970年代の石油危機——化学肥料問題を中心に」『アジア太平洋論叢』25号（2023年3月）3-21頁に加筆した論考である。

269

第 **8** 章
商品価格高騰に直面したガーナとケニヤ
────ナショナルとグローバルの交錯────

ギャレス・オースティン（秋田茂訳）

1　サハラ以南アフリカの比較史
────ガーナとケニヤ────

　1970年代，とりわけ1973～75年は，独立後のサハラ以南アフリカ地域の経済成長に変遷がみられた時期である。（すなわち）1960年代の緩やかな成長から停滞へ，さらに1980年代-1990年代初頭の減退である（図8-1を参照）。この変遷が，1973～74年の第一次石油危機が原因となって加速され，1979年の第二次石油危機により強化されたという見解が支配的である。しかし，本章は石油危機それ自体を論じるわけではない。石油危機を，特定の諸国家のあいだで発生した（グローバルな出来事と過程を伴う）「グローバルな」現象として捉えるものの，本章の目的は，危機への政治経済的な対応や帰結が，国により異なった点を明らかにすることである。（すなわち）本章では，いくつかの重要な点で類似した特徴をもちながらも，対照的な経済的帰結を経験した，サハラ以南地域の2つの国を比較し分析する。もしも，交易条件の変化で両国の相違が説明できないとすれば，それは政策の違いが原因だろうか。そうであるなら，なぜ両国の政策は異なったのだろうか。

　相違を際立たせる比較対象として，ガーナとケニヤは良好な対となる。ケニヤは石油精製施設を保有し，その石油製品が近隣諸国に輸出されていたものの，

────────────

(1)　1970年代中葉以前のアフリカの平均的な成長の実態は，Morten Jerven, *Economic Growth and Measurement Reconsidered in Botswana, Kenya, Tanzania, and Zambia 1965-1995* (Oxford: Oxford University Press, 2014), 9-13. 図 8-1 のデータは，World Bank, *Africa Development Indicators 2012-2013* (Washington DC, 2013) に依拠している。Jerven は，アフリカにおける国民所得計算の弱点に着目している。本章はこれらの先行研究を大いに活用しているが，一般的に，これら諸研究で示されるガーナ-ケニヤ間のコントラストが非常に大きいため，純粋な統計数字としては示さない。

第Ⅲ部　冷戦，開発と経済援助

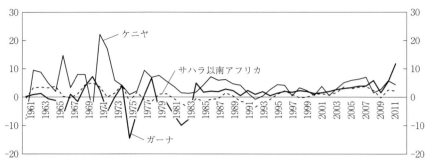

図8-1　ガーナ，ケニヤ，サハラ以南アフリカの GDP 年間成長率（％）1961〜2010年
出典：World Bank, *Africa Development Indicators 2012-2013*.

　1970年代の両国は，産油国ではなかった。石油輸出国機構（OPEC）による原油価格引き上げは，両国にとって大きな衝撃となり，輸入額とインフレーションで影響を及ぼした。輸出品に関して，両国は飲料作物に依存していた。ガーナは，1970年代は世界最大のカカオ豆生産国であり，ケニヤはコーヒーと茶の主要生産国であった。これは両国の第一次産品生産における比較優位を反映していた。公定為替レートで，外貨獲得の輸出品の国内での生産コストは，ガーナが0.30（1972年），ケニヤのコーヒーが0.44，茶が0.67（1975年）であった。[2]したがって，1973年は輸入品価格の高騰は大きなショックとなったが，両国経済は，1976年から1978年まで，飲料作物価格のブームから恩恵を受ける立場にあった。[3]

　両国は，人口規模においても類似していた。1980年までにガーナの人口はほぼ1100万人，ケニヤは1600万人強であった。[4]より広大な国土を有するケニヤは，環境面で国内の多様性が大きいが——山岳地帯から砂漠まで（国土の4分の1が「原生地域」として分類され），[5]人口の大半はガーナと同様な3つの地域——サ

---

(2) World Bank, *Accelerated Development in Sub-Saharan Africa: an Agenda for Action* (Washington DC, 1981), 65. この出版物は，中心となった著者 Elliot J. Berg に因んで，「バーグ・レポート」として知られている。

(3) Jeffrey M. Davis, "The Economic Effects of Windfall Gains in Export Earnings 1975-1978", *World Development* 11:2 (1983), 119-139.

(4) World Bank, *Africa Development Indicators 2017*（2017年8月2日更新），(Washington DC).

ヴァンナ，森林地帯，海岸部――に居住していた。両国はかつてイギリスの植民地であり，ガーナは1957年，ケニヤは1963年にそれぞれ独立した。アフリカ諸国の一人当たり国民所得ランキングにおいて，1970年代末の時点で両国は，世界銀行の「中所得」国分類の底辺で，事実上隣り合わせであった。当時の時価で，ガーナは400米ドル，ケニヤは380米ドルであった[6]。最後に，両国間では事実上貿易関係はなかったため，貿易面でのつながりによって比較が複雑になる余地は皆無であった。

2 異なる植民地の過去と脱植民地化

すでに1960〜1970年代に，両国は学術面で，植民地の過去と独立後の政治経済学が注目を集めていた[7]。その注目は，植民地史の特有の型（縮図）として，それぞれが置かれた地位の影響を受けていた。この点では，類似性よりも対照性が際立っている。ガーナは，アフリカ人生産者による農産品輸出に依存した，植民地開発で経済的に最も成功した事例であった[8]。他方，ケニヤでは，植民地政府の強力な差別的支援を受けるヨーロッパ人農場主が，アフリカ人の利害を重要視すべきであるというイギリス帝国政府の宣言にもかかわらず，実質的な存在感を示していた[9]。

ヨーロッパ人の土地所有は重要でなかったため，ガーナの独立への移行は，

---

(5) ガーナにおいてはゼロ。数字は1985年に関するもので，4000平方キロ以上の地域を指す（World Bank, *Sub-Saharan Africa: From Crisis to Sustainable Growth—A Long-Term Perspective Study*, Washington DC: World Bank, 1987, 280-281）.

(6) World Bank, *Accelerated Development*, 143. この数値は，1977-79年の時価米ドルに換算値を，1979年中間の推定人口数で除した所得の加重平均である（同書，188-189頁）。

(7) Bob Fitch and Mary Oppenheimer, *Ghana: End of an Illusion* (New York: Monthly Review Press, 1966); Colin Leys, *Underdevelopment in Kenya: the Political Economy of Neo-colonialism* (London: Heinemann, 1975).

(8) Polly Hill, *The Migrant Cocoa-Farmers of Southern Ghana* (Cambridge, 1963: 2nd ed. with preface by Gareth Austin, Hamburg: LIT, 1997). 近年の新しい研究として，Gareth Austin, *Labour, Land and Capital in Ghana: From Slavery to Free Labour, 1807-1956* (University of Rochester Press, 2005); Austin, "Vent for Surplus or Productivity Breakthrough? The Ghanaian Cocoa Take-off, c.1890-1936," *Economic History Review*, 67:4 (2014), 1035-64.

第Ⅲ部　冷戦，開発と経済援助

相対的に平和裡で早期に実現した。「相対的に」がキーワードである。年金問題での退役兵の抗議集会に警官が発砲した1948年の事件が，主要都市でヨーロッパ人所有の商店を狙った暴動を誘発した。ロンドンの帝国政府は調査委員会の設置で対応し，植民地官僚と選挙で選ばれたアフリカ人大臣との共同統治（1951年），次いで内政自治（1954年）が実現した。54年の選挙に際して，会議人民党（CPP）政府は，カカオ豆栽培農民への支払い価格の4年間凍結を宣言した。世界市場でのカカオ価格が上昇しつつある時点でのこの決定は，野党・国民解放運動（NLM）の結成を誘発した。最大のカカオ生産地域であるアシャンティ州に基盤を置くNLMは，第二のカカオ栽培地域であった東部地域で多数派になれなかった。というのも，NLMは，アサンテヘネの王宮の強力な支援を受けており，ガーナが植民地化される以前にアサンテ王国が行使していた優位を回復する団体とみなされていたからである[(10)]。

　CPP-NLMの闘争の帰結が，1980年代までの独立ガーナの政治経済を決定づけた。20世紀前半に，独立したカカオ栽培農民協会の強力な伝統がガーナに出現していた。1937〜38年に彼らは，市場から作物を引き揚げることでヨーロッパ人のカカオ購入カルテルを機能不全に追いこむ闘争を展開していた[(11)]。しかし1950年代半ばにその運動は，NLMを支持するアシャンティ協会とCPPを支援する南部協会とに分裂した。1956年の独立直前の選挙でクワメ・ンクルマが決定的な勝利を収めたこともあり，その分裂は，「独立したカカオ栽培農民協会の伝統の事実上の終焉を画した[(12)]」。それは，新たな独立国家で中央集権化を目指していた政府に，カカオ歳入で最大のシェアを確保しようとする政治

(9)　Paul Mosley, *The Settler Economies: Studies in the Economic History of Kenya and Southern Rhodesia 1900-1963* (Cambridge: Cambridge University Press, 1983); Bruce Berman and John Lonsdale, *Unhappy Valley: Conflict in Kenya and Africa* (London: James Currey, 1992).

(10)　NLMに関する主要な研究は，Jean Marie Allman, *The Quills of the Porcupine: Asante Nationalism in an Emergent Ghana* (Madison: University of Wisconsin Press, 1993).

(11)　最良の入門書は依然として，John Miles, "Rural Protest in the Gold Coast: the Cocoa Hold-ups, 1908-1938," in Clive Dewey and A.G. Hopkins, eds., *The Imperial Impact: Studies in the Economic History of India and Africa* (London: Athlone Press, 1978), 152-170, 353-357.

(12)　Gareth Austin, "National Poverty and the 'Vampire State' in Ghana," *Journal of International Development*, 8:4 (1996), 553-573, 特に563.

第**8**章　商品価格高騰に直面したガーナとケニヤ

的な自由を与えることになった。その政府のフリーハンドが，どの程度，また
どのような効果を伴いながら行使されるかは，独立後の四半世紀を考察するこ
とで明らかになる。

　ガーナの脱植民地化における党派争いは，荒々しいが致命的ではなかった。
対照的にケニヤでは，1952年から1956年まで土地自由軍（マウ・マウ）により
大ゲリラ戦争が戦われ，約25,000名の人々が死亡した。[13] ゲリラ兵は圧倒的に，
ケニヤ中央部に居住する最大の単一民族集団であったキクユ族出身であった。
残りは，キクユ族に文化的，政治的に関係した２つの少数集団，エンブ族とメ
ル族から供給された。[14] その紛争は，民族解放闘争であるとともに，キクユ族の
内戦――特に階級闘争――でもあった。近代的な武器を欠いていたにもかかわ
らず，ゲリラ戦の展開は，1950〜60年代のイギリス本国と冷戦政治の文脈だけ
でなくローカルな現地でも，白人少数派政権による独立が無理であることを例
証した。だが，マウ・マウの打倒で果たしたキクユ「忠誠派」の主導的役割は，
ジョモ・ケニヤッタ（Jomo Kenyatta）の下で，独立した非社会主義のアフリカ
人（キクユ族主導）政権を政治的に実現する可能性を生み出した。イギリス政
府や他の西側政府や企業群は，ケニヤッタ政権との取引に好意的に応じた。[15]

　独立時には両国とも貧しかったが，キャッチ・アップせざるをえなかったの
はケニヤ経済であった。植民地時代のガーナで，アフリカ人小農と小規模な資
本主義的農法の潜在能力が解き放たれ，世界最大のカカオ生産国になれたのは，
ほとんどアフリカ側の経済的主導性が発揮された結果であった。他方ケニヤで
は，ごく少数の認可されたアフリカ人だけが，コーヒーと茶の二大換金作物の

---

(13)　対照的な両国の独立への移行は，主役へのインタビューも含めて，グラナダ・テレビの
　　　ドキュメンタリー映像記録 *End of Empire*（Manchester, 1985）のガーナ・ケニヤ編を参照。
　　　マウ・マウについては，Wunyabari O. Maloba, *Mau Mau and Kenya: an Analysis of a*
　　　Peasant Revolt（Bloomington: Indiana University Press, 1993）.

(14)　ゲリラ兵と入植者，忠誠派との闘争の経済的基盤に関する優れた分析は，Robert H.
　　　Bates, "The Demand for Revolution: the Agrarian Origins of Mau Mau," in Bates, *Beyond*
　　　the Miracle of the Market: the Political Economy of Agrarian Development in Kenya
　　　（Cambridge: Cambridge University Press, 1989）, 11-44, 157-163.

(15)　「忠誠派」に関する主要文献は，Daniel Branch, *Defeating Mau Mau, Creating Kenya:*
　　　Counterinsurgency, Civil War, and Decolonization（New York: Cambridge University
　　　Press, 2009）.

第Ⅲ部　冷戦，開発と経済援助

表8 - 1　1960年のガーナとケニヤの人口，所得，製造業

	人口 (100万)	国内総生産 (GDP) (100万ドル)	一人当たり所得 (ドル)	製造業生産額 (100万ドル)	GDPに占める 製造業の比重 (%)
ガーナ	6.8	1503	222	94.7	6.3
ケニヤ	8.1	641	79	60.9	9.5

出典：Peter Kilby, "Manufacturing in Colonial Africa," in Peter Duignan and L.H. Gann, eds., *Colonialism in Africa 1870-1960*, vol. IV, *The Economics of Colonialism* (Cambridge: Cambridge University Press, 1975), 472.

いずれかの栽培を法律で認められ，ヨーロッパ人が耕作適合地をほぼ独占していた。アフリカ人が土地の大半の支配権をもつ植民地よりも入植植民地で早く成長したのが，製造業であった。[16]だが，表8-1が示すように，独立時のガーナの輸出向け農業の実績は非常に優れていたため，絶対額でははるかに大規模であったものの，GDPのシェアとしては，ガーナの製造業部門はケニヤよりも小規模であった。

　ケニヤのキャッチ・アップは土地所有権賦与と土地の再配分により始まっていたといえる。マウ・マウに対抗して，1955年に植民地政府は，アフリカ人小農への土地権利証書の配布を始め，コーヒーと茶栽培へのアフリカ人参入規制を撤廃し，(忠誠派)キクユ族小農への土地再分配を開始した。独立協定の一部として，イギリスはケニヤ政府に対して，リフト・バレーの「白人高原（White Highlands)」に集中していたヨーロッパ人土地所有者の土地を，1959年時点の高価格で買い上げる資金を融資した。「白人高原」の創出は，キクユ族だけでなく，ルオ族，マサイ族，カレンジン族の土地を犠牲にして行われてきた。今や，1954年のガーナと同様に，連邦制を求める新たな党派が創出され，地方政権が独立の果実を手にするはずであった。ケニヤでは，(後に重要となる)農産物輸出による収益がさほど大きくなかったため，ヨーロッパ人入植者が撤退し

――――――――――
(16)　Peter Kilby, "Manufacturing in Colonial Africa," in Peter Duignan and L.H. Gann, eds., *Colonialism in Africa 1870-1960*, vol. IV, *The Economics of Colonialism* (Cambridge: Cambridge University Press, 1975), 4 ; Gareth Austin, Ewout Frankema, and Morten Jerven, "Patterns of Manufacturing Growth in Sub-Saharan Africa: from Colonization to the Present," in Kevin O'Rourke and Jeffrey G. Williamson, eds., *The Spread of Modern Industry to the Poor Periphery since 1870* (Oxford: Oxford University Press, 2017), 345-373.

た後の土地へのアクセスが決定的であった。しかしガーナと同様に、在職の民族運動指導者は新たな反対勢力を撃破し、独立後1年で強力な中央集権国家を確立した。ケニヤッタは、リフト・バレーで移管された土地の大半をキクユ族が獲得できるようにし、カレンジン族の盟友ダニエル・アラップ・モイ(Daniel Arap Moi)は、その代償として追従者に他の場所の土地を与えられた。規模の経済を特徴とする大規模農場の大半は、新たなキクユ族エリートにそのまま譲渡され、彼らは「ジェントリー」になった。(メイズ、飲料作物と牧畜の)混合農業を行う中小規模のヨーロッパ人農場は、企業家連合や協同組合として、小規模キクユ族農場経営者が獲得した。

図8-2 ケニヤッタ大統領

ウィリアム・ハウスとトニー・キリックは、1978年時点での前農場の所有状況を次のように推定した。耕作・放牧地164万ヘクタールの73％を依然として不在地主が所有し、残りをアフリカ人が獲得した。混合農業の176万ヘクタールの状況は異なり、不在地主は6％以下にとどまった。混合農業地の24％を、単一大農場として経営するアフリカ人が所有し、45％が公式に小規模所有者に譲渡される一方で、24％が(協同組合や小農集団が購入して)非公式に小規模所有に分割されるか、共同耕作地であった。移管された土地は、「最良の可能性を有する」土地の約4分の1、「ケニアの農耕可能地の約3％」であった事実を認識することが重要である。数多くのキクユ族、特に前ゲリラ兵は、全く土地を獲得できなかった。

---

(17) 土地をめぐる闘争とその国制上の重要性については、以下を参照。Bates, *Beyond the Miracle of the Market*, 52-63.

(18) Branch, *Kenya: Between Hope and Despair*, 86-98.

(19) Bates, *Beyond the Miracle of the Market*, 148.

(20) William J. House and Tony Killick, "Inequality and Poverty in the Rural Economy, and the Influence of Some Aspects of Policy," in Killick, ed., *Papers on the Kenyan Economy* (Nairobi: Heinemann, 1981), 157-179, 167-168.

(21) Branch, *Kenya: Between Hope and Despair*, 90-95.

第Ⅲ部　冷戦，開発と経済援助

　1950年代末～60年代のケニヤ経済は，小農生産の成長の成功譚であった[22]。特に，中央州とリフト・バレー州の前「キクユ族保留地」や再入植農園において，アフリカ人小農が飲料作物を自由に栽培できるようになった。1970年に小農によるコーヒー生産は30,400トン，全収穫量の52％に達し，それ以降は緩やかに成長を続けた。茶の生産は，政府の認識不足もあって，栽培開始が遅れたが，小農による生産量は1972年に53,300トン，1977年には，さらに多くの小農が茶栽培を採用し，ヘクタール当たり収量も増えたため，単位全収穫量の32％にあたる86,300トンに達した[23]。

　大陸の反対側では，通常は小規模といわれるが，実際の経営規模は多様で農業労働者を多用していたガーナ人のカカオ農民[24]が，1950年代に栽培地域を拡張して新たな生産ブームを引き起こし，1964～65年には，史上最大のカカオ生産を達成した。だが，当時カカオ価格は低落傾向にあり，ンクルマの輸入代替工業化政策はコストを伴い，期待された成果を生み出せなかった。

3　1970年代の経済成長とインフレーション

　対外貿易による衝撃は，その性格や強度が非常に類似していたにもかかわらず，その衝撃への対応と影響は，ネガとポジの両面でケニヤとガーナで非常に

---

[22]　1977年の政府統計によれば，小農の平均耕地面積は2.33ヘクタールであった（Peter Wyeth, "Economic Development in Kenyan Agriculture," in Tony Killick, ed., *Papers on the Kenyan Economy* [Nairobi: Heinemann, 1981], 299-310, 特に301). 本章は輸出農業を論じているが，小農の生産は特にメイズで急速に増大した。世銀は1974年の報告書において，「ケニヤの小農は，中規模で高い潜在能力を有した広範な混合農業で，（労働集約効果による）ヘクタール当たりの高収量だけでなく，全生産要素においても秀でている」と報告していた（World Bank, *Accelerated Development*, 51）。

[23]　Hazlewood, *Economy of Kenya*, 44-45.

[24]　1956-57年の調査によれば，最大のカカオ生産地域における雇用労働者とカカオ農園主との比率は，1.89対1であった（Austin, *Labour, Land and Capital*, 319-320）。Beckman は，国家の買手独占記録を使用して，1963-64年に上位5％の大規模生産者のシェアが31％，下位18％のシェアはわずか2％であると計算した。Beckman, "The Distribution of Cocoa Income, 1961-1965," Staff Seminar Paper no. 13, Department of Economics, University of Ghana, Legon, conveniently reproduced in Piet Konings, *The State and Rural Class Formation in Ghana* (London: KPI, 1986), 76.

第**8**章　商品価格高騰に直面したガーナとケニヤ

異なっていた。図 8-3 は，1970年代前後の時期の両国の経済成長を描き出している。

　ケニヤでは独立後数年間，顕著な経済成長がみられた。1969年の一人当たりGDP は1963年より23.39％高く，年平均成長率は3.34％であった。同じ 7 年間にガーナの一人当たり GDP はほぼ 7 ％低下した。比較の時期をわずかに広げて，ケニヤの独立前年の1962年と1970年を比較すると，両国の状況は良好である。ケニヤは年3.39％の成長を遂げる一方で，ガーナは年平均0.125％の成長率となる。1970年のガーナは，一人当たり所得で1963年の最高値を回復した。経済の安定度も対照的であった。 7 年間あるいは 9 年間いずれにおいても，ケニヤは一度だけ経済成長の低下を経験したが，ガーナはその間 5 回も低下に苛まれた。

　1973年に石油輸出国機構（OPEC）の介入により1974年から石油価格が高騰したため，両国の一人当たり GDP は，73年以降で1974年が最高であった。したがって，1973年は一人当たり GDP 成長の伸びの転換点ではなかった。だが，1970〜80年全体で見ると，ガーナの一人当たり GDP は，18.75％低下する一方で，ケニヤは14.86％増加した。ガーナは1973〜80年の第二次石油危機の結果20.74％縮小し，ケニヤ経済は8.35％拡大した（図 8-4 参照）。つまり1970年代に，ガーナは経済的災難に直面し，他方でケニヤは緩やかな経済成長を実現した。

　両国は緩やかな消費者物価で1970年代を迎えたが，その後のインフレ状況は全く異なった。図 8-5 が示すように，1974年以降両国の分岐が始まった。石油価格ショックの遅れ，特にケニヤのインフレ率がかなり低かった事実は，ガーナでの超インフレーションの突発は OPEC が原因でないことを示唆している。1977年にガーナの消費者物価のインフレ率は116％，ケニヤを100％以上上回り，7.75倍に達した。

---

(25)　このパラグラフと図 8-2 のデータの出典は The Maddison Project Database 2013 （Groningen Growth and Development Centre） である。以下を参照。Jutta Bolt and Jan Luiten van Zanden, "The Maddison Project: Collaborative Research on Historical National Accounts", *Economic History Review*, 67:3 （2014）, 627-651.

第Ⅲ部　冷戦，開発と経済援助

(単位：1990年基準の米ドル)

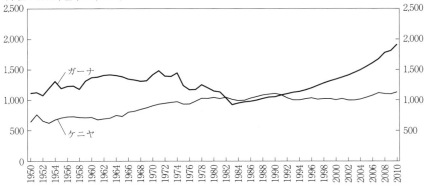

図8-3　1950-2010年のガーナ，ケニヤの一人当たり実質GDP
出典：Maddison Project 2013.

(単位：1990年基準の米ドル)

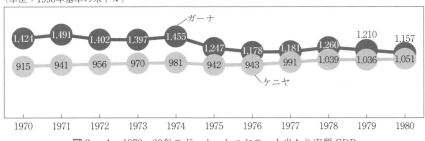

図8-4　1970〜80年のガーナ，ケニヤの一人当たり実質GDP
出典：Maddison Project 2013.

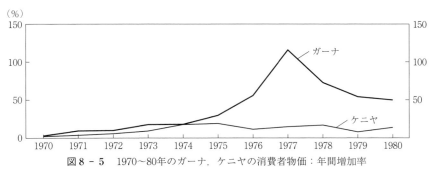

図8-5　1970〜80年のガーナ，ケニヤの消費者物価：年間増加率
出典：World Bank, *World Development Indicators 2017*.

4 1970年代の政治闘争，連続性と不安定

1970年代の政治変動は経済的変化とおおよそ対応していた。70年代のガーナでは4回の政変がみられた。上級将校による通常の軍事クーデタ，非常に厄介な兵士をより上品な兵士で置き換えた宮中クーデタ，下級兵士によるクーデタあるいは「革命」，そして民主主義選挙。対照的にケニヤでは（表8-2にみられるように），現職大統領が縁故関係のネットワークを残したまま死去し，全員ケニヤッタの故郷キアンブ州出身で，彼が体現した諸利害を擁護するため戦略的に任命された政治指導者たちが，国制上の既定路線を継承した。副大統領でカレンジン族出身のモイが後継の大統領に就任した。

独立後ケニヤにおける驚くべき連続性と秩序だった政治的継承の外観は，ケニヤッタ政権の耐久力に挑んだ政治闘争と危機の存在を隠蔽することになる。ケニヤッタへの反対勢力の存在は，彼が事実上の一党体制国家を押しつけ，ケニヤ人民同盟という強力な社会主義政党を弾圧した事実により際立つ。ケニヤ人民同盟は，ケニヤッタ政権の副大統領であったオギンガ・オディンガ（Oginga Odinga）が1966年に政権を離脱した際に結成され，オディンガは一時的に拘留された。政権政党内部で体制に挑戦した2人の命運はさらに悲惨であった。有能なカリスマ的政治家であったトム・ムボヤ（Tom Mboya）は，ルオ族という別の部族集団出身でなければケニヤッタの自然な継承者であったが，1969年に暗殺された。キクユ族出身の成功した実業家カリウキ（J. M. Kariuki）は，政府の土地政策の不平等を批判した最有力者で，土地解放軍の前メンバーでもあった。特に彼は，多くの白人農園主の所領が，そのままケニヤッタ一族や支持者により買収され，とりわけ土地無しのマウ・マウ戦士には分配されなかった点を強く批判した。「JM」として民衆に人気のあったカリウキは，1969年と1974年議会選挙において，自分の選挙区で例会的な大勝利を収めたが，74年選挙後に下位の大臣職を解任された。

1975年3月に「JM」自身が暗殺された。そのニュースが伝わり民衆が激高する中で，議会は，カリウキ殺害調査特別委員会の設置を要求して政府に公然と反抗した。この挑戦は，その意図に関係なく，政府にとって時間を稼ぐことを可能にし，その間に民衆の怒りは沈静化した。政権の主要メンバーのカリウ

第Ⅲ部　冷戦，開発と経済援助

表8-2　1970年代におけるケニヤとガーナの歴代政権

就任年	就任の手段	指導者	政権のタイプ
ケニヤ			
1963年	独立選挙	J・ケニヤッタ	文民（一党制）
1978年	国制上の継承	D・A・モイ	文民（一党制）
ガーナ			
1969年10月	選挙	K・A・ブシア	文民
1972年1月	クーデタ	I・K・アチャンポン	軍人
1975年	政権内の再編	同上	同上
1978年	宮廷クーデタ	F・アクフォ	軍人
1979年6月4日	下級兵士クーデタ（革命）	J・J・ローリングス	「革命的政変」軍人
1979年9月24日	選挙	H・リマン	文民
1981年12月31日	下級兵士クーデタ（革命）	J・J・ローリングス	「革命的政変」部分的に文民

キ暗殺への関与を示唆し，調査自体も妨害したことは明らかであったが，最終報告書は抑え気味であったため皮肉な結果となった。これは政権の存立を脅かした危機であり，ケニヤッタは議会と内閣に対する権威を一時的に喪失し，彼の民衆の間での人気と正当性も回復しなかった。非キクユ族出身のケニヤッタ[26]の政敵は，「JM」の人気を過小評価し，キアンブ州以外のキクユ族地域でも政府が信任を失っていたことを見誤り好機を逸したと思われる。[27]

　仮にケニヤッタが1975年に失脚する可能性があったとしても，彼の死後に副大統領モイが継承した事実は，国制的な手続きによるものではなく政治的決定であり，この決定に関わった人々はそれを悔いることになった。歴史家ウィリアム・オチエングが主張するように，「キアンブ閥」で大法官チャールズ・ンジョンジョ（Charles Njonjo）が率いたケニヤッタ政権高官たちは，モイを封じ[28]

(26)　Daniel Branch, *Kenya: Between Hope and Despair, 1963-2011* (New Haven: Yale University Press, 2011), 89-120.

(27)　この記述は，中央県ニエリ郡オサヤに近い中等学校で教鞭を取っていた私自身の若き時代の印象に基づいている。私は，若いケニヤ人教師を含めた全ての現地の人たちが，議会での「JM」殺害ニュース演説を受けて，政府に抵抗するため——マウ・マウの先例にちなんで——「丘陵地帯に行くように」学生を強く勧誘するのを目撃した。だが，次の学校休業期に他の県をバスで旅行した際に，私が出会った人々は，ケニヤッタのキクユ族の基盤がそれほど弱体化した点には気づいていなかったように思われた。

第**8**章　商品価格高騰に直面したガーナとケニヤ

込めることが可能であると考えたが，その裏をかかれた。大統領として最初の
6年間の1978〜84年に，モイは政敵の打倒を画策し，ケニヤッタの恩顧ネット
ワークを体系的に解体するとともに，自己のパトロネジを拡げて，ケニヤ西部
での自分の権力基盤を固めた。そのためケニヤは見た目ほどには政治的に安定
しなかった。しかし，1975年と1978年の政治的危機にもかかわらず，ガーナの
第二次共和政と軍事政権が崩壊した1970年代を通じて，同じケニヤ国家が存続
したのである。

　ガーナは独立以来，二度の政権交代を経て1970年代を迎えた。ンクルマ大統
領を倒した1966年の軍事クーデタで第一次共和国は倒壊し，1969年選挙により
ンクルマの旧い政敵ブシアが第二共和国の首相に就任した。1966年クーデタは
人気を博したが，ブシアの選挙戦は，軍事政権がンクルマ系の政党資格を禁じ
たために楽勝であった。1972年のアチャンポン大佐（I. K. Acheampong）が主導
した二度目の軍事クーデタでブシア（Busia）と第二次共和国が倒された。その
政権は1975年の内部再編を経て，1978年の宮廷クーデタにより，厄介で腐敗し
たアチャンポンに代わり別の上級将校アクフォ（Akuffo）が実権を握った。政
府は市民社会，特に民政への復帰を求める大学生と専門職団体協議会からの強
力な抗議運動に直面し続けた。1979年までにアクフォは，軍政から選挙で選ば
れた民政への権力移譲を画策していた。しかし，予定された選挙前に，「6月
4日革命」を宣言する劇的な下級兵士によるクーデタが勃発した。これにより
空軍大尉ローリングス（J. J. Rawlings）が率いる軍部革命評議会（AFRC）が権
力を掌握した。AFRC は腐敗，闇取引とインフレに対する徹底した闘いを打
ち出した。軍事政権の3名の指導者は，8名の上級将校とともに即決裁判で処
刑された。総選挙と大統領選挙を予定通り進める中で，AFRC は1979年9月に，
大統領リマン（Hilla Limann）とおおまかなンクルマ派の人民国家党に政権を引
き渡した。

　両国は1980年代初頭に武装反乱に見舞われた。しかし──独立後の記録に合

---

(28)　William R. Ochieng', "Structural and Political Changes," in B.A. Ogot and W.R. Ochieng',
　　　Decolonization and Independence in Kenya 1940-93 (London: James Currey, 1995), 102.

(29)　Branch, *Kenya: Between Hope and Despair*, 120-159, 331-334 ; B.A. Ogot, "The Politics
　　　of Populism," in B.A. Ogot and W.R. Ochieng', *Decolonization and Independence in Kenya
　　　1940-93* (London: James Currey, 1995), 187-201, 213.

283

第Ⅲ部　冷戦，開発と経済援助

うように——ケニヤにおける1982年8月1日の空軍若手将校によるクーデタは簡単に鎮圧される一方で，ローリングスの「再登場」，1981年12月31日革命は成功した。ケニヤで政治的不安定は目立ったものの，国制は維持された。ガーナでは再び民政が崩壊した。

5　経済と政治の相互作用

　こうした両国の対照的な経験において，経済的不満と政治的不安定（あるいは部分的な逆の事態）はいかに影響し合ったのだろうか。経済的停滞と政治的不安定が結びついたガーナの場合，特に首都アクラを含む，一般大衆が感じた経済危機により，体制転換の議題やスケジュールさえもが決まったといえるかもしれない。経済危機によりブシアは，最終的に「ひどく大幅な」通貨切り下げ[30]を余儀なくされた。アチャンポン大佐は，危機と政府の対応を，クーデタ決行の正当化の口実とした。アチャンポンを排除した1978年のアクフォの宮廷クーデタは，民政への復帰要求を促していた，極度な日常必需品不足の中で発生した。新たな国家元首が物質的改善の実現に失敗した1年後に，同じ事態が「6月4日革命」につながり，軍事政権による選挙実施と民政への移管の決定が改めて確認された。

　経済危機の進展が1970年代ガーナの政治的不安定にとって決定的であったが，そのつながりは自然発生的ではなかった。通貨切り下げへの反対は，特に都市部における生活費増への懸念から生じたようにみえるが，通貨価値を国家威信の問題とみなす傾向もあった。1978年と1979年までに，大衆の怒りは「モラル・エコノミー」の形で，腐敗と経済的詐欺を心底から軽蔑する *kalabule* という出所不明の新語で表現された[31]。その非難の言葉は，公定の何倍もの価格で商品を販売した商人から，支配者自身にまで，多様な対象に向けられた。彼らは，混乱を主宰するだけでなく，不正利得の最大の受益者とみなされていた。

---

(30)　Tony Killick, *Development Economics in Action: A Study of Economic Policies in Ghana* (London: Heinemann, 1978), 107.

(31)　Jonathon H. Frimpong-Ansah, *The Vampire State in Africa: the Political Economy of Decline in Ghana* (London: James Currey, 1991), 111, 116. では，それがハウサ族の *kara bude*, "keep it quiet" (静穏に) からの引用であることを示唆している。

第8章　商品価格高騰に直面したガーナとケニヤ

商人，特に女性店主への怒りは，「6月4日革命」の過程でガーナ最大の市場であったマコラ第一市場が兵士により破壊された際に，劇的に表面化した。(32) いたるところで女性店主は，公定価格を超えた商品販売を疑われると，体罰に処せられた。そうした行為が特に女性を狙い撃ちにしたとするなら，逆に，同月のアクラ海岸で処刑された前軍政指導者たちは，上からの kalabule に対する最も明確な一撃とみなされ，全員男性であった。

対照的にケニヤでは，1960年代と比較すると経済成長は減速したものの，ガーナ人たちが繰り返し増大する困難に直面したような，極端なマクロ経済の危機は不在であった。政

図8-6　アチャンポン大佐
前出ケニヤッタ（図8-2）との衣裳の相違は，ケニヤとガーナ両政権の根本的な違いを表示している。

治的に最も繊細な経済問題は，商品価格や外貨の入手ではなく，むしろ「自由 uhuru の果実」——独立の物質的な恩恵——の地域的・社会的に不平等な分配であった。この政治的焦点は，キクユ族地域が政府予算と公職の充当で特別扱いを受けた事実にとどまらなかった。キクユ族の本拠地の中央州内部でも，キアンブ地区がパトロネジを独占し，マウ・マウ反乱が勃発した地域では依然として非常に多くの人々が土地無し状態であった問題もあった。ガーナの場合のように，物質的な貧困と不平等が政治力として機能することはなかった。(33) ケニヤでそれらは，不公平と不正という非常に強力な感情で規定された問題として，(34) ——ポール・コリアが提唱した「貪欲」と「不平」を峻別する還元主義を超える事実として——影響を持ち続けた。(35)

因果関係の点で，最も重要な連鎖は，生活水準の悪化によりアチャンポンの

---

(32) 直接体験による説明は，以下を参照。Nii K. Bentsi-Enchill, "Destruction of Accra's Makola Market," *West Africa*, 27 (August 1979).

(33) 論点全般は，半世紀前の古典的研究で提示されたが，今日では再解釈が必要である。以下を参照。E.P. Thompson, "The Moral Economy of the English Crowd in the Eighteenth Century," *Past & Present* 50:1 (1971), 76-136.

(34) 多くの事例の中でも当時，激しい批判文書のように読まれた小説である以下を参照。Ngũgĩ wa Thiong'o's, *Petals of Blood* (London and Nairobi: Heinemann, 1977).

第Ⅲ部　冷戦，開発と経済援助

ような銃を手にした野心的日和見主義者に好機が与えられたように，圧倒的に経済的困窮から政治的不満に向いていた。決定的なことに，困窮がさらに悪化し，不正の認識が深まると，1979年のローリングスとガーナ軍下級兵士のように，「浄化」のため権力奪取の危険を冒すべきと確信する軍人が登場する趨勢がみられた。ケニヤでは，階級・民族・地域間の不平等にもかかわらず，1960年代と70年代を通じた持続的経済成長により，クーデタの機会が減少した。旱魃を伴った1979年第二次石油危機により，1980年代初頭に経済的不満が広がった。こうした状況が1982年のクーデタ未遂の動機となったことは明らかである。しかし，空軍兵士の蜂起を鎮圧した保安軍にとって，一時的な経済的苦境は，長期的な経済成長と比べると魅力に欠けていた。

　政治的（不）安定が経済的実績につながる，二次的な因果関係の連鎖があったことも付け加えるべきであろう。ジョン・ダンが当時指摘したように，「不安定性ほど動揺するものは他にない[36]」。この点で私は，以下のように論じたことがある――1970年代のガーナにおける頻繁な政権交代は，新たな支配者による公定歩合を大幅に引き上げた。仮に腐敗していたとしても，新支配者は，将来利益を拡大できるような改革政策を犠牲にして，縮小する利益の分け前で最大の取り分を摑み取る必要があった[37]。この点は，（1972年，1975年，1978年の）どの政権であっても政権維持に拘泥するほど，収奪政治に深入りした軍事政権に共通していた。対照的に，ケニヤの特徴である政権維持の連続性は，小農から大規模な外資系企業にいたるまで投資家が将来を展望して評価するのを容易にして，ケニヤ経済に利益をもたらした。ケニヤの投資家層は，不安定性よりも（投資の）リスクに直面した。しかし，政策の中身は，連続性自体よりもはるかに重要であった。だが我々は，両国の政策の相違を検証する前に，両国の対外貿易の検討に立ち戻ろう。

---

(35)　Paul Collier, "Doing Well out of War," in Mats Berdal and David M. Malone, eds., *Greed and Grievance: Economic Agendas in Civil Wars* (Boulder: Lynne Rienner, 2001), 91-111 ; Paul Collier and Anke Hoefler, "Greed and Grievance in Civil Wars," *Oxford Economic Papers* 54:4 (2004), 563-595. 批判に関しては以下を参照。David Keen, "'Greed': economic agendas," in Keen, *Complex Emergencies* (Cambridge: Polity Press, 2008), 25-49.

(36)　John Dunn, "Conclusion," in John Dunn, ed., *West African States: Failure and Promise* (Cambridge: Cambridge University Press, 1978), 212.

(37)　Austin, "National Poverty," 565, 568.

第**8**章　商品価格高騰に直面したガーナとケニヤ

6　交易条件の変化は経済実績の相違を説明できるか

　両国はエネルギーの輸入面で石油に全面的に依存し，ともにエネルギー消費の21～22％を占めていた。しかしガーナは，ヴォルタ・ダムという重要な強みをもち，石油の必要性を削減できた。1973年に，石油に由来する発電比率は，ガーナがわずか1％であったのに対し，ケニヤは42.7％であった。逆に水力発電は，ガーナが99％，ケニヤが45％であった。したがってこの点で，ガーナはケニヤほどOPECの価格ショックには晒されなかった。そうであったとしても，ガーナの経済的困窮とケニヤの経済的安定の相違が，両国商品の交易条件，つまり輸出品と輸入品価格の比率の何らかの違いによる結果なのかどうか，依然として疑われている。

　すなわち，ガーナについてフランケーマとバン・ワイジェンバーグは，第一次石油危機後の国際カカオ価格の崩壊が，1950年代～60年代に拡大したカカオ生産量を減退させたため，1973～85年の大幅な経済衰退に帰結したと主張する。[39] 実際，ガーナのカカオ輸出量はすでに1964-65年にピークに達しており，1982-83年に最低を記録した。現在の文脈でさらに重要なのは，ガーナの経済的崩壊を純交易条件の逆転に帰すことは，1976～78年の飲料作物価格ブームを見落とすことになる点である。1970年代全体を通じて，表8-3が示すように，両国の純交易条件は実際改善した。ガーナはケニヤ以上に改善がみられた。これは以下の事情を考慮すると驚くべきことではない――1970～80年の主要商品価格の年平均成長率は，石油が18.2％，茶がマイナス2.8％，コーヒーが3.9％，カカオが7.5％であった。[40]

　商品の純交易条件が改善されたにもかかわらず，ガーナの収益交易条件の低下を説明するには，[41] ケニヤが輸出を増やすために食糧安全保障を犠牲にしたの

---

(38)　World Bank, *World Development Indicators 2017*, updated 2 August 2017.

(39)　Ewout Frankema and Marlous van Waijenburg, "Africa Rising? A Historical Perspective," *African Affairs* 117:469 (2018), 557.

(40)　World Bank, *Accelerated Development*, 157.

(41)　収益交易条件とは，ある国が輸出品によって購入できる輸入品総額である。商品（正味の交易品）の交易条件の改善にもかかわらず収益交易条件が悪化するのは，輸出品量の大幅な減少を意味する。

287

第Ⅲ部　冷戦，開発と経済援助

表8-3　交易条件の変化1970〜79年：
ガーナとケニヤの年平均成長率(%)

	商品交易条件	収益交易条件
ガーナ	6.9	−0.8
ケニヤ	2.2	0.9

出典：World Bank, *Accelerated Development in Sub-Saharan Africa: An Agenda for Action* (Washington DC, 1981), 155.

に対して，ガーナが逆の代償を支払い，食糧生産のために農産物輸出の低下を受け入れたと想定できる。この点は，アチャンポンの最重要計画「一人で食う作戦（Operation Feed Yourself）」とも一致する。[42] しかし現実は，両国とも一人当たり食糧生産は，3年平均の指標で1977〜79年が1969〜71年より低下し[43]

ていた。ガーナの低下率18%はケニヤの8%の倍以上であった。ガーナのGDPが収縮した1975〜79年の5年間に，両国は少量の食糧援助を受けた。ガーナは一人当たりで10倍（ケニヤの0.54キロに対して平均5.4キロ強）を受け取った。[44]したがってガーナは，食糧生産で悲惨な10年間を経験し，少額の食糧援助を有効に活用する必要があった。国際連合食糧農業機関（FAO）のデータによれば，10年間の総農業生産量は，ケニヤで年間4%を超えたがガーナでは低下したのであった。[45]

7　経済政策の対照性

ダグラス・リマによる構造調整前のガーナの経済的衰退に関する優れた研究は，その要因を2つの制度的革新に求めた。一つは1939年にまでさかのぼる植民地的遺産，マーケティング・ボードにより実施された法定カカオ輸出価格の国家独占であった。もう一つは，ンクルマ時代からの自立した通貨制度の創出であった。その第一歩が1957年の中央銀行と自国通貨の創設であった。[46] リマの議論は両方とも，一つの国家単位の分析としては非常に説得力がある。しかし本節では，ケニヤとの比較を通じたもっと厳密な分析が必要なことを論じるつ

---

(42)　Douglas Rimmer, *Staying Poor: Ghana's Political Economy 1950-1990* (Pergamon Press for the World Bank: Oxford, 1992), 135, 163-164.

(43)　World Bank, *Accelerated Development*, 143.

(44)　Ibid., 166. この数字は穀物だけの数値である（ibid., 192）。

(45)　Ibid., 50.

(46)　Rimmer, *Staying Poor*, 特に199-212.

第**8**章　商品価格高騰に直面したガーナとケニヤ

もりである。（すなわち）マーケティング・ボードや通貨面での独立が問題ではなく，それら諸制度が——ケニヤでなく——ガーナで活用された特定の政治状況こそが問題であり，それこそ1970年代のケニヤの良好な経済実績を説明できるのである。

　ケニヤも，1946年に設立されたコーヒー・ボードのように，法律による独占を享受できた農業輸出マーケティング・ボードに加えて，1966年に導入された中央銀行と自国通貨を所有していた。ケニヤのマーケティング・ボードの起源は，政府の利害だけでなく，特にヨーロッパ人農場主の利害も反映していた。[47] 英領西アフリカにおいて，法定独占の導入は，第二次世界大戦中の生産者価格暴落を防ぐ機構創設を意図していた。ケニヤと異なりアフリカ人小農は，その創設につながる議論に直接には関わっていなかった。しかし，ゴールド・コースト政府の主たる関心が，1937〜38年に発生したような小農が市場への作物供給を中断する不穏な事態を回避することであったため，アフリカ人小農の影響力は強力であった。[48] だが1970年までに両国の輸出マーケティング・ボードは，現実あるいは仮想の課税，すなわち国際価格と生産者価格・販売コストとの差額利潤を吸い上げる道具に転化していた。部分的な補償として国家は，殺虫剤の補助金価格のような多様な支援を小農に提供した。だがマーケティング・ボードは，生産者の生産意欲を削いだため，その財政面での機能を経済自由主義者は批判していた。批判者としては，P・T・バウアが有名で，後のリマや，世界銀行の構造調整宣言書であるバーグ報告書が挙げられる。[49]

　表8-4は，国際価格に対する生産者に支払われた価格の割合を示す，国際通貨基金（IMF）のデータである。その数値は，ケニヤでマーケティング・ボードは，徴税の道具として極めて限定的に利用されたことを示している。対照的にガーナは，ボードをカカオ栽培小農に重税を課すために活用した。より有益

---

(47)　たとえば Alan Rufus Waters, "Change and Evolution in the Structure of the Kenya Coffee Industry," *African Affairs* 71:283（1972），163-175.

(48)　Rod Alence, "Colonial Government, Social Conflict and State Involvement in Africa's Open Economies: the Origins of the Ghana Cocoa Marketing Board, 1939-46," *Journal of African History* 42:3（2001），397-416.

(49)　P. T. Bauer, *West African Trade: A Study of Competition, Oligopoly and Monopoly in a Changing Economy*（Cambridge: Cambridge University Press, 1954）; Rimmer, *Staying Poor*; World Bank, *Accelerated Development*.

289

第Ⅲ部　冷戦，開発と経済援助

表8-4　公定為替レートで生産者が国境価格*に占める割合
（1971〜80年）

	1971〜75年（％）	1977〜80年（％）
ケニヤ　コーヒー	96.80	94.50
ケニヤ　茶	90.60	100.25
ガーナ　カカオ	44.40	47.50
コートジボアール　カカオ	52.40	40.00

出典："African Historical Producer Price" dataset constructed by Tom Westland from the International Monetary Fund archives, "Recent Economic Developments" series. このデータを提供していただいたウェストランド博士に感謝したい。1976年のケニヤのデータは欠落しているため，この比較で1976年は除外してある。
注：*国境価格とは，国境における輸出品価格を意味する。

な比較を行うため，ガーナの隣国コートジボアールの数値を表に加えてある。マーケティング・ボードを通じたガーナのカカオ輸出課税[50]は，1970年代初めはコートジボアールより過重であるが，70年代末には実際軽くなったことがわかる。公式為替レートでガーナのマーケティング・ボードはコートジボアールよりも生産者から高価格で買い上げていたにもかかわらず，コートジボアールが世界最大のカカオ生産国になったのは1970年代末であった。従って，ガーナのマーケティング・ボードの存在は，それが統括していいた産業衰退の主要因ではなかった。キイは為替レートであった。

　輸出農業への実質課税を調べるために，ケニヤとガーナの小農が受け取った国際価格に対する名目と実勢価格比の相違に為替レートがいかに影響していたかを考察する必要がある。この点で，両国が中央銀行と自国通貨を利用したやり方が異なる点で，決定的な対照性が生じていた。

　1961年にガーナは包括的な為替管理を導入した。この措置により自国通貨のポンド貨（スターリング）との自由な交換性に終止符が打たれた[51]。独立4年後にガーナは，「自由」な外国為替体制から「閉鎖的」為替体制に移行したのである[52]。定義に従えば，自由為替体制では，価格が為替レートに連動して輸出と輸入をコントロールするために活用される。通貨の交換性は維持されねばなら

---

(50)　マーケティング・ボードの全利益の中に，ココア輸出税の明解な要素も含んでいる。

(51)　Rimmer, *Staying Poor*, 205.

(52)　Francis Teal, "The Foreign Exchange Regime and Growth: A Comparison of Ghana and the Ivory Coast," *African Affairs* 85:339 (1986), 267-282, 特に272；J. Clark Leith, *Foreign Trade Regimes and Economic Development: Ghana* (New York: National Bureau of Economic Research, 1974).

第**8**章　商品価格高騰に直面したガーナとケニヤ

ない。大幅な財政赤字は国内のインフレと通貨の弱体化につながるため，この
メカニズムが財政赤字を抑制することになる。仮に状況が悪化すれば，政府は
通貨切り下げか交換性停止を選択せざるをえなくなる。逆に閉鎖的な外国為替
体制では，財政赤字は中央銀行の融資（実質的には紙幣増刷）によって埋め合わ
される。その帰結の国際収支の赤字は，通貨切り下げか，価格調整よりも数量
規制で為替レートを維持する輸入割当制で対処される。自国通貨の交換性を停
止することが，一つの選択肢となる。

　フランシス・ティールは，「構造調整」時期まで存続したガーナの閉鎖的外
国為替体制(53)と，コートジボアールが通貨切り下げやインフレ金融が許されない
アフリカ金融共同体フラン（CFA Francs）圏の構成国であり続けた点を比較対
照した。ガーナは経済成長の点で，この比較では非常に成績が悪かった(54)。しか
しケニヤは，中間的立場を示している。ガーナと同様に，ケニヤも原則的に金
融面で独立していただけでなく，時おり通貨切り下げと為替管理の選択を行っ
た。だが一つ大きな違いがあった。ケニヤは膨大な財政赤字を回避し，その通
貨供給量の拡張も比較的緩やかであった。その結果，1970年代初めのインフレ
状態はほぼ同等であったが，1970年代末のガーナ政府が図8-4に反映された超
インフレーションを経験する中で，ケニヤはインフレ財政のエスカレーション
を回避した(55)。ケニヤの極端な金融的拡張は，比較しても非常にコントロールさ
れ，それは，1976～79年のコーヒーと茶の「棚ぼた」で生じた国際収支黒字が
通貨供給量を増やしたときにみられた。こうした相対的な金融上の抑制があっ
たことで(56)，ケニヤ政府は1975年10月に，ケニヤ通貨シリングの公定・民間両為
替レート間の較差拡大を抑えて，14.5％の通貨切り下げを円滑に実施できた(57)。

---

(53)　Leith によれば，ンクルマ追放後，ガーナは輸入自由化の中途半端な試行を行ったが，
　　その実験は1972年のアチャンポンのクーデタで撤廃された。Leith, *Foreign Trade Regimes*,
　　109-162. 内部関係者による鋭敏な分析は，Frimpong-Ansah, *Vampire State*, 100-108を参照。
　　Frimpong-Ansah はブシア政権下のガーナ銀行総裁であった。

(54)　Teal, "Foreign Exchange Regime".

(55)　ガーナの貨幣供給量は，アチャンポンのクーデタ前の1971年と1980年の間にほぼ19倍に
　　膨張した（Rimmer, *Staying Poor*, 149）。

(56)　Tony Killick and Maurice Thorne, "Problems of an Open Economy: The Balance of
　　Payments in the Nineteen-Seventies," in Killick, ed., *Papers on the Kenyan Economy*
　　（Nairobi: Heinemann, 1981), 59-70, 特に68.

291

第Ⅲ部　冷戦，開発と経済援助

対照的にリマが明らかにしたように，ガーナの「時折の通貨切り下げ効果はほんの一時的であった。（中略）セディ貨の名目上の為替価値は1967年，1972年，1978年に低下する一方で，実質的な公定レートは1962年から1983年まで上昇する趨勢がみられた[58]」。

　通常，工業国において為替レートの経済的重要性は，外国との競争に対する自国産品の国際競争力（切り下げによる強みの賦与）とインフレ（切り下げで輸入品価格が上昇）の観点で理解される。主要輸出品が基幹商品の国にとって，受取価格はドルあるいは他の外貨で決まり表示される。通貨切り下げによっても，競合する供給国と比べると自国の国際競争力には影響が及ばない。通貨切り上げは輸入品を安価にし，輸入代替工業家たちを安価な資本財と原料で支援することが可能になる。しかし，輸出品価格が高価になることで，輸出志向型工業化を阻害する。だが，圧倒的な農業国にとって，為替レートの重要性は国内向けであり，通貨切り上げは輸出業者に対する間接的な課税として機能する。

　通貨面で独立を達成したガーナとケニヤは，両国独自の通貨がすぐに切り下げ圧力に晒された点で——フランス・フラン（後にユーロ）とリンクしフランス銀行に支えられたアフリカ金融共同体フラン（CFA Francs）を採用していたコートジボアールのような諸国とは異なり——共通性があった。ガーナのセディ貨とケニヤのシリング貨はともに，並行為替レート，すなわち公定レート以下で自国通貨が取引される非合法市場の出現にみられるように，そうした圧力に直面した。両国とも当初は，並行市場プレミアム——公定と非公式為替レートとの較差——は小さかった。

　ケニヤでは，石油危機にもかかわらず，1970年代を通じてプレミアムは軽微にとどまっていた。それは，輸出が良好なときに，過度の通貨切り上げ回避も含めて，財政と通貨両面での規律維持が容易であった事情に帰せられる。コートジボアールのような全面的に自由な外国為替制度に見切りをつけたガーナと

---

(57)　Arthur Hazlewood は，飲料作物価格ブームの間，ケニヤ通貨シリングが幾分過大評価
　　された点を示唆した。（ガーナより明らかに狭隘な）並行市場でケニア・シリング貨は，公
　　式には等価であるタンザニア，ウガンダ・シリングの数倍の価値があった。Hazlewood,
　　The Economy of Kenya: the Kenyatta Era（Oxford: Oxford University Press, 1979）, 130-
　　131.

(58)　Rimmer, *Staying Poor*, 208, 209.

第**8**章　商品価格高騰に直面したガーナとケニヤ

同様に，ケニヤでも1972年に，輸入許可制度を通じた輸入品の数量規制が試み
られた。相違点は，輸入制限がさほど厳格でなかっただけでなく，統制制度が
輸出品と輸入品を調整する主要手段でなかった点にあった。統制は，輸出を奨
励し，過度の通貨供給増大を回避する方法で行われた。後にみるように，長期
の資本流入が継続的に可能であったことも重要であった。

　ガーナでは，1965年以降のカカオ輸出量の減少により，早晩，既存の為替
レートの維持が困難になることは明らかであった。1971年12月に，ブシア政権
は不本意ながら通貨切り下げを決定した。そのときまでに政府は，1ドル1.02
セディから1.82セディへ，78％の大幅な通貨切り下げが必要であると想定して
いた。切り下げをクーデタ実行の口実としたアチャンポンは，1ドル1.28セ
ディまで29％，わずかであるが通貨切り上げを実施して政策を転換した。1年
後の1973年2月の米ドル切り下げで，公定レートは1ドル1.15セディとなった。
以後1970年代を通じて，カカオ輸出が急激に減少し石油価格が高騰したにもか
かわらず，公定為替レートは一度だけ，1978年に1ドル2.75セディに引き下げ
られた。

　こうした互いに異なる経済実績と諸政策の結果として，1970年代の並行市場
プレミアムは平均値で，ケニヤが16.8％，ガーナが66.3％であった。一度ケニ
ヤでプレミアムが急上昇したが，それは政府がアジア人社会に「資本持ち出し
を許さぬまま」出国移住の圧力をかけたため，彼らが不利なレートであっても

---

(59)　A.T. Brough and T.R.C. Curtin, "Growth and Stability: An Account of Fiscal and Monetary Policy," in Tony Killick, ed., *Papers on the Kenyan Economy* (Nairobi: Heinemann, 1981), 37-51, 特に40, 41, 42; Hazlewood, *Economy of Kenya*, 152.

(60)　Yaw Ansu, "Macroeconomic Aspects of Multiple Exchange Rate Regimes: the Case of Ghana," in Miguel A. Kiguel, J. Saul Lizondo and Stephen A. O'Connell, eds., *Parallel Exchange Rates in Developing Countries* (Houndmills UK: Macmillan, 1997), 188-220, 特に 189.

(61)　Ibid., 190.

(62)　Ibid., 190.

(63)　Miguel Kiguel and Stephen A. O'Connell, "Parallel Exchange Rates in Developing Countries," *World Bank Research Observer* 10:1 (1995), 21-52, 特に23. International Currency Analysis Inc. から得られたデータによれば，関係の平均値は年価値の中央値である。

(64)　Jean-Paul Azam, *Trade, Exchange Rate and Growth in Sub-Saharan Africa* (Cambridge: Cambridge University Press, 2007), 79.

第Ⅲ部　冷戦，開発と経済援助

外貨購入を余儀なくされた時点であった。逆に，コーヒー・ブームの頂点で
あった1977年末に，プレミアムは短期間マイナスになった。プレミアムが通常
極めて少額であった事実は，並行市場の範囲が狭く，ブローカーが非合法集団
を越えて広がることもほとんどなかったことを示していた。通貨面でケニヤは
独立していたものの，公定為替レートが通貨の交換性維持と完全に合わなく
なったときには，政府はすすんで通貨切り下げを行った。1970年代半ばに交換
性は無制限ではなかったが，許可証がなくてもケニヤの銀行でケニヤ・シリン
グ貨と外貨との交換は可能であった。これはガーナでは考えられないことで
あり，ガーナで中央銀行は，ケニヤよりも大規模にインフレ金融のために活用
されていた。

　ガーナでは，1970年代末に並行市場の通貨プレミアムが膨張し，通常の非合
法社会を超える並行市場取引を通じて広がった。公定為替レートに対する並行
レートの比率は，1970年に1.66，1975年に1.73であった。しかし，1977年に8
に跳ね上がり，通貨切り下げ後の1980年は5.77であった。庶民にとって外貨両
替の機会はなかったものの，70年代末までには，多くの物価が，直接的あるい
は間接的に非公定レートを反映する並行市場価格となった。エルネスト・メイ
はカカオ密輸額の推定を通じて，並行市場経済の規模を推測した。彼の研究に
よれば，ガーナの公式 GDP に占める割合として並行経済は，1970年の0.32％
から1976年に1.11％であったが，1979年に11.51％，1980年には24.45％に急増
した。

---

(65)　同上書78頁所収のグラフ参照。

(66)　私は1975年にケニヤでまさにそれを経験した。逆に1977年のガーナで入国許可を得るた
　　　めには，公定為替レートでガーナ通貨を購入する「セディ引換券」を買う必要があった。
　　　そうすると，首都アクラでトマト1個が2ポンドに跳ね上がった。

(67)　ガーナについては Ansu, "Macroeconomic Aspects," 196-197 ; ケニヤの通貨政策の穏健
　　　な批評については，Brough and Curtin, "Growth and Stability" をそれぞれ参照。

(68)　Rimmer, *Staying Poor*, 209.

(69)　当該期のセディ通貨の過大評価に関する最も詳しい研究は，May, *Exchange Controls*,
　　　and Ansu, "Macroeconomic Aspects".

(70)　Ernesto May, *Exchange Controls and Parallel Market Economies in Sub-Saharan
　　　Africa: Focus on Ghana*, IMF Staff Paper no. 711（Washington DC, 1985）, 129. メイは81-91
　　　頁で計算を詳述している。

第**8**章　商品価格高騰に直面したガーナとケニヤ

8　対照的な帰結
——輸出農業の趨勢とそれを超えて——

　ガーナとケニヤの輸出品課税への影響の度合いは全く異なっていた。並行市場プレミアムが相対的に低額で小規模であったケニヤでは，輸出品への潜在的「過重課税」はほとんど無視できた。したがって，マーケティング・ボードの価格政策に示された低税率は，ケニヤのコーヒーと茶の生産者にとって，陰に陽に現実の課税率に近いことを意味した。対照的にガーナでは，公定・非公定為替レートの較差拡大，輸入品購入時での非公定レートの適用拡張により，輸出品への実効課税率は増加した。前述のように1976〜80年にガーナのカカオ栽培農民は公式には，カカオ・マーケティング・ボードから（輸送費等を差し引いた）平均47.5％の代金を受け取っていた。上記の公定・非公定レート間の較差を適用すると，ガーナの小農は，マーケティング・ボードが得た金額の数％しか受け取れなかった。図 8-7 と図 8-8 が示すように，その結果は予想通りであった。

　為替レートによって小農の行動が変わった点は，ガーナから隣国コートジボアール，トーゴへのカカオ豆の密輸で顕著にみられる。1976〜80年にガーナ産カカオの名目生産者価格は，世界市場価格比で，コートジボアールよりも事実上高価であった。トーゴと比較した価格差については，IMF と世界銀行の数値で意見が分かれる。だが，セディ貨の過大評価を考慮するとどちらも決定的でない。密輸者が，アフリカ金融共同体フラン（CFA Francs）で支払われるコートジボアールあるいはトーゴ生産者価格を受け取り，それを並行市場でガーナのセディ貨に両替した場合，その産品は，同量の豆にガーナ・カカオ・マーケティング・ボードが提供するよりもはるかに高額のセディ金額になった。国境のコートジボアール側で売却されるカカオ豆のセディ価格とガーナ・カカ

---

(71)　おそらく表 8-4 の Tom Westland による IMF の数値は，（数字が得られる場合は，加工費用を調整した）本船渡し（FOB）価格であろう。他方，世銀の数値は輸送費，販売経費，加工費を控除してある。表 8-4 の 3 カ国に関して，IMF と世銀数値の差はわずかであり，私は，欠如がほとんどないので IMF の統計数字を使った。だがトーゴの生産者価格は，1976〜80年の世界平均価格に対し，世銀では25％，IMF データでは74％になっていた。出典：IMF/Westland, as Table 4; World Bank, *Accelerated Development*, 56.

295

第Ⅲ部　冷戦，開発と経済援助

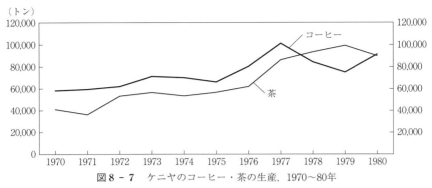

図8-7　ケニヤのコーヒー・茶の生産，1970〜80年

出典：FAO, March 1, 2020.

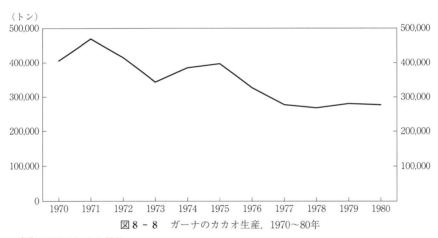

図8-8　ガーナのカカオ生産，1970〜80年

出典：FAO, March 1, 2020.

オ・マーケティング・ボードの支払額との較差は，1975年に2.06倍，1977年が4.36倍，1979年に「若干」低下した3.3倍から，1980年には5.54倍に達した。フランコは，1978-79年度までのガーナから（トーゴ，コートジボアール両国への）カカオの年間密輸量を慎重に推定している。その推定によれば，密輸量は1970-71年〜1978-79年の9年間で年平均38,500トン，初年度の31,000トンから

---

(72)　May, *Exchange Controls*, 129.

296

第**8**章　商品価格高騰に直面したガーナとケニヤ

1974-75年の30,000トンを経て，最終的に50,000トンに達していた[73]。

　過重課税は，小農が再投資意欲をもてる高税率と，懲罰的で再生産だけでなく，当該作物の収穫・出荷の意思をなくすような税率の違いを生み出した。フランコは，1978年の通貨切り下げ以降は，名目生産者価格を世界市場価格より高めに設定する必要があるため，一般為替レート（1米ドル＝2.75セデス）のままでガーナのカカオ生産を復活させるのは困難であったと結論づけている[74]。コートジボアールが世界最大のカカオ豆生産者として，いつガーナを追い抜いたかの確定は困難である。というのも，自国産の伸びがガーナの生産量低下を上回るより前に，コートジボアールは，ガーナからの豆の再輸出を通じて，最大のカカオ豆輸出国になっていたと思われる。同様に，ケニヤのコーヒー輸出にも，自国のコーヒー生産者自体を惹きつけたのと同じ生産者価格のせいで，ウガンダからの一定量の密輸品が含まれていた[75]。

　本章の焦点は輸出農業であるが，ガーナとケニヤの対照的な為替レート政策が，直接的，あるいは農産物輸出効果を通じて，他の諸経済部門にも付随的にさまざまな影響を及ぼした点に留意しておきたい。ガーナで禁圧的な過重課税は，カカオだけでなくすべての輸出品に負荷となった。過大評価された公定為替レートにより，原理的に輸入品は安価になったが，輸入許可証の入手が必要とされた。そのため，輸入許可制度がそれを管轄する関係者の利害関係を生み出した。輸出量の低下と統制制度に由来した輸入品の不足により，貨物運輸や鉱山業のように資本財や部品の輸入に依存した産業が大きな打撃を受けた。したがって，1971年にアメリカ合衆国が金本位制を離脱して以降，カカオ以上に金価格が上昇気味であった事態を活用できなかった。1973～80年に，ガーナからの金単位価格は7倍以上上昇したが，金の生産量はほぼ半減した[76]。木材輸出の崩壊はさらに急激で，1980年の木材輸出は1971年水準の37.6％，丸太は21.86％にとどまった。1980年にガーナのダイヤモンド，マンガン，ボーキサ

---

(73)　G. Robert Franco, "The Optimum Producer Price of Cocoa in Ghana," *Journal of Development Economics* 8:1 (1980), 77-92. 特に85-86. フランコの計算は，利用可能な最良のデータと妥当と思われるココア供給機能を組み合わせている。

(74)　Franco, "Optimum Producer Price of Cocoa in Ghana."

(75)　Killick and Thorne, "Problems of an Open Economy," 64.

(76)　Rimmer, *Staying Poor*, 144-145.

297

第Ⅲ部　冷戦，開発と経済援助

イトの生産量は，それぞれ1971年の37.9，39.56，56.03％に低下した。[77] 製造業の産出量も，生産設備の稼働率の低下に伴い低落した。[78] ジェームス・アヒアポールによれば未稼働率は，70年代末までに約50％から80％に上昇したが，リマは，1980年の（約4分の3を占めた）「大規模」製造業部門の数字を26％としている。[79] これは大部分，部品のような輸入部材不足の結果であった。[80] 例外的な成功例が，クマシ地方の第二の拠点都市スアメが，他では入手できない自動車部品や単純工作機械製造の小規模な作業場の拠点として出現した点である。[81] 全体として，ガーナの製造業は，1970年のGDPの13.23％から，1980年に縮小したGDPの8.10％に衰退した。[82] ケニヤでは製造業生産は拡大し，しばしば金属加工に特化した非公式作業場部門が伸びた。[83] GDPの割合として，ケニヤの製造業は，1970年の11.98％から1980年の12.84％に伸長した。[84][85]

　批判的にみれば，対照的な諸政策と農産品の輸出実績が，国家の財政基盤に相応の影響を与えた。ケニヤでは，政府が総国民所得に占める割合は，コーヒーと茶の収益が消費を通じて循環して売上税収が増加することで，1970年代

---

(77)　Ibid., 145.

(78)　当該期の両国の製造業実績の優れた比較については，以下を参照。Miatta Fahnbulleh, "The Elusive Quest for Industrialisation in Africa: A Comparative Study of Ghana and Kenya, c1950-2000" (PhD dissertation, London School of Economics, 2005), 195-204.

(79)　James C.W. Ahiakpor, "The Success and Failure of Dependency Theory: The Experience of Ghana," *International Organization* 39:3 (1985), 535-552, 特に539 ; Rimmer, *Staying Poor*, 153 (cf. 118).

(80)　Fahnbulleh, "Elusive Quest," 199 ; Ahiakpor, "Success and failure," 549 ; Rimmer, *Staying Poor*, 153. Fahnbulleh, 197は，ケニヤの製造業全般が国内資源を大幅に活用しており，輸入品に関して輸入依存度が低かったと論じている。

(81)　この地方工業は1972年の輸入飢饉に先行していたが，輸入不足の間に大きく発展した。Jonathan Dawson, "The Development of Small-Scale Industry in Ghana: A Case Study of Kumasi," in Hank Thomas, Francisco Uribe-Echevarria and Henry Romijn, eds., *Small-Scale Industry: Strategies for Industrial Restructuring* (London: Intermediate Technology Publications, 1991), 173-207.

(82)　World Bank, *World Development Indicators 2017*, updated 2 August 2017.

(83)　Jerven, *Economic Growth and Measurement Reconsidered*, 111-115 ; 全般に関しては，以下を参照。Hazlewood, *Economy of Kenya*, ch. 5.

(84)　Kenneth King, *Jua Kali Kenya: Change and Development in an Informal Economy 1970-95* (London: James Currey, 1996).

(85)　World Bank, *World Development Indicators 2017*, updated 2 August 2017.

298

第**8**章　商品価格高騰に直面したガーナとケニヤ

を通じて上昇した。ガーナでは，並行市場が拡張するにつれて租税の取り分は縮小した。リマの研究によれば，GDP に占める政府歳入の割合は，1970年の19.3％から1980年には8.0％に低下した。[86] 通貨の過大評価は，輸出税率の異常な高さを意味したが，それは特にカカオの生産量の減少と，近隣諸国の税収だけに貢献する密輸の拡大により相殺された。紙幣の印刷自体は，国民所得の政府シェアを増やしたが，この場合は，セディ貨のかなりの部分が，公定価格では入手できない商品のため並行経済で使用・再使用された。給与の手取り分が縮小したため，教師や他の公務に携わった専門職の人々が，大学関係者も含めてナイジェリアや（特に医師の，場合は）さらに遠方諸地域に大量に集団移住したのも驚くべきことではない。

　1970年代のケニヤでは，海外から多額の援助と投資の流入があった。この点は同国の国際収支にとって重要であった。コーヒー輸出ブームが最高潮に達した1977年を除くと，ケニヤの国際収支は赤字状態であり，その赤字期間の大半は，資本の純流入により補われていた。[87] その資本流入の規模が，受容する経済国の政策によって大幅に左右されたという意味で，ガーナとの比較を通じて，これら資本流入の内因性が明らかになる。1973年の石油ショックの1年以上前の権力掌握直後に，アチャンポンはンクルマ時代からのガーナの累積債務に関して一方的な措置を講じた。彼は，累積した利子と3分の1の元金（併せて3億6600万ドルのうち1億7000万ドル）の支払いを拒絶し，残額の支払いを10年間停止した。[88] この前例と，為替管理，非兌換通貨，さらに GDP の停滞と低下を考え合わせると，1970年代にガーナが外国の商業銀行から融資を受けなかったことは，驚くべきことではない。[89] そうであったとしても，冷戦時代の軍事独裁と経済破綻により，二国間，多国間の政府開発援助（ODA）の供与が否定されることはなかった。ODA は1973～80年のガーナの GDP の3％を占めた。ケ

---

(86)　Rimmer, *Staying Poor*, 207.

(87)　Killick and Thorne, "Problems of an Open Economy," 60-61.

(88)　t-Colonel Acheampong, "Statement on Ghana's External Debts," 5 February 1972, in Eboe Hutchful, ed., *The IMF and Ghana: the Confidential Record* (London: Zed and Institute for African Alternatives, 1987), 281-286.

(89)　Cf. Bartholemew Armah, "Trade Structures and Employment Growth in Ghana: A Historical Comparative Analysis, 1960-1989," *African Economic History* 21 (1993), 21-36, 特に27.

第Ⅲ部　冷戦，開発と経済援助

ニヤはより多額の援助を受け，それは GDP の4.56％に達した[90]。70年代末まで
にガーナ政府は，巨額の借款を使えるはずであったが，その獲得に失敗した。
債務支払いは，1975〜80年に平均すると輸出額の7.57％であった[91]。他方でケニ
ヤは，民間金融機関から長期の借入れも可能であった[92]。ケニヤの債務返済は，
1975〜80年に平均すると輸出額の17.26％，70年代末には石油価格の高騰と旱
魃による経済苦境により1980年には21％に達した[93]。おそらく，この1980年の数
字には，後の「構造調整」の緩やかな始まりである，世界銀行からの5500万ド
ル借款が含まれている[94]。それゆえ，ケニヤには統制可能な規模であったが，累
積債務問題の兆候がみられた。本章で，1970年代のケニヤの経済政策が経済成
長にとって完璧であったと主張するつもりはない。アクラの政策決定と比較す
ることで，ナイロビでの失敗策が浮かび上がる。

　批判の対象となったケニヤのマクロ経済管理の題材は，1976〜78年の価格高
騰時におけるコーヒー・茶収益のうねりである。以下で検討する3つの見解が
主張された。①政府が好況をもたらしたわけではない。②小農層は好況に貢献
せず，増益を受取るに値しない。③インフレ抑制で小農の取り分を制限するた
め，政府は増税すべきであった。こうした批判は，とりわけ私にとっては興味
深い，というのも，本章執筆の動機は，近隣のある学校で教えた3年後の1978
年に，ケニヤのニエリ（Nyeri）地区のコーヒー栽培の谷を再訪した際の記憶に
あるからだ。取り巻く丘陵の一つの頂きに達する道路を歩き風景を眺めながら，
私はしばし混乱して，そこが同じ場所なのか疑った。以前と同様に，その谷に
は地域特有の分散的だが人口稠密な集落，村ではなく農場に人々が居住する大
農園が広がっていた。しかし，1975年は大半の屋根が藁葺きであったが，現在
ほとんどの家屋所有者は金属屋根にグレードアップしていた。その光景は，私
が1977年に調査していたガーナのカカオ栽培地域との差異のため印象的であっ

(90)　World Bank, *World Development Indicators 2017*, updated 2 August 2017.
(91)　Ibid.
(92)　Killick and Thorne, "Problems of an Open Economy," 67.
(93)　World Bank, *World Development Indicators 2017*, updated 2 August 2017.
(94)　構造調整は，1986年までケニヤにおいては「経済運営の重要な部分とはならなかった」
　　　Joseph Kipkemboi Rono, "The Impact of the Structural Adjustment Programmes on
　　　Kenyan Society," *Journal of Social Development in Africa* 17:1 [2002], 81-98, 特に82. 対照
　　　的にガーナは，1983年4月に世銀と IMF と合意してより根本的な調整を始めていた。

第**8**章　商品価格高騰に直面したガーナとケニヤ

た。ガーナでは金属屋根はかなり広がっていたが，当時はひどく老朽化していた。コーヒーの世界価格のように，カカオの国際価格が活況を呈した点からこの差異を説明したい，というのが本章執筆の動機であった。

　ダニエル・ブランチは，魅了されるポスト・コロニアル史概観において，コーヒーにあおられたケニヤの「驚異的経済成長への復帰」の「原因」は，政府の政策ではなく，1975年産作物を破滅させたブラジルの霜害に求められると主張する。著名な開発学者のトニー・キリックとモーリス・ソーンは，その事態の直後に，「これらは全く偶然の利潤であり，過去の努力と投資による復帰ではない」と書いた。同僚の学者アーサー・ハズルウッドはそこまでは断定しないものの，過大評価された通貨の形で，政府は二重為替レート制の下で好んで輸出税を課したが，その為替レートは，コーヒー栽培農民にとって過大だが，国際競争の製造業者に有利になるよう相対的に低く維持された点で，ケニヤ政府は賢明であったと評価した。過大評価あるいは部分的な通貨高は，小農の「棚ぼた」利潤による個人消費急増を抑えたかもしれない。ブランチの主張は，比較の必要性を例示している。本章前半で，政府の政策が所定のものとして受け取れないことが示されている。ガーナの場合と異なり，ケニヤの政策決定者は，生産者が世界市場の好機に反応できる環境を生み出した。キリックとソーンの評価も，両者にとっては珍しく，相手をみくびり非現実的である。輸出農業に資本と労働を投資する場合，生産者価格が（収穫物のように）時を超えて劇的に変動する可能性が十分に認識されている。小農は，不作年が豊作年によりカバーされるリスクを考慮しつつ，不作に耐えることが可能になる。さらに，「棚ぼた」の一部は明らかに，コーヒー・茶生産で追加資本と労働を投資するための諸物価の初期的上昇に，小農が適応した帰結であった。（上記の）ハズルウッドの主張は，さらに微妙な問題を提起している。政府が追加歳入を確保するか，あるいは，世界価格低迷時に払い戻せるように小農の収益の一部を留保

---

(95)　Branch, *Kenya: Between Hope and Despair*, 126-127.

(96)　Killick and Thorne, "Problems of an Open Economy," 68.

(97)　Hazlewood, *Economy of Kenya*, 131.

(98)　David Bevan, Paul Collier and Jan Willem Gunning, "Anatomy of a Temporary Trade Shock: The Kenyan Coffee Boom of 1976-9," *Journal of African Economies* 1:2 (1992), 271-305, 特に273.

第Ⅲ部　冷戦，開発と経済援助

する措置を講じるのは賢明であった，と論じることも可能である。後者〔小農
への税払い戻し〕は，結局，アフリカのマーケティング・ボードが期待されな
がら，ほとんど実行されなかったことである。そうした政策が実施されれば，
通貨膨張とインフレが抑えられ，輸入品ブームが起こったであろう。所得の円
滑化が小農と経済の両方に有効であったとしても，小農と他の受益者による
「棚ぼた」利潤の使用法について，2点付け加えておきたい。デイヴィッド・
ベヴァン，ポール・コリアとヤン・ヴィレム・ガニングは，小農がその利潤の
大半を貯蓄した（政府よりも小農の貯蓄性向が高かった）ことを示した。ベヴァン
と共著者は，「ブームに先だつ貯蓄率は約20％であったが，「棚ぼた」利潤はほ
ぼ半分が貯蓄されたようにみえる」と推定している。モルテン・ジェルヴェン
は，「収益の増大により，需要と新たなプロジェクトへの資本財供給の両面で，
製造業の成長が刺激を受けた」と述べている。ベヴァンたちも，資金の大半が
建設業に投資されたことを示した。小農にとって，それは良質の〔金属製の〕
屋根を意味した。大規模事業者にとってそれは，コリン・レイズが述べるよう
に，以前は外国人が所有していたナイロビに残された大半のオフィスの取得を
意味した。その意味で，民間部門はコーヒー・ブームを，広範な経済のさらな
る「アフリカ化（Africanization）」のために活用した。

　この節の最後に，ケニヤは水力発電への投資拡大でOPEC石油危機に対応し，
発電量に占める水力発電の割合は，1973年の45％から1979年の77％にまで高
まった点に留意しておきたい。ガーナで水力発電のシェアはほとんど伸びる余
地はなかった。しかし，エネルギー戦略の変化よりも，ガーナの輸入購買力を
反映して1973年から1979年までに，エネルギー消費に占める純エネルギー（石
油）輸入は，ケニヤの0.9％と比較すると4％低下した。

---

(99)　Jerven, *Economic Growth and Measurement Reconsidered*, 111.

(100)　Bevan, Collier and Gunning, "Anatomy of a Temporary Trade Shock," 84.

(101)　Colin Leys, "Capital Accumulation, Class Formation and Dependency: The Significance of the Kenyan Case," *Socialist Register 1978*, 241-266, 特に250.

(102)　World Bank, *World Development Indicators 2017*, updated 2 August 2017.

第**8**章　商品価格高騰に直面したガーナとケニヤ

9　衰退と比較する
——成長のための政治経済学——

　経済政策に着目することで，似た問題に直面した類似した国々で，なぜ政策がそれほど違うのかという疑問が浮かび上がってくる。1980年代に大論争を喚起した2つのアプローチが，本章で扱ってきた1970年代の比較を考える上で有効であろう。広く理論的でアフリカ固有の比較の枠組みで，ケニヤとガーナ両国に対する深い歴史的で現代的な関心と結びつけてナショナルな経験を理解しようとする点で，両方ともに優れている。公表された順番を逆にして，ロバート・ベイツとコリン・レイズの著作に言及したい。

　アフリカ地域研究に「新制度学派」の政治経済学を導入し，それを精緻化し拡張したのがベイツである。それ以降，多様な分野で他の研究者により多くの追加的な研究が行われてきた。[103] *Markets and States in Tropical Africa* (1981) は，"The Nature and Origins of Agricultural Policies in Africa" (1983) と題する論文とともに，ガーナ－ケニヤ比較を行う上で最適の著作である。[104] 合理的選択を主張する政治学者として，彼は主流派経済学者の新たなコンセンサスを受け入れている。（すなわち）熱帯アフリカ諸国の大半は独立以来の経済成長が期待を下回り，それは政府の干渉が過剰で経済的に非効率であった帰結であった。[105]

---

(103)　たとえば以下の諸研究がある。Robert H. Bates, *When Things Fell Apart: State Failure in Late-Century Africa* (New York: Cambridge University Press, 2008); Daron Acemoglu and James A. Robinson, "Why is Africa Poor?," *Economic History of Developing Regions* 25:1 (2010), 21-50; Catherine Boone, *Property and Political Order in Africa: Land Rights and the Structure of Politics* (New York: Cambridge University Press, 2014).

(104)　Robert H. Bates, *Markets and States in Tropical Africa: The Political Basis of Agricultural Policies* (Berkeley: University of California Press, 1981); Bates, "The Nature and Origins of Agricultural Policies in Africa," in Bates, *Essays on the Political Economy of Rural Africa* (New York: Cambridge University Press, 1983), 107-133, 164-168.

(105)　1970年代まで大半の開発経済学者は，貧困国の経済政策で国家が主導的役割を果たす必要があると論じてた。だが，リマは例外であった。Douglas Rimmer, "The Abstraction from Politics: A Critique of Economic Theory and Design with Reference to West Africa," *Journal of Development Studies* 5:3 (1969), 190-204. Killick の *Development Economics in Action* は，1972年1月のアチャンポン・クーデタまでのガーナを取り上げて，政府の政策策定における初期開発経済学の役割を解明した事例研究である。

303

第III部　冷戦，開発と経済援助

　ベイツにとっての論点は，大半の熱帯アフリカ諸国は成功しそうもない（誤り
を犯すのではなく，誤りに拘泥することが非合理的である）諸政策になぜ固執したのか，逆に，非常に少数のアフリカ政府は，なぜ相対的に市場適合的な政策を採用したのか，という問題であった。コートジボアールとケニヤは後者であり，ガーナは，タンザニア，ザンビア等とともに経済的に成功しなかった多数派の一員であった。ベイツは，諸政府が自己の経済利害を最大限重視する人々によって主導されていたと想定した。それゆえ，政策の連続性をみせたすべての政府は，自己評価において勝者であった。緩慢な成長あるいは経済的停滞を招いた諸政府は，社会全体ではないにしても，自己の政治的支援者には利益をもたらした。急速な経済成長を実現した政府も同様であった。相違は，後者の経済利害が経済全体の相対的利益と一致していた点であった。

　具体的に述べると，ベイツは，アフリカ諸国の人口の大半が農業関係者であるという考察から説明を始めていた。彼の理論によれば，個別の小規模生産者（小農）の大多数は，構造的なタダ乗り問題のために，政府に対して自己の経済利害を主張できなかった。それゆえ，経済的に成功しなかったガーナのような諸国では，農業（特に輸出農業）利害が政府内で代弁されずにいる一方で，政策決定者は都市部の利害集団の要求に対応した。このルールの例外であったのが，小農が権力をもつ一方で大統領自身も大土地所有者であった2つの国家，（すなわち）フェリックス・ホーエト－ボイニ政権のコートジボアールとケニヤッタ政権下のケニヤの二国であった。この両国で独立時に権力を掌握した運動は，「商業的農民から構成された強固な政治基盤を保持していた」。そのため両国政府は，ガーナやザンビアと比較すれば，「農民に非常に好意的な」価格政策を採用していた。[106]

　ベイツの分析は，1970年代のガーナとケニヤの経験と一致している。ケニヤッタと彼が信頼した協力者層の「キアンブ派」はすべて，完全に商業的な土地所有「ジェントリー」になった。彼らの地所にとり好都合であったのは，輸出作物の生産者価格がケニヤ通貨シリングの平衡額とほぼ同じ為替レートで支払われる有利さであった。これは小規模な輸出作物生産者にとっても好都合であった。コーヒーと茶生産でのケニヤが占めた比較優位を前提にすると，それ

————————————

(106)　Bates, "Nature and Origins," 113.

304

第**8**章　商品価格高騰に直面したガーナとケニヤ

は輸出と GDP の成長にとっても適合的であった。モイ政権の最初の 2 年弱で
も1980年末までは，国際価格の低下と旱魃の下でも，輸出農業の順風に何ら変
化はなかった。[107]対照的に，アチャンポン，アクフォ，ローリングス，リマン政
権下のガーナの指導層と農業利害とのつながりは弱く，ほとんど反映されてい
なかった。だが，ブシア政権は1969年10月に親農村公約により勝利を収めたが，
すぐに〔都市部〕労働組合との深刻な対立に直面した。ベイツのガーナの分析
枠組みが誤りであるという主張は，ブシアの外国為替制度，さらに経済全般の
自由化が極めて限定的であった事態と矛盾する。[108]政府がカカオ栽培農民に有利
なように，（生産者価格の25％引き上げを伴う）大幅な通貨切り下げという強硬措
置を取ったときの事情もなおさらで，[109]軍は都市部からの強力な支持を得てクー
デタを敢行した。

　歴史家として私は，ベイツの図式は有益であると考えている，（というのも）
その図式は，主題と一致するだけでなく，ケニヤッタがナイロビでなく自分の
出身地ガツンドゥに「本拠」を置くことを好んだこと，[110]また，1979年に（アク
ラ中心部に駐屯し，市場の商人層の利害に晒されていた）兵士たちをマコラ市場破
壊に駆り立てた消費者としての怒りの非常に都市的な性格と，詳細な点で共振す
るからである。アチャンポン政権は，北部ガーナで機械化（トラクター）ある
いは灌漑という形式で「近代的な」米作を促す諸計画を支援したが，これらは
本質的に，軍の将校，文官および政府と強力なコネをもつ人々に対して，以前

---

(107)　1978年 8 月の大統領就任から1979年総選挙で地位を固めるまで，モイは政策全般をほと
　　んど変更しなかった。後の著作でベイツは，モイは西部ケニヤで，ケニヤッタを支持する
　　中央州の農産物輸出農とは区別された，国内市場向けのメイズ生産農を基盤として農村部
　　での支持を固めたと論じた（*Beyond the Miracle of the Market*, 135-138, 148-149, 183-184）。
　　そうであったとしても，政策とその帰結には連続性があった（Jerven, *Economic Growth
　　and Measurement Reconsidered*, 109-123）。この点はモイが提唱したスローガン *Nyayo*（ケ
　　ニヤッタの歩みに続く‘足跡’）そのものであった。Robert Maxon and Peter Ndege は，
　　ケニヤッタからモイへの連続性は「経済政策でこそ明白である」と論じている。Maxon
　　and Ndege, "The economics of Structural Adjustment," in B.A. Ogot and W.R. Ochieng',
　　eds., *Decolonization and Independence in Kenya 1940-93* (London: James Currey, 1995),
　　151-186, 特に152.

(108)　Killick, *Staying Poor*, ch. 6.

(109)　Killick, *Development Economics in Action*, 57.

(110)　Ochieng', "Structural and Political Changes," 102.

305

第Ⅲ部　冷戦，開発と経済援助

は小農が所有していた土地で大規模農業事業を確立するために——「生産高全体の予想された増大」を達成することがないまま——補助金を支給する試みであった。実際には——直接的，間接的に政府の主要な歳入源であった——カカオ栽培農民が，農業の生産性全般が低下する代価を負担した。1979年のガーナの新政権——ローリングスと6月4日革命，リマンと第三共和国——はともに，輸出農民に世界市場での生産物価格の利益享受ではなく，多重価格と経済の量的規制を押しつけようと試みたのである。

　私はベイツの古典的分析に異議もあるが，その留保は，1970年代そのものではなく，70年代の前後の時期の解釈に関係する。彼は，小農が自己の利害を促進するために，少なくとも大規模農民や部族長と連携するような組織能力を過小評価している。植民地時代のガーナのカカオ栽培農民の運動は，最大の実例であった。また，高度の超過利潤追求の平衡を肯定的に仮定することにより，ベイツの分析枠組みは，1980年代になぜ多くのアフリカ諸国が「構造調整」政策を採用したのかという問いに，十分な回答を用意できない。「構造調整」により，アフリカ諸国は資源配分を行政的手段から市場的手段に切り替え，それにより（明らかに）自己の存立基盤を削ることで高度超過利潤追求の余地を縮小させた。アフリカの多くの政府によるこうした一見すると自己否定的な動きは，*Markets and States* の視角からは驚きである。したがって，ある長期の射程からの見解は，他の変数が関わっていたことを示唆している。しかし，政治指導に体現された経済利害が，経済成長への影響が何であろうと政策選択を規定するというベイツの議論は，特に1970年代に関して強力な洞察であり続けている。

　韓国と台湾の成功譚が否定できなくなる前の1960年代と1970年代初頭には，

---

(111)　Konings, *The State and Rural Class Formation*, 引用は340頁。

(112)　Gareth Austin, "Capitalists and Chiefs in the Cocoa Holdups in South Asante, 1927-1938," *International Journal of African Historical Studies* 21:1（1988），63-95, 特に92-93。

(113)　私には，ベイツが *Markets and States* の10年後に出版した論考で，暗黙裡にこの事実を認めているように思える。その論考は，彼が初期に提起した農業経済論に対する新資料——直近の歴史——にもとづく反論に論評を加えている。だが，彼は非常に謙虚であるため，初期の研究で最も重要な成果である1981年出版の以下の自著を引用していない。Robert H. Bates, "Agricultural Policy and the Study of Politics in Post-Independence Africa," in Douglas Rimmer, ed., *Africa 30 Years On*（London: James Currey, 1991），115-129。

第**8**章　商品価格高騰に直面したガーナとケニヤ

工業化の世界規模での普及が停止したという，強力な主張が存在した。この考察は，世界資本主義経済内部の不等価交換への従属は無制限に継続する，というのも，従属経済の資本蓄積の経路は国内の再投資ではなく剰余の輸出につながるという，従属学派の主張により理論化された。独立の旗は新植民地主義を覆い隠し，国際資本の現地代理人としてのみ機能するローカルな「買弁」ブルジョアジーを通じて対外的な搾取は継続した。真の脱植民地化と発展を実現する唯一の手段は，世界経済から「離脱する」しかなかった。[114]

　1975年にコリン・レイズは，新たに脱植民地化したアフリカ国家の歴史的形成を分析した最良の従属論研究である *Underdevelopment in Knya: the Political Economy of Neo-Colonialism* を出版した。[115] 3年後に彼は，自己の見解の転換（変心）を説明する論考を発表した。その論考「資本蓄積，階級形成と従属——ケニヤの事例の重要性」においてレイズは，ケニヤッタ政権の下で真のナショナルな資本主義が姿を現しつつあると主張した。[116]急速な経済成長が，「非貨幣的生産の着実な削減」と雇用全体での賃金労働の増大を伴っていた。[117]つまり，「資本主義的な生産関係の拡張により，比較的高度で持続的な資本蓄積水準が達成された」。外資の純流入があったが，それは決して新植民地ではなかった，と彼は主張した。経済の所有権の「アフリカ化」が，農業では完結していたが，全部門で進行していた。これらすべてで国家が重要な役割を果たしたが，それは自律的でなく，「キクユ族ブルジョアジー」による既存の蓄積を「反映」していた，とレイズは論じた。[118]アフリカ資本は，諸サーヴィスや（彼が示唆する）農業部門から製造業に移転しつつあった。脱植民地化は国際資本による新植民地化プロジェクトである一方で，独立以来の主題は，「現地人

---

[114]　従属論に対する好意的であるが批評的論考として，以下を参照。Anthony Brewer, *Marxist Theories of Imperialism: a Critical Survey* (London: Routledge and Kegan Paul, 1980). 後に出た諸版は後続の理論的展開を扱っているが，初版の大半は理論の諸類型の考察に充てられている。アフリカ従属論の理論家の代表が，亡くなったサミール・アミンであった。Samir Amin, *Unequal Development: an Essay on the Social Formations of Peripheral Capitalism* (New York: Monthly Review Press, 1976).

[115]　London: Heinemann.

[116]　Leys, "Capital Accumulation."

[117]　Ibid., 246.

[118]　Ibid., 250-251.

第Ⅲ部 冷戦，開発と経済援助

ブルジョアジーの階級プロジェクト」でもあった[119]。成長の原動力は，再入植過程により支えられた1955年以降の小規模土地所有者による生産の驚異的な成長であった。1977年までに，以前の「白人高原」の混合農業地域のうち，わずか５％のみが外国人所有にとどまっていた。小規模土地所有自体も平等ではなく，初期の誘因の多くが，投資と賃金支払いが可能な人々から派生していた[120]。キクユ族ブルジョアジー自身，土地を購入し商業的農業に投資を行っていた。1977年末までに，ヨーロッパ人が所有していたコーヒー農園地域の57％がアフリカ人の手に渡った。これらアフリカ人資本家は，貿易に投資するとともに，製造業への投資も開始していた。資本蓄積の過程でみられた，アジア人経営者に対しケニヤ人への売却を求めた圧力のような腐敗と強制は，マルクスの「本源的蓄積」論として分析すべきであると，レイズは主張した。貧困経済の文脈で，富を獲得する市場および市場外手段は，資本主義的発展の過程の一部であった。レイズが解明した，ケニヤ資本主義の野望とエネルギーの最も強烈な事例が，GEMA持株会社であった。1973年に設立された同社は，1977年に公開会社になった。貿易，金融，大規模農園への投資に加えて，GEMA社は，タイル工場やフィアット社と合弁で新たに開業したトラック組立工場を所有していた[121]。

　レイズの独立後のケニヤをめぐる従属論からマルクス主義解釈への転向は，「第三世界」におけるローカルな資本主義の発展過程の重要性に関して，２つの学派の全般的論争で激しい議論を生んだ。討論はケニヤに焦点を当てたものであったが[122]，カメルーンやナイジェリアのような他の熱帯アフリカ諸国の比較分析に広がった[123]。〔他方で〕ガーナ経済は急速に成長したわけでもなく，1970年代のガーナ史を「現地人ブルジョアジーの階級プロジェクト」として解釈するのも困難であったため，ガーナは注目されなかったのである。

　レイズの議論は1970年代のケニヤに適合的であるが，ガーナとの比較で重要な論点を提起している。第一に，経済のアフリカ化と国家による支援は，「新

---

(119)　Ibid., 259.

(120)　Ibid., 249-250. レイズも認めているように，彼の議論はほとんど，当時大半が謄写版印刷であった Michael Cowen の研究に依拠していた。Michael Cowen の研究で簡単に入手できる文献は以下である。Michael Cowen, "Commodity Production in Kenya's Central Province," in Judith Hever, Pepe Roberts and Gavin Williams, eds., *Rural Development in Tropical Africa* (London: Macmillan, 1981), 121-142.

(121)　Leys, "Capital Accumulation," 256.

第**8**章　商品価格高騰に直面したガーナとケニヤ

植民地主義」概念には適合し難い。1970年代のガーナにおける微かな経済実績と国家の能力低下にもかかわらず，ガーナを新植民地と考えるのは全く困難である。逆にリマが考察したように，1980年までにガーナは，資本主義世界システムからの離脱を推奨した従属論を実行する上で遥か先を歩んでいた。「分離」は，ガーナが商品と資本の両面で世界市場への参入が縮小していた点でかなり進展していた。(124) 両国とも，1960年にはGDPに占める貿易の割合がほぼ同等であった。ケニヤでは，貿易比率は続く20年間に驚くほど安定しており，1970年代にわずかに増加した。ガーナでは，ンクルマの輸入代替工業化の時期に急激に落ち込み，続く経済的自由主義を掲げた政府の下で部分的に回復し，次いで1970年代に崩壊した。

　第二に，1973年の第一次石油危機にもかかわらず，低下したとしてもケニヤが経済成長を維持できたのは，国家により積極的に支援された活力ある現地人資本家階級が存在し，その結果，自国内での資本蓄積と再投資の径路があったからであると，レイズは示唆した。皮肉なことに，（海岸部を除いた）ケニヤ以上にガーナは，貿易と生産に歴史的起源をもつ強力な現地人資本家階級を有していた。(125) しかし，1956年までにカカオ生産農民の運動が決定的に分裂したことで，ンクルマ政権は，ガーナ現地人資本主義の強力な支持基盤を政治的に無力化することができた。(126) 1962年の演説で表明されたように，ガーナ経済に関する

---

(122)　初期のレイズの議論の妥当性，後期の誤りを指摘する見解として，以下を参照。Raphael Kaplinsky, "Capitalist Accumulation in the Periphery: The Kenyan Case Re-Examined," *Review of African Political Economy* 17 (1980), 83-105. この論争をめぐる2つの鋭敏な論考が全体像を提供している。Björn Beckman, "Imperialism and Capitalist Transformation: Critique of a Kenyan Debate," *Review of African Political Economy*, 19 (1980), 48-62; Gavin Kitching, "Politics, Method, and Evidence in the 'Kenya Debate'," in Henry Bernstein and Bonnie K. Campbell, eds., *Contradictions of Accumulation in Africa: Studies in Economy and State* (Beverly Hills, CA: Sage, 1985), 115-152. レイズは以下の研究で自己の結論を提示した。Leys, "Learning from the Kenya Debate," in David E. Apter and Carl G. Rosberg, eds., *Political Development and the New Realism in Sub-Saharan Africa* (Charlottesville, VA: University of Virginia Press, 1994), 220-243, または Leys, *The Rise and Fall of Development Theory* (1994).

(123)　Bruce J. Berman and Colin Leys, eds., *African Capitalists in African Development* (Boulder: Lynne Reiner, 1994).

(124)　Rimmer, *Staying Poor*, 147.

第Ⅲ部　冷戦，開発と経済援助

表 8-5　1960〜80年の GDP に占める貿易の割合（%）

	1960	1966	1970	1980
ガーナ	63.64	34.26	44.04	17.62
ケニヤ	64.77	63.28	60.49	65.42

出典：World Bank, *World Development Indicators 2017*
(updated 2 August 2017).

ンクルマ自身の見方では，大規模経営企業は，国家や外国企業と同列であると考えられた。小規模なガーナ民間企業の存立の余地はあるが，大規模な現地人企業の立ち位置はないことが暗示されていた。[127] 1960年代の後継諸政権は，カカオ豆のローカルな購入を（農民からマーケティング・ボードに販売するため）民営化するような若干の変更を行っただけであった。その措置もアチャンポン政権で覆された。1970年代に市場状況は悪化し，階級としてのガーナ人資本家への政治的支援は，同時期のケニヤとは対照的に欠如していた。[128]

　しかし，次いで起こった事態は，ケニヤッタ政権下で出現したタイプの資本主義の安定性と将来性についてレイズが楽観的すぎたのではないか，との疑問を提起している。その政治的脆弱性は，GEMA 持株会社を生み出した組織である GEMA（Gikuyu-Embu-Meru Association）[129] に見出すことができる。GEMA

---

(125)　Polly Hill, *The Migrant Cocoa-Farmers of Southern Ghana: A Study in Rural Capitalism* (Cambridge, 1963: 2nd ed. LIT and James Currey with International African Institute: Hamburg and Oxford, 1997); Kwame Arhin, "Some Asante Views of Colonial Rule: As Seen in the Controversy Relating to Death Duties," *Transactions of the Historical Society of Ghana* 15 (1974), 63-84 ; Arhin, "The Economic and Social Significance of Rubber Production and Exchange on the Gold and Ivory Coasts, 1880-1900," *Cahiers d'études africaines* 20: 77-78 (1980), 49-62 ; Raymond E. Dumett, "African Merchants of the Gold Coast, 1860-1905: Dynamics of Indigenous Entrepreneurship," *Comparative Studies in Society and History* 25 (1983), 661-693 ; Gareth Austin, "'No Elders were Present': Commoners and Private Ownership in Asante, 1807-96," *Journal of African History* 37 (1996), 1-30 ; Austin, *Labour, Land and Capital in Ghana: From Slavery to Free Labour in Asante, 1807-1956* (Rochester NY: University of Rochester Press, 2005).

(126)　Björn Beckman, *Organising the Farmers: Cocoa Politics and National Development in Ghana* (Uppsala: Scandinavian Institute of African Studies, 1976).

(127)　President Kwame Nkrumah, "Overseas Capital and Investment in Ghana," 1962年3月24日，クマシ市ホテル定礎式での演説。

(128)　Björn Beckman, "Ghana, 1951-78: the Agrarian Basis of the Post-Colonial State," in Judith Heyer, Pepe Roberts and Gavin Williams, eds., *Rural Development in Tropical Africa* (London: Macmillan, 1981), 143-192.

はまさに部族的な政治ネットワークであり，副大統領モイによるケニヤッタ後
継阻止を謀り失敗した企ての黒幕であった。持株会社はケニヤッタ派の支配エ
リート内部で新たな株所有者を急速に増やし，その資産価値は1973年10月の設
立から1980年7月までに，5000万（ケニヤ）シリングから9000万シリングに増
大した。すでに1979年にモイ新政府は，金銭的不法行為を口実に GEMA 持株
会社経営陣の摘発を行った。1980年に母体組織は，「分裂を生む」部族協会の
撤廃の名目で活動を禁止された。持株会社は「農業・産業持株会社」と改名し
たが，モイ政権下ではその存続が最優先された。同社は，ケニヤッタのキアン
ブーキクユ族を基盤とした恩顧ネットワークの解体・縮小，モイ自身のカレン
ジン族ネットワークの拡張の犠牲者であった。国家が資本家一般に無関心ある
いは敵対的でなく，最終的に農業・産業持株会社の存続も許されたが，ケニヤ
はガーナに比べると，全国を基盤とする資本家にとって好都合な状況ではな
かった。しかしケニヤにおいても，少額を超える資本所有の機会は，政治的恩
顧関係へのアクセスと，当該期政権の耐久力に左右された。その意味で，長期
資本主義経済における家族企業の特徴である世代を超えた資本蓄積は，程度の
差があったとしても，当該期の両国では原則として政治に対し脆弱であり続け
た。

10　経済政策の相違による較差

　本章では，熱帯アフリカの両極に位置し極めて類似した二国における，石油
危機の政治経済的インパクトを比較してきた。ガーナとケニヤ経済に，同時代
で大きな違いがみられたとは言い難い。経済成長や他の一連の指標から，ガー
ナ人は苦悩し，ケニヤ人は成功する趨勢を示した。両社会とも非常に不平等で
あったが，ケニヤでは繁栄が不均等に配分されたのに対して，ガーナでは衰退
と貧困で同じことがみられた。最も多くを物語る違いは人口面にあった。2回

---

(129)　Gikuyu は Kikuyu の旧書体であった。

(130)　Ogot, "The Politics of Populism," 196 ; Leys, "Capital Accumulation," 256は，異なる時期
　　で若干異なる数値を提示しているが，文脈は同じである。

(131)　Branch, *Kenya: Between Hope and Despair*, 139, 141 ; Ogot, "The Politics of Populism,"
　　195, 197.

第Ⅲ部　冷戦，開発と経済援助

の石油危機に挟まれた1973〜80年に，ガーナの年平均人口成長率は，ケニヤの3.8％と比べると1.8％にとどまった。[132] 当該期ケニヤの出生率が高いことは有名であるが，この差異の主要因が出国移住者であったのは明らかであった。雇用を求めるガーナ人のナイジェリア，西欧および他への大移動がそれである。経済面の劇的状況には同様な政治的ドラマが伴っていた。ケニヤは，憲政の連続性が示唆するほど，政治的には決して安定していたわけではなかった。しかし，ガーナ政体の不安定さは，非効率あるいは腐敗を理由に国家への拒絶感が広がる政治的現実を反映していた。

　両国の相違は貿易を通じたショックの度合いの差では説明できない。全般的に見て，ガーナ商品の交易条件は10年間を通じてケニヤよりはより良好であった。ガーナは発電の99％が水力である利点があったが，非産油国として両国とも石油価格高騰で大きな打撃を受けた。だが，飲料作物生産者として両国は，二回の石油危機の間の主要輸出品価格の上昇により，代償を受け取っていた。ガーナ政府によるカカオ価格ブームへの対応と比較すると滑稽にみえるが，経済学者はケニヤのコーヒー価格ブームを，「失われた好機」，管理ミスとして叙述している。[133]

　本章では，経済実績の差異を説明できる主因は経済政策の相違である，と論じてきた。とりわけ，伝統的に批判されてきたマーケティング・ボードでも，通貨面での独立の選択でもなく，むしろこれら諸制度の運用こそが，経済停滞の原因であった。輸出品に対する報復的で，暗黙の「過大評価課税」は，ガーナのカカオ生産崩壊の原因であった。

　しかし，なぜ両国は非常に異なる政策を採用し，なぜガーナ政府は輸出品とGDPが減少を続けた数年後も既存の政策に執着したのだろうか。我々は，ベイツの広範な「構造的」説明，トップの政治指導層内部における農業利害関係者の有無が，問題となる10年間の状況に適合することをみてきた。その説明は，

---

(132)　World Bank, *Sub-Saharan Africa: From Crisis to Sustainable Growth*, 269.

(133)　Killick and Thorne, "Problems of an Open Economy," 67 ; Francis M. Mwega and Njuguna S. Ndung'u, "Explaining Africa Growth Performance: The Case of Kenya," in Benno J. Ndulu, Stephen A. O'Connell, Jean-Paul Azam, Jan Willem Gunning and Dominique Nijnkeu, eds., *The Political Economy of Growth in Africa 1960–2000* (Cambridge: Cambridge University Press, 2008), 325-368, 特に329.

第**8**章 商品価格高騰に直面したガーナとケニヤ

同じく1970年代の証拠ともほぼ一致するもう一つの主要理論，レイズの議論とも矛盾がない。（レイズによれば）ケニヤは，支配階級が市場や市場外で資本を蓄積し，その資本を投資あるいは再投資した資本主義的路線に沿って発展してきた。1980年代まで考察の射程を伸ばした場合，ケニヤの例外主義の持続性に関し疑問が生じるであろう。モイの反GEMA持株会社の姿勢は，ケニヤ資本主義の活力がケニヤッタから継承した家父長的な政治制度の構造，さらに部族を基盤とするネットワーク間の競合によって傷つけられるのか，という疑問を生む。再度，モイ政権下で，ケニヤの大統領制は農業利害を代弁し続けたが，ベイツが後の著作で解明したように，農業利害の本質が変化していた。今やその影響力の行使は，輸出市場向けの飲料作物生産者よりも，国内市場向けのメイズ生産者の方に置かれていた。この変化が市場の成長を妨げ，ケニヤの産業発展を部分的に左右した輸入購買力の成長を弱めたのだろうか。逆に言えば，1983年に，ベイツの1981年の分析に反して，都市を基盤とする別の強力なガーナ政府がマンネリを打破して，市場に全般的に好意的で，特に輸出農業を優遇する政策の180度転換を行った。だが，それは別の機会に考えるべき課題である。

　本章で残された考察すべき課題は，よく似た特徴をもつ2つの経済の成長率を長期にわたって比較する際に，1960年代と，とりわけ1970年代をどこに位置づけるのかという問題である。当該期のケニヤは，植民地期の遺産であった一人当たりGDPのガーナとの較差を着実に縮めていた。ケニヤッタは，しばしば入植者植民地主義の諸制度を接収したと批判されてきた。しかし，1950年代半ばから1980年代初頭までのケニヤは，ガーナに象徴される非入植者主体の小農-農村資本家型と比較すると，植民地主義的で平均的なアフリカの生活水準の低さを克服する努力を重ねてきた[(134)]。図8-1が示すように，両国は，ガーナが「構造調整」政策を採用した1983年から2008〜09年の「大後退」（the Great Recession）まで，サハラ以南のアフリカ諸国の平均よりも早く成長した。しかし，図8-3からわかるように，ケニヤの一人当たりGDPが（依然として低下を続ける）ガーナを上回るのは1982年を待たねばならなかった。1992年にガーナは「優位」を取り戻した。続く20年間のガーナは（2011年に産油国になる以前の

(134)　Gareth Austin, "The Economics of Colonialism," in Célestin Monga and Justin Lin, eds., *Oxford Handbook of Africa and Economics* (Oxford University Press, 2015), 522-535.

第Ⅲ部　冷戦, 開発と経済援助

時期までに, 比較を限定するのは意味があるが) 植民地時代と比べると小規模であ
るが, 一定の較差を再び広げた。その較差は偶然的要因で説明すべきなのか,
あるいは, たとえば, 「構造調整」政策の下で経済政策の差異がほとんど消滅
した際に, 肥沃な土地の弾力的な供給で違いを生じるのかどうかという, ガー
ナが有する有利な要素賦存で説明されるべきなのだろうか。

　これらは国民経済に焦点を当てた二国間の問題である。それは本章の一般的
な結論を反映している。1970年代のアフリカ飲料作物生産者の経済史を規定し
たのは, 石油価格の衝撃自体よりも, ナショナルな対応の方がより重要であっ
た。

314

あとがき

　本書は，科学研究費（2017～21年度）による5年間の共同研究「世界システムの転換点としての1970年代——石油危機の衝撃」基盤研究（A）（一般：課題番号 17H00933）の成果である。成果としては，本書より先の2023年12月に，英語論文集 Shigeru Akita（ed.）, *Oil Crises of the 1970s and the Transformation of International Order : Economy, Development, and Aid in Asia and Africa*（London: Bloomsbury Academic, 2003）を刊行した。本書は，その英語版に加筆・修正を加えて編集した日本語版の成果報告である。

　この共同研究は，当初から5年間の国際共同研究として計画し，2021年7月にパリで開催予定であった第19回世界経済史会議（WEHC: World Economic History Conference）でのパネル報告を最終目標とするグローバルヒストリー研究の一環である。従来の石油危機論は，本書序章で詳述したように，欧米の先進工業国に対するインパクトを中心に語られてきたが，本研究は，アジア・アフリカ地域からの視点で石油危機の衝撃を考察し，1980年代から本格化する東アジア地域の急速な経済発展＝「東アジアの奇跡」が実現した背景や諸要因の連鎖と連関性（冷戦体制の変容と輸出志向型工業化の結合，国際金融市場の変容とオイル・トライアングルの形成，経済援助・ODA の有効活用）を解明することになった。経済理論やモデル，さらに数多くの二次文献（先行研究）を参照しながらも，基本的には，世界各地の史料館（Archives）や図書館所蔵の独自の第一次史料とデータを駆使して，第一次史資料を組み込んだ実証研究としてのグローバルヒストリーとして，具体的な歴史像を描くように努めた。

　本研究の前半の2年間（2017～18年度）は，各自の史資料収集も含めて順調に展開し，台湾・台北の政治大学と，インド・ニューデリーのネルー大学で，アジア現地の研究者を交えて2回の国際ワークショップを開催できた。だが，第三年次（2019年）の終わる2020年2月頃から，Covid-19のパンデミックのため，対面での国内研究会や海外での国際ワークショップの開催が困難になった。

その時から，ZOOM を活用したオンライン会議と各年度予算の「繰り越し」を重ねながら，苦境を乗り切る努力を重ねた。幸運だったのは，パンデミックが小康状態になった隙間を縫って，入国審査と衛生管理が比較的緩やかであったことも幸いして，ドイツのハイデルベルク大学とアメリカのワシントン D. C. で 2 回のワークショップを「強行」開催できたことである。以下が，思い出に残る本プロジェクトの国際会議の軌跡である。

⑴　The Workshop on 'The International Order of Asia in the 1970s', at National Chengchi University（国立政治大学），Taipei（台北），Taiwan（台湾），on 26th December 2017.

⑵　The 12th Indo-Japanese Dialogue on 'The Transformation of International Economic Order of Asia in the 1970s', at the Centre for Historical Studies, Jawaharlal Nehru University（JNU），India, New Delhi, on 11th March 2019.

⑶　Zoom Workshop on 'The Oil Crises and Transformation of International Economic Order of Asia in the 1970s',（大阪大学），（日本），on 31st August-1st September 2020.

⑷　The Workshop on 'The Oil Crises and Transformation of International Economic Order of Asia in the 1970s', at the Center for Transcultural Studies, University of Heidelberg, Germany, on 5th November 2021.

⑸　The Workshop on 'The Oil Crises and Transformation of International Economic Order of Asia in the 1970s', at Cigur Center for Asian Studies, Elliot School of International Affairs, George Washington University, Washington D. C., US, on 22nd-23rd March 2022.

⑹　A Session of the 19th World Economic History Congress（WEHC）on 'The Oil Crises and Transformation of International Economic Order of Asia in the 1970s', at Campus Condorcet in Paris, France, on 29th July 2022.

　コロナ禍のもとで，文字通り世界を股にかけて 6 回もの国際会議を開催できたのは，親しい友人諸氏の協力・サポートのおかげである。特に，台湾・政治大学の李為楨副教授，インド・ネルー大学の Aditiya Mukherjee 教授，ハイデ

ルベルク大学の Harald Fuess 教授，ジョージ・ワシントン大学の Dane Kennedy 教授，ジュネーブの国際開発大学院の Gopalan Balachandran 教授，さらに共同研究の副代表で奈良大学の山口育人氏，以上の皆さんの御協力と御支援に心よりお礼申し上げたい。

　世界経済史会議（WEHC）の開催自体が1年延期され，科研本体も1年間の延長が認められたため，結果的に，当初の計画通りに共同研究の運営が可能になり，パリで，多くの会議参加者と徹底的な討議を行うことができた。だが，2年を超える「事故繰り越し」は認めないという日本学術振興会の方針は，未曾有のパンデミックとして人類史に記憶される緊急事態を前にすると，予算の有効活用のためにも，もっと柔軟な自由裁量の余地が認められるべきであろう。学振当局に再考を求めたい。

　大阪大学では，大学本部の支援を受けて，先導的学際研究機構（OTRI）グローバルヒストリー研究部門を中心に，内外の国際的学術ネットワークを構築し，特にアジアの歴史家たちとともに，グローバルヒストリー研究を引き続き推進している。現代世界は，ウクライナ戦争によるエネルギー危機に直面しているが，50年前の世界を振り返ることで，グローバルな政治経済秩序の危機を乗り超えるヒントを得ることができる。本書の執筆者は，編者自身も含めて，1970年代に続く1980年代の国際秩序を再考する新たな科研共同研究を続けている（「エネルギー危機と1980年代のアジア国際秩序——アジア太平洋経済圏の形成を中心に」基盤研究（A）（一般：課題番号23H00016）2023～27年，代表：秋田茂）。本書で十分明らかにできなかった諸事項は，ラテンアメリカも含めた「グローバルサウス」全般の状況とも関連づけ，現在取り組んでいる後継科研プロジェクトでさらに探求していきたい。

　最後に，本書の出版にあたり，ミネルヴァ書房社長の杉田啓三氏と，編集部の岡崎麻優子氏から，御支援と御助言をいただいた。この場を借りて，改めてお礼申し上げる。

　2024年8月　盛夏

秋　田　　茂

人名索引

あ 行

アーウィン，ジョン（2世）（John Irwin II）
37
アクフォ（Akuffo）283, 284
アチャンポン大佐（I. K. Acheampong）283-
285, 288, 293, 299, 305, 310
アブドゥル＝ナーセル，ガマール（Gamal
Abdul Nasser）90
井上四郎 131-133
ヴォルカー，ポール（Paul Volcker）75, 161,
197
エイキンズ，ジェームズ（James Akins）62
エドモンド，レスター（Lester Edmond）128
オディンガ，オギンガ（Oginga Odinga）281

か 行

カーター，ジミー（James Earl Carter Jr.
[Jimmy Carter]）68-70, 72-75, 159, 160,
185, 193, 223
華国鋒 221, 222, 225, 227
カストロ，フィデル（Fidel Castro）90
カダフィ，ムアンマル（Colonel Muammar
Qaddafi）33-35, 41
カリウキ，J. M.（J. M. Kariuki）281
ガンディー，インディラ（Indira Gandhi）20,
106, 241, 261
キッシンジャー，ヘンリー・A.（Henry A.
Kissinger）26, 36, 40, 47, 48, 60-62, 93,
100, 151, 156
ケニヤッタ，ジョモ（Jomo Kenyatta）275,
277, 281, 282, 305
康世恩 225, 227-229, 231
小松左京 183
コリア，ポール（Collier Paul）285, 302

さ 行

ゴルバチョフ，ミハイル（Mikhail Gorbachev）
81
コレア，ガマニ（Gamani Corea）156

サージェント，ダニエル（Daniel Sargent）3
サイモン，ウィリアム（William Simon）152
サッチャー，マーガレット（Margaret Thatcher）
14, 109, 162, 197
佐藤栄作 113, 114
佐藤滋 9
シャー（イラン国王）67-70, 74, 108
ジャクソン，ヘンリー（Henry Jackson）223,
224
ジャハ，J. K.（J. K. Jha）242
周恩来 216
シュレシンジャー，ジェームズ（James
Schlesinger）47, 60, 223, 224
シュンペーター，ヨーゼフ（Joseph Schumpeter）
184
ジョンソン，アイヴァン・E.（Ivan E. Johnson）
249, 250
ジョンソン，リンドン（Lyndon Baines Johnson）
113, 114, 123, 242
スカルノ（Sukarno）90
杉原薫 5, 8, 153, 208
スブラマニアム，C.（C. Subramaniam）242
スミス，イアン（Ian Smith）91
セラシエ，ハイレ（Haire Selassie）106

た 行

田所昌幸 7
田中角栄 176
チトー，ヨシップ（Josip Tito）90
チャドウィック卿（Sir Chadwick）129

陳雲　230

テーラー，C.（C. Taylor）　263, 264

デサイ，モラージ（Morarji Desai）　243

鄧小平　110, 219, 222, 223, 227, 230

な　行

ナクマノフ，アーノルド（Arnold Nachmanoff）　126

ナラシンハム，N.（N. Narasimham）　263

ニエレレ，ジュリアス（Julius Nyerere）　111

ニクソン，リチャード・M.（Richard M. Nixon）　26, 35, 36, 40, 41, 44, 67, 93, 123, 175, 179, 181, 219

ネルー，B. K.（B. K. Nehru）　243

ネルー，ジャワハルラール（Jawaharlal Nehru）　90

は　行

ハーヴェイ，デヴィッド（David Harvey）　185

バーグステン，フレッド（Fred Bergsten）　128, 129, 135

朴正熙　164

ハズルウッド，アーサー（Arthur Hazlewood）　301

ハマー，アーマンド（Armand Hammer）　35

ファイサル国王　48

ブーテフリカ，アブデルアジズ（Abdelaziz Bouteflika）　101

ブーメディエン，ウアリ（Houari Boumediene）　100-102, 155

フォード，ジェラルド（Gerald Ford）　60, 61, 185

ブシア（Busia）　283, 284, 293, 305

ブラント，ヴィリー（Willy Brandt）　162

フリードマン，ミルトン（Milton Friedman）　188

ブレジンスキー，ズビグネフ（Zbigniew Brezinski）　69, 72, 73, 222

プレビッシュ，ラウル（Raúl Prebisch）　93,

154, 159

ベイツ，ロバート（Robert Bates）　20, 303, 304, 306

ボールズ，チェスター（Chester Bowles）　243

ホメイニ，アヤトラ・ルーホッラー（Ayatollah Ruhollah Khomeini）　69, 71, 72, 110

ま　行

マクナマラ，ロバート（Robert McNamara）　13, 155, 161, 240, 244

マックロイ，ジョン・J.（John J. McCloy）　35

ミント，ラ（Hla Myint）　137-139

ムボヤ，トム（Tom Mboya）　281

モイ，ダニエル・アラップ（Daniel Arap Moi）　277, 282, 311

毛沢東　215, 217, 218, 221

モサデグ，モハンマド（Moḥammad-e Moṣaddeq）　108

や・ら・わ行

ヤマニ（Yamani）　61

吉田太郎一　128, 133, 135

ラロジエール，ジャック・ド（Jacques de Larosière）　264

リー，クアンユー（Lee Kuan Yew）　12

李先念　218, 225, 229, 230

リマ，ダグラス（Douglas Rimmer）　288, 292, 299

レイズ，コリン（Colin Leys）　20, 303, 307-309

レーガン，ロナルド（Ronald Reagan）　14, 109, 161, 205

ローリングス，J. J.（J. J. Rawlings）　283, 286

ロストウ，W. W.（W. W. Rostow）　243

ロックフェラー，デーヴィッド（David Rockefeller）　193

渡辺武　115, 117, 120, 121

ンクルマ，クワメ（Kwame Nkrumah）　90, 274, 278, 309

事項索引

あ 行

IMF 金融支援協定　262-266

アサンテ王国　274

アジア開発基金（ADF）　16, 116, 121, 123, 126, 127, 129, 141

アジア開発銀行（ADB）　8, 56, 113, 159

アジア間競争　6

アジア間貿易　5

アジア新興工業経済地域（アジア NIEs）　4, 6, 116, 139, 141

アジア太平洋経済圏　7

アセアン-4（ASEAN-4）　116, 139, 141

アパルトヘイト政策　91, 92, 103

アフリカ化（Africanization）　302, 307

アフリカ金融共同体フラン（CFA Francs）　291, 292, 295

アフリカ統一機構（OAU）　90

アフリカ民族会議（ANC）　96

アラスカ石油パイプライン建設　41

アラビアン・アメリカン・オイル・カンパニー（アラムコ）　43

アラブ＝イスラエル戦争（1973年）　63, 64, 82

アラブ石油輸出国機構（OAPEC）　7, 42, 44, 46, 47, 50, 99, 101, 104, 106, 181

アンゴラ解放人民運動（MPLA）　95

アンゴラ全面独立民族同盟（UNITA）　95

アンゴラ民族解放戦線（FNLA）　95

アンブレラ理論　66

アンモニア　254

イラク石油会社（IPC）　38

イラン　153, 159

イラン＝イラク戦争　75, 79

イラン革命　70, 82, 108, 161, 195, 197, 205

インド援助コンソーシアム　12, 243, 265

インド化学肥料公社（FCI）　252, 254

『インド経済白書』　258, 266

インフレーション（インフレ）　146, 169-171, 176, 178, 182, 193, 197, 200, 204, 205, 210

ヴォルタ・ダム　287

ヴォルカー・ショック　14

エクソン　42, 43

エルニーニョ　177, 178

延長資金融資（EFF）　266

オイルダラー　8, 186, 188

オイル・トライアングル　1, 8, 76, 153, 194, 208

オイルマネー　7, 12, 145, 148, 150-154, 157, 160

オクシデンタル・ペトローリアム・カンパニー　34, 35

オフショア・米ドル・システム　160, 161, 187, 191, 203, 205, 209, 210

か 行

カーター・ドクトリン　73, 74

海外居住インド人　260

海外送金　19, 240, 260

改革開放　217, 227, 228, 236

会議人民党（CPP）政府　274

開発主義　10

カカオ　272, 274, 287, 293, 306

カカオ栽培農民協会　274

カカオ・マーケティング・ボード　295

化学肥料　176, 240, 243, 245

化学肥料危機　247

過大評価課税　312

合衆国中央司令部（CENTCOM）　74

為替管理　290

カンクン・サミット（1981年）　109

雁行的経済発展モデル　6

韓国　164-166
関税および貿易に関する一般協定（GATT）
　　98
キアンブ派　304
危機の弧　71
キクユ族　275, 276, 285
キクユ族ブルジョアジー　307, 308
技術援助基金（TAF）　116, 121, 141
逆オイルショック　81, 204
緊急展開合同任務軍（RDJTF）　74, 75
金本位制　210
管井戸　243
グローバルサウス　13, 25, 30, 82-84, 86, 97, 98
グローバルヒストリー　2
軍事クーデタ　281, 283
軍部革命評議会（AFRC）　283
経済援助　244
経済協力開発機構（OECD）　4, 50, 78
経済協力開発機構開発援助委員会（DAC-OECD）
　　117
ケインズ主義　172, 193
ケニヤ人民同盟　281
健全銀行経営主義　117
高収量品種（HYVs）　243
構造調整　109, 265, 269, 300, 306, 313
公法480（1954年農産物貿易促進援助法）　11,
　　173, 239, 242
コートジボアール　290, 292, 295, 296, 304
コーヒー　275, 278, 299
コーヒー・ボード　289
五カ年計画　240
国際エネルギー機関（IEA）　50, 78
国際開発協会（IDA）　8, 13, 245
国際金融公社（IFC）　252
国際経済協力会議（CIEC）　106
国際通貨基金（IMF）　8, 55, 57, 77, 109, 150,
　　152, 154, 156, 160, 161, 165, 261, 262
国際開発庁（USAID）　119
国民解放運動（NLM）　274
国民主義（nationalism）　10

国連アジア極東経済委員会（ECAFE）　114
国連ラテン・アメリカ経済委員会（ECLAC）
　　93
国連決議1514号　92
国連貿易開発会議（UNCTAD）　12, 93, 98,
　　102, 117, 156, 159
国家安全保障研究覚書（NSSM174）　41
小麦　173, 177, 195
コメ　178, 195

さ　行

在テヘラン米大使館員人質事件　71
債務危機　14, 169, 171, 201, 205-209
サウジアラビア　153, 154, 159, 181, 194
サウジアラビア通貨庁　60
サブサハラアフリカ　201
サンディニスタ　96
シー・エフ・ピー（CFP）　39
シェル　39
資本・エネルギー集約型工業化　6
従属論　307
譲許的基金　117
消費の帝国　17
食糧援助コンソーシアム　244
新興工業国　191
新国際経済秩序（NIEO）　4, 96, 101, 103, 104,
　　109, 145, 154, 156, 191
　　──樹立宣言　102, 112
新自由主義　161, 189, 197, 205
新植民地主義　102, 103, 110, 308
新制度学派　303
人民国家党　283
スアメ　298
水力発電　302
スエズ戦争（1967年）　34
スタグフレーション　8
スタンダード・オイル・オブ・ニュージャージー
　　39
『成長の限界』（1972年）　183
政府開発援助（ODA）　1, 8, 119, 146, 148, 161,

299

世界エネルギー危機 21

世界銀行 55, 109, 131, 146, 156, 159, 161, 240, 247

世界銀行報告（1993年） 138

石油消費国グループ 49, 50

「石油＝フォード主義＝ケインズ主義」体制 18

石油ボイコット（1973-74年） 89

石油輸出国機構（OPEC） 4, 27, 35, 38, 40, 45-47, 57, 58, 78, 83, 97, 98, 100, 101, 103-105, 107, 126, 148, 149, 151, 154, 155, 159, 182, 191, 193, 196, 272

積極的非介入主義 12

セブン・シスターズ 29

戦略石油備蓄制度（Strategic Petroleum Reserve） 78

戦略兵器制限交渉（SALT） 40, 69

相互経済援助会議（コメコン） 65

双方向的比較 13

ソールズベリー協定 91

ソフトローン基金 119

ソ連のアフガニスタン介入 110

た 行

第一次アジア農業調査 133

第一次石油危機 2, 51, 82, 85, 131, 146-154, 174, 179-182, 204

大恐慌 14

大慶油田 215, 221, 227, 234

大後退 313

第三次債務危機 18

第三世界 3, 86, 88, 90, 93, 97, 104, 171, 308
——プロジェクト 88, 96, 100, 106, 108, 109, 112

代償金融融資規定 261

第二次アジア農業調査 134, 135, 142
——報告書 131, 133, 135

第二次運輸革命 6

第二次エネルギー革命 7

第二次石油危機 14, 53, 67, 77, 78, 82, 108, 162,

165, 193-197, 205, 258

第四次中東戦争（ヨム・キプール戦争） 42, 99, 181

第4回東南アジア経済開発閣僚会議 137

第6回非同盟首脳会議（1979年） 90

脱植民地化 2
——の新たな波 96

多目的特別基金（MPSF） 116, 121, 141

タンカー戦争（1987-88年） 75

短期つなぎ止め政策 242

窒素肥料 248, 253, 265

中国海洋石油総公司（CNOOC） 231, 232, 235

通貨プレミアム 294

テクノクラート 10

デタント 153, 177

テヘラン価格協定（1971年） 43

天然資源に対する恒久主権に関する決議 98

ドイツ 151, 188

東欧 192, 203, 207

東南アジア諸国連合（ASEAN） 11

トーゴ 295, 296

ドーズ案 208

特別基金融資 115

独立自主 215, 217, 218, 220-222, 228, 235, 237

トランス・アラビアン・パイプライン（Tap ライン） 34

トリポリ協定 38

ドル還流システム 17

ドル・リンク制 10

トロンベイ・プロジェクト 252

な 行

ナイジェリア 299

77カ国グループ（G-77） 92, 98, 111

ナフサ 255, 256

南北問題 3

ニクソン・ショック 17, 147, 175, 181

二重為替レート制 301

日米協力 115, 116, 135, 141

日本の奇跡 5

323

農業開発　19, 239
農業・産業持株会社　311
農業特別基金（ASF）　116, 121, 141
農務参事官　249

は 行

パクス・アメリカーナ　14
バスラ石油会社（BPC）　42, 43
パルテックス（Partex）　39
パレスチナ解放機構（PLO）　92, 96
バンドン会議（1955年）　90, 97
東アジアオイル・トライアングル　9, 52
東アジアの奇跡　1, 13, 160
ビッグ・プッシュ型工業化戦略　239
非同盟運動（NAM）　90
非同盟運動カイロ会合（1962年）　98
非同盟首脳会議（1979年）　111
一人で食う作戦　288
フォーディズム　172, 185, 205
ブカレスト方式　65
ブラジル　157, 164-166, 181, 200, 201, 203
ブラント・レポート　161
ブリティッシュ・ペトロリアム社（BP）　38
ブレトン・ウッズ体制　2, 57, 145, 147, 148,
　　156, 172, 174, 175, 180, 203, 209
プロジェクト融資　244
並行市場プレミアム　292
米州開発銀行（IDB）　119
米中央情報局（CIA）　71-73
　　――国家情報分析覚書　42
米連邦準備制度理事会（FRB）　75, 195, 197,
　　198, 205
ベトナム戦争　96, 180, 204
ペトロダラー　57, 58, 66, 85, 107, 186, 188
ペルシア湾岸産油国　260
ペルタミナ（Pertamina）　127
変動為替制　2
ポーランド　199
ポストコロニアル・グローバル化　5
ポストコロニアル国家　88, 90, 91, 93

ま 行

マーケティング・ボード　289, 290, 295, 302
マイクロエレクトロニクス　205
マウ・マウ　275, 281, 285
マルクス主義　308
3つの世界論　219, 220
緑の革命　1, 13, 178, 239, 260, 265, 269
民営化された国際開発金融　55, 145, 146
民営化された国際通貨システム　7, 85, 145,
　　166, 167
民間金融機関　300
民間投資　8
メキシコ　157, 162, 171, 199-201
モービル　39, 42, 43
モラル・エコノミー　284

や 行

ユーラフリカ　94
ユーロダラー　145, 147-152, 156, 157, 160, 162,
　　171, 174-176, 186-189, 191, 192, 198, 205,
　　210
ユーロダラー市場　7, 16, 56, 58, 119, 267
輸出志向型工業化（EOI）　1, 10, 166, 203
　　――戦略　138, 140, 166
輸出信用保証局　266
輸出代替政策　138
輸入代替工業化（ISI）　10, 309
輸入代替政策　138
ヨーロッパ経済共同体（EEC）　105

ら 行

ラテンアメリカ　162, 192, 199-201, 203, 209
利権参入に関する一般協定（General Agreement
　　on Participation）　39
リフト・バレー　276-278
累積債務問題　77, 300
冷戦体制　13
冷戦・脱植民地化テーゼ　3
レーガノミクス　76

列島改造計画　176
労働集約的・資源節約的工業化　6
ローマクラブ　183
6月4日革命　283, 285
ロシア＝ウクライナ戦争　21
ロメ協定（1975年）　105

欧　文

ADB　→アジア開発銀行
ADF　→アジア開発基金
ASEAN　→東南アジア諸国連合
CIA　→米中央情報局
GATT　→関税および貿易に関する一般協定

IDA　→国際開発協会
IEA　→国際エネルギー機関
IMF　→国際通貨基金
NIEO　→新国際経済秩序
NIEs　→新興工業経済地域
OAPEC　→アラブ石油輸出国機構
ODA　→政府開発援助
OECD　→経済協力開発機構
OPEC　→石油輸出国機構
PL480法　→公法480（1954年農産物貿易促進
　　援助法）
UNCTAD　→国連貿易開発会議

《**執筆者紹介**》（執筆順，＊は編著者）

＊秋田　茂（あきた・しげる）**序章，第7章，第8章（訳），あとがき**

奥付編著者紹介欄参照。

デーヴィッド・S・ペインター（David S. Painter）**第1章**

1948年　生まれ。
1982年　ノース・カロライナ大学大学院，チャペル・ヒル校 Ph. D.
現　在　ジョージタウン大学名誉教授。
主　著　*Oil and the American Century: The Political Economy of US Foreign Oil Policy, 1941-1954*, Baltimore, MD: Johns Hopkins University Press, 1986.
　　　　The Cold War: An International History, London: Routledge, 1999.
　　　　The Struggle for Iran: Oil, Autocracy, and Cold War, 1951-1954（with Gregory Brew）, Chapel Hill: The University of North Carolina Press, 2022.

菅　英輝（かん・ひでき）**第1章（訳），第2章（訳），第3章**

1942年　生まれ。
1979年　米国コネチカット大学大学院史学科博士課程単位取得後退学。
1993年　法学博士（一橋大学）。
現　在　九州大学名誉教授，大阪大学レーザー科学研究所招聘教授。
主　著　『冷戦と「アメリカの世紀」——アジアにおける「非公式帝国」の秩序形成』岩波書店，2016年。
　　　　『冷戦期アメリカのアジア政策——「自由主義的国際秩序」の変容と「日米協力」』晃洋書房，2019年。
　　　　"Informal Empire and the Cold War," Shigeru Akita, ed., *American Empire in Global History*, London & New York: Routledge, 2022.

デーン・ケネディ（Dane Kennedy）**第2章**

1981年　カリフォルニア大学大学院，バークレー校 Ph. D.
現　在　ジョージ・ワシントン大学名誉教授（歴史学・国際関係論）。
主　著　*Decolonization: A Very Short Introduction*, New York: Oxford University Press, 2016（長田紀之訳『脱植民地化——帝国・暴力・国民国家の世界史』白水社，2023年）.
　　　　The Imperial History Wars: Debating the British Empire, London: Bloomsbury Academic, 2018.
　　　　Mungo Park's Ghost: The Haunted Hubris of British Explorers in Nineteenth-Century Africa, Cambridge: Cambridge University Press, 2024.

山口　育人（やまぐち・いくと）**第4章, 第5章（訳）**

1973年　生まれ。
2001年　京都大学大学院文学研究科現代文化学専攻（現代史学専修）博士後期課程研究指導認定
退学。
2004年　博士（文学）（京都大学）。
現　在　奈良大学文学部史学科教授。
主　著　「ブレトンウッズ体制崩壊後の国際通貨制度の再編成――新興国の挑戦から再考する」
『国際政治』第183号，2016年。
渡辺昭一編著『冷戦変容期の国際開発援助とアジア――1960年代を問う』（共著）ミネ
ルヴァ書房，2017年。
Shigeru Akita, ed., *Oil Crises of the 1970s and the Transformation of International
Order: Economy, Development, and Aid in Asia and Africa*（共著），London:
Bloomsbury Academic, 2023.

マーク・メツラー（Mark Metzler）**第5章**

1998年　カリフォルニア大学大学院，バークレー校 Ph. D.
現　在　ワシントン大学歴史学部教授，ジャクソン国際研究大学院教授。
主　著　*Lever of Empire: The International Gold Standard and the Crisis of Liberalism in
Prewar Japan*, Berkeley: University of California Press, 2006.
Capital as Will and Imagination: Schumpeter's Guide to the Postwar Japanese Miracle,
Ithaca: Cornell University Press, 2013.
"Japan: The Arc of Industrialization," Laura Hein, ed., *The New Cambridge History of
Japan, Volume III*, Cambridge: Cambridge University Press, 2023, pp. 293-337.

南　和志（みなみ・かずし）**第6章**

1988年　生まれ。
2019年　テキサス大学オースティン校歴史学研究科博士課程修了，歴史学博士。
現　在　大阪大学大学院国際公共政策研究科准教授。
主　著　"Oil for the Lamps of America: Sino-American Oil Diplomacy, 1973-1979," *Diplomatic
History*, 41 (5), 2017.
"Perpetual Foreigners: Chinese Americans and the U.S. Opening to China," *Diplomatic
History*, 47 (3), 2023.
*People's Diplomacy: How Americans and Chinese Transformed US-China Relations
during the Cold War*, Ithaca: Cornell University Press, 2024.

ギャレス・オースティン（Gareth Austin）**第8章**

1956年　生まれ。
　　　　バーミンガム大学大学院 Ph. D.
現　在　ケンブリッジ大学名誉教授（経済史）。
主　著　*Labour, Land and Capital in Ghana: From Slavery to Free Labour in Asante, 1807-1956*, Rochester, NY: University of Rochester Press, 2005.
　　　　Economic Development and Environmental History in the Anthropocene: Perspectives on Asia and Africa (ed.), London: Bloomsbury Academic, 2017.
　　　　Labour-Intensive Industrialization in Global History (with Kaoru Sugihara ed.), London: Routledge, 2013.

《編著者紹介》

秋田　茂（あきた・しげる）

1958年　生まれ。
1985年　広島大学大学院文学研究科西洋史学専攻博士課程後期中退。
2003年　博士（文学）（大阪大学）。
現　在　大阪大学レーザー科学研究所特任教授，大阪大学名誉教授。
主　著　『帝国から開発援助へ──戦後アジア国際秩序と工業化』名古屋大学出版会，2017年。
　　　　American Empire in Global History (編著), London & New York: Routledge, 2022.
　　　　Oil Crises of the 1970s and the Transformation of International Order: Economy, Development, and Aid in Asia and Africa (編著), London: Bloomsbury Academic, 2023.

MINERVA 人文・社会科学叢書㉕
石油危機と国際秩序の変容
──「東アジアの奇跡」の起点──

2025 年 2 月 28 日　初版第 1 刷発行　　　　　　〈検印省略〉

定価はカバーに
表示しています

編 著 者　秋　田　　　茂
発 行 者　杉　田　啓　三
印 刷 者　藤　森　英　夫

発行所　株式会社　ミネルヴァ書房
607-8494 京都市山科区日ノ岡堤谷町 1
電話代表　(075)581-5191
振替口座　01020-0-8076

©秋田茂ほか, 2025　　　　　　　　　　亜細亜印刷・新生製本

ISBN978-4-623-09795-1
Printed in Japan

秋田　茂・脇村孝平 責任編集
人口と健康の世界史
A 5 判・392頁
本　体 5500円

秋田　茂 責任編集
グローバル化の世界史
A 5 判・412頁
本　体 5000円

秋田　茂 編著
「大分岐」を超えて
A 5 判・320頁
本　体 5500円

P. オブライエン 著　玉木俊明 訳
「大分岐論争」とは何か
四六判・212頁
本　体 2800円

渡辺昭一 編著
冷戦変容期の国際開発援助とアジア
A 5 判・424頁
本　体 7000円

安藤優香 著
石油危機における日本の対米外交
A 5 判・354頁
本　体 6500円

大矢根聡 編著
戦後日本外交からみる国際関係
A 5 判・388頁
本　体 3500円

益田　実・池田　亮・青野利彦・齋藤嘉臣 編著
冷戦史を問いなおす
A 5 判・434頁
本　体 7000円

── ミネルヴァ書房 ──
https://www.minervashobo.co.jp/